Entdecken und Verstehen

Herausgegeben von Dr. Thomas Berger,
Karl-Heinz Müller und Prof. Dr. Hans-Gert Oomen

Band 3

Von 1917 bis zur Gegenwart

Herausgegeben von Dr. Thomas Berger
Bearbeitet von Dr. Thomas Berger, Heidrun von der Heide,
Ulrich Mittelstädt, Karl-Heinz Müller, Dr. Harald Neifeind,
Prof. Dr. Hans-Gert Oomen, Dr. Cornelius Schley und Gerd Übach

Cornelsen

Inhaltsverzeichnis

1. Die Russische Revolution und ihre Folgen .. 4
Rußland vor der Revolution 5
Alltag im Zarenreich / Revolutionäre Gruppen wollen Veränderungen / Der Petersburger Blutsonntag 1905
Von der Februarrevolution zur Oktoberrevolution . . . 12
Februarrevolution und Doppelherrschaft / Lenin und die Bolschewiki erringen die Macht
Rußland nach der Revolution 16
Der Sowjetstaat / Rußland im Bürgerkrieg / Alltag nach der Oktoberrevolution / Aufbau der Wirtschaft nach dem Bürgerkrieg / Machtkämpfe nach Lenins Tod
Werkstatt Geschichte: Bildliche Darstellung historischer Ereignisse 25
Industrialisierung / Kollektivierung und Landwirtschaft / Terrorherrschaft / Die Weltmacht Sowjetunion nach 1945

2. Die Vereinigten Staaten von Amerika 34
Der Aufstieg der USA zur Weltmacht 35
Die USA im Ersten Weltkrieg / Die Zeit zwischen den Weltkriegen
Die Gesellschaft der USA nach 1945 42
Die Flagge der USA / Innere Probleme der USA / Die Not in den Großstädten / Die Weltmacht USA

3. Die Weimarer Republik 52
Die Anfangsjahre der deutschen Republik 53
Die Novemberrevolution / Kämpfe um die Macht / Die Weimarer Nationalversammlung / Der Versailler Vertrag / Die Weimarer Verfassung / Die Inflation / Das Krisenjahr 1923
Jahre der Versöhnung 68
Außenpolitische Zusammenarbeit / Die scheinbar „goldenen Jahre" 1924–1928 / Frauen in der Weimarer Republik / Kunst und Kultur
Das Ende der Republik 76
Die Weltwirtschaftskrise / Die Folgen der Weltwirtschaftskrise / Die politische Krise / Das Ende der Weimarer Republik
Zum Weiterlesen: Im roten Hinterhaus 84
Werkstatt Geschichte:
Karikaturen und politische Zeichnungen 86
Werkstatt Geschichte:
Tageszeitungen als Geschichtsquellen 87

4. Der Nationalsozialismus 88
Die Errichtung der Diktatur 89
Das Programm der Nationalsozialisten / Die Zerstörung der Demokratie
Leben unter nationalsozialistischer Herrschaft 96
Alltag unter nationalsozialistischer Herrschaft / Frauen unter nationalsozialistischer Herrschaft
Werkstatt Geschichte: Muttertag 103
Die Hitlerjugend / Schule im Nationalsozialismus
Werkstatt Geschichte: NS-Kunst – „Entartete Kunst" 107
Verfolgung und Vernichtung 108
Terror und früher Widerstand / Die Verfolgung der Juden / Massenmorde in Vernichtungslagern
Zum Weiterlesen: Der erste Tag in Auschwitz 116
Der Zweite Weltkrieg 118
Die Vorbereitung des Krieges / Der Ausbruch des Zweiten Weltkrieges / Der europäische Krieg wird zum Weltkrieg / Das Gesicht des Zweiten Weltkrieges / Der alliierte Vormarsch / Zwangsarbeit für den totalen Krieg

Werkstatt Geschichte:
Spuren nationalsozialistischer Herrschaft 131
Der Widerstand gegen den Nationalsozialismus / Flucht und Kapitulation / Das Ende des Zweiten Weltkrieges
Die UNO – eine internationale Friedensorganisation . 136
Die UNO – Hilfe für Notleidende in aller Welt

5. Deutschland mitten in Europa 138
Neubeginn in Deutschland 139
Pläne für Deutschland / Überleben nach Kriegsende / Sühne für NS-Verbrechen in West und Ost
Zum Weiterlesen: Sag mir einen, der nicht schiebt 147
Der Kalte Krieg 148
Hilfe durch den Marshallplan / Sicherung des Einflusses in Ost und West / Ringen um den Frieden / Reformen und Veränderungen
Die Gründung der beiden deutschen Staaten 156
Der Beginn des politischen Lebens / Die Entwicklung der SBZ / Die wirtschaftliche Entwicklung in den Westzonen / Die Teilung Deutschlands
Die Entwicklung der Bundesrepublik Deutschland . . . 168
Staat und Wirtschaft in der Bundesrepublik Deutschland / Frauen in der Bundesrepublik Deutschland / Die Bundesrepublik Deutschland und Europa / Protestbewegungen
Die Deutsche Demokratische Republik 178
Probleme der gesellschaftlichen Neuordnung
Werkstatt Geschichte: Quellenkritik 180
Abgrenzung zur Bundesrepublik Deutschland / Staat und Staatssicherheit / Wirtschaftsordnung und -entwicklung
Die Deutsche Frage 186
Die Deutsche Frage im Schatten des Kalten Krieges / Neue Ostpolitik und Entspannung
Die Deutsche Einheit 192
Die friedliche Revolution
Zum Weiterlesen: Das Blaugeschlagene 195
Der außenpolitische Weg zur Einheit / Die Einigung beider deutscher Staaten / Innere Probleme der Vereinigung

6. Die Entwicklungsländer 202
Armut und die Folgen / Vom Kolonialismus zum Nord-Süd-Gefälle / Ursachen der Not / Entwicklungspolitik / Hilfe zur Selbsthilfe

7. Der Konflikt im Nahen Osten 212
Israel – ein neuer Staat in Palästina / Flüchtlinge im Nahen Osten / Der schwierige Weg zum Frieden / Unterschiedliche Gesichter Jerusalems / Frauen in Israel / Palästina 196

8. China auf dem Weg zu einer sozialistischen Gesellschaft 222
China – ein Land mit alter Kultur / Das Kaiserreich China – abhängig von den Großmächten / Die Gründung der Volksrepublik China / Chinas Problem Nr. 1: Die Bevölkerungsexplosion / Chinas Problem Nr. 2: Die Entwicklung der Landwirtschaft / Chinas Problem Nr. 3: Die Industrieform / Chinas Problem Nr. 4: Politische Veränderungen

Jugend- und Sachbücher 230
Worterklärungen 230
Quellenverzeichnis 233
Aus der Weimarer Reichsverfassung 236
Aus dem Grundgesetz der Bundesrepublik Deutschland 236
Register 238

Liebe Schülerinnen und Schüler!

In den letzten Jahren habt ihr im Geschichtsunterricht vieles über das Leben der Menschen in früheren Zeiten gelernt. Ihr habt dabei gemerkt, daß die Menschen immer wieder vor Problemen standen, die sie lösen mußten. Es ging darum:
- wie das Zusammenleben von Menschen, Gemeinschaften und Völkern geregelt werden kann,
- wie Gerechtigkeit gegen Ungerechtigkeit durchzusetzen ist.

Das sind Probleme, die auch heute immer wieder neu gelöst werden müssen. An den Beispielen aus der Geschichte können wir lernen, wie wir in der Gegenwart und in der Zukunft mit Problemen fertig werden. Mit Hilfe der Geschichte können wir also auch Fragen unserer Zeit prüfen, um uns eine eigene Meinung zu bilden.

Inhaltsverzeichnis In acht Kapiteln bietet dieser Band die Möglichkeit, die Zeit ab 1917 zu untersuchen. Dabei helfen Bilder, Karten, Texte und Berichte von Menschen, die damals gelebt haben.

Einführung in das Thema Jedes Kapitel beginnt mit einer „Auftaktseite", die etwas von dem Zeitabschnitt, um den es geht, zeigt. Der Auftakt will euch neugierig machen und er will euch anregen, eigene Fragen zu stellen.

Materialien Dann werden die geschichtlichen Ereignisse mit Bildern, Karten und Texten so dargestellt, daß ihr selbst herausfinden könnt, wie es damals gewesen ist.

Quellen Die Berichte, Briefe und Gesetze, die damals geschrieben wurden, die sogenannten „Quellentexte", sind im Buch mit einem „**Q**" bezeichnet und gelb unterlegt.

Auch die Abbildungen, Gemälde und Fotos sind historische Quellen, aus denen ihr wichtige Informationen entnehmen könnt.

Aufgaben *Durch Arbeitsaufgaben regen wir euch an, über das nachzudenken, was ihr erfahren habt. Manchmal schlagen wir euch vor, so zu tun, als ob ihr damals gelebt hättet. Ihr werdet überrascht sein, wieviel ihr durch eure Phantasie und eure Vermutungen herausfinden könnt.*

Zusammenfassung Am Ende eines größeren Abschnitts stehen eine Zusammenfassung und meistens auch Anregungen zum Nachdenken.

Schwierige Begriffe* Ein Lexikon der schwierigen Begriffe und ein Register stehen am Ende des Buches. Mit dem Register könnt ihr schnell herausfinden, wo über Personen, Ereignisse oder wichtige Begriffe im Buch etwas steht.

„Werkstatt Geschichte" Auf den Seiten „Werkstatt Geschichte" findet ihr Vorschläge zum Spielen, Basteln und für eigene Nachforschungen.

„Zum Weiterlesen" Die Seiten „Zum Weiterlesen" enthalten Auszüge aus spannenden Jugendbüchern. Hinweise auf weitere Jugend- und Sachbücher findet ihr am Schluß des Bandes.

Vielleicht habt ihr beim Durchblättern eures Geschichtsbuches das Gefühl, daß ihr so viele Themen und Sachverhalte gar nicht bearbeiten könnt. In der Tat, alle Themen dieses Buches können in der kurzen Zeit, die für den Geschichtsunterricht zur Verfügung steht, nicht bearbeitet werden. Deswegen ist es nötig, daß eure Lehrerin, euer Lehrer und ihr eine Auswahl trefft und Schwerpunkte setzt.

Die Autoren eures Geschichtsbuches hoffen, daß es ihnen gelungen ist, Geschichte so darzustellen, daß ihr beim Lesen und Arbeiten im Buch und nach dem Unterricht sagen könnt: „Ja, da habe ich etwas verstanden vom Leben der Menschen damals. Und wie ist es eigentlich heute . . .?" Wenn ihr den Autoren eure Meinung zu diesem Buch sagen wollt, könnt ihr schreiben an den Cornelsen Verlag, Mecklenburgische Straße 53 in 1000 Berlin 33.

1. Die Russische Revolution und ihre Folgen

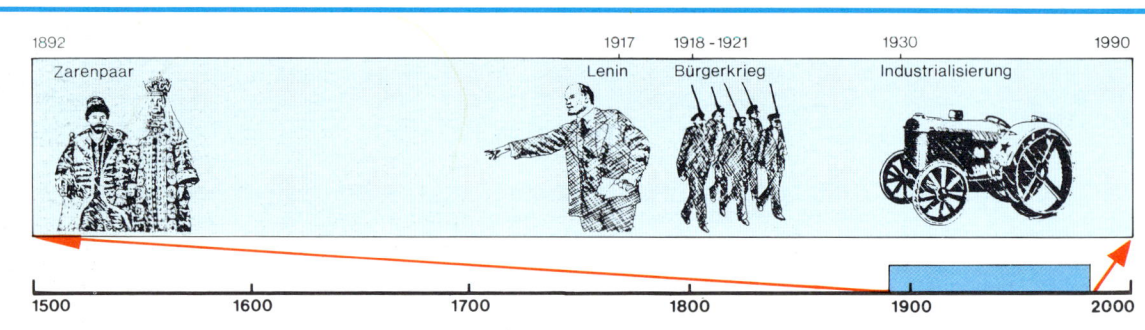

Parade zum 70. Jahrestag der Oktoberrevolution am 7. November 1987. Foto.

– Beschreibt das Bild.
– Sammelt euer Vorwissen über Rußland und die Sowjetunion.

Rußland vor der Revolution

Bauern vor einem Bezirksamt.
Gemälde von Mjassojedow, 1872.

Die Bauern

1913 lebten im russischen Reich 165 Mio. Einwohner. Mehr als vier Fünftel von ihnen waren verarmte Kleinbauern und Landarbeiter. Noch bis zum Jahre 1861 waren viele Bauern Leibeigene gewesen. Sie hatten keine Rechte und waren Eigentum ihrer Herren, der Gutsbesitzer. Es kam häufig vor, daß Gutsbesitzer ihre Leibeigenen verkauften oder eintauschten. Auch vor Mißhandlungen durch den Herren waren die Bauern nicht geschützt. Sie mußten an den Gutsherren Pacht zahlen oder Frondienste* für ihn verrichten.

In einem Brief berichtete der russische Schriftsteller Turgenjew 1881 über den Alltag russischer Bauernfamilien zu Beginn des 19. Jahrhunderts:

> **Q** Betrachten wir nun die Lage jener Bauern, die zu Frondiensten oder Feldarbeit verpflichtet sind. Ihre Hauptpflicht besteht darin, für den Herrn wöchentlich drei Tage zu arbeiten, und zwar vom 1. Januar bis zum 31. Dezember ... Abgesehen von der Fronarbeit gibt der Bauer dem Herrn jährlich einen Schafsbock, bisweilen eine Gans oder ein Huhn. Die Frau des Bauern, die im Sommer drei Tage wöchentlich auf dem Felde Frondienste tut, muß im Winter für den Herrn Leinen spinnen ... überdies hat jede Familie eine bestimmte Menge von Pilzen, Beeren, manchmal auch Nüssen zu liefern. Auch die Kinder des Bauern, Knaben und Mädchen, müssen für den Herrn drei Tage wöchentlich arbeiten.

1) *Errechnet die Zahl der Arbeitstage, die eine fünfköpfige Bauernfamilie jährlich als Fronarbeit leisten muß.*
2) *Beschreibt die Folgen der Fronarbeiten für den Ablauf einer Woche in einer Bauernfamilie.*

Im Jahre 1861 verfügte Zar Alexander II. die Aufhebung der Leibeigenschaft. Wie schon Jahre vorher in anderen europäischen Staaten (Frankreich 1789, Preußen 1807) sollten auch in Rußland die Bauern nicht mehr länger Eigentum der Grundbesitzer sein. Die Regierung wies jedem Bauern ein Stück Land zu, das er dem Gutsherren abkaufen konnte. Da die Bauern kein Geld besaßen, gab ihnen die Regierung einen Teil der Kaufsumme als Kredit. Den Restbetrag mußten sie beim Gutsbesitzer abarbeiten.

Nach dieser Bauernbefreiung besaßen die Gutsbesitzer immer noch zwei Drittel des Bodens. Die Besitzverhältnisse änderten sich auch nicht, als sich die Zahl der Landbevölkerung bis zur Jahrhundertwende verdoppelt hatte.

3) *Vergleicht die Situation der russischen Bauern vor und nach der Aufhebung der Leibeigenschaft.*
4) *Überlegt, ob die Aufhebung der Leibeigenschaft für die Bauern wirkliche Freiheit bedeutete.*
5) *Denkt nach über die Folgen der Bevölkerungszunahme bei unveränderter Bodenverteilung.*
6) *Beschreibt das Bild und sprecht darüber, was der Maler damit wohl ausdrücken wollte.*

Alltag im Zarenreich

Arbeiter beim Bau eines Staudammes. Foto 1902.

Das Leben der Industriearbeiter
Später als in Mittel- und Westeuropa setzte nach 1850 auch in Rußland die Industrialisierung ein. Pläne zum Aufbau eines Eisenbahnnetzes, zur Förderung von Kohle und Eisenerz sowie die zunehmende Zahl von Fabriken ließen die Arbeiterschaft auf etwa 2,5 Millionen im Jahr 1900 anwachsen. Aufgrund ihrer menschenunwürdigen Lebens- und Arbeitsbedingungen lehnten die Arbeiter die Zarenherrschaft mehr und mehr ab. Obwohl Streiks verboten waren, kam es immer wieder zu Arbeitsniederlegungen. Eine Gruppe von Textilarbeitern mußte sich 1877 wegen eines Streiks vor Gericht verantworten.
Pjotr Alexejew, einer der Arbeiter, sagte in seiner Verteidigungsrede:

Q 1 Wir, das nach Millionen zählende Arbeitervolk, werden schon in frühester Kindheit von Vätern und Müttern unserem Schicksal überlassen. Es wird uns keine Bildung zuteil, weil es keine Schulen gibt und weil wir für kargen Lohn über unsere Kräfte arbeiten müssen. Wenn wir als neunjährige Knaben zur Fabrikarbeit getrieben werden, was erwartet uns da? Wir verkaufen uns dem Unternehmer für ein Stück Schwarzbrot; Aufseher prügeln uns mit Ruten und mit Fäusten, um uns an die schwere Arbeit zu gewöhnen; wir werden unzureichend ernährt, wir ersticken in Staub und verdorbener Luft, wir schlafen auf dem nackten Boden, ohne Decken, eingehüllt in wenige Lumpen, von zahllosem Ungeziefer geplagt ...
Glauben Sie, daß wir nicht merken, wie alle rings um uns her reich werden und hinter unserem Rücken das Leben genießen?

Anschließend sprach er offen seine Gedanken zur Lösung der Arbeiterprobleme aus:

Q 2 Hilfe kommt allein von der jungen Generation unserer Gebildeten ... Unzertrennlich wird sie mit uns marschieren, bis die wuchtige Faust des nach Millionen zählenden Arbeitervolkes sich eines Tages erhebt und das von Bajonetten geschützte Joch der Tyrannei in Staub zerfällt.

① *Untersucht die Aussagen des Arbeiters nach folgenden Bereichen: a) Situation von Kindern – b) Arbeitsbedingungen – c) Wohnverhältnisse d) Kleidung – e) Ernährung.*
② *Erklärt, wie sich der Textilarbeiter die Lösung der Probleme vorstellt.*
③ *Sprecht anhand des Bildes über Arbeitsbedingungen im damaligen Rußland.*

Alltag im Zarenreich

1 **Zar Nikolaj II. und Zarin Alexandra.** Foto 1894

2 **Wohnung eines Unternehmers.** Foto, Ende des 19. Jahrhunderts.

Leben der herrschenden Schicht

In Artikel 1 der Gesetze des russischen Staates aus dem Jahr 1892 hieß es:

Q 1 Der allrussische Kaiser ist ein selbstherrschender und uneingeschränkter Monarch. Seiner obersten Macht nicht nur aus Angst, sondern auch aus Gewissenspflicht zu gehorchen, befiehlt Gott ...

1. *Sprecht anhand von Q 1 über die Machtverhältnisse im Zarenreich.*
2. *Wie wird die Pflicht zum Gehorsam begründet?*
3. *Beschreibt das Bild 1 und überlegt, welchen Eindruck es beim Betrachter hervorrufen sollte.*

Dem Zaren zur Seite standen einflußreiche Adelige, die führende Stellungen in Heer und Verwaltung innehatten. Zur reichen Oberschicht gehörten daneben die Gutsbesitzer und die Unternehmer. Ein hoher adeliger Verwaltungsbeamter berichtet über das „reiche Rußland" zu Beginn des 20. Jahrhunderts:

Q 2 ... Besuchen Sie mit mir die berühmten Geschäfte, die für ihre Auswahl und Qualität weltbekannt waren. Bei Michailow gab es auserlesene Pelze. Das Silberwarengeschäft von Chlebnikow konnte sich mit den besten englischen Geschäften dieser Art messen. ... Wollen wir nun eins der großen Moskauer Restaurants besuchen. Das Essen dort war ausgezeichnet, das Eßbesteck war aus Silber, aus altem schönen Silber, wie Sie es in keinem anderen Land ... bekamen. Ich bin viel gereist, aber nie wurde mir das Essen mit schönem alten Silber serviert.

Fürst Kropotkin berichtet über das Alltagsleben:

Q 3 Unsere Familie bestand aus acht, zeitweise aus zehn oder zwölf Personen. Aber in Moskau fünfzig Dienstboten und auf dem Lande noch fünfundzwanzig mehr zu halten, schien nicht zu viel. Vier Kutscher zu zwölf Pferden, drei Köche für den Herrentisch und zwei Köchinnen für die Dienerschaft, ein Dutzend Aufwärter bei Tisch (hinter dem Stuhl eines jeden Tischgenossen stand einer mit dem Teller in der Hand) und ungezählte Mädchen in der Mägdestube war doch das mindeste, was man haben mußte. Außerdem war es für einen Grundbesitzer Sache des Ehrgeizes, alles was für den Haushalt nötig war, im Hause und von den eigenen Leuten anfertigen zu lassen.

4. *Beschreibt anhand von Bild 2, Q 2 und Q 3 das Leben der reichen Oberschicht.*
5. *Stellt das Leben der reichen Oberschicht und den Alltag von Industriearbeitern gegenüber.*
6. *Spielt ein Gespräch zweier Arbeiter über den Alltag der Mächtigen.*

Revolutionäre Gruppen wollen Veränderungen

Flugblatt, das russische Auswanderer um 1900 im Ausland drucken ließen. Auf der Fahne steht: „Wir arbeiten für euch, wir ernähren euch".

Die Unzufriedenheit wächst
1 *Beschreibt die Darstellung auf dem Flugblatt.*
2 *Vergleicht die Darstellung mit den Informationen über das Leben im Zarenreich.*
3 *Erklärt die Parole auf der Fahne.*
4 *Überlegt, was die Verfasser mit dem Flugblatt erreichen wollten.*
5 *Überlegt, warum wohl das Flugblatt im Ausland gedruckt werden mußte.*

In der zweiten Hälfte des 19. Jahrhunderts wuchs die Unzufriedenheit über die Mißstände der Zarenherrschaft. Die Gegner des Zarentums schlossen sich in unterschiedlichen politischen Gruppen zusammen.

Fortschrittliche Adelige und Studenten
Eine Reihe junger Adeliger hatte auf Auslandsreisen die politischen Verhältnisse westeuropäischer Staaten kennengelernt. Nun forderten sie auch für Rußland die Einschränkung der Zarenmacht durch ein gewähltes Parlament und Freiheitsrechte für das Volk.
Eine andere Gruppe, die sich aus Studenten zusammensetzte, kümmerte sich um die Bauern. Sie hatten erkannt, daß viele Bauern ihre Notlage einfach als Schicksal hinnahmen. Deshalb gingen sie in die Dörfer, um die Bauern über die Ursache ihrer Not aufzuklären und sie zum Widerstand gegen die politischen Verhältnisse aufzufordern. Vielfach stießen die Studenten jedoch bei den Bauern auf Mißtrauen und Ablehnung.
Einige radikale Studenten wollten mit Terroranschlägen das Zeichen zum Aufstand geben. 1881 wurde Zar Alexander II. Opfer eines solchen Anschlags. Doch auch auf diese Weise fanden die radikalen Studenten keinen Anklang bei der Landbevölkerung.
6 *Versucht, das Mißtrauen der Bauern zu erklären.*

Sozialistische Gruppen
Von großer Bedeutung für den Widerstand gegen die Zarenherrschaft war das Anwachsen der Industriearbeiterschaft. Unter den Arbeitern fanden die Ideen von Karl Marx und Friedrich Engels besonderen Anklang.
Marx und Engels hatten das Elend der Arbeiter (Proletarier) mit der Ausbeutung durch die Unternehmer (Kapitalisten) erklärt. Sie vertraten in ihren Schriften die Ansicht, daß diese Ausbeutung zwangsläufig durch eine Revolution des Proletariats beendet werden würde. 1881 wurde die Russische Sozialdemokratische Arbeiterpartei gegründet. Ihr Ziel war die Abschaffung der Zarenherrschaft und der Aufbau einer sozialistischen Gesellschaft*. Innerhalb dieser Partei kam es bald zu Meinungsverschiedenheiten. Eine gemäßigte Gruppe wollte die Lage der Arbeiter durch schrittweise Reformen verbessern. Sie trat für demokratische Grundsätze – auch innerhalb der Partei – ein. Hinter dieser Gruppe stand die Mehrheit der Parteimitglieder.

Revolutionäre Gruppen wollen Veränderungen

Lenins Anhänger

Eine zweite Gruppe innerhalb der sozialdemokratischen Partei wurde von Lenin angeführt. Er und seine Anhänger vertraten die Ansicht, die bestehenden Verhältnisse müßten so schnell wie möglich durch eine Revolution verändert werden.

Dazu mußte die Partei bestimmte Voraussetzungen erfüllen, die Lenin 1902 beschrieb:

> Q 1. Keine einzige revolutionäre Bewegung kann ohne eine stabile ... Führungsorganisation Bestand haben.
> 2. Je breiter die Masse ist, die spontan in den Kampf hineingezogen wird ..., um so fester muß diese Organisation sein ...
> 3. Eine solche Organisaton muß hauptsächlich aus Leuten bestehen, die sich berufsmäßig mit revolutionärer Tätigkeit befassen ...
> Gebt uns eine Organisation von Revolutionären, und wir werden Rußland aus den Angeln heben!

1 *Beschreibt Lenins Vorstellungen über die Organisation der Partei.*

2 *Sprecht darüber, was sich Lenin von dem Einsatz von Berufsrevolutionären verspricht.*

Bolschewiki und Menschewiki

In Rußland verfolgte die zaristische Geheimpolizei grausam alle politischen Gegner des Zarentums, so daß viele Sozialdemokraten das Land verlassen mußten. Deshalb mußte der zweite Kongreß der Russischen Sozialdemokratischen Arbeiterpartei 1903 in London tagen.

Erneut brachen auf dem Kongreß die Gegensätze zwischen den Gemäßigten und der Lenin-Gruppe auf. Bei einer Abstimmung über eine organisatorische Frage erhielt Lenins Gruppe eine zufällige Mehrheit. Seitdem nannten sie sich Bolschewiki (Mehrheitler).

1912 kam es zur endgültigen Trennung der Parteiflügel. Die Gruppe der gemäßigten Sozialdemokraten (Menschewiki) und die Bolschewiki bildeten jeweils eine eigene Partei.

Lenin (Foto von 1916)

Wladimir Iljitsch Uljanow, genannt Lenin, wurde 1870 als Sohn eines Schulrats geboren. Schon früh wurde er ein Anhänger der Lehre von Karl Marx. Im Alter von 17 Jahren erlebte Lenin die Hinrichtung seines Bruders wegen revolutionärer Aktivitäten. Unter dem Eindruck dieses Ereignisses wandte sich Lenin ganz dem revolutionären Denken zu. Nach seinem Jurastudium ließ er sich 1893 in Petersburg als Rechtsanwalt nieder. Nach der Gründung einer sozialistischen Gruppe wurde Lenin 1895 wegen der Verteilung von Flugblättern mit Streikaufrufen durch die Geheimpolizei verhaftet und für drei Jahre nach Sibirien verbannt. Danach mußte Lenin im Ausland leben, um seine politische Arbeit fortsetzen zu können. Von dort aus baute er die Russische Sozialdemokratische Arbeiterpartei mit auf. Als Führer der Bolschewiki griff er im April 1917 in die Ereignisse der russischen Revolution ein. Nach der Oktoberrevolution war Lenin bis zu seinem Tod (1924) Führer des ersten kommunistischen Staates. Nach seinem Tod wurde die Stadt Petrograd (Name von Petersburg seit 1914) in Leningrad umbenannt.

Der Petersburger Blutsonntag 1905

Petersburger Arbeiter auf ihrem Demonstrationszug zum Zarenpalast am 22. Januar 1905. Foto.

Streiks und Demonstrationen

Das Jahr 1905 wurde ein Krisenjahr für die Zarenherrschaft. Im Krieg gegen Japan (1904/05) hatte Rußland eine empfindliche Niederlage erlitten. Über 200000 russische Soldaten waren im Kampf um die Vorherrschaft im fernen Osten gefallen. Durch den Krieg war außerdem die russische Wirtschaft in völlige Unordnung geraten. Es wurde immer schwieriger, die Bevölkerung in den Städten mit Lebensmitteln zu versorgen. Zu den unerträglichen Arbeits- und Lebensbedingungen gesellten sich Hunger und Enttäuschung über die Niederlagen.

In dieser angespannten Lage kam es in Petersburg zu Arbeitsniederlegungen. Menschenwürdige Arbeitsbedingungen waren Hauptziele der Streikenden. Immer mehr Arbeiter unterstützten den Streik. Am 9. Januar (nach dem russischen Kalender*), einem Sonntag, zogen über 200000 unbewaffnete Demonstranten in einem langen Zug zum Winterpalast des Zaren. Viele von ihnen trugen Heiligenbilder, Fahnen und Bilder der Zarenfamilie. Sie wollten dem Zaren eine Bittschrift überreichen.

In ihr heißt es unter anderem:

Q Wir, die Arbeiter der Stadt Petersburg, unsere Frauen, Kinder und hilflosen alten Eltern, sind zu Dir, Herrscher, gekommen, um Gerechtigkeit und Schutz zu suchen. Wir sind verelendet, wir werden unterdrückt, über unsere Kraft mit Arbeit belastet, man verhöhnt uns, man läßt uns nicht als Menschen gelten. Man behandelt uns wie Sklaven ... Hier suchen wir die letzte Rettung. Verweigere Deinem Volk die Hilfe nicht ..., gib ihm die Möglichkeit, selbst sein Schicksal zu bestimmen, nimm von ihm das unerträgliche Joch der Beamten, reiße nieder die Scheidewand zwischen Dir und Deinem Volke – mag es das Land zusammen mit Dir regieren.

Es folgten Forderungen wie die nach einem Parlament (Duma*), verschiedenen Freiheitsrechten, Arbeiterschutzgesetzen und einer Bodenreform (Neuverteilung des Landes).

1 *Beschreibt das Bild des Demonstrationszuges. Benutzt dazu auch die Informationen im Text.*
2 *Überprüft mit Hilfe eurer bisherigen Kenntnisse die Aussagen der Arbeiter über ihre Situation.*
3 *Untersucht die Bittschrift auf die Einstellung der Streikenden gegenüber dem Zaren hin.*
4 *Erklärt, wie sich die Verfasser der Bittschrift die zukünftige Regierung Rußlands vorstellen.*

Der Petersburger Blutsonntag 1905

Das russische Volk vor – –

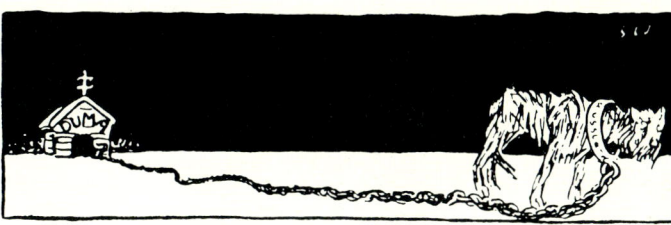
und nach der Einführung der Duma

Karikatur in einer deutschen Zeitschrift, 1906.

Der Blutsonntag und seine Folgen

Als die Menge den Winterpalast erreicht hatte, eröffneten zaristische Soldaten ohne erkennbaren Grund das Feuer auf die unbewaffneten Demonstranten. Durch das rücksichtslose Vorgehen des Militärs gab es über 1000 Tote und zahlreiche Verletzte.

Die Nachrichten vom Petersburger Blutsonntag verbreiteten sich schnell. Wut und Empörung machten sich breit. In den größeren Städten streikten immer mehr Arbeiter, und vereinzelt meuterten* zaristische Soldaten. Der Großteil der Truppen gehorchte aber weiterhin dem Zaren. Arbeiter wählten die ersten Sowjets (= Räte), die ihre Interessen vertreten sollten. Je 500 Arbeiter wurden im Sowjet von einem Deputierten* vertreten. Auf dem Lande kam es zu einer Reihe von Bauernaufständen gegen die Macht der Gutsherren.

1. *Beurteilt das Vorgehen der zaristischen Truppen.*
2. *Überlegt, wie sich die Ereignisse des Blutsonntags auf die Einstellung des Volkes gegenüber der Zarenherrschaft ausgewirkt haben könnte.*

Zugeständnisse des Zaren

Die Streikenden hatten keine einheitliche Führung. So konnte sich der Zar – gestützt auf die Macht seiner Truppen – noch einmal behaupten. Allerdings hatten die Mächtigen erkannt, daß man dem Volk auf Dauer Zugeständnisse machen mußte. So wurden Freiheitsrechte wie die Rede- und Pressefreiheit oder das Versammlungsrecht verkündet. Verboten blieb dagegen das Mittel des Streiks. Der Zar erfüllte auch die Forderung nach Einrichtung einer Duma*.

In einer 1906 erlassenen Verfassung wurden die Rechte des Zaren und die der Duma festgelegt:

Q 17. Seine Majestät der Kaiser ernennt und entläßt den Vorsitzenden des Ministerrats, die Minister und die Hauptchefs der ... Verwaltungen.

86. Kein neues Gesetz kann ohne Zustimmung ... der Staatsduma erfolgen und ohne Bestätigung Seiner Majestät des Kaisers in Kraft treten.

105. Die Staatsduma kann vor Ablauf der fünfjährigen Dauer der Vollmacht ihrer Mitglieder durch eine Verordnung Seiner Majestät des Kaisers aufgelöst werden.

3. *Überprüft, ob durch die Einrichtung der Duma die Macht des Zaren eingeschränkt wurde.*
4. *Erklärt die Aussage der Karikatur.*
5. *Sucht Gründe dafür, warum Streiks weiterhin verboten blieben.*

Zusammenfassung

Noch bis ins 20. Jahrhundert hinein bestand in Rußland die Alleinherrschaft des Zaren. Vor allem Bauern und Industriearbeiter litten unter den schlechten Lebensbedingungen des Zarenstaates. Es bildeten sich verschiedene revolutionäre Gruppen, darunter auch die von Lenin geführten Bolschewiki. 1905 kam es in Petersburg zu Streiks. Zaristische Soldaten schossen dabei friedliche Demonstranten nieder. Die nach dem Aufstand vom Zaren verfügten Reformen brachten keine wesentlichen Fortschritte für das Volk.

Von der Februarrevolution zur Oktoberrevolution

Menschen stehen Schlange vor einem Moskauer Lebensmittelgeschäft. Foto 1916.

	Zahl der Streiks	Zahl der Streikenden
1914 Jan.–Juli	4098	1449248
Aug.–Dez.	68	34752
1915	1034	553094
1916	1410	1086364

Streiks in Rußland 1914–1916.

4 *Beschreibt mit Hilfe der Tabelle die Entwicklung der Streikbewegung. Vermutet die Gründe.*

Rußland im Ersten Weltkrieg

Am 1. August 1914 hatte das Deutsche Reich Rußland den Krieg erklärt. Nach Anfangserfolgen der russischen Armee hoffte das Volk auf ein baldiges Ende des Krieges und auf einen Sieg Rußlands.
In einem Bericht aus der Arbeiterschaft an Lenin heißt es über die Situation in Petrograd – so hieß Petersburg seit Kriegsbeginn – im Dezember 1916:

> **Q1** Die Arbeiter und Arbeiterinnen, die Soldaten und die Kleinbürger sprechen offen ihre Unzufriedenheit über die Fortsetzung des Gemetzels aus. Überall hört man die Frage: „Wann wird das alles ein Ende nehmen?" ... Die Lebensmittelteuerung hat einen katastrophalen Charakter angenommen. Die Preise haben sich im Vergleich zum Vorjahr auf das Fünf- bis Zehnfache erhöht ... Im September und Oktober gab es bereits Tage, an denen in Arbeitervierteln kein Brot vorhanden war.

1 *Beschreibt anhand von Q 1 die Stimmung in Petrograd zwei Jahre nach Kriegsbeginn.*
2 *Stellt fest, welche Bevölkerungsgruppe besonders stark betroffen war.*
3 *Beschreibt mit Hilfe von Q 1 das Bild. Achtet auf den Gesichtsausdruck der Menschen.*

Bis 1916 waren schon mehr als 2 Millionen russische Soldaten gefallen, größere Gebiete im Westen Rußlands waren verlorengegangen. Zar Nikolaj II. hatte 1915 selbst das Oberkommando über seine Armee übernommen. Viele Menschen machten deshalb ihn für die militärischen Mißerfolge und die Not der Bevölkerung verantwortlich.

Die Februarrevolution

Am 26. Februar 1917 telegraphierte der Dumapräsident an den Zaren:

> **Q 2** Die Lage ist ernst. In der Hauptstadt ist Anarchie*. Die Regierung ist gelähmt. Verkehr, Versorgung und Heizung sind in voller Verwirrung. Die allgemeine Unzufriedenheit wächst. Auf den Straßen wird ordnungslos geschossen. Truppenteile beschießen sich gegenseitig ...

Bereits einen Tag später meldete er in einem weiteren Telegramm:

> **Q 3** Die Regierung ist völlig machtlos und kann der Unordnung nicht Herr werden. Die Truppen der Garnison sind unzuverlässig ... Sie schließen sich dem Pöbel* und der Volksbewegung an und marschieren auf das Gebäude des Innenministeriums und der Reichsduma. Der Bürgerkrieg hat begonnen und flammt auf. ...

5 *Beschreibt mit Hilfe von Q 2 und Q 3 die Situation in der Hauptstadt.*
6 *Vergleicht das Verhalten der Truppen im Februar 1917 mit dem im Januar 1905. Sucht Erklärungen.*

Ähnlich wie im Jahre 1905 bildeten sich wieder Sowjets in den Großstädten.

Februarrevolution und Doppelherrschaft

In einem Aufruf des Petrograder Sowjets vom 28. Februar 1917 an die Bevölkerung Petrograds und Rußlands heißt es:

Q 1 Die alte Regierung hat das Land bis zur völligen Zerrüttung, das Volk bis zum Hunger gebracht. Es war unmöglich, dies alles weiter zu dulden. Die Bevölkerung Petrograds ist auf die Straße gegangen, um ihre Unzufriedenheit zu bekunden ... Die Soldaten wollten nicht gegen das Volk vorgehen und erhoben sich gegen die Regierung ... Der Kampf dauert an. Er muß zu Ende geführt werden. Die alte Macht muß endgültig gestürzt werden und einer Volksregierung Platz machen ... Um den Kampf für die Interessen der Demokratie zu einem erfolgreichen Ende zu führen, muß das Volk selbst seine eigene Machtorganisation schaffen. Gestern, am 27. Februar, hat sich in der Hauptstadt der Sowjet der Arbeiterdelegierten, bestehend aus gewählten Vertretern der Fabriken und Betriebe, der aufständischen Truppenteile sowie der demokratischen und sozialistischen Parteien und Gruppen gebildet ...

1) *Erläutert die politischen Ziele des Sowjets.*
2) *Beschreibt die Zusammensetzung des Sowjets.*

Am 2. März 1917 dankte Zar Nikolaj II. ab, da ihm seine Truppen den Gehorsam verweigerten.

Die Doppelherrschaft

Einen Tag nach der Abdankung des Zaren bildete die Duma* eine zehnköpfige Provisorische* Regierung, die vorläufig die Staatsgeschäfte führen sollte.

Sitzung des Petrograder Sowjets im April 1917.

In einer Erklärung nannte sie Leitziele ihrer Politik:
– die Freilassung aller politischen Gefangenen,
– die Freiheit der Rede, der Presse, des Zusammenschlusses, der Versammlungen und der Streiks,
– die baldige Einberufung einer frei gewählten verfassungsgebenden Versammlung,
– Fortsetzung und siegreiche Beendigung des Krieges.
Die Entscheidung über eine Bodenreform* stellte die Provisorische Regierung zunächst zurück.
Neben der Provisorischen Regierung wurde der Petrograder Arbeiter- und Soldatensowjet zu einem zweiten Machtorgan im revolutionären Rußland.
Im Befehl Nr. 1 des Sowjets an die Truppen vom 1. März heißt es unter anderem:

Q 2 In allen politischen Angelegenheiten untersteht jede militärische Einheit dem Sowjet der Arbeiter- und Soldatendeputierten* ...
Die Befehle der militärischen Kommission der Staatsduma sind zu befolgen, mit Ausnahme solcher Fälle, wo sie den Befehlen und Beschlüssen des Sowjets ... widersprechen.

3) *Erläutert das Verhältnis zwischen dem Sowjet und der Provisorischen Regierung.*

In Rußland bestand nach der Februarrevolution eine Doppelherrschaft, die von den Gegensätzen zwischen Provisorischer Regierung und Sowjet geprägt war. Im Sowjet gewannen die Bolschewiki immer stärkeren Einfluß. Sie sprachen sich für eine sofortige Beendigung des Krieges und eine Bodenreform durch Enteignung der Gutsbesitzer aus.

4) *Erklärt, warum es zu Konflikten zwischen Provisorischer Regierung und Sowjet kam.*

Lenin und die Bolschewiki erringen die Macht

Lenin spricht in Petrograd vor revolutionären Arbeitern. Rechts neben der Rednertribüne steht Leo Trotzkij. Foto 5. 5. 1920.

Lenins Rückkehr

Im April 1917 kehrte Lenin mit einer Gruppe bolschewistischer Revolutionäre aus dem Schweizer Exil* nach Rußland zurück. Die deutsche Reichsregierung hatte ihnen die Durchreisegenehmigung durch die deutschen Frontlinien erteilt.
Der Schriftsteller Stefan Zweig schrieb später dazu:

> **Q 1** Kein Geschoß (des Ersten Weltkrieges) war weittragender und schicksalsentscheidender in der neueren Geschichte als dieser Zug, der, geladen mit den gefährlichsten und entschlossensten Revolutionären des Jahrhunderts, von der Schweizer Grenze über ganz Deutschland saust, um in Petersburg zu landen und dort die Ordnung der Zeit zu sprengen.

1 *Erklärt die Aussage Stefan Zweigs.*
2 *Überlegt, warum die deutsche Reichsregierung Lenins Rückkehr unterstützte.*

Schon einen Tag nach seiner Ankunft in Petrograd, am 4. April, verkündete Lenin in seinen Aprilthesen die Ziele der Bolschewiki:
– Beendigung des Krieges durch einen „demokratischen Frieden",
– Beschlagnahmung der Ländereien der Gutsbesitzer und Verstaatlichung des gesamten Bodens,
– Übernahme der Kontrolle der Industrieproduktion und Verteilung der Erzeugnisse durch den Sowjet.

Lenin zeigte seinen Parteigenossen auf, wie diese Ziele zu erreichen waren:

> **Q 2** Keinerlei Unterstützung der Provisorischen Regierung*, Aufdeckung der ganzen Verlogenheit all ihrer Versprechungen ...
> Aufklärung der Massen darüber, daß die Sowjets der Arbeiterdeputierten* die einzig mögliche Form der revolutionären Regierung sind ...
> Keine parlamentarische Republik, ..., sondern eine Republik der Sowjets der Arbeiter-, und Landarbeiter- und Bauerndeputierten* im ganzen Lande, von unten bis oben ...

3 *Vergleicht die Ziele der Bolschewiki mit denen der Provisorischen Regierung.*
4 *Beschreibt Lenins Standpunkt zur Doppelherrschaft.*
5 *Betrachtet das Bild und versucht, die Stimmung zu beschreiben.*

Lenin und die Bolschewiki erringen die Macht

Die Oktoberrevolution
Am Morgen des 25. Oktober wurde in Petrograd der folgende Aufruf verbreitet:

> **Q** An die Bürger Rußlands.
> Die Provisorische Regierung* ist gestürzt. Die staatliche Gewalt ist in die Hände des Organs des Petrograder Rates der Arbeiter- und Soldatendeputierten ... übergegangen, das an der Spitze des Proletariats und der Garnison* von Petrograd steht. Die Sache, für die das Volk kämpfte: sofortiger Abschluß eines demokratischen Friedens, Abschaffung des Eigentumsrechts der Gutsherrn am Lande, Kontrolle der Produktion durch die Arbeiter, Einsetzung einer Sowjetregierung – dies alles ist gesichert.
> Es lebe die Revolution der Arbeiter, Soldaten und Bauern!

1 *Beschreibt anhand des Aufrufs die neue politische Situation in Rußland.*
2 *Überlegt, wie wohl die Aussagen im 2. Abschnitt des Aufrufs auf Arbeiter, Bauern und Soldaten gewirkt haben.*
3 *Sammelt mögliche Fragen, die Petrograder Bürger nach dem Lesen des Aufrufs gestellt haben könnten.*

Schon im Frühjahr 1917, kurz nach seiner Rückkehr nach Rußland – hatte Lenin geschrieben: „Zwei Staatsgewalten können in einem Staate nicht bestehen. Eine von ihnen muß verschwinden."

Im Juli kam es zu Aufständen der Bolschewiki gegen die Provisorische Regierung, bei denen es Tote und Verletzte gab. Die Regierung schlug den Aufstand nieder und verbot die bolschewistische Partei. Lenin mußte nach Finnland fliehen.
Wenig später jedoch konnte ein Putsch von Revolutionsgegnern nur mit Hilfe der Bolschewiki abgewehrt werden. Dadurch wurde die Position der Lenin-Partei gestärkt. Erstmals errang sie im Petrograder Sowjet die Mehrheit.
Nach seiner Rückkehr aus Finnland war Lenin zum Handeln entschlossen. In der Nacht vom 24. auf den 25. Oktober besetzten Militäreinheiten und bewaffnete Arbeiterbrigaden alle wichtigen Straßen, Plätze und Gebäude der Hauptstadt. Auf Gegenwehr stießen die Bolschewiki lediglich bei der Erstürmung des Winterpalasts, des Sitzes der Provisorischen Regierung. Er wurde von einigen Offiziersschülern und einem Frauenbataillon verteidigt. Nach einigen Stunden gaben sie den Widerstand auf. Die meisten Mitglieder der Provisorischen Regierung wurden verhaftet.
Am gleichen Tag übernahm eine bolschewistische Regierung, der „Rat der Volkskommissare", die Macht. Ihr Vorsitzender wurde Lenin. Wichtige Regierungsämter übernahmen seine Kampfgefährten Leo Trotzkij und Josef Stalin.

Zusammenfassung
Die Unzufriedenheit mit der militärischen Lage Rußlands und Versorgungsschwierigkeiten in den Großstädten führten im Winter 1916/17 zu Streiks und Demonstrationen.
Das Militär war im Februar 1917 nicht mehr bereit, Befehle zur Unterdrückung der Unruhen auszuführen und verbündete sich mit den Streikenden. In den Städten bildeten sich Arbeiter- und Soldatenräte (Sowjets). Zar Nikolaj II. dankte ab. Die Macht übernahm eine Provisorische Regierung. Diese setzte den Krieg fort und verschob die Bodenreform.
Nach seiner Rückkehr aus dem Exil bekämpfte Lenin die Provisorische Regierung. Er forderte die sofortige Beendigung des Krieges und die Verstaatlichung des gesamten Bodens. Am 25. Oktober 1917 übernahmen die Bolschewiki durch einen Aufstand die Macht.

Rußland nach der Revolution

Bauern lesen das Dekret „Über den Grund und Boden". Foto.

Maßnahmen der neuen Regierung
Unmittelbar nach ihrer Machtübernahme beschloß die neue bolschewistische Regierung mehrere Dekrete (Verordnungen):

Q 1 Dekret über den Frieden:
Die Arbeiter- und Bauernregierung, die durch die Revolution vom 24./25. Oktober geschaffen wurde ..., schlägt allen kriegführenden Völkern und ihren Regierungen vor, sofort Verhandlungen über einen gerechten demokratischen Frieden aufzunehmen. Ein gerechter oder demokratischer Frieden, ..., wie ihn die russischen Arbeiter und Bauern nach dem Sturz der Zarenmonarchie auf das entschiedenste und beharrlichste gefordert haben, ein solcher Frieden ist nach Auffassung der Regierung ein sofortiger Frieden ohne Gebietsabtretung und ohne Erhebung von Abgaben ...

1 Erläutert den Vorschlag der Bolschewiki.

Q 2 Dekret über den Grund und Boden:
Das Eigentum der Grundbesitzer an Grund und Boden wird unverzüglich ohne jede Entschädigung aufgehoben. ... Die Güter der Grundbesitzer ... gehen bis zur verfassunggebenden Versammlung in die Verfügungsgewalt ... der Kreissowjets der Bauerndeputierten über. ... Der Boden der einfachen Bauern ... unterliegt nicht der Beschlagnahme.

2 Betrachtet das Bild und schreibt dazu ein Gespräch der Bauern über das Dekret.

Q 3 Dekret über die Arbeiterkontrolle:
Die Arbeiterkontrolle wird ausgeübt von allen Arbeitern des betreffenden Unternehmens durch ihre gewählten Organe wie Betriebs- und Fabrikkomitees, Ältestenräte usw. ...
6. Die Organe der Arbeiterkontrolle haben das Recht, den Betrieb zu beaufsichtigen und ein Mindestmaß für die Produktion festzusetzen ...
8. Die Entscheidung der Organe der Arbeiterkontrolle sind für die Eigentümer der Unternehmen verbindlich ...

3 Beschreibt, welche Veränderungen die Maßnahmen der Bolschewiki in den Betrieben bewirkten.
4 Stellt Vermutungen darüber an, wie die in Q 1 bis Q 3 wiedergegebenen Maßnahmen vom Volk bewertet wurden. Begründet eure Meinung.

Auf das Friedensangebot der Bolschewiki gingen nur Deutschland und seine Verbündeten ein. Im Friedensvertrag von Brest-Litowsk stellten sie Rußland harte Bedingungen, die unter anderem erhebliche Gebietsverluste im Westen Rußlands zur Folge hatten. Dazu gehörten wichtige Zentren des Kohlebergbaus und der Eisenindustrie. Trotzdem unterzeichnete die russische Regierung im März 1918 den Vertrag. Damit war Rußland aus dem Ersten Weltkrieg ausgeschieden.

5 Vergleicht den Vertrag von Brest-Litowsk mit den Vorschlägen der Bolschewiki in Q 1.
6 Überlegt, warum wohl Bolschewiki den Vertrag trotz der für Rußland harten Bedingungen unterzeichnet haben.

Der Sowjetstaat

Die verfassunggebende Versammlung
Lenin hatte nie ein Hehl aus seiner Einstellung zu politischen Wahlen gemacht:

Q 1 ... Nur Schufte und Idioten können sich einbilden, daß das Proletariat erst die Mehrheit haben muß in Wahlen ... und erst dann versuchen kann, die Macht an sich zu reißen ... Wir dagegen behaupten, daß das Proletariat erst die Bourgeoisie* stürzen und die Macht an sich reißen muß und dann diese Macht, das heißt die Diktatur des Proletariats*, so gebrauchen muß, daß es die Sympathie der Mehrheit der Werktätigen für sich gewinnt ...

① *Sprecht über Lenins Standpunkt zu Wahlen.*

Die übrigen Parteien vertraten einen anderen Standpunkt als die Bolschewiki. Sie hatten nach der Februarrevolution gefordert, daß eine verfassunggebende Versammlung über die politische Zukunft Rußlands entscheiden sollte. Die noch von der Provisorischen Regierung* organisierten Wahlen zu dieser Versammlung fanden mit Billigung der Bolschewiki am 12. November statt.
Ergebnisse der Wahlen zur verfassunggebenden Versammlung, November 1918:

Parteien	Stimmen	Prozent
Konstitutionelle Demokraten und konservative Gruppen	4 606 639	13 %
Bolschewiki	9 023 963	25 %
andere sozialistische Parteien (z. B. Menschewiki, Sozialrevolutionäre)	22 600 000	62 %

② *Erläutert das Wahlergebnis.*

Am 5. Januar 1918 nahm die verfassunggebende Versammlung ihre Beratungen auf. Bereits einen Tag später existierte sie nicht mehr.
In einem Dekret teilte die Regierung dazu mit:

Q 2 Jeder Verzicht auf die uneingeschränkte Macht der Sowjets, auf die vom Volke eroberte Sowjetrepublik zugunsten des bürgerlichen Parlamentarismus und der verfassunggebenden Versammlung wäre jetzt ein Schritt rückwärts, würde den Zusammenbruch der ganzen Oktoberrevolution der Arbeiter und Bauern bedeuten. Die am 5. Januar zusammengetretene verfassunggebende Versammlung brachte der Partei ... der Rechten Sozialrevolutionäre ... die Mehrheit. Natürlich hat diese Partei es abgelehnt, ... die Oktoberrevolution und die Sowjetmacht anzuerkennen. Damit hat die verfassunggebende Versammlung alle Bande zwischen sich und der Sowjetrepublik Rußland zerrissen ... Deshalb wird beschlossen:
Die verfassunggebende Versammlung wird aufgelöst.

③ *Erläutert, wie in Q 2 die Auflösung der verfassunggebenden Versammlung begründet wird.*
④ *Sprecht anhand von Q1, Q2 und der Tabelle darüber, warum die Bolschewiki die verfassunggebende Versammlung nicht wollten.*

Terror der Tscheka
Nach der Auflösung der verfassunggebenden Versammlung lag die Macht im Sowjetstaat allein in der Hand der Bolschewiki, die sich seit 1918 „Kommunistische Partei Rußlands" nannten. Damit hatte Lenin sein Ziel einer bolschewistischen Diktatur erreicht. Verschiedene politische Gruppen in Rußland wandten sich gegen diese Diktatur. Darunter waren neben Anhängern des Zarentums auch Sozialrevolutionäre, Menschewiki und bürgerliche Demokraten. Jede Art von Kritik an der bolschewistischen Diktatur galt als „Gegenrevolution" und wurde bestraft. Die Geheimpolizei „Tscheka" verfolgte die Gegner der Revolution.
Der Leiter der Tscheka sagte 1918:

Q 3 In ihrer Tätigkeit ist die Tscheka völlig selbständig, ihr obliegt die Durchführung von Hausdurchsuchungen, Verhaftungen, Erschießungen, von denen sie im Nachhinein dem Rat der Volkskommissare ... Bericht zu erstatten hat.

⑤ *Beschreibt, welche Befugnisse die Tscheka bei der Verfolgung von Revolutionsgegnern hatte.*

Die Tscheka übte brutalen Terror gegenüber Andersdenkenden aus, auch gegenüber Bolschewiki, die mit den Maßnahmen Lenins nicht einverstanden waren. Die Zahl der Erschießungen durch die Tscheka ging schon im Sommer 1918 in die Tausende. Auch die gesamte Zarenfamilie wurde von der Tscheka erschossen.

Rußland im Bürgerkrieg

Leo Trotzkij spricht zu Soldaten der Roten Armee. Foto 1919.

Gegenrevolution und Invasion

Im Juni 1918 waren französische und englische Truppen in die russische Sowjetrepublik einmarschiert. Sie wollten damit den Sturz der Bolschewiki und den Wiedereintritt Rußlands in den Krieg gegen Deutschland erzwingen. In dieser Situation begannen auch die innenpolitischen Gegner der Bolschewiki (vgl. die vorhergehende Seite) ihren bewaffneten Kampf gegen die Sowjetmacht. Rußland wurde in einen dreijährigen Bürgerkrieg verwickelt, der großes Leid über die Bevölkerung brachte.

In einer Verordnung der russischen Regierung vom 10. Juli 1918 hieß es:

> **Q** Die Russische Sowjetrepublik gleicht einer von allen Seiten von imperialistischen* Heeren belagerten Festung. Im Inneren der Sowjetischen Festung erhebt die Gegenrevolution ... ihr Haupt. Die Sowjetrepublik braucht eine starke Revolutionsarmee, die fähig ist, die Gegenrevolution der Bourgeoisie* und der Grundbesitzer zu vernichten und dem Vorstoß der imperialistischen Banditen Widerstand entgegenzusetzen. ...
> 4. ... Der 5. Allrussische Sowjetkongreß hat ... bestätigt, daß jeder ehrliche und gesunde Bürger im Alter zwischen 18 und 40 verpflichtet ist, die Sowjetrepublik – auf ihren ersten Aufruf hin – gegenüber äußeren und inneren Feinden zu verteidigen.

1 *Beschreibt anhand der Quelle die Situation der Sowjetrepublik im Sommer 1918.*

2 *Erläutert, wie in der Verordnung die Notwendigkeit einer starken Revolutionsarmee begründet wird.*

3 *Stellt fest, auf welche Weise die Armee verstärkt werden soll.*

4 *Beschreibt das Bild und stellt Vermutungen über den Inhalt von Trotzkijs Ansprache an.*

Die Roten und die Weißen

Leo Trotzkij übernahm die Aufgabe, die im Januar 1918 als Freiwilligenheer gegründete „Rote Arbeiter- und Bauernarmee" zu einer schlagkräftigen und disziplinierten Revolutionsarmee auszubauen. Durch die Wiedereinsetzung ehemaliger Offiziere des Zarenheeres und die Einführung der Wehrpflicht wuchs die Truppenstärke der Roten Armee innerhalb eines Jahres von 200 000 auf 800 000 Soldaten. 1920 waren es bereits 5,5 Millionen.

Auf der anderen Seite standen die Truppen der „Weißen", in denen sich unterschiedliche Gruppen von Gegnern der Bolschewiki zusammengeschlossen hatten. Sie wurden von England, Frankreich und den USA durch Waffenlieferungen unterstützt. Außerdem bekämpften englische und französische Truppen auch nach dem Ende des Ersten Weltkrieges (Nov. 1918) weiterhin die Rote Armee.

Rußland im Bürgerkrieg

Alltag des Krieges

Der russische Bürgerkrieg war geprägt von brutalem Terror auf beiden Seiten. Mißhandlung und Ermordung von Gefangenen gehörten zum Kriegsalltag. Oft wurden auch unbeteiligte Dorfbewohner ermordet, weil man sie der Unterstützung des Feindes verdächtigte. Soldaten der Roten Armee und der Weißen plünderten Dörfer und Höfe, um sich mit Lebensmitteln zu versorgen. Gleichzeitig zwang die kommunistische Regierung die Bauern, ein Großteil ihrer Erzeugnisse für die Versorgung der Armee und der Stadtbevölkerung abzuliefern. Diese Abgabepflicht konnten sie kaum erfüllen: In den Städten und auf dem Lande wurden die Lebensmittel knapp. Unter dem Hunger und den Schrecken des Krieges hatten besonders auch die Kinder zu leiden. Viele hatten ihre Eltern verloren. Auf der Suche nach Nahrung und einer Bleibe zogen 7 Millionen Kinder ziellos durch das Land. Nur wenige von ihnen hatten das Glück, Hilfe zu finden.

① *Betrachtet das Bild. Denkt über mögliche Gefühle und Wünsche der Kinder nach.*
② *Beschreibt den Kriegsalltag aus der Sicht betroffener Bauern.*

Das Ende des Bürgerkrieges

Nach Anfangserfolgen der Weißen gewann die Rote Armee im Winter 1919/20 die Oberhand. Die ausländischen Truppen verließen zusammen mit den Resten der Weißen Rußland. Der Sowjetstaat hatte sich endgültig behauptet. Über 5 Millionen Menschen waren dem Bürgerkrieg zum Opfer gefallen.
1922 schlossen sich die Sowjetrepubliken zur Union der Sozialistischen Sowjetrepubliken (UdSSR) zusammen. Moskau wurde die neue Hauptstadt.

③ *Erläutert den Verlauf des Bürgerkrieges anhand der Karte und des Textes.*
④ *Informiert Euch darüber, wo gegenwärtig Bürgerkriege geführt werden. Sammelt Zeitungsmeldungen dazu.*

1 **Bürgerkrieg in Rußland.**

2 **Heimatlose Kinder während des Bürgerkrieges.** Foto.

Alltag nach der Oktoberrevolution

Russisches Dorf während der ersten Jahre nach der Revolution. Foto.

Auf dem Lande

① *Beschreibt das Bild und sprecht über den Lebensstandard in einem solchen Dorf.*

In den Jahren nach der Oktoberrevolution bereisten viele Ausländer die Sowjetunion. Sie wollten sich über das Leben im ersten kommunistischen Staat der Geschichte informieren.
1920 besuchte eine britische Arbeiterdelegation Dörfer im Wolgagebiet. In ihrem Bericht hieß es:

Q 1 Wir unterhielten uns mit den Bauern über das Land. Sie waren glücklicher als vorher, weil sie jetzt mehr Land hatten, und weil alle welches hatten. Die großen Güter waren zerstückelt und unter sie verteilt worden ...

Bauern aus einer anderen Gegend berichteten im Dezember 1917 über Probleme in ihrem Dorf:

Q 2 ... Im Frühjahr regt sich bei den Bauern die Besitzgier –, sie fangen an zu pflügen und kriegen sich wegen der Äcker in die Haare. Außerdem werden in vielen Dörfern die Frontsoldaten und die Frauen der Kriegsgefangenen übers Ohr gehauen. Wenn ihre Männer ... zurückkommen, dann gibt's einen mörderischen Streit ...

② *Beschreibt anhand von Q 1 Veränderungen im Alltagsleben der Bauern.*
③ *Sprecht anhand von Q 2 über Probleme der veränderten Lebensbedingungen. Denkt über mögliche Lösungen nach.*

In einem Dekret der Regierung vom 11. Januar 1919 hieß es:

Q 3 Um für die Belange der Roten Armee und die Regionen ohne Getreideanbau rechtzeitig Getreide zur Verfügung zu stellen ..., wird nachfolgende Ordnung für die Beschlagnahmung von Getreide- und Futtermittelüberschüssen zugunsten des Staates erlassen:
Art. 1: Die Gesamtmenge an Brot- und Futtergetreide, die zur Befriedigung der staatlichen Bedürfnisse nötig ist, wird durch Beschlagnahmung bei der Bevölkerung der getreideproduzierenden Gebiete aufgebracht. ...

④ *Beschreibt, was das Dekret von Bauern fordert.*

Den Bauern, die sich weigerten, ihr Getreide abzuliefern, wurden im Dekret harte Strafen angedroht. Es war ihnen verboten, ihre Erzeugnisse auf dem Markt zu verkaufen.
Ein britischer Beobachter berichtet im Juni 1920 über Reaktionen von Bauern:

Q 4 Man reagierte auf die lästigen Eingriffe der Regierung mit Murren. Am schlimmsten war dabei natürlich das direkte Eintreiben von Sachabgaben durch die Regierung ... Man erzählte mir von einem Dorf in der Nachbarschaft, wo sich Unruhen ereignet und mehrere Bauern ihr Leben verloren hatten ...

⑤ *Bereitet ein Rollenspiel vor: Bauern diskutieren mit Regierungsbeauftragten über die Beschlagnahmung ihres Getreides.*

Dürreperioden und Mißernten verschlimmerten die Lage der Bauern. 1921/22 verhungerten über 5 Millionen Menschen in der Ukraine und im Wolgagebiet.

Alltag nach der Oktoberrevolution

In der Stadt
In einem Dekret beschloß der Rat der Volkskommissare im Dezember 1920:

Q 1 ... Die staatlichen Verteilungsstellen geben Lebensmittel kostenlos ab:
a) in Moskau und Petrograd an die gesamte Bevölkerung ...
b) in anderen Orten ... an die werktätige Bevölkerung ..., das heißt an Arbeiter, Angestellte, Kriegs- und Arbeitsinvaliden, Mütter, Schwangere und andere;
c) an Familienmitglieder von Rotarmisten ...

1. *Gebt den Inhalt des Dekrets wieder.*
2. *Vergleicht den Inhalt des Dekrets mit Q 3 auf der gegenüberliegenden Seite.*
3. *Erklärt, auf welche Weise die Lebensmittelverteilung vorgenommen wurde.*

Ein Menschewik erinnert sich an die Lage in Petrograd im Februar 1921:

Q 2 Die Versorgungslage verschlechterte sich ... von Tag zu Tag. Brot (je ein halbes bis ein ganzes Pfund) und selten genug etwas Streuzucker – das war alles, was auf Karten ausgegeben wurde.
Auch dieses Brot gab es längst nicht jeden Tag ... Die Arbeiter hungerten. Es hungerten auch die Rotarmisten. Ich mußte bei meinem Gang zum Dienst an einer Kaserne vorbei. Und jedes Mal wurde ich auf den angrenzenden Straßen zehnfach von Rotarmisten angehalten, die buchstäblich um ein „Stückchen Brot" bettelten ...

4. *Sucht Erklärungen für die Versorgungsprobleme. Lest dazu Q 4 auf der gegenüberliegenden Seite und denkt an den Bürgerkrieg.*

Der gleiche Zeitzeuge schrieb zur Wirtschaftslage in Petrograd Anfang 1921:

Q 3 ... Die Wirtschaftslage Petrograds war zu dieser Zeit hoffnungslos. Im November/Dezember waren entsprechend dem „Wirtschaftsprogramm" viele Fabriken und Betriebe in Gang gesetzt worden. Es wurden Energie und Rohstoffe „freigegeben", aber es vergingen keine zwei Monate, bis sich – wie gewöhnlich – herausstellte, daß im „Programm" ein „kleiner Fehler" unterlaufen war, die „freigegebenen" Roh- und Brennstoffe für etwas anderes bestimmt waren und ihre Lieferung folglich gestoppt werden mußte ...

5. *Nennt mit Hilfe von Q 3 Gründe für die schlechte Wirtschaftslage Anfang 1921.*
6. *Versucht herauszufinden, welche Einstellung der Verfasser von Q 2 und Q 3 zur bolschewistischen Regierung hat.*

Alltag von Frauen
Der in die Sowjetunion ausgewanderte Ingenieur John Scott berichtete über sein Eheleben mit einer sowjetischen Frau in der Stadt Magnitogorsk (1935):

Q 4 ... Einige Monate nach Elkas Geburt legte Mascha das Abschlußexamen ab und erhielt einen Platz als Mathematiklehrerin ... Sie unterrichtete durchschnittlich fünf Stunden am Tag und erhielt ein Monatsgehalt von 500 Rubel, ungefähr gerade so viel, wie ich verdiente. Sie fühlte sich sehr wohl in ihrer Arbeit und hatte gute Erfolge ...
Mascha war typisch für eine ganze Generation junger Sowjetfrauen, die die umfassenden Ausbildungsmöglichkeiten, die ihnen geboten wurden, ausnutzten und gebildete Berufsfrauen wurden, während ihre Eltern nur gerade lesen und schreiben konnten. Diese Gruppe, und unter ihnen auch Mascha, war unter dem Schlagwort „Gleiche Möglichkeiten für Männer und Frauen" geformt worden ... Mit Kochen, Abwaschen und Nähen wollten sie sich so wenig wie möglich befassen ...

7. *Beschreibt anhand von Q 4, wie sich die Rolle der Frau nach der Oktoberrevolution verändert hat.*

Anteil der Frauen an verschiedenen Berufsgruppen in der Sowjetunion heute		
Gesamtbevölkerung	53,3 %	
Arbeiter und Angestellte	51 %	(1928 = 24 %)
Kolchosbauern	48 %	
Studierende	51 %	(1928 = 28 %)
Ärzte	69 %	(1913 = 10 %)
Lehrer	71 %	
Wissenschaftler	40 %	
Volksrichter	32,8 %	

8. *Wertet die Tabelle unter der Fragestellung „Berufliche Möglichkeiten von Frauen in der Sowjetunion" aus.*

Aufbau der Wirtschaft nach dem Bürgerkrieg

Unterricht in einer Analphabetenschule. Foto 1925.

Elektrifizierung

Elektroenergie (in Mrd. kW/h)		
1913	1928	1940
2	5	48,3

1 *Beschreibt die Entwicklung der Elektroenergie in der Sowjetunion.*

1920 hatte Lenin in einer Rede gesagt:

> **Q 1** Kommunismus – das ist Sowjetmacht plus Elektrifizierung des ganzen Landes. Sonst wird das Land ein kleinbäuerliches Land bleiben. ... Wir werden es dahin bringen, daß die wirtschaftliche Grundlage aus einer kleinbäuerlichen zu einer großindustriellen wird. Erst dann, wenn das Land elektrifiziert ist, wenn die Industrie, die Landwirtschaft und das Verkehrswesen eine moderne, großindustrielle technische Grundlage erhalten, erst dann werden wir endgültig gesiegt haben ...
> Man muß jedoch wissen und darf nicht vergessen, daß die Elektrifizierung nicht mit Analphabeten durchzuführen ist. ... Wir brauchen Menschen, die nicht nur des Lesens und Schreibens kundig sind, sondern kulturell hochstehende, politisch bewußte, gebildete Werktätige; es ist notwendig, daß die Mehrheit der Bauern eine bestimmte Vorstellung von den Aufgaben hat, vor denen wir stehen.

2 *Erläutert Lenins Begründung für die Elektrifizierung der Sowjetunion.*
3 *Erklärt, mit welchen Problemen Lenin bei der geplanten Elektrifizierung rechnet.*

Bildung der Massen

Lese- und Schreibkundige (in Prozent)				
	Insgesamt	Männer	Frauen	Stadtbewohner	Landbewohner
1897	28,4	40,3	16,6	57,0	23,8
1920	44,1	57,6	32,2	73,5	37,8
1926	56,6	71,5	42,7	80,9	50,6
1939	87,4	93,5	81,6	93,8	84,0
1970	99,7	99,8	99,7	99,8	99,5

4 *Beschreibt die Entwicklung des Anteils Lese- und Schreibkundiger in der Sowjetunion.*
5 *Vergleicht die Werte für Männer und Frauen sowie für Stadt- und Landbewohner.*
6 *Beschreibt das Bild. Achtet besonders auf das Alter der Schüler.*

In einem Dekret vom Dezember 1919 hieß es:

> **Q 2** ... Alle Bewohner der Republik im Alter von 8 bis 50 Jahren, die nicht schreiben oder lesen können, sind verpflichtet, Lesen und Schreiben zu erlernen ... Wer sich der durch dieses Dekret verfügten Pflicht entzieht, wird strafrechtlich zur Verantwortung gezogen.

7 *Erklärt anhand des Bildes und von Q 2 die Zunahme des Anteils Lese- und Schreibkundiger in den zwanziger Jahren.*

Der Kampf gegen das Analphabetentum* war nur ein erster Schritt zur Bildung der Bevölkerung. Ein neues Schulsystem, die Einheitsschule, sollte eine umfassende Volksbildung von Grund auf ermöglichen. Die Einteilung in verschiedene Schultypen wurde abgeschafft, alle Schüler besuchten die Einheitsschulen. Die neue Schule war für alle verpflichtend und auf allen Stufen kostenlos.

Aufbau der Wirtschaft nach dem Bürgerkrieg

[1] **Ein Regierungsbeauftragter informiert eine Dorfversammlung über die neue Wirtschaftspolitik.** Foto.

Neue Wirtschaftspolitik

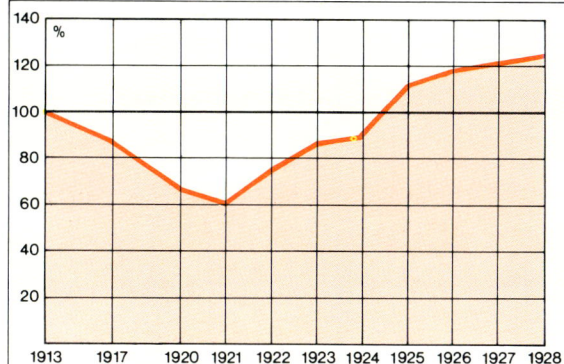

[2] **Die landwirtschaftliche Produktion von 1913–1928.** (1913 = 100 %)

① *Beschreibt die Entwicklung der landwirtschaftlichen Produktion von 1913 bis 1928.*
② *Erklärt den Produktionsrückgang bis 1921.*

1921 war die landwirtschaftliche Produktion auf ca. 60 % des Standes von 1913 gesunken, die industrielle Produktion sogar auf 31 %. Die Bevölkerung litt unter der unzureichenden Versorgung. Es kam zu Demonstrationen, Streiks und Bauernaufständen. In dieser Krisensituation änderten die Bolschewiki ihre Politik.
Lenin verkündete 1921 die Grundsätze einer neuen Wirtschaftspolitik, die er Neue Ökonomische Politik nannte:

Q 1 Wir waren der Meinung, daß uns die Bauern auf Grund der Ablieferungspflicht die notwendige Menge Getreide liefern und wir es auf die Fabriken und Werke verteilen werden und daß wir damit eine kommunistische Produktion und Verteilung haben werden ... Die Ablieferungspflicht im Dorf, dieses unmittelbar kommunistischen Herangehen an die Aufgaben des Aufschwungs der Produktivkräfte, war die Grundursache der tiefgreifenden ökonomischen und politischen Krise, in die wir im Frühjahr 1921 hineingerieten ...

Die neue Wirtschaftspolitik schaffte die Ablieferungspflicht der Bauern ab. Statt dessen sollten sie eine wesentlich kleinere Naturalsteuer zahlen.
Das Wesentliche seiner Politik beschrieb Lenin so:

Q 2 Die Aufhebung der Ablieferungspflicht bedeutet für die Bauern freien Handel mit den landwirtschaftlichen Überschüssen, die nicht durch die Steuer erfaßt sind, die Steuer aber erfaßt nur einen kleinen Teil der Produkte ...

Auch in Handel und Industrie wurden private Kleinunternehmen wieder zugelassen.

③ *Stellt fest, welche Gründe Lenin für die wirtschaftliche und politische Krise im Frühjahr 1921 anführt.*
④ *Beschreibt die wesentlichen Veränderungen der Neuen Ökonomischen Politik.*
⑤ *Beschreibt das Bild.*
⑥ *Spielt eine Dorfversammlung. Überlegt euch vorher in Kleingruppen Fragen an den Regierungsbeauftragten.*

Machtkämpfe nach Lenins Tod

Stalin wird Generalsekretär

1924 starb Lenin. Während seiner beiden letzten Lebensjahre litt er an einer schweren Krankheit. Auf seinen Vorschlag hin hatte die Parteiführung 1922 Josef Stalin zum Generalsekretär der Kommunistischen Partei der Sowjetunion (KPdSU)* gewählt. In dieser Stellung konnte Stalin die Partei und wichtige Bereiche der Staatsmacht kontrollieren. Neue Stellen besetze er grundsätzlich mit Personen, die ihm ergeben waren. Ein Jahr vor seinem Tode äußerte sich Lenin in seinem „politischen Testament" zur Person Stalins.
Diese Aufzeichnungen wurden jedoch erst 1956 – nach Stalins Tod – veröffentlicht:

> **Q** ... Genosse Stalin hat, nachdem er Generalsekretär geworden ist, eine unermeßliche Macht in seinen Händen konzentriert, und ich bin nicht überzeugt, daß er es immer verstehen wird, von dieser Macht vorsichtig genug Gebrauch zu machen ... Stalin ist zu grob, und dieser Mangel ... kann in der Funktion des Generalsekretärs nicht geduldet werden. Deshalb schlage ich den Genossen vor, sich zu überlegen, wie man Stalin ablösen könnte, um jemand anderen an diese Stelle zu setzen ...

1. *Vergleicht Lenins Vorschläge an die Partei 1922 und 1923. Sucht anhand der Quelle Erklärungen für die Unterschiede.*
2. *Überlegt, warum Lenins „politisches Testament" über 30 Jahre lang geheimgehalten wurde.*

Stalin hieß eigentlich Josef Wissarionowitsch Dschugaschwili. Er wurde 1879 als Sohn eines Schusters in der Nähe von Tiflis geboren. 1894 trat er in ein Priesterseminar ein, von dem er fünf Jahre später wegen seiner kommunistischen Gesinnung verwiesen wurde. Er wurde Mitglied der Sozialdemokratischen Arbeiterpartei und schloß sich später den Bolschewiki an. Zur Finanzierung der Parteiarbeit beteiligte er sich an Raubüberfällen. Seit 1912 war Stalin Mitglied des Zentralkomitees der Partei, danach war er Herausgeber der Parteizeitung Prawda. Nach der Oktoberrevolution gehörte er dem Rat der Volkskommissare an. 1922 wurde Stalin Generalsekretär der KPdSU*, er schaltete nach Lenins Tod die gesamte politische Opposition aus. Stalin baute eine Diktatur auf, die er bis zu seinem Tode im Jahre 1953 ausübte.

Stalin und Trotzkij

Als Organisator der Roten Armee gehörte Leo Trotzkij zu den herausragenden Personen innerhalb der Partei. In wichtigen Fragen vertrat er einen anderen Standpunkt als Stalin. Trotzkij sah in der Ausbreitung der kommunistischen Revolution auf der ganzen Welt die Hauptaufgabe der sowjetischen Politik. Stalin dagegen wollte den Sozialismus unabhängig von der Ausbreitung der Revolution zunächst in der Sowjetunion verwirklichen. Wegen dieser Gegensätze ließ Stalin Trotzkij aus allen Parteiämtern entfernen. Danach folgten Verbannung und Ausweisung aus der Sowjetunion. 1940 wurde Trotzkij in Mexiko auf Befehl Stalins von einem Agenten ermordet. Nachdem Stalin in ähnlicher Weise die gesamte innerparteiliche Opposition ausgeschaltet hatte, war er ab 1928/29 unbestrittener Führer der Partei.

Zum Nachdenken

In Geschichtsbüchern sozialistischer Länder wird Leo Trotzkij nicht erwähnt. Von Bildern wie dem auf S. 14 wurde er entfernt.
- *Sprecht über mögliche Gründe.*
- *Überlegt, ob bekannte geschichtliche Persönlichkeiten auch bei uns aus Schulbüchern „verbannt" werden könnten.*

Zusammenfassung

Nach der Oktoberrevolution schlossen die Bolschewiki Frieden mit Deutschland. Sie enteigneten die Gutsbesitzer und verteilten das Land unter die Kleinbauern. Die gesamte Industrie wurde verstaatlicht. Die Bolschewiki sicherten ihre Macht gegenüber ihren innerrussischen Gegnern mit Hilfe einer Geheimpolizei, der Tscheka. In einem grausamen Bürgerkrieg setzte sich die Rote Armee gegen die Weißen durch. Die Folgen dieser Auseinandersetzung belasteten die russische Wirtschaft und die Bevölkerung sehr. Nach dem Bürgerkrieg sorgte Lenins Neue Ökonomische Politik für Fortschritte im wirtschaftlich-sozialen Bereich. 1922 wurde die UdSSR mit der Hauptstadt Moskau gegründet. Aus den Machtkämpfen nach Lenins Tod ging Stalin als Sieger hervor.

Werkstatt Geschichte

[1] **Lenin spricht am Vorabend der bolschewistischen Oktoberrevolution 1917.**

[2] **Die Erstürmung des Winterpalais in der Nacht vom 7./8. November 1917.** Gemälde von Kuznezow.

Bildliche Darstellung historischer Ereignisse

Historische Ereignisse waren immer wieder Anlaß und Vorlage für Werke der bildenden Kunst. Teils wurden Künstlerinnen und Künstler durch das Ereignis selbst inspiriert, teils wurden sie von einflußreichen Personen mit der Anfertigung eines Werkes beauftragt. In beiden Fällen ging es selten um eine möglichst wirklichkeitsgetreue Darstellung des Ereignisses. Vielmehr kam in dem Werk zum Ausdruck, welche Haltung Künstler oder Auftraggeber gegenüber dem Geschehen einnahmen. Dementsprechend erhoffte man sich eine bestimmte Wirkung auf den Betrachter.

1 *Erweitert die nachfolgende Übersicht:*

Einstellung des Künstlers	beabsichtigte Wirkung beim Betrachter
– begeistert	– verherrlichen
–	– ....
–	– ....
– entsetzt	– Abscheu hervorrufen

Um ein Bild zu erschließen und die beabsichtigte Wirkung zu verstehen, muß man sich mit seinen Details beschäftigen. Die beiden Bilder auf dieser Seite beschäftigen sich mit der Oktoberrevolution. Untersucht sie anhand der nachfolgenden Fragen:

2 *Fragen zur Erschließung bildlicher Darstellungen historischer Ereignisse:*
– *Welche Phase, welcher Aspekt des Ereignisses ist Thema des Bildes?*
– *Welche – namentlich bekannten – Personen sind dargestellt?*
– *Wie sind die Personen dargestellt? (Kleidung, Gesichtsausdruck, Gesten . . .)*
– *Welche Gebäude sind zu erkennen bzw. welche Einrichtungsgegenstände im Raum?*
– *Worauf wird der Blick des Betrachters gelenkt?*

3 *Überlegt nun, welchen Gesamteindruck von der Oktoberrevolution die einzelnen Bilder vermitteln.*

4 *Vergleicht die Ergebnisse der Bildbetrachtung mit euren Kenntnissen über die Oktoberrevolution. Sucht Erklärungen für mögliche Unterschiede.*

Industrialisierung

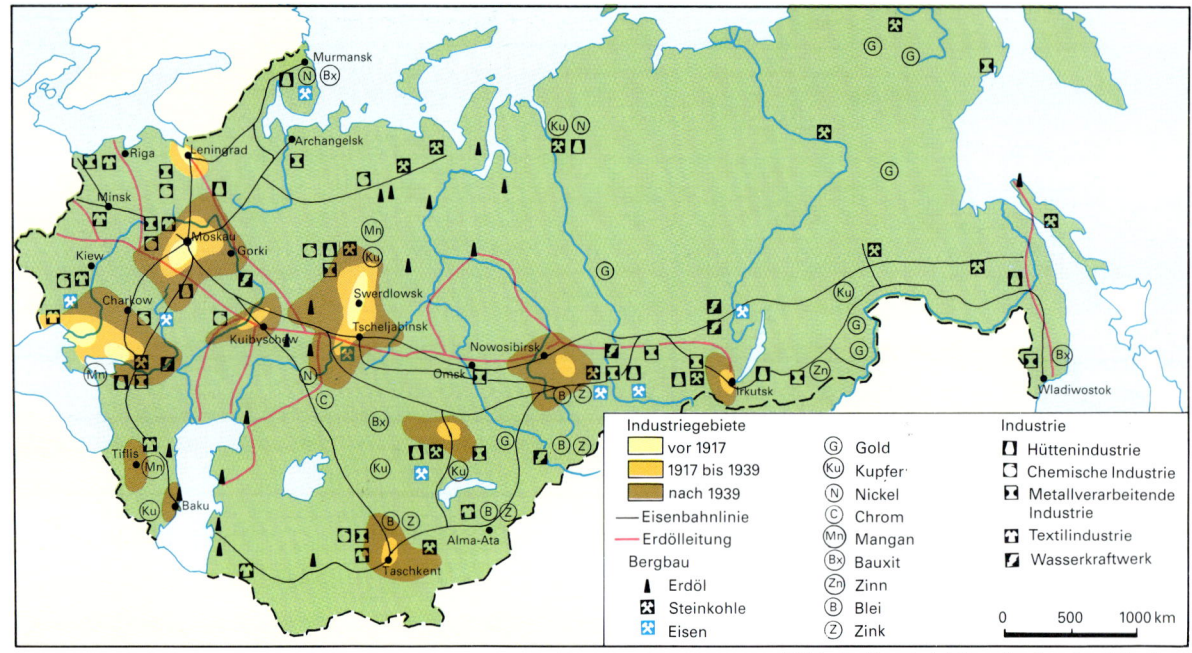

Wirtschaftsentwicklung in der Sowjetunion.

Fünfjahrespläne

1. *Erstellt nach der Karte eine Liste der Bodenschätze.*
2. *Beschreibt anhand der Karte die industrielle Entwicklung der Sowjetunion bis 1939.*

Stalin sagte 1931:

Q 1 ... Wir sind hinter den fortgeschrittenen Ländern um fünfzig bis hundert Jahre zurückgeblieben. Wir müssen diese Distanz in zehn Jahren durchlaufen. Entweder bringen wir das zustande, oder wir werden zermalmt.

Die Ziele der Industrialisierung wurden seit 1929 in staatlichen Fünfjahresplänen festgelegt.
In einem Zeitungsartikel äußerte sich Stalin zum ersten Fünfjahresplan:

Q 2 Die grundlegende Aufgabe des Fünfjahresplans bestand darin, unser Land mit seiner rückständigen, mitunter mittelalterlichen Technik auf die Bahnen der neuen, der modernen Technik überzuleiten.
... die UdSSR aus einem Agrarland, einem machtlosen, von den Launen der kapitalistischen Länder abhängigen Land in ein Industrieland ... zu verwandeln.
... das Hauptkettenglied des Fünfjahresplans bestand in der Schwerindustrie mit ihrem Herzstück, dem Maschinenbau ...

3. *Beschreibt die Hauptziele des ersten Fünfjahresplans anhand von Q 2.*

Industrialisierung bedeutete nicht nur den Bau neuer Fabrikanlagen, sondern auch die Erschließung von Rohstoffvorkommen, den Ausbau des Verkehrsnetzes und den Bau neuer Industriestädte für die Arbeiter. Dies alles sollte in möglichst kurzer Zeit geleistet werden.

Schwierigkeiten bei der Industrialisierung

Der in die Sowjetunion ausgewanderte amerikanische Ingenieur John Scott berichtet über seine Erlebnisse beim Bau des Stahlzentrums Magnitogorsk:

Q 3 Trotz mancher Schwierigkeiten macht die Arbeit weit schnellere Fortschritte, als die optimistischsten unter den Ausländern erwartet hatten, wenn auch wesentlich langsamer, als die phantastischen Pläne der Sowjetregierung verlangten. Ende 1931 waren die erste Batterie Koksöfen und Hochofen Nr. 1 betriebsfertig. Am 1. Februar 1932 wurde zum erstenmal Magnitogorsker Roheisen geschmolzen. ...

Industrialisierung

Eines der ernstesten Probleme ... war der Mangel an Arbeitern. Zwischen 1928 und 1932 kam beinahe eine Viertelmillion Menschen nach Magnitogorsk. Ungefähr drei Viertel von diesen kamen freiwillig, um Arbeit, Brot und bessere Lebensbedingungen zu finden. Der Rest kam zwangsweise. Es herrschte dauernd Mangel an gelernten Arbeitern, hauptsächlich weil die Organisation, welche die Arbeiter anzulernen hatte, untüchtig war. Des weiteren machte die Industrialisierung in anderen Teilen des Landes die Anwerbung von gelernten Arbeitern in größerer Zahl unmöglich. ... Viele ungelernte Arbeiter mußten offenbar die Arbeit von gelernten Arbeitern ausführen. So kam es, daß unerfahrene Bautischler vom Gerüst fielen und daß ungelernte Maurer Wände mauerten, die nicht hielten. ...

Die tatsächlich niedrigen Löhne und die schlechten Lebensbedingungen waren die Ursachen für starke Schwankungen am Arbeitsmarkt. ... Ein sehr mißliches Problem in Magnitogorsk war die Beschaffung von Vorräten. Die Stadt lag weit entfernt von dem nächsten Industriezentrum. (Die) Verbindung ... bestand in einer eingleisigen Eisenbahn. Außerdem herrschte während des 1. und 2. Fünfjahresplans starker Mangel an industriellem Baumaterial jeder Art wie auch an Nahrungsmitteln. ... Während des ganzen Winters 1932/33 erhielten die Bauarbeiter überhaupt kein Fleisch und keine Butter und fast keinen Zucker und keine Milch. Sie erhielten nur Brot und etwas Hülsenfrüchte. ...

🟡1 *Erstellt eine Tabelle zu den Schwierigkeiten bei der Industrialisierung:*

Probleme	Ursachen	Folgen für die Bauarbeiten
...	...	...

🟡2 *Sprecht über die unterschiedlichen Erwartungen der ausländischen Ingenieure und der Sowjetregierung.*

Ergebnisse der Industrialisierungspolitik

	1913	1928	1940
Elektroenergie (Mrd. kWh)	2	5	48,3
Stahl (Mio. t)	4,3	4,3	18,3
Erdöl (Mio. t)	10,3	11,6	31,1
Kohle (Mio. t)	29,2	35,5	166
Mineraldünger (Mio. t)	0,09	0,14	3,2
Traktoren (1000 Stück)	–	1,3	31,6

1 **Die sowjetische Industrieproduktion.**

🟡3 *Beschreibt anhand von Tab. 1 die Entwicklung der Industrieproduktion.*

🟡4 *Denkt anhand von Tab. 1 über Auswirkungen der Industrialisierung auf die Landwirtschaft nach.*

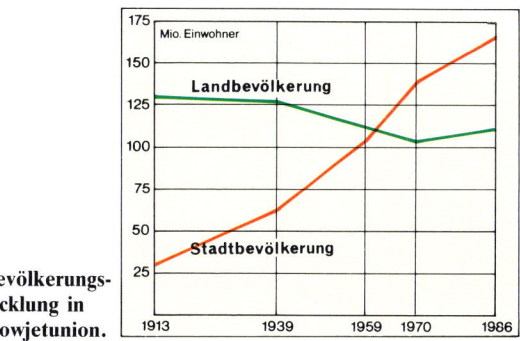

2 **Bevölkerungsentwicklung in der Sowjetunion.**

🟡5 *Erklärt die Veränderungen im Verhältnis Stadt- und Landbevölkerung.*

Nach und nach konnte die Sowjetregierung die meisten Probleme lösen, allerdings meist mit Zwangsmaßnahmen. So wurde es den Arbeitern verboten, ohne Genehmigung den Arbeitsplatz zu wechseln. Landwirtschaftliche Betriebe wurden angewiesen, die Großbaustellen mit Nahrungsmitteln zu versorgen. Die Bevölkerung mußte auf vieles verzichten, weil durch den Aufbau der Industrie die Produktion von Verbrauchsgütern eingeschränkt wurde.

In einem Bericht an den Parteitag sagte Stalin 1934 über die Ergebnisse des ersten Fünfjahresplans:

> **Q** ... Die Sowjetunion hat sich in dieser Periode von Grund auf umgestaltet und das Gepräge der Rückständigkeit und des Mittelalters abgestreift. Aus einem Agrarland ist sie zu einem Industrieland geworden.

🟡6 *Überprüft Stalins Aussagen anhand der Tabellen und der Karte.*

🟡7 *Diskutiert über die von der Sowjetregierung angewandten Methoden zur Erfüllung des Fünfjahresplans.*

Kollektivierung der Landwirtschaft

„Zwei Welten begegnen sich". Foto.

Vom Einzelhof zum landwirtschaftlichen Großbetrieb

Ein weiteres Ziel des ersten Fünfjahresplans war die Umgestaltung der Landwirtschaft.
Dazu äußerte sich Stalin im November 1929:

Q 1 Es handelt sich um einen radikalen Umschwung in der Entwicklung unserer Landwirtschaft, um den Übergang von der kleinen und rückständigen individuellen* Wirtschaft zum fortschrittlichen kollektiven* landwirtschaftlichen Großbetrieb, zur gemeinsamen Bodenbestellung, zu Maschinen- und Traktorenstationen (MTS), zu ... Kollektivwirtschaften, die sich auf die moderne Technik stützen, und schließlich zu gigantischen Sowjetwirtschaften, die mit Hunderten von Traktoren und Mähdreschern ausgerüstet sind.

① *Versucht, mit Hilfe von Q 1 den Begriff „Kollektivwirtschaft" zu erklären.*
② *Erläutert Stalins Vorstellungen vom „radikalen Umschwung" in der Landwirtschaft.*

Lenins Neue Ökonomische Politik hatte den Bauern ihr eigenes Land belassen und ihnen den freien Handel mit ihren Überschüssen gestattet. Durch die Gründung landwirtschaftlicher Großbetriebe verloren die Bauern ihren Landbesitz.

Stalin begründete die Abkehr von der kleinbäuerlichen Einzelwirtschaft so:

Q 2 Ein kennzeichnender Zug der zersplitterten kleinen Wirtschaften besteht aber darin, daß sie nicht imstande sind, in dem nötigen Maße die Technik, Maschinen, Traktoren, die Ergebnisse der Agrarwissenschaft auszunutzen, und daß sie Wirtschaften mit einer geringen Warenproduktion sind. Daher der Mangel an landwirtschaftlichen Produkten für den Markt ...

③ *Erklärt Stalins Aussagen zur Leistungsfähigkeit.*

Zu den Möglichkeiten der kollektivierten Landwirtschaft sagte Stalin im November 1929:

Q 3 ... wenn die Entwicklung der Kollektiv- und Sowjetwirtschaft in einem gesteigerten Tempo weitergeht, so ist kein Grund vorhanden, daran zu zweifeln, daß unser Land in, sagen wir, drei Jahren zu einem der getreidereichsten Länder, wenn nicht zum getreidereichsten Land der Welt werden wird. ...

④ *Überlegt, mit welcher Absicht Stalin die Zukunft der kollektivierten Landschaft so positiv darstellt.*
⑤ *Beschreibt das Bild und erklärt seinen Untertitel.*
⑥ *Schreibt ein Gespräch der Bauern über die Veränderungen in der sowjetischen Landwirtschaft.*

Kollektivierung der Landwirtschaft

Kolchosen und Sowchosen

Entsprechend den Plänen Stalins wurden seit 1928 Kollektivierungsmaßnahmen* durchgeführt. Überall auf dem Lande wurden Kolchosen und Sowchosen gegründet.

In einem Kolchos wurden der gesamte Boden, das Vieh und die Geräte der Bauern in Gemeineigentum umgewandelt. Ihnen verblieb lediglich ein kleines Stück Land und etwas Vieh zur privaten Bewirtschaftung. Der Kolchos mußte jedes Jahr eine vorgeschriebene Menge landwirtschaftlicher Produkte an den Staat verkaufen. Die daraus erzielten Gewinne mußten für notwendige Ausgaben (Futter, Saatgut, Dünger, Reparaturen usw.) verwendet werden.

Die ehemaligen Staatsgüter wurden in Sowchosen umgewandelt. Sie waren riesige landwirtschaftliche Spezialbetriebe (z. B. Getreidefabriken, Schweinemästereien). Die Sowchosarbeiter erhielten ähnlich wie die Industriearbeiter einen festen Lohn. Für den Eigenbedarf erhielten die Familien ein kleines Stück Land (kleiner als das der Kolchosbauern).

1 *Erklärt mit euren Worten die Begriffe „Kolchos" und „Sowchos".*

Durchführung der Kollektivierung

Beide Formen der Kollektivwirtschaft bedeuteten für die Bauern den Verlust des eigenen Landes und damit ihrer Selbständigkeit. Deshalb waren weite Teile der Landbevölkerung gegen die Maßnahmen der Sowjetregierung.

	Zahl der Sowchosen (in 1000)	Zahl der Kolchosen (in 1000)	Anteil kollektivierter bäuerlicher Haushalte
1929	1,5	57	7,6 %
1931	3,4	211,1	52,7 %
1933	4,2	224,5	64,4 %
1935	4,1	245,6	83,2 %

1 **Kollektivierung der sowjetischen Landwirtschaft.**

2 *Vergleicht die Aussagen im Text über die Einstellung der Bauern zur Kollektivierung mit den Werten der Tabelle. Stellt Vermutungen an!*

Der Schriftsteller Lev Kopelev, der damals im Auftrag der Regierung für die Kollektivierung werben sollte, erinnert sich an diese Tätigkeit:

2 **Abstimmung über die Gründung einer Kolchose 1929.** Foto.

Q 1 ... Wir zugereisten Agitatoren (politische Werber) brachten Zeitungen und Broschüren in die Bauernhäuser, lasen Analphabeten* daraus vor und erzählten von der internationalen Lage, von dem unermeßlichen Wohlstand, den das neue Kolchosleben verheiße ...

3 *Nehmt Stellung zu den „Aufklärungsgesprächen" mit den Analphabeten.*

Ein anderer Augenzeuge erlebte Abstimmungen über die Gründung von Kolchosen:

Q 2 Bewaffnete Obrigkeit berief Bauernversammlungen unter Bewachung ein, überredete, drohte und zählte die Stimmen, wobei die Pistole als Wegweiser diente. Es wurde eine neue, vereinfachte Abstimmungsart erfunden – man fragte nur: „Wer ist dagegen?" ... Meldete sich niemand, weil er nicht noch in der gleichen Nacht nach Sibirien verschickt werden wollte, so galt der Antrag auf Errichtung einer Kolchose ... als einstimmig angenommen, was im Protokoll festgelegt und den vorgesetzten Behörden zur Veröffentlichung in triumphalen statistischen Aufstellungen gemeldet wurde.

4 *Beschreibt den Gesichtsausdruck der Menschen auf dem Bild und versucht, ihn mit Hilfe von Q 2 zu erklären.*

5 *Erklärt anhand von Q 1 und Q 2, wie die Statistik auf dieser Seite trotz der ablehnenden Haltung der Bauern zustande kam.*

Terrorherrschaft

Plakat (1938) mit dem Text: „Laßt uns Spione und Abweichler ausrotten".

Verhaftungen durch die Geheimpolizei
1 *Vermutet, mit welcher Absicht das Plakat von der Regierung veröffentlicht wurde.*
2 *Sprecht darüber, welchen Eindruck das Plakat auf euch gemacht hätte.*

Die Herrschaft Stalins war von Anfang an vom Terror der Geheimpolizei geprägt. Seit 1934 nahmen die staatlichen Gewaltmaßnahmen unvorstellbare Ausmaße an. Die Geheimpolizei Stalins war allgegenwärtig. Niemand war vor ihrem Terror sicher. Die Gründe für die Verhaftungen und die Leiden der Opfer blieben geheim. Kritik an Maßnahmen der Regierung oder abfällige Bemerkungen über Stalin galten als gegenrevolutionäre Handlungen und wurden bestraft. Viele Menschen wurden von Beauftragten der Geheimpolizei bespitzelt, andere von Nachbarn oder Kollegen angezeigt.

Der 1932 in die UdSSR ausgewanderte amerikanische Ingenieur John Scott berichtet über das Vorgehen der Geheimpolizei:

Q 1 ... Die Verhaftungen wurden des Nachts vorgenommen. Man war immer darauf bedacht, überraschend zuzuschlagen. Die Leute wurden verhaftet, wenn sie daran am wenigsten dachten, und sie wurden in Ruhe gelassen, wenn sie gerade fürchteten, daß jetzt sie an die Reihe kämen. ... Wenn jemand verhaftet war, schwebte die Familie in der Regel für mehrere Monate in vollständiger Unkenntnis. In dieser Zeit wurde der „Angehaltene" in das ... Gefängnis gebracht, um mürbe zu werden ... Das Gefängnis war damals immer überfüllt. Zellen, die für 20 Personen berechnet waren, nahmen 40 auf ... Einige Wochen nach der Verhaftung bekam die Familie dann meist ein formelles Schreiben, daß der Mann oder Bruder verhaftet sei und daß die Familie zu der und der Zeit mit einem Paket kommen könne ...

Ein deutscher Sozialdemokrat, der in der Sowjetunion arbeitete, berichtete 1930 über ein Beispiel für diese Vorgehensweise:

Q 2 (In einer großen Stadt) lebte, ... der Sohn eines ehemaligen Fabrikbesitzers mit seiner jungen Frau ... Eines Abend klopfte es auch, zwei Männer treten ein. Das Gespräch ist kurz und einseitig. „Geheimpolizei! Bitte folgen Sie uns! Sprechen Sie kein Wort." Bleich und wortlos folgt der Mann, verstört und hilflos bleibt die junge Frau zurück, ... in der vierten Woche holt man die junge Frau. „Wenn Sie Ihren Mann noch sehen wollen." Stumm folgt sie, jede Frage wäre zwecklos. Und dann, am Bahnhof, steht sie plötzlich einem Mann gegenüber, den sie kaum wiedererkennt. In drei Wochen ist sein Haar ergraut, sein Blick erloschen ... Er erkennt seine Frau nicht mehr, geistesgestört – so schafft man ihn fort ...

3 *Sprecht anhand von Q 1 und Q 2 über das Vorgehen und die Absichten der Geheimpolizei.*
4 *Beschreibt die Folgen der Verhaftung für den jungen Mann und seine Ehefrau.*
5 *Erkundigt euch, ob es auch in der Gegenwart noch Staaten gibt, in denen von staatlichen Organen Terror ausgeübt wird.*

Terrorherrschaft

Das weitere Schicksal der Gefangenen und ihrer Familien

Viele Gefangene wurden in Schnellverfahren zum Tode durch Erschießen verurteilt. Andere wurden in Arbeitslager eingewiesen, um dort unter menschenunwürdigen Bedingungen Zwangsarbeit zu verrichten. Nach Schätzungen kamen in solchen Lagern ca. 12 Millionen Menschen ums Leben.
Der sowjetische Historiker Medwedew schildert 1970 den Alltag der Gefangenen:

> **Q 1** Im Lager dauerte es 20–30 Tage, bis aus einem gesunden Mann ein Wrack wurde. Siebzehn Stunden Arbeit im Schacht ohne Ruhetag, systematische Aushungerung, zerfetzte Kleidung, Schlaf in durchlöcherten Zelten bei 60 °C unter 0 bewirkten das. Schläge von Vorarbeitern, ..., von den Wächtern beschleunigten diesen Prozeß noch ... Das Goldbergwerk spuckte seinen Abfall regelmäßig in die Lazarette, die sog. Genesungsheime, die Invalidensiedlungen und die brüderlichen Friedhöfe (Massengräber) aus ...

1 *Sprecht über die Folgen des Lager-Alltags für die Gefangenen.*

Über die Situation der Familien Inhaftierter schreibt der amerikanische Zeitzeuge John Scott:

> **Q 2** Wenn ein Ehemann ... verhaftet worden war, verlor oft auch die Frau ihre Arbeit, und die Familie befand sich plötzlich in einer Situation sozialer Ausgestoßenheit. Alle hatten Angst, mit jemandem aus der betreffenden Familie zu verkehren, weil dann eventuell später eine Anklage erfolgen konnte, daß sie selbst „Umgang mit Feinden des Volkes" gehabt hätten.

2 *Beschreibt die Folgen einer Verhaftung für die Familie des Inhaftierten.*

3 *Diskutiert über das Verhalten der Mitmenschen gegenüber den Familien Inhaftierter.*

Politische Prozesse

Nicht nur einfache Bürger wurden Opfer des Terrors. Hohe Parteifunktionäre und Militärs standen zwischen 1936 und 1938 in drei öffentlichen Prozessen vor Gericht. Ihnen wurde vorgeworfen, gemeinsam mit Trotzkij den Sturz der Regierung und die Ermordung Stalins geplant zu haben. Die

Zwangsarbeiterlager in Sibirien. Foto.

Geheimpolizei hatte alle Phasen des Prozesses vorher festgelegt. Unter dem Druck körperlicher und seelischer Folter legten die Angeklagten umfassende Geständnisse ab, obwohl sie unschuldig waren. Die Zeitungen berichteten ausführlich über diese Prozesse.

4 *Stellt Vermutungen darüber an, mit welcher Absicht Stalin die Prozesse gegen Parteifunktionäre und Militärs durchführen ließ.*

Stalins Terrorherrschaft im Urteil seiner Nachfolger

Nach Stalins Tod (1953) wurde das volle Ausmaß seiner Terrorherrschaft deutlich.
Auf dem 20. Parteitag der KPdSU* 1956 äußerte sich Stalins Nachfolger Chruschtschow dazu:

> **Q 3** ... Die Partei mußte gegen jene kämpfen, die das Land von dem richtigen leninistischen Weg abzubringen suchten ... Dieser Kampf war unerläßlich. Später allerdings begann Stalin, seine Macht in zunehmendem Maße zu mißbrauchen, den Kampf auf hervorragende Partei- und Regierungsfunktionäre auszudehnen und mit Terrormaßnahmen vorzugehen.

5 *Nehmt Stellung zu Chruschtschows Aussage.*

6 *Lest noch einmal Q 2 auf der gegenüberliegenden Seite und überlegt, ob die Ehefrau des Verhafteten mit der Stellungnahme in Q 3 zufrieden wäre.*

Anläßlich des 70. Jahrestages der Oktoberrevolution, 1987, kündigte der Generalsekretär der KPdSU, Michail Gorbatschow, die Einsetzung einer Kommission an, die sich mit der Entschädigung überlebender Stalin-Opfer befassen sollte.

Die Sowjetunion nach 1945

Sowjetunion: Wirtschaftsgigant mit Schwächen.

Der Wiederaufbau nach dem Zweiten Weltkrieg

1 *Beschreibt mit Hilfe des Schaubildes die wirtschaftliche Situation der Sowjetunion 1985.*

Die Folgen des Zweiten Weltkrieges (vgl. S. 118) waren für die Sowjetunion besonders schrecklich. Über 20 Millionen Menschen waren im Krieg gegen Deutschland umgekommen. 1700 Städte, 70000 Dörfer und über 32000 Industriebetriebe waren zerstört worden, auch viele landwirtschaftliche Betriebe waren vernichtet. Der Wiederaufbau des Landes gestaltete sich äußerst schwierig. Nur langsam wurden die Industriebetriebe von Kriegsproduktion auf Friedensproduktion umgestellt. Die Nachfolger Stalins, der 1953 starb, strebten an, die Vereinigten Staaten von Amerika in kurzer Zeit wirtschaftlich einzuholen und zu überholen. Entgegen diesem Ziel flossen aber viele Mittel in die Rüstungsindustrie und die Förderung der Raketentechnik. So erreichten es die Sowjets, daß sie 1957 als erste Nation einen Satelliten, den Sputnik, in eine Erdumlaufbahn schießen konnten. Die Versorgung der Menschen und die Erneuerung der Landwirtschaft blieben dafür aber weit hinter den selbstgesteckten Zielen zurück.

Unter Stalins Nachfolger Chruschtschow und dessen Nachfolger Breschnew im Amt des Generalsekretärs der KPdSU kam es kurzfristig zu Wirtschaftsreformen, die aber im Ansatz steckenblieben. Die Versorgungslage der Bevölkerung verbesserte sich kaum, der Unterschied zwischen dem sowjetischen und dem amerikanischen Lebensstandard wurde immer größer. Die Situation der Landwirtschaft wurde so schwierig, daß die Sowjetunion seit den 70er Jahren jedes Jahr große Mengen Getreide aus den USA einführen mußte.

2 *Benennt mit Hilfe des Schaubildes Probleme der sowjetischen Landwirtschaft.*

Die Außenpolitik

Außenpolitisch verhandelte die Sowjetunion als gleichberechtigte Supermacht mit den USA über alle weltpolitischen Fragen. Sie stützte sich dabei auf ihre starke Armee und Flotte. Wie die USA verfügte die UdSSR über Atomwaffen und Atomraketen. Mitte der 80er Jahre begannen Verhandlungen zur Verringerung der Atomwaffen beider Supermächte.

Bis zum Jahre 1985 verhinderte die Führung der UdSSR, notfalls mit Gewalt, jede Veränderung innerhalb des Ostblocks* (vgl. S. 152).

Reformen nach 1985

Mit der Wahl von Michail Gorbatschow zum Generalsekretär der KPdSU im Jahre 1985 begann eine Phase der tiefgreifenden Umgestaltung der UdSSR. Gorbatschow verkündete ein Reformprogramm, durch das die sowjetische Gesellschaft umfassend modernisiert werden sollte. In der Außenpolitik leitete er eine Beendigung des Wettrüstens mit den USA ein und machte umfangreiche Vorschläge zum gegenseitigen Abrüsten. 1990 wurde das größte Abrüstungsabkommen seit 1945 von zahlreichen Staaten unterzeichnet (vgl. S. 153). In der Innenpolitik verkündete Gorbatschow die Grundsätze der „Perestroika" (Veränderung) und von „Glasnost" (Offenheit), mit denen das politische Leben der UdSSR umgestaltet werden sollte. Im wirtschaftlichen Bereich sollte die sozialistische Planwirtschaft durch das Marktsystem abgelöst werden. Am 19. Oktober 1990 beschloß der Oberste Sowjet, das Parlament der Sowjetunion, auf Vorschlag Gorbatschows die Einführung der Marktwirtschaft. Damit wurde 70 Jahre nach der Oktoberrevolution das sozialistische Wirtschaftssystem abgeschafft.

Die inneren Reformen stießen auf großen Widerstand vor allem bei den Mitgliedern der KPdSU, deren Einfluß auf Staat und Gesellschaft immer stärker eingeschränkt wurde. Die wirtschaftlichen Reformen wurden nur halbherzig umgesetzt und führten zu großen Versorgungskrisen.

Die Auflösung der Sowjetunion

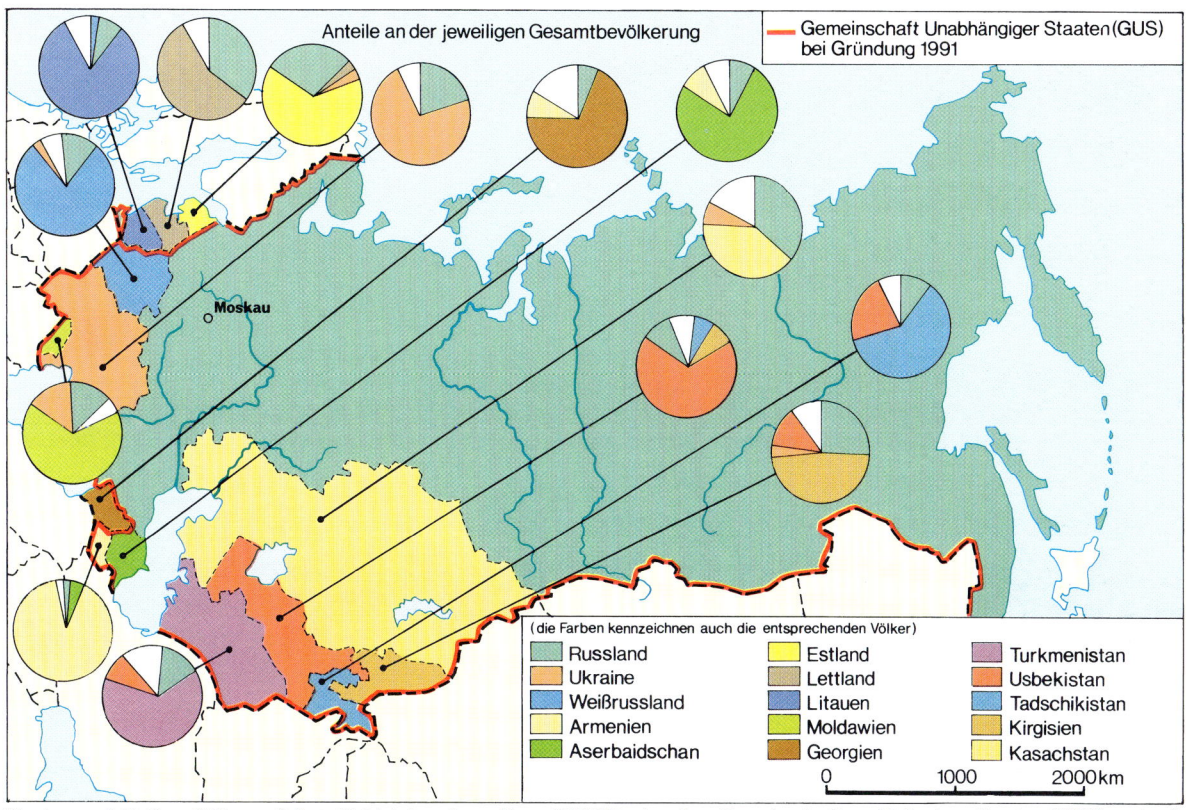

Staaten und Nationalitäten auf dem Gebiet der ehemaligen UdSSR – heutige Gemeinschaft unabhängiger Staaten (GUS) – April 1992.

Die Auflösung der bisherigen UdSSR

Im August 1991 versuchten konservative Führer der KPdSU mit Hilfe eines Putsches alle Reformen zu beenden. Der Putsch scheiterte am Widerstand der Bevölkerung Moskaus, Teilen der Armee und der aktiven Gegenwehr des Präsidenten der Russischen Republik, Boris Jelzin. Eine friedliche Revolution nach dem Putsch führte zur Entmachtung der KPdSU und zur Auflösung der bisherigen UdSSR. Tiefgreifende Verfassungsänderungen übertrugen große Teile der Macht auf die Republiken. Im Dezember 1991 gründeten neun der bisherigen Republiken die „Gemeinschaft unabhängiger Staaten" (GUS). Rußland trat das Erbe der bisherigen UdSSR an.

Die baltischen Staaten Estland, Lettland und Litauen wurden im September 1991 unabhängige Staaten und erlangten so ihre Selbständigkeit, die sie durch den Hitler-Stalin-Pakt 1941 verloren hatten.

Zusammenfassung

Unter der Herrschaft Stalins wurde die UdSSR industrialisiert. Die Landwirtschaft wurde gegen den Willen weiter Teile der Landbevölkerung kollektiviert: an die Stelle der bäuerlichen Kleinbetriebe traten Kolchosen und Sowchosen.

Stalin setzte seine Politik mit Hilfe von Terror durch. Nach dem Tode Stalins kritisierten seine Nachfolger diese Terrorherrschaft.

Nach 1945 wurde die Sowjetunion eine Weltmacht und innerhalb der kommunistischen Staatengemeinschaft die bestimmende Macht.

Mit dem Programm von Michail Gorbatschow begann ab 1985 ein Reformprozeß. Er führte 1991 zur Auflösung der UdSSR und des Warschauer Paktes sowie zur Entstehung der „Gemeinschaft unabhängiger Staaten" (GUS).

2. Die Vereinigten Staaten von Amerika

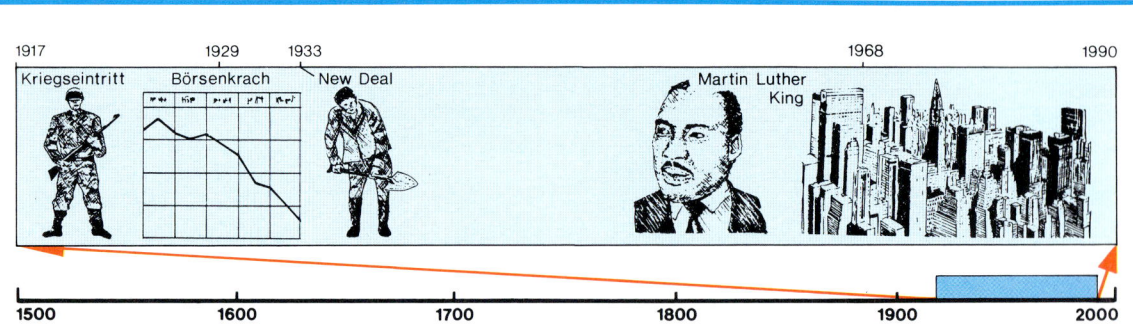

Die Freiheitsstatue vor dem Hafen von New York. Foto.

Am Eingang des New Yorker Hafens errichteten die Amerikaner im Jahre 1886 die 93 m hohe Freiheitsstatue. Sie war ein Geschenk des französischen Volkes.
An ihrem Sockel wurde folgende Inschrift angebracht:

> **Q** Laßt zu mir kommen
> eure müden, armen,
> bedrängten Massen,
> die danach lechzen,
> in Freiheit zu atmen.
> Den unglücklichen Haufen
> eurer überfüllten Küste.
> Schickt sie mir, die Obdachlosen,
> vom Sturm gepeitschten:
> Ich erhebe mein Licht
> neben der goldenen Pforte.

– Sprecht über diese Inschrift.
– Bildet in eurer Klasse zwei Gruppen: Eine Gruppe beantragt schriftlich die Errichtung einer „Freiheitsstatue" im Hamburger Hafen und verfaßt dazu eine passende Inschrift. Die andere Gruppe lehnt die Aufstellung einer Freiheitsstatue ab. Vergleicht die Argumente beider Gruppen und sprecht ausführlich darüber.
– Berichtet, was ihr über die Vereinigten Staaten von Amerika wißt.

Der Aufstieg der USA zur Weltmacht

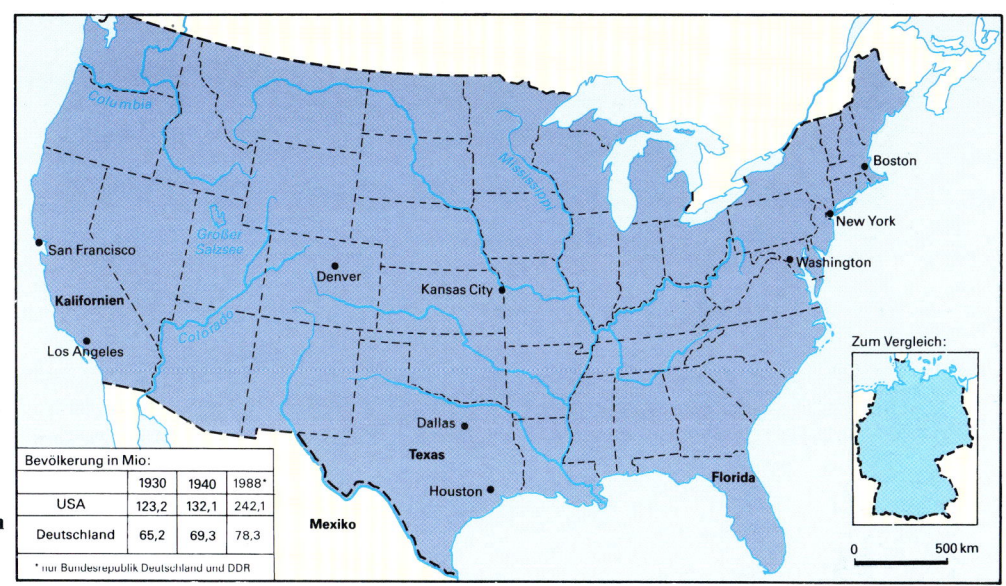

Die Vereinigten Staaten von Amerika.

Bevölkerung in Mio:	1930	1940	1988*
USA	123,2	132,1	242,1
Deutschland	65,2	69,3	78,3

*nur Bundesrepublik Deutschland und DDR

„Hier kommt nie wieder jemand her"

1. *Vergleicht die Größenverhältnisse zwischen der Bundesrepublik Deutschland und den USA.*
2. *Meßt nach, wieviel Kilometer es jeweils sind bei den größten Ost-West- und Nord-Süd-Strecken.*

Ein deutscher Reporter schrieb 1987:

Q Das sagt sich so leicht dahin: Amerika. Die Entfernungen machen schwindlig. Von einer Küste zur anderen sind es mehr als 5000 Kilometer. Auf europäische Verhältnisse läßt sich das nicht übertragen. Diese Entfernungen zielen über unseren Horizont hinaus bis nach Afrika oder fast nach Indien.
Ganz zu schweigen, wenn da einer die amerikanische Meile von ganz oben an der Ostküste bis tief hinunter an die Grenze zu Mexiko anlegt – dann erst wird deutlich, daß dieses Land ein Kontinent ist. Ein Kontinent, der erst durch eine Unzahl von Flugverbindungen erschlossen worden ist. Und was wissen wir eigentlich von dem, was 8000 km von uns entfernt passiert? Wir europäischen Kleingärtner werden schlimmstenfalls einmal im Jahr mit der Urlaubsreise an die Sonnenstrände auf amerikanische Dimensionen gebracht: Zweieinhalb Stunden Flugzeit – mal eben von New York nach Chicago. Das ist inneramerikanischer Nahverkehr und für uns eine halbe Weltreise.

Als Lyndon B. Johnson nach der Ermordung John F. Kennedys US-Präsident wurde, lud er den damaligen Bundeskanzler Ludwig Erhard auf seine Ranch nach Texas ein. Die Kanzlermaschine flog vom Köln-Bonner Flughafen nach Amerika und brauchte dafür rund sieben Stunden Flugzeit. Die gleiche Zeit benötigte sie für die Route quer durch die Staaten bis hinunter nach Texas.
Gelandet wurde auf der Privatpiste der Ranch, ausgebaut für Düsenflugzeuge. Das zur Ranch gehörende Land hat etwa die Größe von Hessen – rund 20.000 km². Die Cowboys bewirteten ihre deutschen Gäste mit einem Ochsen am Spieß irgendwo in der Weitläufigkeit des texanischen Weidelandes. Zum Ochsenbraten gab's Bier aus Dosen. Auf die Frage umweltschutzbewußter Deutscher, wohin mit den Dosen? antworteten die Gastgeber: „Werfen Sie die ruhig weg. Hier kommt doch nie wieder jemand her!" Amerikanische Verhältnisse – amerikanische Größenordnungen.

3. *Sucht auf der Karte die im Text genannten Orte und Gebiete.*
4. *Berichtet, wo ihr euren letzten Urlaub verbracht habt, und gebt an, wieviel Kilometer der Urlaubsort von eurem Wohnort entfernt liegt. Zeigt auf der Karte diese Entfernung, gemessen von der Hauptstadt Washington.*

Die USA im Ersten Weltkrieg

[1] **Der Moloch spuckt Kriegsmaterial aus.** Simplicissimus 1917.

[2] **Der deutsche Kaiser mit „seinen" U-Booten auf einem amerikanischen Kriegsplakat von 1918.**

Ein neutrales Amerika?

US-Waffen-Exporte an kriegführende Staaten (in Dollar)			Veränderung 1914–1916
1914	1915	1916	(1914=100)
GB 594 271 863	911 794 954	1 526 685 102	257
F 159 818 924	369 397 170	628 851 988	393
I 74 235 012	184 819 688	269 246 105	364
D 344 794 276	28 863 354	288 899	0,08

① *Erläutert die Tabelle und sprecht darüber, welche Folgen der Erste Weltkrieg für die amerikanische Industrie hatte.*

② *Beschreibt, wie die deutsche Zeitschrift „Simplicissimus" die USA sieht (Bild [1]).*

Im Jahre 1914 hatten die USA ernste wirtschaftliche Schwierigkeiten: Der Absatz stockte, die Industrieproduktion ging zurück, viele Menschen verloren ihren Arbeitsplatz.

Nur ein Jahr später, im November 1915, schrieb der damalige britische Botschafter Cecil Spring-Rise:

Q 1 Wenn man die Dinge brutal beim Namen nennen will, so muß man auf die Tatsache hinweisen, daß Amerika durch den Krieg und unsere Nachfrage nach Waren aus einer großen Handelskrise errettet worden ist. Wir haben daher Anspruch, als sein bester Kunde behandelt zu werden.

Der amerikanische Präsident Wilson hatte bereits am 19. August 1914 vor dem amerikanischen Senat erklärt:

Q 2 Die Vereinigten Staaten von Amerika müssen während dieser Tage, die die Seelen der Menschen auf die Probe stellen, neutral bleiben.
Wir müssen unparteiisch sein in Gedanken und in der Tat. Wir müssen unseren Gefühlen Zurückhaltung auferlegen ebenso wie jedem Unternehmen, das als eine Bevorzugung der einen Partei vor der anderen im Kampf ausgelegt werden könnte.

③ *Entwerft eine kurze Rede, in der sich der englische Botschafter mit der Ansprache des amerikanischen Präsidenten auseinandersetzt. – Achtet dabei darauf, welche Forderung der englische Botschafter stellt und wie er seine Forderung begründet.*

④ *Vergleicht die Aussage Wilsons mit den Angaben der Tabelle und der Darstellung in der Karikatur [1]. Überprüft, ob sich der amerikanische Präsident Wilson mit seiner Forderung durchsetzen konnte, Amerika solle sich neutral verhalten.*

⑤ *Diskutiert, ob große Industrienationen, wie z. B. die Bundesrepublik Deutschland, eurer Meinung nach Waffen exportieren sollten, um Arbeitsplätze zu sichern.*

Die USA im Ersten Weltkrieg

Die USA greifen in den Ersten Weltkrieg ein

Großbritannien und Frankreich konnten die riesigen Mengen an Kriegsmaterial, die sie aus den USA erhielten, nicht mit eigenem Geld bezahlen. Sie nahmen deshalb Kredite bei den amerikanischen Banken auf. Da bei einer Niederlage Großbritanniens und Frankreichs diese Gelder verloren gewesen wären, drängten amerikanische Geschäftsleute immer stärker auf einen Kriegseintritt der USA gegen Deutschland.

Nach Aussage des amerikanischen Präsidenten standen außerdem noch ganz andere Werte auf dem Spiel: Als das Deutsche Reich 1917 den uneingeschränkten U-Boot-Krieg wieder aufnahm und dabei mehrere amerikanische Schiffe versenkt wurden, erklärte Präsident Wilson am 2. April 1917 dem Deutschen Reich den Krieg mit den Worten:

> **Q 1** Es ist eine fürchterliche Sache, dieses große friedfertige Volk in den Krieg zu führen. In den schrecklichsten und verheerendsten aller Kriege, in dem die Zivilisation selbst auf dem Spiel zu stehen scheint. Aber das Recht ist wertvoller als der Friede, und wir werden für die Dinge kämpfen, die wir stets in unseren Herzen getragen haben: für die Demokratie, für die Rechte und Freiheiten kleiner Nationen, für eine allgemeine Herrschaft des Rechts durch ein Zusammenspiel der freien Völker, das allen Nationen Sicherheit bringen und die Welt selbst endlich frei machen wird.

Der Senator George W. Norris aus Nebraska widersprach dem Präsidenten:

> **Q 2** Nach meiner Meinung hätten wir von Anfang an die strikteste Neutralität wahren sollen. Wenn wir das getan hätten, stünden wir jetzt nicht am Rande des Krieges ... Der Krieg bringt Reichtum für die Spekulanten* – Sie wollen Geld verdienen durch den Krieg und die Vorbereitung des Krieges ... Wir gehen in den Krieg auf Befehl des Goldes ...
> Die Folgen könnten sein, daß Millionen unserer Brüder ihr Blut vergießen müssen, daß Millionen Frauen weinen müssen, daß Millionen Kinder frieren müssen und Millionen Säuglinge verhungern müssen – und alles nur, weil wir das Recht amerikanischer Bürger wahren wollen, Waffen an kriegführende Staaten zu liefern.

Amerikanisches Plakat 1917/18. Ein deutscher Soldat, der eine Mutter mit ihrem Kind bedroht, wird von einem amerikanischen Soldaten zurückgehalten.

Die Beteiligung der USA am Ersten Weltkrieg führte endgültig zur deutschen Niederlage im November 1918 (vgl. Band 2).

1. *Schreibt stichwortartig auf, für welche Ziele amerikanische Soldaten nach Ansicht des amerikanischen Präsidenten Wilson kämpfen sollten. Beachtet dazu auch Bild 2 der gegenüberliegenden Seite und das Bild auf dieser Seite.*
2. *Vergleicht die Rede des amerikanischen Präsidenten mit jener des Senators George W. Norris.*
3. *Sprecht darüber, ob es eurer Meinung nach „gerechte Kriege" gibt.*

Die Zeit zwischen den Weltkriegen

Der höchste Lebensstandard der Welt. Foto eines amerikanischen Werbeplakats.

Die „goldenen" zwanziger Jahre

Der wirtschaftliche Aufschwung, der in den USA im Ersten Weltkrieg begonnen hatte, setzte sich auch nach dem Krieg unvermindert fort:
„Zwischen 1921 und 1929 konnte die Industrieproduktion fast verdoppelt werden. Von besonderer Bedeutung waren dabei die Automobil- und Bauindustrie. Die Automobilfirma Ford verkaufte in dieser Zeit fast 10 Millionen Autos von dem berühmten ‚Modell T'. Der Preis pro Wagen betrug 1924 lediglich 290 Dollar. Das war ein Zehntel des jährlichen Mindesteinkommens einer amerikanischen Familie. Im Jahre 1929 besaß jeder fünfte Amerikaner einen Wagen, ein Verhältnis, das in der Bundesrepublik Deutschland erst 1965 erreicht wurde. Die starke Motorisierung führte dazu, daß wohlhabende Bürger jetzt aus der Innenstadt in die Außenbezirke mit den prächtigen Villen zogen, während im Stadtzentrum Geschäfts- und Verwaltungsgebäude errichtet wurden.

Diese Entwicklung gab wiederum der Bauindustrie ungeahnten Auftrieb. Sie hatte für neue Wohnhäuser in den Vorstädten, für Verbindungsstraßen für den Fernverkehr sowie zwischen den Wohngegenden und den Arbeitsstätten und für neue Fabrik- und Geschäftsbauten zu sorgen. Denn nicht zuletzt waren die zwanziger Jahre die Zeit der großen Wolkenkratzer: Jede Stadt, die etwas auf sich hielt, legte sich damals nach dem berühmten Vorbild von New York ihre ‚Skyline' zu (vgl. Bild, S. 48). In New York selbst gab es ein spannendes Rennen der modernen Architektur, das erst 1931 endlich mit dem 371 m hohen Empire State Building beschlossen wurde, in dessen 102 Stockwerken 25000 Menschen Platz fanden. Aber Häuser und Autos waren nur ein Teil der Revolution des Lebensstils:

Der Alltag in Beruf, Haushalt und Freizeit wurde ganz und gar umgestaltet durch neue Konsumgüter wie Kühlschränke, Staubsauger und andere Haushaltsgeräte, durch elektrisches Licht, Telephon, Radio und Kino – gar nicht zu reden von den Veränderungen in der Ernährungsweise, die durch verbesserte Transportmöglichkeiten für frisches Obst und Gemüse, mehr noch durch die ausgiebige Verwendung von Konserven zum Guten wie zum Schlechten vor sich gingen. Alle diese Annehmlichkeiten waren mehr und mehr auch dem kleinen Mann zugänglich." (1)

Voller Stolz verkündete der amerikanische Präsident Hoover im Jahre 1928:

> **Q** Wir haben gezeigt, daß unser System empfindlich genug reagiert, um jeder neuen und schwierigen Entwicklung in unserem wirtschaftlichen und geschäftlichen Leben zu begegnen...
> Wir sind heute dem Ideal der Verbannung von Armut und Furcht aus dem Leben von Männern und Frauen näher gekommen als jemals zuvor in irgendeinem Land.

1 *Schreibt mit Hilfe des Textes und des Bildes einen kurzen Bericht über das Leben in den USA in den 20er Jahren aus der Sicht eines Amerikaners.*

Die Zeit zwischen den Weltkriegen

Börsenkrach in der Wall Street.
Zeitgenössische Darstellung.

Die große Wirtschaftskrise

1 *Beschreibt das Bild und vergleicht es mit dem Bild auf der vorigen Seite.*

Im Jahre 1929 brach das vom amerikanischen Präsidenten Hoover so hochgelobte „amerikanische System" zusammen. Am 24. Oktober 1929 (vgl. S. 76) fielen an der New Yorker Börse die Aktienkurse um 46 %. Ursache dafür war u. a. die Tatsache, daß die amerikanische Industrie mehr Waren produzierte, als sie verkaufen konnte. Innerhalb kürzester Zeit verloren die Aktienbesitzer mehr als 30 Mrd. Dollar. Es kam zur bis dahin schlimmsten Wirtschaftskrise der USA: Die Produktion ging um über 50 % zurück, jeder dritte Arbeitnehmer wurde arbeitslos.
„Die Folgen" – so schreibt ein deutscher Historiker – „waren um so schlimmer, als private und lokale Fürsorge einer solchen Massenarbeitslosigkeit natürlich ziemlich hilflos gegenüberstanden und die ohnehin ungenügenden öffentlichen Arbeiten nur langsam in Gang kamen. Inmitten eines erdrückenden Überflusses – das wirkte besonders verbitternd – kam es so zu einer regelrechten Hungersnot breiter Schichten: Hunderttausende hielten sich wochenlang nur mit Abfällen, Brennesseln und anderer Behelfsnahrung am Leben oder standen Schlange um ein bißchen Suppe und Brot. Weil sie ihre Mieten oder Hypotheken nicht mehr bezahlen konnten, wurden Zehntausende von Familien aus ihren Wohnungen oder von ihren Farmen vertrieben. Weit über eine Million Menschen soll damals arbeitsuchend von Ort zu Ort getrampt sein ... Unter solchen Umständen ist es verwunderlich, daß es nur vereinzelt zu Ausbrüchen der Verzweiflung kam. So rotteten sich gelegentlich notleidende Farmer zusammen, um gewaltsam die Verschleuderung von Agrarprodukten ... zu verhindern. In einigen Städten kam es zu Hungerdemonstrationen, Unruhen und Plünderungen ... Aber das eigentlich Gefährliche in der damaligen Situation war nicht revolutionärer Radikalismus*. Es war die Stimmung dumpfer, lähmender Hoffnungslosigkeit bei den Massen." (1)

2 *Schildert die Folgen der Wirtschaftskrise aus der Sicht eines arbeitslosen Familienvaters. Versucht, auch seine Gefühle zu beschreiben und mögliche Forderungen gegenüber der Regierung zu formulieren.*

Die Zeit zwischen den Weltkriegen

Arbeitsuchender Amerikaner. Foto um 1932.

New Deal – Die Karten werden neu verteilt

Im Jahre 1933 wurde Franklin D. Roosevelt zum amerikanischen Präsidenten gewählt. Zu dieser Zeit gab es in den USA fast 15 Millionen Arbeitslose. Das bedeutete: Ein Drittel der Berufstätigen hatte kein Einkommen.
Bei seiner Vereidigung sagte der neue Präsident:

> **Q 1** Unsere vordringliche Aufgabe ist es, der Bevölkerung Arbeit zu geben. Das ist kein unlösbares Problem, wenn wir es klug und mutig anpacken. Dieses Problem ist zum Teil zu bewältigen durch direkte Anwerbung von Arbeitskräften durch die Regierung selbst. Diese Arbeitskräfte werden wir einsetzen, um dringend benötigte Projekte für unser Land durchzuführen ...
>
> Das einzige, was wir zu fürchten haben, ist die Furcht selbst – die namenlose, blinde, sinnlose Angst, die die Anstrengung lähmt, deren es bedarf, um den Rückzug in einen Vormarsch zu verwandeln.

Für über 250000 arbeitslose junge Männer zwischen 18 und 25 Jahren wurde ein freiwilliger Arbeitsdienst geschaffen. Unter der Leitung von Offizieren arbeiteten sie an Projekten der Wiederaufforstung, der Anlage von Nationalparks, an Flußregulierungen usw. Als Entlohnung erhielten sie freie Unterkunft, Verpflegung und einen Dollar pro Tag.
Millionen weitere Arbeitsplätze wurden durch den Bau von Straßen, Brücken, Flugplätzen, Schulen und Krankenhäusern geschaffen. Den größten Erfolg aber stellte die Erschließung des Tennessee-Tales dar.
Der Tennessee und seine Nebenflüsse durchfließen sieben US-Staaten in einem Gebiet, das fast so groß ist wie die Bundesrepublik Deutschland. Dieses Gebiet, das von Überschwemmungen ebenso bedroht war wie von Dürreperioden, sollte im Auftrag der Regierung wirtschaftlich erschlossen und entwickelt werden: 200000 Beschäftigte bauten hier 21 Staudämme mit Kraftwerken, einen schiffbaren Kanal von 650 Meilen Länge, 1120 Meilen Straßen und 140 Meilen Eisenbahnschienen (vgl. Karte S. 35).
Die Auswirkungen dieser Maßnahmen werden deutlich in zwei Berichten des Farmers Clark:
Im Jahre 1932 besuchte der Senator G. Norris den Farmer:

> **Q 2** „Mit welchen Maschinen bearbeiten Sie Ihr Gut?" „Maschinen? Wenn Sie meinen selbstgebauten Pflug so nennen wollen, Mister, steht Ihnen das frei. Ein paar Schaufeln und Hacken besitze ich außerdem und natürlich eine Kaffeemühle."
> Man lacht über den Galgenhumor des Farmers.
> „Bewirtschaften Sie alles allein?"
> „Nein, Mister, Mary hilft mir ..."
> „Oh, Sie sind verheiratet?"
> „Ich frage Sie, Mister, wer könnte auf diesem Hungerposten wohl eine Frau oder gar noch Kinder durchbringen? Mary ist meine kleine schwarze Stute. Das brave Pferdchen hilft mir beim Pflügen."

Die Zeit zwischen den Weltkriegen

Zehn Jahre später, im Jahr 1942, berichtet der gleiche Farmer:

Q Sehen Sie selber: ich besaß damals, als der Senator bei mir war, eine kleine schwarze Stute namens Mary und einen lächerlichen selbstgezimmerten Pflug. Gott, was lebten wir ärmlich. Es gab keine Maschine, keinen elektrischen Strom, kein Saatgut, keine Düngemittel, rein gar nichts. Ich hatte kaum genug zu essen.
Sehen Sie, diese fette Viehweide gleich neben dem schmucken neuen Haus, das war vor acht Jahren noch eine schilfbewachsene Niederung. Der prachtvolle Weizenacker auf dem Abhang drüben – vor sechs Jahren war es eine wasserzerfressene Wüste. Hier in der Senke baute ich damals Mais, pro Hektar neun Hektoliter. Heute ernte ich zwischen 45 und 50 Hektoliter auf derselben Fläche.

Präsident Roosevelt Hoffnung der Armen.
Karikatur aus dem Jahr 1933.

1. *Beschreibt, wie die Wirtschaftskrise nach den Vorstellungen Roosevelts überwunden werden sollte.*
2. *Sprecht darüber, ob eurer Meinung nach auch heute der Staat ähnliche Maßnahmen ergreifen sollte, um Wirtschaftskrisen zu bekämpfen.*
3. *Vergleicht die Arbeitslosigkeit in den USA und in Deutschland in absoluten Zahlen und in Prozent der Erwerbstätigen für 1930 und 1940.*
4. *Das Schaubild 2 auf S. 118 gibt Hinweise, wodurch in Deutschland die Arbeitslosigkeit beseitigt wurde. Begründet eure Vermutung.*

Arbeitslosigkeit in Mio. (in Klammern Angabe in % der Erwerbstätigen)	1930	1933	1940	1980
USA	4,3 (8,8)	12,8 (26)	8,1 (14)	7,4 (6,9)
Deutschland	3,0 (14)	4,8 (26)	0,052 (0,2)	0,88 (3,8)*

* = nur Bundesrepublik Deutschland

Zusammenfassung

Beim Beginn des Ersten Weltkrieges rief der amerikanische Präsident seine Landsleute dazu auf, „unparteiisch zu sein in Gedanken und in der Tat". Zu dieser Zeit befanden sich die USA auch in großen wirtschaftlichen Schwierigkeiten: die Industrieproduktion ging zurück, viele Menschen wurden arbeitslos. Um die Wirtschaft wieder anzukurbeln, lieferten zahlreiche amerikanische Firmen an die kriegführenden Staaten in Europa Nahrungsmittel, Rohstoffe und andere Industrieprodukte. Im Jahr 1917 erklärten die USA dem Deutschen Reich den Krieg.
Der durch die Kriegsproduktion hervorgerufene wirtschaftliche Aufschwung setzte sich nach dem Kriegsende zunächst fort, 1929 aber geriet die amerikanische Wirtschaft in eine große Krise. Die Produktion ging um über 50 % zurück, jeder dritte Arbeitnehmer wurde arbeitslos. Mit Hilfe des New-Deal-Programms gelang es dem Staat, die wirtschaftliche Situation spürbar zu bessern.

Die Gesellschaft der USA nach 1945

Amerikanische Schüler beim Flaggengelöbnis. Foto um 1970.

„Die Flagge ist überall"
Eine deutsche Austauschschülerin berichtet 1984:

Q Im Gegensatz zu unseren Schulen wandern dort die Schüler. Daher kann sich ein Lehrer seinen Raum dem Fach entsprechend einrichten. Er kann Poster und Prospekte sowie Lerntafeln anbringen. Ansonsten sind die Klassenzimmer rechteckig, weiß getüncht und haben einen Linoleumboden. Sie wirken steril. Die Schüler sitzen an Einzeltischen mit weniger Sitzkomfort als bei uns. In allen Räumen hängt die Flagge der USA. Als wir nach längerem Suchen das Klassenzimmer endlich gefunden hatten und es uns auf den unbequemen Stühlen gemütlich gemacht hatten, traf uns beinahe der Schlag. Vor Beginn der ersten Stunde, sobald der Lehrer hereinkam, sprangen alle Schüler auf – nur wir blieben verdutzt sitzen. Das kam völlig unerwartet, denn vorher hingen die Schüler noch schlimmer auf den Stühlen herum, als das bei uns üblich ist. Die Amerikaner drehten sich nach uns um, dann standen wir auch auf.
Lehrer und Schüler legten die rechte Hand aufs Herz und begannen mit feierlichem Ton das Treuegelöbnis zur Flagge hin zu sprechen:

„Ich gelobe Treue der Flagge der Vereinigten Staaten von Amerika und der Republik, die sie symbolisiert: eine unteilbare Nation, mit Freiheit und Gerechtigkeit für alle."
Wir waren völlig überrascht, da so etwas bei uns undenkbar wäre, und sagten nichts. Danach setzten sich alle wieder, und die Stimmung wurde wieder entspannter. Jetzt begann die erste Unterrichtsstunde. Diese Prozedur findet auch bei allen anderen wichtigen Ereignissen statt (Schülervertreterwahlen ...). Das weist auf den großen Nationalstolz der Amerikaner hin. Die Flagge ist ihnen „heilig". Das Nationalbewußtsein wirkte auf uns Deutsche etwas fremd, doch überhaupt nicht störend, sondern es erinnerte die Schüler an ihre Zusammengehörigkeit. Außerdem fühlen sich die Schüler auch dem Vaterland verpflichtet und verteidigen ihr Vaterland auch freiwillig (Wehrdienst ist freiwillig).

1. *Sprecht darüber, wie ihr diesen Bericht und die Bilder auf dieser Doppelseite empfindet.*
2. *Überlegt, welche Gefahren aus einem übersteigerten Nationalstolz entstehen können.*

Die Flagge der USA

Die Sterne symbolisieren die 50 Einzelstaaten, die Streifen stehen für 13 Gründerstaaten. Diese Flagge ist überall:

1 **Sioux-Indianer bei einer Parade in Brooklyn.** Foto um 1985.

2 **Astronaut Edwin Aldrin neben der amerikanischen Flagge auf dem Mond 1969.**

3 **Eine amerikanische Familie als Zuschauer bei den Olympischen Spielen in Los Angeles 1984.**

4 **Olympiasieger Carl Lewis bei der Olympiade 1984 in Los Angeles.**

Innere Probleme der USA

Massendemonstration gegen Rassentrennung in Washington 1963. Foto.

Kampf der Minderheiten um Gleichheit und Gerechtigkeit

1 *Schreibt auf, welche Forderungen die Teilnehmer der Demonstration auf dem Bild erheben.*

Im Jahre 1963 führte der schwarze Pfarrer Martin Luther King in Birmingham eine ungenehmigte Demonstration gegen die Rassentrennung an und wurde daraufhin ins Gefängnis gesteckt. Dorthin richteten sieben katholische, protestantische und jüdische Geistliche eine Aufforderung an ihn, doch mit den Protestmärschen in den Straßen aufzuhören.
King antwortete ihnen:

Q Seit Jahren höre ich nun die Worte: „Wartet doch ab!". In den Ohren eines jeden Negers haben sie den Klang stechender Vertrautheit. Dieses „Wartet doch ab!" hat fast immer bedeutet: „Niemals". Wir haben über 340 Jahre auf unsere verfassungsmäßigen und gottgegebenen Rechte gewartet. Die Völker Afrikas und Asiens bewegen sich mit Düsengeschwindigkeit dem Ziel der politischen Unabhängigkeit entgegen, wir aber kriechen im Kutschentempo darauf zu, daß wir an einer Imbißecke eine Tasse Kaffee serviert bekommen. Wartet doch ab – das können jene leicht sagen, die nie die sengenden Pfeile der Rassentrennung gespürt haben. Aber
– wenn man bösartige Mobs erlebt hat, wie sie nach Lust und Laune unsere Mütter und Väter lynchten* und unsere Schwestern und Brüder ertränkten;
– wenn man erlebt hat, wie haßerfüllte Polizisten die schwarzen Brüder und Schwestern straflos verfluchen, treten, brutal mißhandeln und sogar töten;
– wenn man zusieht, wie die übergroße Mehrheit unserer über 20 Mio. Negerbrüder inmitten der Wohlstandsgesellschaft in einem luftdicht abgeschlossenen Käfig der Armut am Ersticken ist;
– wenn man plötzlich einen Knoten in der Zunge hat und zu stottern beginnt, weil man seiner sechsjährigen Tochter erklären soll, warum sie nicht in den öffentlichen Vergnügungspark darf, für den doch eben im Fernsehen Reklame gemacht worden ist . . .
– wenn man über Land fährt und Nacht um Nacht in unbequemen Ecken seines Automobils schlafen muß, weil kein Hotel einen aufnimmt;
– wenn man Tag für Tag gedemütigt wird durch stichelnde Schilder „Weiße" und „Farbige";
– wenn man mit Vornamen nur noch „Nigger" heißt, mit Mittelname „Junge" (gleichgültig wie alt man ist) und mit Nachnamen John . . .,
– wenn einen die Tatsache, daß man Neger ist, bei Tag plagt und bei Nacht verfolgt, so daß man dauernd auf den Zehenspitzen steht und nie ganz genau weiß, was als nächstes auf einen zukommt, und stets Furcht empfindet –
dann muß man doch begreifen, warum uns das Warten schwerfällt.

2 *Versucht mit Hilfe dieses Berichts zu beschreiben, was das Mädchen auf dem Bild der nächsten Seite empfindet. Überlegt auch, was die weiße Frau auf diesem Bild dem Polizisten sagen könnte.*

3 *Achtet in den Zeitungen auf Mitteilungen über die Benachteiligung von Minderheiten in unserer Gesellschaft. – Welche Möglichkeiten habt ihr, dagegen vorzugehen?*

44

Innere Probleme der USA

Der Traum von der Freiheit

Im August 1963 marschierten fast 300 000 Anhänger der Bürgerrechtsbewegung gegen die Rassentrennung in den USA nach Washington (Bild der Vorseite).
An ihrer Spitze stand wieder Martin Luther King, der hier eine seiner bewegendsten Reden hielt:

> **Q 1** I have a dream ... Ich habe einen Traum, der im amerikanischen Traum verwurzelt ist. Ich habe einen Traum, daß eines Tages die Söhne früherer Sklaven mit den Söhnen früherer Sklavenbesitzer in den roten Bergen von Georgia am Tisch der Brüderlichkeit zusammensitzen. Ich habe einen Traum, daß eines Tages meine vier kleinen Kinder nicht nach der Hautfarbe, sondern nach ihrem Charakter beurteilt werden ...
> Darum laßt die Glocken der Freiheit von den gewaltigen Berggipfeln New Hampshires erschallen. Läutet die Freiheit ein von den mächtigen Bergen New Yorks. Aber nicht genug damit: Singt das Lied der Freiheit vom Stone Mountain in Georgia. Laßt es von allen Hügeln und Bergen Mississippis erschallen, von allen Gipfeln des Landes. Wenn wir bereit sind, das Lied der Freiheit zu hören, dann steht uns der Tag ganz nahe bevor, an dem alle Kinder Gottes, Schwarze und Weiße, Juden und Christen, Protestanten und Katholiken, sich an den Händen fassen und mit den Worten des alten Negro-Spirituals verkünden werden: Endlich frei, endlich frei, großer Gott, Allmächtiger, wir sind frei.

Nur ein Jahr später erließ der amerikanische Kongreß das Bürgerrechtsgesetz, das die Benachteiligung eines Bürgers aufgrund seiner Rasse, Hautfarbe, Religion oder nationalen Abstammung untersagte. Die Rassenvorurteile waren damit aber nicht beseitigt. 1968 wurde Martin Luther King – 39 Jahre alt – von einem weißen Rassenfanatiker erschossen.
1983 war in einer deutschen Zeitung folgender Bericht zu lesen:

> **Q 2** Los Angeles, im März: Marin County ist der reichste Bezirk Kaliforniens, das Traumland des schönen vergnügten, sorgenfreien Lebens. Auch die Wohlstandsbürger des Städtchens Novato lebten unbekümmert in den Tag hinein, bis vor kurzem die ersten Schwarzen zuzogen, insgesamt 125 Familien. Das paßte einigen der 39 000 Einwohner nicht. Ein Schwarzer wurde mit einem Gewehr bedroht, im Garten einer Familie wurde ein flammendes Kreuz, das Zeichen des Ku-Klux-Klan errichtet, durch das Fenster eines anderen Hauses warf man eine Brandbombe.
> Noch Schlimmeres ereignete sich in Oroville, einem kleinen Industrieort in der Nähe der kalifornischen Hauptstadt Sacramento. Zwei junge Burschen gingen auf die Rehjagd. Anstatt auf Wild schossen sie auf Menschen, sie erschossen einen 22jährigen Schwarzen. Daraufhin kehrten sie in das Städtchen zurück und setzten im Schwarzen-Ghetto die Jagd fort; glücklicherweise wurde niemand weiterer getötet. ... Die Schwarzen-Jagd in Oroville erregte großes Aufsehen, besonders die Reaktion des Bürgermeisters.
> „Man sagt, bei uns gebe es Rassenhaß", meinte der 75jährige Clayton D'Arcy kopfschüttelnd. „Das ist nicht wahr." Doch auf die Frage, ob im neuen Sozialwohnbaublock für alte Leute auch Schwarze wohnen könnten, antwortete er: „Nein, Hunde sind hier unerwünscht."

Polizisten verhindern, daß Weiße ein schwarzes Mädchen vom Strand vertreiben. Foto 1977.

① *Überlegt, aus welchen Gründen die weißen Einwohner in diesen Ortschaften sich so feindselig gegenüber ihren schwarzen Mitbürgern verhalten.*
② *Sprecht darüber, ob Martin Luther Kings Traum in den USA Wirklichkeit geworden ist.*
③ *Denkt darüber nach, ob es Menschengruppen gibt, die ihr nicht gern als Nachbarn hättet. Sucht gegebenenfalls nach den eigentlichen Gründen für eure Ablehnung.*

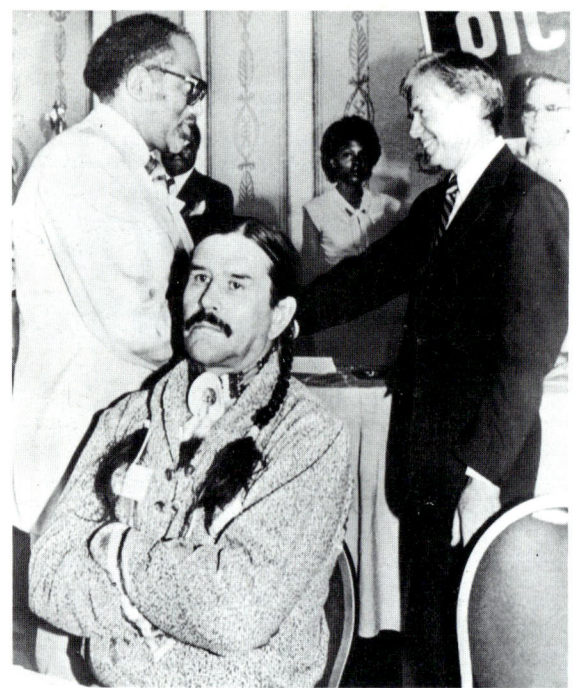

Innere Probleme der USA

Indianer heute

① *Beschreibt, was ihr über die Geschichte der nordamerikanischen Indianer und ihre gegenwärtige Situation wißt.*

Im Jahre 1626 kauften Holländer die Insel Manhattan von Indianern für Glasperlen und Tuch im Wert von 24 Dollar. Schon bald stand hier eine Siedlung, durch die eine Mauer verlief; sie sollte die Indianer von den Weißen fernhalten. Noch heute erinnert die Wall Street in New York an diese Grenze, die von Indianern nicht überschritten werden durfte. Diese scharfe Abgrenzung zwischen diesen beiden Bevölkerungsgruppen ist bis heute bestehengeblieben.

Von den etwa 1,4 Mio. Indianern lebt etwa die Hälfte in Reservaten. Mindestens 70 % aller Wohnungen für Indianer sind bloße Behelfsunterkünfte, häufig ohne Wasser- und Stromanschluß. Über die Hälfte aller Indianer ist arbeitslos; drei Viertel der Kinder verlassen die Schule ohne Abschlußzeugnis. Die medizinische Versorgung ist ungenügend: die durchschnittliche Lebenserwartung liegt bei 46 Jahren, die Kindersterblichkeit ist doppelt so hoch wie im übrigen Amerika.

Im Jahre 1968 schlossen sich die Indianer zusammen im „American Indian Movement", um ihre berechtigten Interessen besser vertreten zu können. Im Februar 1973 kam es zur Besetzung der kleinen Ortschaft Wounded Knee.

Eine Zeitung meldete einige Wochen später:

Q Heute konnte endlich nach 10 Wochen der Konflikt mit den Sioux beigelegt werden. In Washington unterzeichneten die Führer der Indianer und die Vertreter der Regierung einen Friedensvertrag. Darin wurde vereinbart, daß eine Bundesbehörde zum Schutz der Bürgerrechte der Indianer gebildet werden soll. Das neue Indianeramt soll alle Bürgerrechtsfragen von Indianern bearbeiten, u. a. Fragen des Gesundheitswesens, der Arbeitslosigkeit und des Wohnungswesens.

② *Nennt gemeinsame Ziele der schwarzen Bürgerrechtsbewegung und des American Indian Movement.*

③ *Sprecht über Möglichkeiten der Indianer, ihren Forderungen gegenüber der Regierung Nachdruck zu verleihen. Beachtet dabei auch Grafik* ②.

① **Auf einem Kongreß 1980 kehrt dieser Indianer demonstrativ dem damaligen Präsidenten Carter den Rücken zu,** während dieser Vertretern der farbigen Bevölkerung die Hand schüttelt.

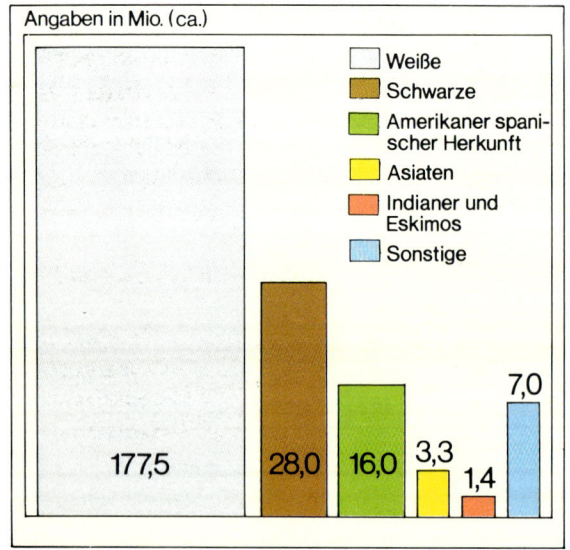

② **Bevölkerung der USA 1983.**

Angaben in Mio. (ca.)
- Weiße: 177,5
- Schwarze: 28,0
- Amerikaner spanischer Herkunft: 16,0
- Asiaten: 3,3
- Indianer und Eskimos: 1,4
- Sonstige: 7,0

Innere Probleme der USA

Im September 1986 schrieb eine große deutsche Zeitung:

Q Das Leiden am Großen Berg
Mit der Umsiedlung von 12000 Navajo-Indianern reißt die amerikanische Regierung alte Wunden auf

Los Angeles, im September 1986
„Mein Gott, meine Mutter lebte hier, und ich werde sie nicht verlassen. Ich bin hier geboren, ich bleibe hier. Ich habe nichts zu verlieren, außer meinem Leben, und das können sie mir jederzeit nehmen, doch ich gehe nicht." So sprach vor 120 Jahren der stolze Navajo-Häuptling Manuelito. Mit einer kleinen Schar von Widerstandskämpfern flüchtete er in die Bergschluchten. Doch er wurde gefangengenommen und mußte schließlich mit den 8500 Navajos den berühmt-berüchtigten Langen Marsch antreten – von den grünen Weiden und Jagdfeldern Arizonas nach Bosque Redondo, einem vom Militär bestimmten Indianer-Reservat in New Mexico.
Hunderte kamen um während des 600 Kilometer langen Marsches, weitere Hunderte starben kurz darauf am verseuchten Wasser. Sogar der Aufseher des Revervats, A. B. Norton, war empört: „Welcher vernünftige Mensch würde 8000 Indianern dieses Land zur Heimat wählen, wo das Wasser ungenießbar, der Boden kalt und karg ist, wo es weit und breit nur Mesquite-Wurzeln zum Verheizen gibt?" Dies schrieb Norton an das Indianeramt in Washington. „Laßt sie heimkehren, wo sie gutes, kühles Trinkwasser haben, reichlich Holz, um sich vor dem Erfrieren zu schützen, und die Erde ihnen Nahrung bietet."
Doch dank jahrtausendealter Erfahrung als Nomaden verwandelten die Indianer den öden Landstrich Bosque Redondo in eine neue Heimat. Mit 145000 Menschen sind die Navajos heute der größte Indianerstamm Amerikas; ihr Reservat dehnte sich rasch auf 14000 Quadratkilometer aus und umfaßt heute Teile von New Mexico, Arizona, Utah und Colorado. Die Navajos stehen aber an der Spitze der Elendsstatistik, was Lebenserwartung, Alkoholismus, Selbstmord, Arbeitslosigkeit und Armut betrifft. Das einst freie Volk von Jägern, Hirten und Kriegern führt ein kümmerliches Leben aus Gnaden der amerikanischen Regierung.
Nun treten 12000 Navajos erneut einen Marsch an: Kongreß und Gerichte haben eine Umsiedlung der Indianer angeordnet, die nicht weniger tragisch als die erste Vertreibung vor 120 Jahren ist. „Mein erstes Kind ist hier geboren, meine Mutter, meine Großmutter lebten hier, meine Urgroßmutter ist in dieser Erde begraben. Die Bäume, die Steine des Großen Berges sind rein durch den Segen des Großen Geistes. Wie können wir zu ihm sprechen, wenn wir vertrieben werden? Ich gehe nicht, ich bleibe hier." Mit diesen Worten ruft die alte Navajo-Indianerin Ruth Benally zum Widerstand auf, wie einst der stolze Häuptling Manuelito.
Percy Deal, ein Mitglied des Navajo-Rates ging mit den ersten Umsiedlern in die Siedlung Hardrock, die den Navajos zugeteilt wurde. Er berichtete: „Die Regierung gibt uns zwar Häuser, doch sie sind trocken und kalt, ohne Wasser, Elektrizität und Kanalisierung, es gibt keine Wege, keine Arbeit, keine Weiden für unsere Herden. Man verspricht uns ein neues Leben und führt uns in ein neues Unglück."
Der Lange Marsch vor 120 Jahren führte die Navajos in die Nachbarschaft eines kleinen Stammes der Publeo-Indianer, der Hopis. Die waren seit eh und je seßhaft, im Gegensatz zu den nomadisierenden Navajos, die zu den Apachen zählen. Das Indianer-Dorf Oraibi wurde 1020 gegründet und ist die älteste ununterbrochen bewohnte Siedlung der Vereinigten Staaten.

Die Regierung der USA begründete die zwangsweise Umsiedlung damit, daß es zwischen den Navajos und den Hopis immer wieder zu gewaltsamen Auseinandersetzungen gekommen sei.

① *Schildert die Situation der Navajos heute und vor 120 Jahren.*
② *Sprecht darüber, wie ein Navajo, ein Hopi und ein Regierungsbeamter die Umsiedlung beurteilen.*
③ *Erarbeitet einen eigenen Lösungsvorschlag und begründet ihn gegenüber den drei Gruppen.*

Die Not in den Großstädten

Die Skyline von Manhattan/New York. Foto.

Der Alltag amerikanischer Großstädte

1 *Beschreibt, welchen Eindruck das Bild auf euch macht.*

Ein deutscher Reporter berichtete im Jahr 1982:

Q Spricht man mit Janet Cox über Arbeitslosigkeit, Armut und wachsenden Hunger in New York City, dann sagt sie nur: „Ach, sweetheart, das sollten Sie nicht alles glauben." Janet Cox jedenfalls liest solche Meldungen schon lange nicht mehr. Dann sagt sie noch: „Amerika ist so ein reiches Land, hier gibt es für jeden zu essen und für jeden eine Chance". Und schon ist sie bei der Geschichte ihrer Jugend, als der Vater die Arbeit verlor, aber die Ärmel aufkrempelte und zupackte, wo es nur ging. „Aber heute? Sind wir doch ehrlich, die Leute wollen doch gar nicht arbeiten."
Janet Cox ist Regierungsbeamtin und sitzt in einem Büro an Manhattans 5th Avenue. Wie Janex Cox denken sehr viele in Amerika.

Nur wenige Blocks entfernt steht Paul Fidis im eisigen Wind und tritt von einem Fuß auf den anderen. Ihn hält nicht nur die Kälte auf Trab. Immer wieder schaut er nach rechts und nach links – er muß vorsichtig sein. Vor ihm auf dem Bürgersteig liegen in zwei großen Kartons sorgsam aufgefächert Schals und Handschuhe. Paul Fidis hat keine Verkaufslizenz. Er sagt: „Daß ich so einmal enden würde, hätte ich mir auch nicht träumen lassen."
Vor zwei Monaten hat er noch zwölf Dollar in der Stunde als Elektriker verdient. Jetzt holt er sich morgens von einem Fabrikanten Ware ab und versucht, wie tausend andere auch, die inzwischen New Yorks Gehsteige säumen, sie an die vorbeihastenden Passanten zu verkaufen. „Wenn sie mich erwischen, bin ich tausend Dollar los, aber habe ich eine Wahl?" fragt Paul. Von den 125 Dollar Arbeitslosenunterstützung in der Woche kann er gerade die Miete bezahlen. „Aber wovon bekomme ich meine drei Kinder satt?"

Die Not in den Großstädten

1 „Mittagessen" für Bedürftige in der „Suppenküche" einer privaten Hilfsorganisation. Foto um 1975.

2 Karikatur über die Lage der Großstädte, 1966.

In New York City sind 27 % der weißen und 38 % der farbigen Jugendlichen arbeitslos. Landesweit sind es 21,3 % der weißen und 50,1 % der farbigen Teenager. In den Armenvierteln der Stadt, in Harlem, der Bronx, in Brooklyn und der Lower East Side, drängen sich Arbeitslose zum Wärmen um Abfalltonnen und Ölkanister, in denen offene Feuer lodern. Den Luxus einer geheizten Wohnung kennen hier nur wenige. Ungezählte New Yorker fristen in zerfallenen Häusern ohne Heizung, oft auch ohne Elektrizität und fließendes Wasser, ein erbärmliches Dasein. Schätzungsweise 36000 Männer und Frauen und 20000 Kinder sind ganz ohne Heim.

„Wenn in dieser Stadt über Hunger gesprochen wird, dann denkt jeder nur an die Penner", sagt Donna Lawrence, Leiterin der „Food and Hunger Hotline", einer privaten Einrichtung in New York. „Die Leute begreifen noch gar nicht, daß es ihr Nachbar sein kann, der schon seit drei Tagen nichts mehr im Magen hat."

Ein anderer deutscher Reporter berichtete 1983:

Q Zu der Armut gesellt sich als weiteres Problem die Kriminalität. Jeder dritte Großstadtbewohner wurde mindestens einmal in seinem Leben bestohlen, beraubt oder niedergeschlagen. Jeder zweite fürchtet sich, nachts vor sein Haus oder gar um den nächsten Straßenblock zu gehen. Trotz immenser Anstrengungen in den letzten Jahren konnten diese Probleme bislang nicht annähernd gelöst werden.

1. *Vergleicht das Bild der Vorderseite mit der Karikatur. Schreibt einen kurzen Bericht über Manhattan aus der Sicht des Karikaturisten.*
2. *Erklärt, inwiefern die in den Berichten der Reporter und in der Karikatur geschilderten Probleme zusammenhängen.*
3. *Seht euch Bild 1 an und versucht folgendes Gespräch: Die Menschen auf dem Bild unterhalten sich über ihre Arbeitslosigkeit mit der Regierungsbeamtin (Q der Vorseite).*

Die Weltmacht USA

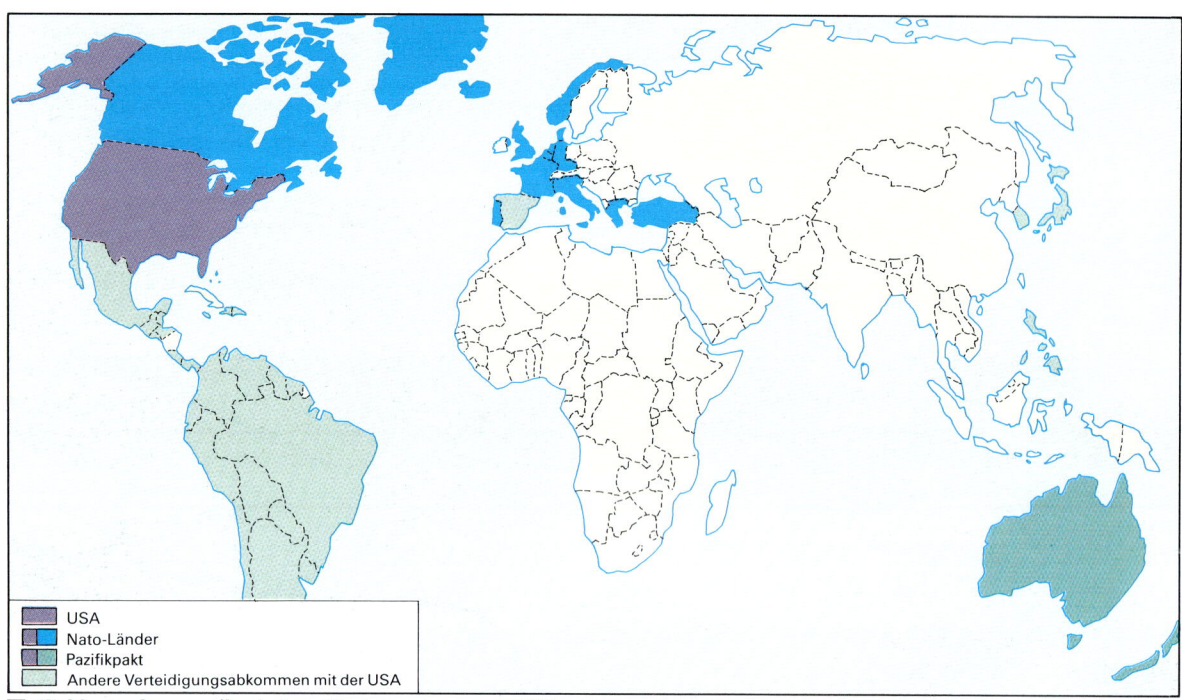

- USA
- Nato-Länder
- Pazifikpakt
- Andere Verteidigungsabkommen mit der USA

1 **Weltkarte des amerikanischen Bündnissystems,** um 1985.

2 **Amerikanische Atomrakete Pershing-2.** Foto um 1986.

Im November 1985 kamen der amerikanische Präsident R. Reagan und der sowjetische Generalsekretär M. Gorbatschow zu einem Gespräch über Abrüstungsfragen in Genf zusammen.
Wenige Tage vor dieser Zusammenkunft erschien in einer deutschen Zeitung folgende Anzeige:

> **Q** Sehr geehrter Herr Reagan,
> sehr geehrter Herr Gorbatschow!
> Ich stelle mir vor: Sie wollen Ihr Gespräch beginnen und hören plötzlich das Wimmern der über vierzigtausend Kinder, die an diesem Tag, da Sie zusammensitzen, sterben müssen, weil sie nicht genug zu essen haben. Und Sie wissen: Morgen werden es wieder über vierzigtausend sein und übermorgen auch.
> Ich stelle mir vor, daß ein Christ und ein Kommunist, um vor sich selbst bestehen zu können, Tag und Nacht nur daran denken, wie sie diese Kinder retten können. Abrüstung ist die wichtigste Voraussetzung dafür.

1 *Berichtet, was ihr von dem gegenwärtigen Stand der Abrüstungsverhandlungen wißt.*
2 *Sammelt Zeitungsberichte zu diesem Thema und stellt sie in einer Wandzeitung zusammen.*

Die Weltmacht USA

Der Generalsekretär der KPdSU, Michail Gorbatschow, und Präsident Ronald Reagan unterzeichnen 1987 den Vertrag über die Abschaffung der atomaren Mittelstreckenraketen in Washington. Foto 8. 12. 1987.

Zum Nachdenken

— *Nehmt Stellung zu folgender Aussage eines deutschen Reporters aus dem Jahr 1976:*

Q Die amerikanische Kriegsmaschine hat Unheil über manche Völker gebracht. Aber war sie nicht auch, bei allem Schrecken, im Ende das Beste, was Deutschland und Japan widerfahren konnte? Hat sie uns nicht vom Faschismus* befreit?
Die Amerikaner haben ihre Minderheiten unterdrückt. Aber haben sie nicht auch Millionen Verfolgten, Bedrängten, Hoffnungslosen aus aller Welt Asyl gegeben? Und ist Amerika nicht auch das Hauptland der Bewegungen — von Umweltschutz, Verbraucherschutz, Bürgerrecht, Frauenrecht?

Zusammenfassung

Innenpolitische Probleme ergaben und ergeben sich aus der Benachteiligung der Minderheiten. Für die rechtliche Gleichstellung der schwarzen Bürger kämpfte mit Erfolg die Bürgerrechtsbewegung, für die Rechte der Indianer setzt sich seit vielen Jahren die „American Indian Movement" ein. Hohe Arbeitslosenzahlen, Armut, Hunger und – vor allem in den Großstädten – eine ständig wachsende Kriminalität stellen weitere innenpolitische Probleme dar, die bislang nicht gelöst werden konnten.
Eine der wichtigsten außenpolitischen Fragen war das Verhältnis zu der UdSSR und das Problem der gegenseitigen Abrüstung. In den letzten Jahren fanden bis zur Auflösung der UdSSR (1991) direkte Gespräche zwischen dem amerikanischen Präsidenten und dem sowjetischen Generalsekretär statt.

3. Die Weimarer Republik

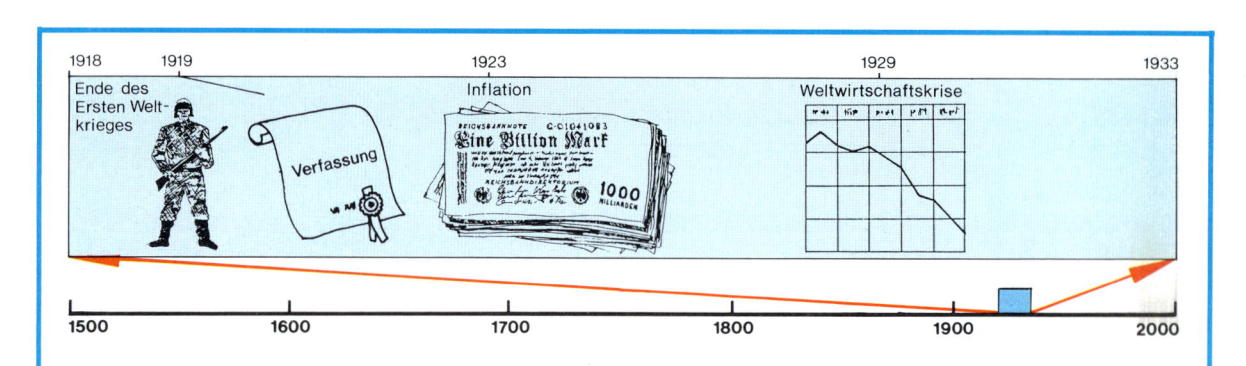

1918 1919 1923 1929 1933
Ende des Ersten Weltkrieges — Verfassung — Inflation — Weltwirtschaftskrise

1500 1600 1700 1800 1900 2000

DAS SIND DIE FEINDE DER DEMOKRATIE!

HINWEG DAMIT!

DESHALB WÄHLT LISTE **1**

SOZIALDEMOKRATEN!

Wahlplakat der SPD von 1930.

- Sprecht über das Wahlplakat.
- Stellt Vermutungen darüber an, was das Plakat aussagen soll.

52

Die Anfangsjahre der deutschen Republik

Der Zusammenbruch des Kaiserreiches

Die Postüberwachungsstelle des deutschen Heeres schrieb in ihrem geheimen Prüfungsbericht über die Zeit vom 21. 8.–31. 8. 1918:

Q 1 Zahl der geprüften Sendungen ... 53.781. Kriegsmüdigkeit und Gedrücktheit ist allgemein. Die Briefschreiber haben sich mit der für sie nackten Tatsache: „Wir können den Krieg nicht mehr gewinnen", abgefunden ...
„Da seht ihr, es geht bald mit uns zu Ende, Ersatz ist nicht mehr vorhanden" ...
„(Die Gegner) sind uns überlegen ... Hauptsächlich in bezug auf Artillerie und Flieger. Sobald sich unsere Artillerie meldet, wird sie von der feindlichen kurz und klein geschossen."
Verpflegung: Die sich steigernden Klagen sind auf allgemeine Unzufriedenheit zurückzuführen. Der Mangel an Fleisch wird sehr unangenehm empfunden."

1 *Stellt die Ausdrücke zusammen, durch die die Stimmung im deutschen Heer beschrieben wird.*
2 *Prüft, welche Ursachen angegeben werden.*
3 *Überlegt, welche Schlüsse die deutsche Heeresleitung aus diesem Stimmungsbericht ziehen kann.*

Über die Kampfkraft der Truppen schrieb der Schriftsteller A. Kantorowicz in seinen Erinnerungen:

Q 2 Nach dem Rückzug ... zu Beginn August 1918 kamen die Überreste unseres Regiments ... in Ruhe-Quartiere. ... Meine Kompanie bestand beim ersten Appell aus 38 Mann.
Dann kam Ersatz ... Rund 120 Mann, zumeist Jungens von 17 oder 18 Jahren, mager, ausgehungert und unerfahren; manche hatten nicht mehr als 10 Wochen Ausbildung gehabt ...
Am Ende waren von meiner Kompanie noch der Leutnant, ein Unteroffizier, zwei Mann und ich – fünf insgesamt – in Stellung. Es waren knapp drei Wochen vergangen, seit wir mit 163 Mann zum Kampf ausgezogen waren.

4 *Gebt den Inhalt mit eigenen Worten wieder.*
5 *Überlegt, welche Folgen die Verluste wohl hatten*
 – *für die Soldaten, die zurückkamen,*
 – *für die Heeresleitung,*
 – *für die Verwandten in der Heimat.*

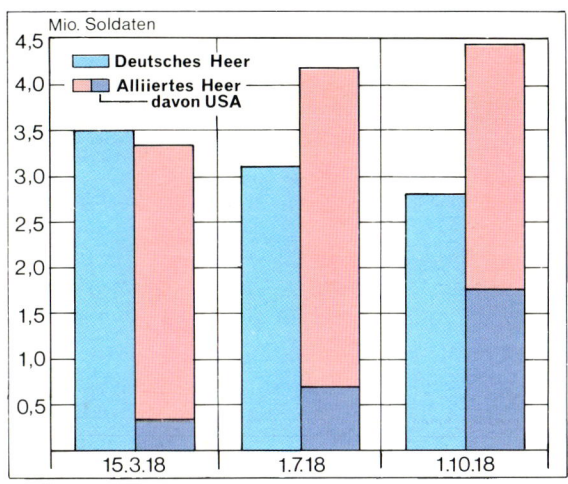

Heeresstärken 1918.

Die militärische Lage kann man auch aus dem Vergleich der Heeresstärke ablesen.

6 *Vergleicht, wie sich die Gesamtzahlen der Soldaten in den Heeren veränderten.*
7 *Begründet mit Hilfe von Q 2 die Verkleinerung des deutschen Heeres.*
8 *Überlegt, was der große Zustrom an neuen amerikanischen Truppen bedeutete.*

Auch im zivilen Bereich mehrten sich die Zeichen, daß der Krieg nicht mehr lange ertragen werden konnte. Fast jede Familie trauerte um gefallene Angehörige. Neben der Sorge um die Soldaten im Feld litten die Menschen auch unter dem Mangel an Lebensmitteln, Kleidung und Brennmaterial. (Vgl. Bd. 2.) Viele Frauen waren kriegsdienstverpflichtet. Sie mußten neben dem Haushalt in der Rüstungsindustrie oder in anderen kriegswichtigen Berufen arbeiten. Im Januar 1918 hatte es Massenstreiks in der Industrie gegeben. Die Arbeiter wollten einen Friedensschluß ohne Eroberungen erreichen. Aber die Streiks wurden mit Waffengewalt unterdrückt. Am 17. September 1918 schrieb der Schriftsteller Josef Hofmiller in sein Tagebuch:

Q 3 Alles ist seelisch erschüttert. Erschüttert ist 1. der Arbeiter, 2. die Bauern, 3. ... das Militär, 4. die Frauen, 5. alle Angestellten, 6. alle Beamten, 7. die Presse. ... Wer glaubt denn noch an einen guten Ausgang?

9 *Faßt die Lage Deutschlands im September 1918 zusammen.*

Die Novemberrevolution

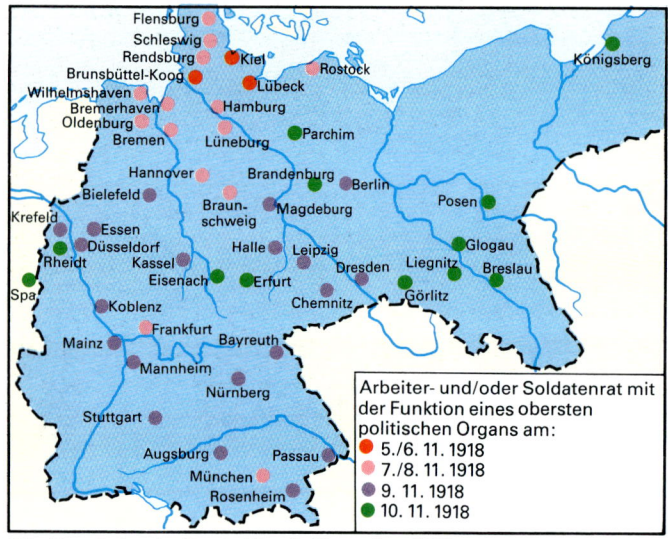

Die Revolution in Deutschland, November 1918.

Der Waffenstillstand

Am 29. August 1918 erklärte Generalfeldmarschall Hindenburg im Großen Hauptquartier, daß Deutschland den Krieg nicht mehr gewinnen könne. Er forderte die Reichsregierung auf, sofort Waffenstillstandsverhandlungen aufzunehmen.
In einem Telegramm des Großen Hauptquartiers vom 3. Oktober heißt es:

> Q General Ludendorff bat ... seine dringende Bitte zu übermitteln, daß unser Friedensangebot sofort hinausgehe. Heute halte die Truppe; was morgen geschehen könne, sei nicht vorauszusehen ...

In der Nacht vom 3. Oktober 1918 ging das Friedensangebot der deutschen Regierung an den amerikanischen Präsidenten Wilson ab. In den Waffenstillstandsverhandlungen, die Anfang November begannen, stellten die Alliierten* unter anderem folgende Bedingungen: Sofortige Räumung Frankreichs, Belgiens und Luxemburgs, Räumung und Übergabe von Elsaß-Lothringen innerhalb von 15 Tagen, Räumung der linksrheinischen deutschen Gebiete, Besetzung dieser Gebiete durch alliierte Truppen binnen 25 Tagen, Auslieferung eines großen Teiles des deutschen Kriegsmaterials, darunter aller U-Boote und der Hochseeflotte, außerdem von 5000 Lokomotiven und 150000 Eisenbahnwaggons, Beibehaltung der alliierten Blockade.
Inzwischen hatte sich die Kriegslage für Deutschland noch weiter verschlechtert. Die Oberste Heeresleitung riet der Regierung, die Bedingungen anzunehmen. Am 11. November 1918 unterschrieb der Vertreter der deutschen Regierung das Waffenstillstandsabkommen. Um die Mittagszeit dieses Tages schwiegen die Waffen an allen Fronten.

① *Stellt fest, wer die Waffenstillstandsverhandlungen forderte.*
② *Überlegt, wer verantwortlich war für die Niederlage Deutschlands.*

Der Aufstand der Matrosen

Im Oktober wurde in ganz Deutschland bekannt, daß Waffenstillstandsverhandlungen eingeleitet worden waren. Die deutsche Seekriegsführung bereitete aber noch einen großen Angriff auf England vor. Die Großkampfschiffe versammelten sich vor Wilhelmshaven. Als der Befehl zum Auslaufen kam, verweigerten Matrosen und Heizer am Abend des 29. Oktober den Gehorsam. Auf mehreren Großkampfschiffen löschten sie die Feuer unter den Kesseln. Geschütze wurden unbrauchbar gemacht. Die beginnende Meuterei* konnte unterdrückt werden und viele Matrosen wurden verhaftet. Der Angriff wurde abgesagt und ein Teil der Flotte nach Kiel verlegt.
Die Mannschaften auf den Kriegsschiffen in Kiel fühlten sich solidarisch mit ihren verhafteten Kameraden. Die Matrosen fürchteten Todesurteile gegen die Verhafteten. Auf den Schiffen wurde beschlossen, sich selbst zu helfen. Der Aufstand flammte von neuem auf. Die Matrosen besetzten Kiel, um ihre Forderungen durchzusetzen. Ihre Hauptforderungen waren: Freilassung aller politischen Gefangenen, straffreie Rückkehr der Matrosen auf die Schiffe, Redefreiheit, Pressefreiheit.
Soldaten und Arbeiter der Kieler Werften bildeten einen Arbeiter- und Soldatenrat*. Sie übernahmen die Gewalt in der Stadt.

③ *Nennt die Gründe, die die Matrosen und Heizer zum Aufstand getrieben haben.*
④ *Beurteilt das Vorgehen der Matrosen.*
⑤ *Stellt Vermutungen darüber an, warum sich die Werftarbeiter dem Aufstand angeschlossen haben.*
⑥ *Beschreibt nach der Karte die Ausbreitung der Aufstände.*
⑦ *In welchen Gebieten blieb es ruhig?*

Die Novemberrevolution

Volksmassen auf dem Weg zum Berliner Schloß, 9. November 1918. Foto.

Es lebe die Republik

1 *Beschreibt das Bild. Achtet dabei auf die Gesichter der Menschen, ihre Haltung und Kleidung.*

In Berlin hatte sich auch ein Arbeiter- und Soldatenrat* gebildet. Er forderte die Abdankung des Kaisers, Schaffung einer sozialen Republik und Übergabe der Regierungsgewalt an die Arbeiter- und Soldatenräte. Tausende von Menschen zogen am Morgen des 9. November auf das Regierungsviertel Berlins zu, um die Forderungen durchzusetzen.
Das Herannahen der revolutionären Massen setzte den kaiserlichen Reichskanzler Prinz Max von Baden stark unter Druck. Als der Kaiser sich mittags immer noch weigerte zurückzutreten, verkündete Prinz Max eigenmächtig die Abdankung des Kaisers. Aber die Massen waren nicht mehr zurückzuhalten. Da übergab der Reichskanzler sein Amt an den Vorsitzenden der SPD*, Friedrich Ebert, der folgende Bekanntmachung veröffentlichen ließ:

Q 1 Mitbürger!
Der bisherige Reichskanzler Prinz Max von Baden hat mir die Wahrnehmung der Geschäfte des Reichskanzlers übertragen. . . . Die neue Regierung wird eine Volksregierung sein. Ihr Bestreben wird sein müssen, dem deutschen Volke den Frieden schnellstens zu bringen und die Freiheit, die es errungen hat, zu befestigen.
Mitbürger! Ich bitte euch alle um Eure Unterstützung bei der schweren Arbeit, die unser harrt. Ihr wißt, wie schwer der Krieg die Ernährung des Volkes . . . bedroht. Die politische Umwälzung darf die Ernährung der Bevölkerung nicht stören. Es muß die erste Pflicht aller in Stadt und Land bleiben, die Produktion von Nahrungsmitteln und ihre Zufuhr in die Städte nicht zu hindern, sondern zu fördern. Nahrungsmittelnot bedeutet Plünderungen und Raub, mit Elend für alle . . .
Mitbürger! Ich bitte Euch alle dringend:
Verlaßt die Straßen! Sorgt für Ruhe und Ordnung!
Berlin, den 9. November 1918. Der Reichskanzler:
Ebert

Der Spartakusbund, eine Vereinigung radikaler Sozialisten, veröffentlichte dagegen die folgenden Forderungen:

Q 2 Wir fordern im Gegenteil dazu auf, nicht die Straße zu verlassen, sondern bewaffnet zu bleiben und jeden Augenblick auf der Hut zu sein. Die Sache der Revolution ist nur in den Händen des Volkes sicher. Die Aufforderung des vom gestürzten Kaiser neugebackenen Reichskanzlers verfolgt nur den Zweck, die Massen heimzusenden, um die alte „Ordnung" wiederherzustellen. Arbeiter, Soldaten, bleibt auf der Hut!

2 *Stellt die Hauptaussagen der Bekanntmachungen gegeneinander. – An wen wenden sie sich?*
   – Wozu werden die Menschen aufgefordert?
   – Welche Begründungen werden gegeben?
3 *Diskutiert mögliche Folgen der Forderungen.*

Die Novemberrevolution

Philipp Scheidemann (SPD) ruft die Republik aus. Foto.

Die Ausrufung der Republik

Um die Mittagszeit des 9. November 1918 strömten die Massen in Berlin vor den Reichstag und das Schloß. Es sprach sich herum, daß Karl Liebknecht, der Führer des Spartakusbundes, eine sozialistische Republik ausrufen wollte. Das ging den Reichstagsabgeordneten der SPD* viel zu weit.
Sie drängten ihr Parteivorstandsmitglied Philipp Scheidemann, eine Rede dagegen zu halten, darin hieß es:

> **Q 1** Arbeiter und Soldaten! Der unglückselige Krieg ist zu Ende. Das Morden ist vorbei. Die Folgen des Krieges, Not und Elend, werden noch viele Jahre auf uns lasten.

> Die Feinde des werktätigen Volkes, die wirklichen „inneren Feinde", die Deutschlands Zusammenbruch verschuldet haben, sind still und unsichtbar geworden. ...
> Der Kaiser hat abgedankt. Er und seine Freunde sind verschwunden. Über sie hat das Volk auf der ganzen Linie gesiegt! Das Alte und Morsche, die Monarchie, ist zusammengebrochen. Es lebe das Neue! Es lebe die Deutsche Republik!

Das war gegen 14.00 Uhr.
Gegen 16.00 Uhr hielt Karl Liebknecht seine Rede:

> **Q 2** ... Der Tag der Revolution ist gekommen. Wir haben den Frieden erzwungen ... Das Alte ist nicht mehr. Die Herrschaft der Hohenzollern* ... ist vorüber. In dieser Stunde proklamieren wir die freie sozialistische Republik Deutschland. Wir grüßen unsere russischen Brüder ...
> Parteigenossen, ich proklamiere die freie sozialistische Republik Deutschland, die alle Stämme umfassen soll, in der es keine Knechte mehr geben wird, in der jeder ehrliche Arbeiter den ehrlichen Lohn seiner Arbeit finden wird. Wir müssen alle Kräfte anspannen, um ... eine neue staatliche Ordnung des Proletariats zu schaffen ... Wir rufen auf zur Vollendung der Weltrevolution!

1 *Vergleicht die beiden Auszüge aus den Reden.*
 – *An wen wenden sich die Redner?*
 – *Welche Gegner werden genannt?*
 – *Was wird über die Zukunft gesagt?*
 – *Worin unterscheiden sich die Ziele?*

Es zeigte sich bald, daß die SPD den größeren Rückhalt in der Bevölkerung hatte. Am nächsten Tag, dem 10. November, wurde eine provisorische Regierung* aus der SPD und USPD* gebildet. Sie nannte sich „Rat der Volksbeauftragten".
Ebert war Mitglied des Rates. In seiner Sorge um die Aufrechterhaltung der Ordnung traf er eine Absprache mit der Obersten Heeresleitung. Darin versprachen die Militärs, die neue Regierung anzuerkennen und zu unterstützen. Ebert versprach, die militärische Führung im Amt zu lassen. Auch die Beamten der kaiserlichen Regierung sollten im Amt bleiben.
Dadurch sollten weitere Unruhen verhindert werden.

2 *Sprecht über die Absprache Ebert–Heeresleitung.*

Die Novemberrevolution

Unterschiedliche Demokratievorstellungen

Am 12. November beschloß der Rat der Volksbeauftragten die Ausarbeitung einer demokratischen und parlamentarischen Verfassung für Deutschland. Alle deutschen Männer und Frauen über 20 Jahre sollten eine Nationalversammlung (Parlament) wählen, die dann die Verfassung auszuarbeiten hätte. Damit waren die revolutionären Obleute und die Anhänger des Spartakusbundes nicht einverstanden. Sie forderten die ganze Macht für die Arbeiter- und Soldatenräte*.

In einer Rede hieß es:
„Wir wollen keine bürgerliche Republik, sondern eine proletarische. ... Die Nationalversammlung ist nur der Weg zur Herrschaft der Bourgeoisie*."
Die Entscheidung zwischen diesen beiden Vorstellungen fiel im Dezember auf der Tagung des Zentralkongresses der Arbeiter- und Soldatenräte in Berlin.
Mit 344 zu 98 Stimmen entschieden sich die Delegierten für eine parlamentarische Demokratie und für Wahlen zur Nationalversammlung.

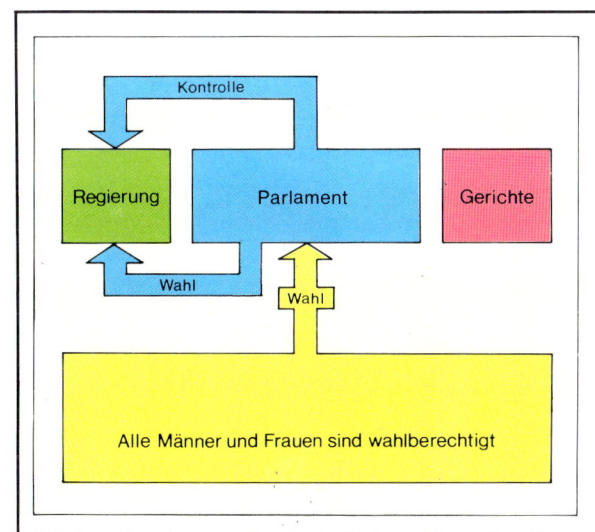

Merkmale einer parlamentarischen Demokratie
- Alle Erwachsenen sind wahlberechtigt.
- Durch allgemeine, gleiche und geheime Wahlen werden die Abgeordneten gewählt.
- Die Abgeordneten, die das ganze Volk vertreten, sind an keine Weisungen gebunden.
- Die Abgeordneten beschließen die Gesetze, wählen und kontrollieren die Regierung.
- Die Regierung führt die Gesetze aus und ist dem Parlament Rechenschaft schuldig.
- Die Gerichte sind unabhängig, nur an Recht und Gesetz gebunden.

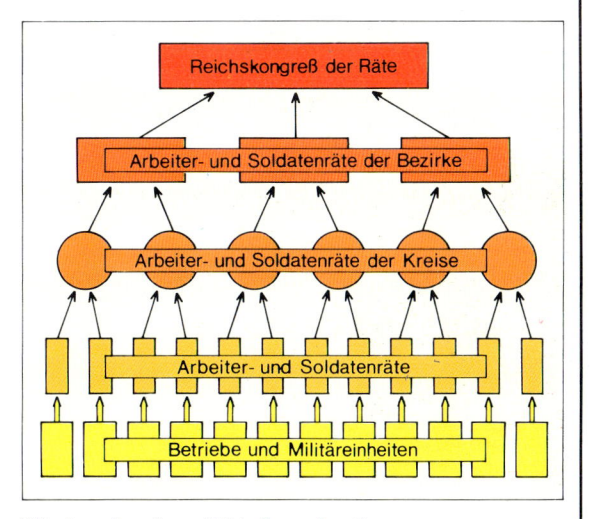

Merkmale einer Rätedemokratie
- Die Werktätigen in den Fabriken und die Soldaten in ihren Einheiten sind wahlberechtigt.
- Gewählt werden die Räte für die Betriebe und Einheiten. Die Räte entsenden aus ihrem Kreis die Vertreter in die jeweils nächsthöhere Ebene.
- Die Räte aller Ebenen sind an die Beschlüsse der Gruppen gebunden, die sie gewählt haben.
- Die Räte müssen über ihre Tätigkeit Rechenschaft ablegen und sind jederzeit abwählbar.
- Der Rätekongreß, oberstes Organ, hat gesetzgebende, gesetzesausführende und rechtsprechende Gewalt. Gewaltenteilung ist nicht vorgesehen.
- Die Räteregierung ist an die Weisung des Rätekongresses gebunden.

① *Vergleicht die beiden Demokratievorstellungen. Achtet dabei auf: Wahlberechtigung, Weisungen an Abgeordnete oder Räte, Gewaltenteilung.*

② *Wiederholt, was ihr über Gewaltenteilung wißt.*

③ *Überlegt, warum die Rätebewegung die Gewaltenteilung ablehnt und „alle Macht den Räten" übertragen will.*

Kämpfe um die Macht

1 Bewaffnete Arbeiterverbände im Januar 1919. Foto.

1 *Beschreibt, was die Bilder über die Berliner Zustände im Januar 1919 aussagen.*

2 *Prüft in Zeitungen und Illustrierten, ob heute von ähnlichen Zuständen berichtet wird.*

3 *Überlegt, was es für die Bevölkerung bedeuten mag, wenn in einem Land Aufstände oder Bürgerkriege wüten.*

2 Barrikadenkämpfe im Berliner Zeitungsviertel 1919. Foto.

Kämpfe um die Macht

Aufstände in Berlin

Ende 1918 erhob sich die Volksmarine-Division* in Berlin gegen die provisorische Regierung. Ebert bat die Oberste Heeresleitung um Hilfe, die eine kriegserfahrene Division in Berlin einmarschieren ließ. Es kam zu blutigen Kämpfen. Schließlich konnte die Ruhe wieder hergestellt werden. Aber der Einsatz der Truppen gegen Revolutionäre wurde Ebert zum Vorwurf gemacht. Viele Menschen, vor allem Arbeiter, waren entsetzt, daß es zu diesem Kampf kommen konnte.

Die Führung der revolutionären Gruppen, die auf dem Reichskongreß der Arbeiter- und Soldatenräte* unterlegen waren, nutzte die Stimmung aus. Sie rief am 5. Januar 1919 zu Massendemonstrationen gegen die Regierung Ebert auf. Es kam zu riesenhaften Kundgebungen. Bewaffnete Massen zogen durch Berlin. Revolutionäre Stoßtrupps besetzten Zeitungsgebäude, Bahnhöfe und öffentliche Bauten. Es gab aber keine einheitliche Führung des Aufstandes. Deshalb waren die Aktionen planlos und nicht aufeinander abgestimmt.

Die Regierung war durch den Aufstand überrascht worden. Sie war aber entschlossen, den Kampf aufzunehmen. Sie bildete Freikorps* und rief militärische Verbände nach Berlin. Bis zum 13. Januar wurde in Berlin erbittert gekämpft. Dann war der Aufstand niedergeschlagen. Am 15. Januar wurden Karl Liebknecht und Rosa Luxemburg, die Führer des Spartakusbundes, von Soldaten der Regierungstruppen gefangengenommen und hinterhältig ermordet.

Arbeiter, Bürger!

Das Vaterland ist dem Untergang nahe.
Rettet es!
Es wird nicht bedroht von außen, sondern von innen:

Von der Spartakusgruppe.

Schlagt ihre Führer tot!
Tötet Liebknecht!

Dann werdet ihr Frieden, Arbeit und Brot haben!

Die Frontsoldaten

Plakat Berlin 1919.

Auch in anderen Teilen Deutschlands brachen in diesen Tagen Aufstände aus. Mit Hilfe von Freikorps wurden sie unterdrückt. Die Ruhe wurde bis zum 19. Januar, dem Wahltag für die Nationalversammlung, wiederhergestellt.

So konnte die Wahl stattfinden. Aber die Spartakisten machten Ebert den Vorwurf, die revolutionären Interessen der Arbeiter verraten zu haben.

1. *Lest den Aufruf und überlegt, welche politische Wirkung davon ausgehen kann.*
2. *Nehmt Stellung zu dem Aufruf.*
3. *Diskutiert den Vorwurf, die SPD* habe im Januar 1919 die Arbeiterschaft verraten.*

Zusammenfassung

Im Herbst 1918 erkannte die Oberste Heeresleitung, daß der Krieg militärisch verloren war. Sie drängte die deutsche Regierung zu Waffenstillstandsverhandlungen. Als trotz der Verhandlungen die deutsche Flotte noch einmal auslaufen sollte, meuterten die Matrosen. Der Marineaufstand breitete sich in den ersten Novembertagen über ganz Deutschland als revolutionäre Welle aus. Am 11. November 1918 war der Krieg beendet.

Unter dem Druck der Arbeiter und Soldaten verkündete der kaiserliche Reichskanzler die Abdankung des Kaisers und übergab das Amt des Reichskanzlers an Friedrich Ebert, den Vorsitzenden der SPD.

Philipp Scheidemann (SPD) rief die demokratische Republik aus, um der Ausrufung einer Räterepublik zuvorzukommen.

Ebert forderte zur Wiederherstellung von Ruhe und Ordnung auf, während Teile der USPD und der Spartakusbund eine Fortsetzung der Revolution forderten. Auf dem Reichsrätekongreß im Dezember entschied sich die Mehrheit der Räte für die Ausarbeitung einer demokratischen Verfassung durch eine Nationalversammlung.

Die Aufstände zur Fortsetzung der Revolution wurden durch Freikorps und Truppenverbände niedergeschlagen.

Die Weimarer Nationalversammlung

[1] **Werbeplakat des Rats der Volksbeauftragten zur Nationalversammlung 1918/19.**

[2] **Kommunistisches Plakat zur Wahl 1919.**

Die Wahlen zur Nationalversammlung

1. *Vergleicht die beiden Wahlplakate: An wen richten sich die Plakate? Welche Ziele verfolgen sie? Wodurch versuchen sie zu wirken?*
2. *Überlegt, welche Grundvorstellungen der Demokratie durch die Plakate vertreten werden (vgl. S. 57).*

Am 19. Januar 1919 fanden die Wahlen zur Nationalversammlung statt. Der blutige Spartakusaufstand lag erst wenige Tage zurück. Trotzdem gingen 83 % der Wahlberechtigten zur Wahl.

Zum ersten Mal durften auch die Frauen wählen. 54 % der Stimmen stammten von Frauen.

Wegen der Gefahr von Unruhen in Berlin kamen die Abgeordneten in Weimar zusammen. Die Stadt stand unter dem Schutz eines Freikorps*.

Die Weimarer Nationalversammlung

Die Parteien in der Nationalversammlung

1. *Stellt eine Liste der Parteien auf.*
2. *Prüft, welche Parteien ihr schon aus dem 19. Jahrhundert kennt.*
3. *Vergleicht die Stärkeverhältnisse der Parteien.*
4. *Vergleicht die Aussagen der Parteiprogramme.*
5. *Überlegt, welche Parteien Koalitionen bilden könnten.*

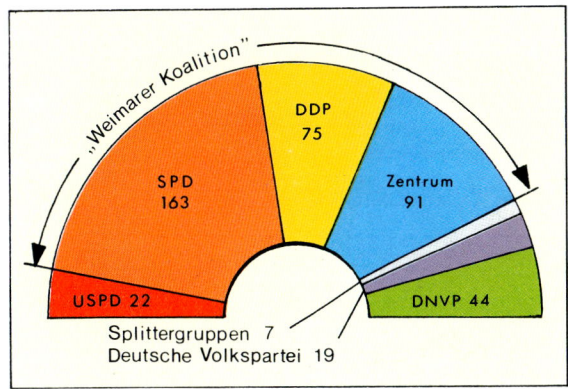

Sitzverteilung der Parteien nach der Wahl zur Nationalversammlung 1919.

„Weimarer Koalition": SPD 163, DDP 75, Zentrum 91
USPD 22, Splittergruppen 7, Deutsche Volkspartei 19, DNVP 44

Parteiprogramme		
Partei	Innenpolitik	Wirtschaftspolitik
USPD* 9. 12. 1918	Ablehnung der Nationalversammlung und ihres Verfassungsauftrages; Ausbau einer sozialistischen Republik, Umwandlung des Klassenstaates in eine sozialistische Gesellschaft	Sozialisierung der Wirtschaft Brechung der kapitalistischen Herrschaftsverhältnisse
SPD* 28. 11. 1918	Politische Gleichberechtigung aller, allgemeines, gleiches, direktes geheimes Wahlrecht, Ablehnung der Diktatur einer Minderheit, schnelle Einberufung der Nationalversammlung	Sozialisierung der Wirtschaft in den Bereichen, die dadurch höhere Erträge bringen; Demokratisierung der Wirtschaft
Zentrum* 30. 12. 1918	Schaffung einer Verfassung auf demokratischer Grundlage durch die Nationalversammlung, demokratische Republik; gleiches Wahlrecht; parlamentarische Demokratie	Erhaltung der auf privatem Eigentum beruhenden Privatwirtschaft
DDP* 15. 11. 1918	Schaffung einer republikanischen Staatsform, politische Gleichberechtigung aller	Aufrechterhaltung des Privateigentums
DVP* 15. 12. 1918	Recht und Ordnung, Staat mit starker Autorität, parlamentarische Staatsform	Privateigentum, leitende Stellung des Unternehmers
DNVP* 24. 11. 1918	Parlamentarische Regierung, Wiederherstellung des Kaiserreiches, Staat mit starker Autorität, Recht und Ordnung	Freiheit des Privateigentums, das Privateigentum ist gegen die von der SPD geplanten Eingriffe zu schützen

Die KPD* wurde am 1. 1. 1919 gegründet. Sie lehnte die Nationalversammlung ab und stellte sich nicht zur Wahl.

Der Versailler Vertrag

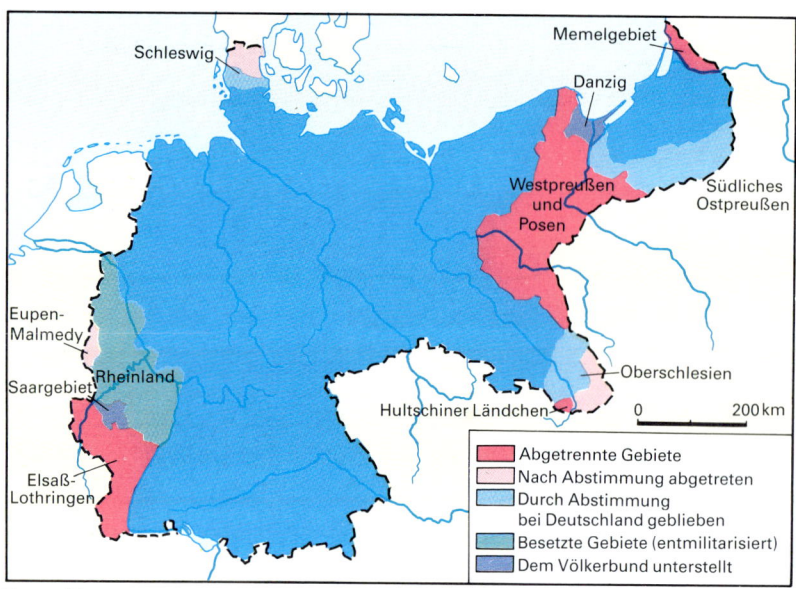

Deutschlands Gebietsverluste durch den Versailler Vertrag.

Der Friedensvertrag von Versailles

1 *Stellt eine Liste möglicher Forderungen auf, die ihr aus französischer, englischer und deutscher Sicht in Friedensverhandlungen stellen würdet.*

2 *Versucht einen Kompromiß zwischen den unterschiedlichen Forderungen zu finden.*

Während in Weimar die Nationalversammlung tagte, hatten sich in Paris die Vertreter der Siegermächte versammelt. Sie wollten einen Friedensvertrag erarbeiten und dadurch eine neue Ordnung in Europa und Übersee schaffen. Neue Staaten wie die Tschechoslowakei und Jugoslawien sollten geschaffen, Polen wieder ein Staat werden. Als Krönung des Friedenswerkes wurde der Völkerbund* gegründet, der Kriege für alle Zeiten unmöglich machen sollte. Deutschland als besiegtes Land war zu den Verhandlungen nicht zugelassen. Am 7. Mai 1919 wurde der deutschen Delegation der Vertragstext vorgelegt. Über Veränderungswünsche der deutschen Delegation wurde nicht verhandelt.

Die Siegermächte drohten, in Deutschland mit Militär einzumarschieren, wenn der Vertrag von der deutschen Regierung nicht angenommen würde. In der Nationalversammlung gab es heftige Diskussionen. Die Abgeordneten sahen keinen anderen Weg, als zu unterschreiben. In Deutschland sprach man deshalb vom Versailler Zwangsfrieden oder dem Friedensdiktat.

Der Artikel 231 des Versailler Vertrages lautet:

> **Q** Die alliierten* und assoziierten* Regierungen erklären, und Deutschland erkennt an, daß Deutschland und seine Verbündeten als Urheber (des Krieges) für alle Schäden und Verluste verantwortlich sind, die die alliierten und assoziierten Regierungen und ihre Staatsangehörigen infolge des ihnen durch den Angriff Deutschlands und seiner Verbündeten aufgezwungenen Krieges erlitten haben.

3 *Gebt Artikel 231 des Versailler Vertrages mit eigenen Worten wieder.*

4 *Überlegt, welche Forderungen sich aus dem Artikel 231 ableiten lassen.*

In der deutschen Bevölkerung hatte man den Krieg als einen aufgezwungenen Verteidigungskrieg verstanden. Deshalb war man empört und wütend über den Artikel 231.

5 *Beschreibt nach der Karte die deutschen Gebietsverluste.*

6 *Sucht die besetzten Gebiete heraus.*

Andere Bedingungen des Versailler Vertrages besagten:
– Deutschland sollte für alle Kriegsschäden aufkommen und Reparationen* zahlen; die Höhe der Zahlungen sollte erst später festgelegt werden;
– Deutschland durfte nur noch ein Heer von 100000 Mann ohne schwere Waffen und Flugzeuge halten, die Marine sollte auf 15000 Mann verringert werden, U-Boote waren verboten;
– Deutschland blieb vom Völkerbund vorläufig ausgeschlossen.

7 *Faßt die Bedingungen des Versailler Vertrages zusammen.*

8 *Überlegt, wie diese Bedingungen wohl in Deutschland gewirkt haben.*

Die Weimarer Verfassung

Die Weimarer Verfassung

Am 6. Februar 1919 war die Nationalversammlung in Weimar zusammengetreten. Sie hatte am 11. Februar Friedrich Ebert zum Reichspräsidenten gewählt und zwei Tage später die erste von einem Parlament bestimmte deutsche Regierung. Ihr gehörten Mitglieder der SPD*, des Zentrums* und der DDP* an.

Danach nahm die Nationalversammlung die Arbeit an der Verfassung auf. Nach langen Diskussionen konnte die Verfassung am 11. August in Kraft gesetzt werden. Sie enthielt die Regelungen der Gewaltenteilung, wie sie im Schaubild dargestellt sind. Durch Volksbegehren und Volksentscheid war dem Volk ein direkter Eingriff in die Gesetzgebung möglich. In einem zweiten Hauptteil wurden die Grundrechte aufgeführt.

In dieser Zusammenstellung waren sehr wichtige Rechte neu aufgenommen:
- die Gleichberechtigung der Frauen,
- der Schutz der Jugend,
- das Recht auf Unterhaltszahlung bei unverschuldeter Arbeitslosigkeit und
- Anerkennung der Gewerkschaften als Tarifpartner.

Die Verfassung galt als sehr demokratisch und freiheitlich. Sie ermöglichte allen, auch den kleinsten Parteien, an der Gestaltung der Politik mitzuarbeiten. Allerdings waren auch die Vorbedingungen für die Auflösung der Demokratie angelegt.

① *Weist am Schaubild nach, wie die Gewalten verteilt waren.*

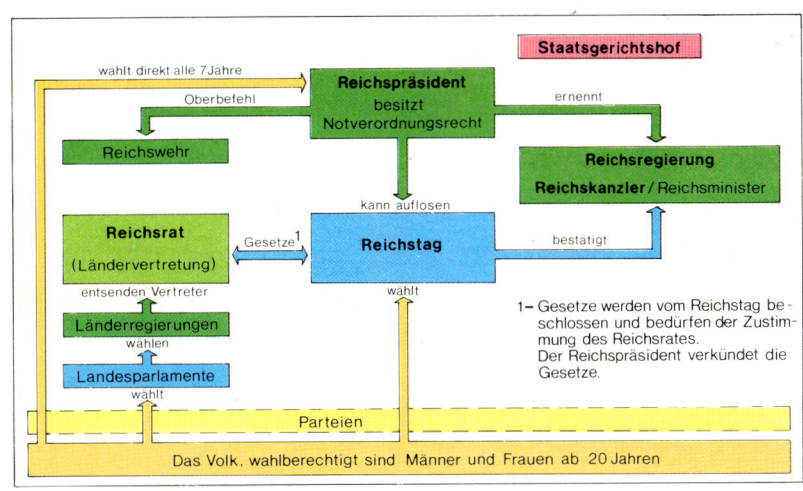

① Die Weimarer Verfassung.

Beginn	Dauer	Koalition
10. 11. 1918	1 Monat, 19 Tage	SPD, USPD
29. 12. 1918	2 Monate, 14 Tage	SPD
13. 02. 1919	4 Monate, 7 Tage	SPD, Z, DDP
21. 06. 1919	9 Monate, 6 Tage	SPD, Z
27. 03. 1920	2 Monate, 24 Tage	SPD, DDP, Z
21. 06. 1920	11 Monate, 20 Tage	Z, DDP, DVP
10. 05. 1921	5 Monate, 16 Tage	SPD, Z, DDP
26. 10. 1921	13 Monate, 27 Tage	SPD, Z, DDP
22. 11. 1922	8 Monate, 22 Tage	DVP, DDP
13. 08. 1923	1 Monat, 24 Tage	SPD, Z, DDP, DVP
06. 10. 1923	1 Monat, 24 Tage	SPD – Z, DDP, DVP
30. 11. 1923	6 Monate, 4 Tage	Z, DDP, DVP, BVP
03. 06. 1924	7 Monate, 10 Tage	Z, DDP, DVP
13. 01. 1925	12 Monate, 7 Tage	Z, DDP, DVP, DNVP
20. 01. 1926	4 Monate, 23 Tage	Z, BVP, DDP, DVP
13. 05. 1926	8 Monate, 16 Tage	Z, DDP, DVP
29. 01. 1927	17 Monate	Z, BVP, DDP, DVP
29. 06. 1928	21 Monate, 1 Tag	SPD, Z, BVP, DDP, DVP
30. 03. 1930	18 Monate, 10 Tage	Präsidialkabinett*
09. 10. 1931	7 Monate, 22 Tage	Präsidialkabinett
01. 06. 1932	6 Monate, 2 Tage	Präsidialkabinett
03. 12. 1932	1 Monat, 27 Tage	Präsidialkabinett
30. 01. 1933	–	Präsidialkabinett (NSDAP, DNVP)

② Regierungen des Deutschen Reiches

② *Erläutert anhand der Artikel 25, 48 und 54 der Weimarer Verfassung (S. 236) und des Schaubildes, warum der Reichspräsident „Ersatzkaiser" genannt wurde.*

③ *Stellt fest (Tabelle ②), wie viele Regierungen es in den Jahren 1919–1932 in Deutschland gab:*
- *wie viele Regierungen weniger als 6 Monate und wie viele länger als ein Jahr im Amt waren,*
- *wie lange die kürzeste und die längste Regierungszeit dauerte.*

④ *Versucht in Nachschlagewerken herauszufinden, wie lange Konrad Adenauer und Helmut Schmidt Bundeskanzler waren.*

⑤ *Vergleicht ihre Regierungszeiten mit denen der Weimarer Republik und überlegt, was die Dauer der Regierungszeit bedeuten kann.*

Die Inflation

1 Transport des neugedruckten Geldes in Wäschekörben. Foto 1923.

Zeitzeugen berichten über die Inflation
In einem Interview erzählte Bertha S. 1982:

Q An die Inflation erinnere ich mich sehr gut. Ich war damals Verkäuferin in einem Bekleidungsgeschäft in Hamburg. Seit dem Sommer 1923 waren alle Preise in Dollar ausgezeichnet. Wollte ein Kunde einen Anzug kaufen, mußte ich erst bei der Bank anrufen und fragen, wieviel der Dollar im Augenblick wert war. Dann konnte ich den Preis in Mark ausrechnen. Kaufte der Kunde und bezahlte in deutschem Geld, dann ging der Chef sofort zur Bank und tauschte das Geld ein. Oft konnte er keine Dollars bekommen, dann war er froh, wenn er schweizerisches oder tschechisches Geld bekam. Das verfiel nicht. Am liebsten waren uns ausländische Käufer, die mit Devisen* bezahlten.
Schlimm war es mit meinem Vater. Er hatte als Handwerksmeister sein Leben lang gespart. Bei Kriegsausbruch hatte er über 40000 Goldmark auf der Bank. Im Alter wollte er von den Zinsen leben. Im Sommer 1923 konnte er sich von all dem Geld gerade noch ein Brot kaufen.

Wie der Wert der Mark verfiel, kann man am Wechselkurs zum Dollar und an den Brotpreisen erkennen.

2 Anzeige aus der Illustrierten Zeitung. Leipzig, 4. 10. 1923.

Wert eines US-Dollars		Preis für 1 kg Brot
1914	4,20 Mark	0,32 Mark
1919 Dez.	50,— Mark	0,80 Mark
1921 Juni	65,— Mark	3,90 Mark
1922 Juli	420,— Mark	53,15 Mark
1923 Jan.	7000,— Mark	250,— Mark
Febr.	42000,— Mark	389,— Mark
Juni	100000,— Mark	1428,— Mark
Juli	350000,— Mark	3465,— Mark
Aug.	4600000,— Mark	69000,— Mark
Sept.	100000000,— Mark	1512000,— Mark
Okt.	25000000000,— Mark	1743000000,— Mark
Nov.	4200000000000,— Mark	201000000000,— Mark

3

Die Inflation

W. Siefke, ein ehemaliger Lehrer, schrieb 1979:

Q Wir erlebten die Inflation, die das Geld in wertloses Papier verwandelte... Unser Gehalt bekamen wir in wöchentlichen Raten. Unser ältester Kollege holte die ganze Summe jede Woche vom Rathaus; und seine Aktentasche war so voll, daß sie sich nicht mehr schließen ließ... Während wir in der Pause im Lehrerzimmer saßen, legte er jedem seinen Packen Scheine auf den Platz. Kaum hatten wir sie, so sausten wir damit los, um uns zu kaufen, was wir dafür noch kriegen konnten – schließlich war es kaum noch ein halbes Brot oder eine andere notwendige Kleinigkeit. Wir aber waren froh, unser Geld umgesetzt zu haben. Denn jeden Mittag um 1 Uhr war ein neuer Kurs fällig, der sich nach dem Dollar richtete – und dann war unser „Reichtum" null und nichtig!

1 *Beschreibt die Anzeige der Sächsischen Lotterie.*
2 *Vergleicht die Gewinnversprechen mit heutigen Gewinnmöglichkeiten.*
3 *Stellt Vermutungen an, was solche Gewinnversprechen bedeuten.*
4 *Lest die Berichte der Zeitzeugen.*
5 *Vergleicht die Berichte mit der Tabelle.*
6 *Versetzt euch in die Lage einer Hausfrau, eines Geschäftsinhabers, eines Mieters, eines Vermieters, eines Sparers und eines Menschen, der Geld geliehen hat. Schreibt auf, was sie vermutlich zur Geldentwertung sagen werden.*
7 *Überlegt, wer an der Geldentwertung verdient.*

Ursachen der Inflation

Im Laufe des Krieges hatte die Reichsregierung viel Geld drucken lassen, um die hohen Kriegskosten zu bezahlen. Viel Geld war im Umlauf, aber die Güter waren knapp. So stiegen schon während des Krieges die Preise.

Nach dem Waffenstillstand hatte die neue Regierung die Kriegsschulden und Reparationen* zu bezahlen. Die Staatseinnahmen waren geringer als die Ausgaben. Um die Bevölkerung nicht mit neuen und hohen Steuern zu belasten, wurde mehr Geld gedruckt. Das führte zu weiteren Preisanstiegen. Das Geld wurde weniger wert.

Als im Januar 1923 der passive Widerstand gegen die Ruhrbesetzung erklärt wurde, mußte die Regierung die Wirtschaft im Ruhrgebiet unterstützen. Täglich wurden 40 Millionen Goldmark für den Ruhrkampf ausgegeben. Das Geld ließ sich nur beschaffen, indem immer mehr Druckereien Geldscheine druckten. Weil es aber keine Waren für dieses Geld gab, deshalb stiegen die Preise immer schneller.

Kein Mensch wollte das wertlose Geld behalten. Er gab es schnell wieder aus. Wer Schulden aus früherer Zeit hatte, konnte sie leicht zurückbezahlen. Wer Sachwerte besaß, hielt sie zurück oder tauschte sie nur gegen andere Sachwerte. Industrielle konnten große Gewinne machen, weil sie die Löhne in Papiergeld auszahlten, die Produkte aber gegen Sachwerte eintauschten.

Im November 1923 war das deutsche Geld wertlos. Um die riesigen Geldmengen einzuziehen, wurde 1 Billion (1 000 000 000 000) alter Mark gegen 1 Rentenmark umgetauscht. Die Rentenmark war die neue Währung.

Das Geld wurde nun knapp gehalten, und die Wirtschaft konnte sich langsam erholen.

Folgen der Inflation

In der Inflation hatten alle Sparer ihre Einlagen verloren, ganz gleich, ob sie das Geld bei Banken oder Sparkassen, bei Lebensversicherungen oder in Staatspapieren angelegt hatten. Das waren vor allem Angestellte, Handwerker, kleine Unternehmer, Ärzte, Rechtsanwälte und Beamte.

Gewonnen hatten die Besitzer von Sachwerten und Devisen* und der Staat. Die alten Schulden waren mit wertlosem Papiergeld bezahlt worden.

Bei den Verlierern entstand ein Haß auf die Republik, der alle Schuld in die Schuhe geschoben wurde. Viele Menschen, die ihr Geld verloren hatten, wurden zu Gegnern der Weimarer Republik.

Das Krisenjahr 1923

1 **Französische Truppen in Essen.** Foto 1923.

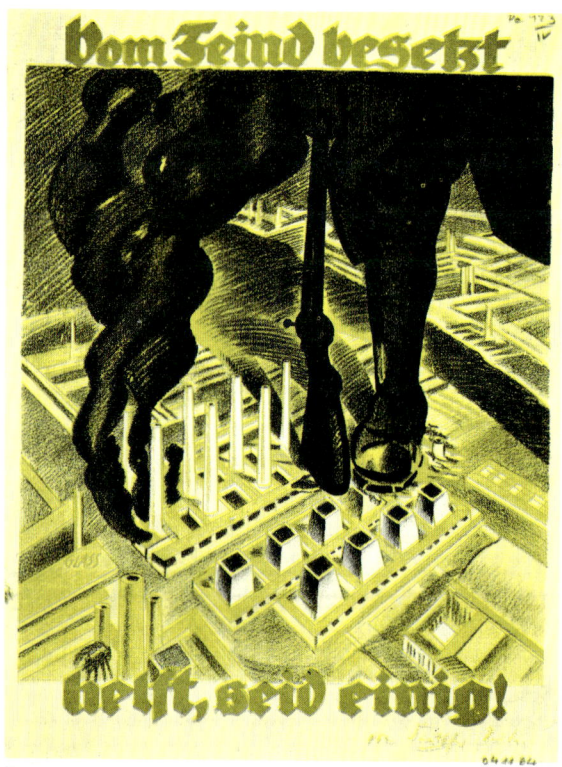

2 **Protestplakat gegen die Ruhrbesetzung 1923.**

Die Ruhrbesetzung

Eine sehr große Belastung für Deutschland waren die Reparationen*. Die Siegermächte hatten 1921 beschlossen, daß Deutschland 132 Mrd. Goldmark bezahlen sollte. Besonders Frankreich, das selbst hohe Kriegsschulden hatte, drängte auf pünktliche Bezahlung. Die Reichsregierungen versuchten, die Forderungen so weit wie möglich zu erfüllen. Deshalb wurden sie von nationalistischen Gruppen als „Erfüllungspolitiker" beschimpft.

Als Deutschland Ende 1922 mit Holz- und Kohlelieferungen im Verzug war, ließ die französische Regierung Soldaten ins Ruhrgebiet einmarschieren. Sie wollte auf diese Weise die Zahlung von Reparationen sichern und gleichzeitig Deutschland wirtschaftlich schwächen.

Daraufhin rief die Reichsregierung die Menschen an der Ruhr zum „passiven Widerstand" auf. Keinem Befehl der Besatzer sollte gehorcht werden. Es kam zu vielen Zusammenstößen.

Ein englischer Journalist berichtete im April 1923 aus Essen:

> **Q** Eine Kommission war ... in die Kruppwerke entsandt worden, um ... Automobile zu beschlagnahmen. Wie stets, wenn die Franzosen Werke betraten, heulte ... die Fabriksirene als Signal für die Niederlegung der Arbeit. Die Belegschaft ergoß sich wie ein schwarzer Strom in die enge Straße ... Die Franzosen warteten. Sie sahen die ungeheure Masse der Arbeiter ... Der schon nicht mehr junge Offizier ... wurde immer nervöser, verlor schließlich den Kopf und befahl zu feuern ... 13 Arbeiter wurden getötet ..., 15 weitere schwer und 30 leicht verletzt.

Die Franzosen reagierten hart auf jeden Widerstand. Mehr als 140000 Beamte und Angestellte wurden mit ihren Familien aus dem Ruhrgebiet ausgewiesen, Tausende wurden zu Gefängnisstrafen verurteilt. Die Arbeitslosigkeit stieg sehr schnell an. Die wirtschaftliche Belastung für das Reich (vgl. die vorige Seite) war so groß, daß der Widerstand im September nicht mehr weitergeführt werden konnte. Die Reichsregierung trat zurück, und Gustav Stresemann von der DVP bildete eine neue Regierung. Er beschloß den Abbruch des Widerstandes.

Das Krisenjahr 1923

1. *Beurteilt die Maßnahmen der Franzosen und der Deutschen. Begründet eure Meinung.*
2. *Erläutert, wie es zum Blutbad in Essen kam.*
3. *Überlegt, wie sich die Vorfälle auf das Verhältnis der Deutschen zu Frankreich auswirkten.*
4. *Stellt Vermutungen an, wie nationalistische Kreise auf den Abbruch des Widerstands reagierten.*

Gefahren von rechts und links

Schon 1920, 1921 und 1922 hatte es große Schwierigkeiten für die Republik gegeben.
Im Frühjahr 1920 sollten die Freikorps* aufgelöst werden. Die Brigade Ehrhardt widersetzte sich und marschierte in Berlin ein. Sie erklärte die Regierung für abgesetzt. Der deutschnationale Wolfgang Kapp ernannte sich selbst zum Reichskanzler. Dagegen riefen die Gewerkschaften und die SPD zum Generalstreik auf, der im ganzen Reich befolgt wurde. Der Putsch brach zusammen.
Im Ruhrgebiet sorgte ein von Kommunisten beeinflußter Arbeiteraufstand für Unruhe. Eine Rote Armee wurde gebildet. Reichswehreinheiten schlugen diese Rote Armee in blutigen Kämpfen.
Zu gleicher Zeit rief der Kommunist Max Hölz in Thüringen und Sachsen zum Aufstand auf. Auch der wurde schließlich von der Reichswehr niedergeschlagen.
1921 ermordeten Mitglieder einer rechtsradikalen Organisation den Finanzminister Erzberger und 1922 den Außenminister Walther Rathenau.
In den letzten Wochen der Inflation 1923 brachen erneut Unruhen aus. In Hamburg erhoben sich unter kommunistischer Führung Hunderte von Arbeitern. Der Aufstand wurde blutig niedergeschlagen.
Auch in Sachsen und in Thüringen drohten Aufstände. Aber die Reichsregierung konnte ihre Herrschaft schnell wieder herstellen.
Auch in Bayern gab es Pläne für einen Staatsstreich. Rechte Gruppen mit Verbindungen in die bayerische Staatsregierung bereiteten den Aufstand vor. Aber dem Führer der Nationalsozialistischen Deutschen Arbeiterpartei (NSDAP)*, Adolf Hitler, ging alles zu zaghaft.
Am 8. November zog er seine Anhänger zusammen, um loszuschlagen. Er erklärte die Reichsregierung für abgesetzt und hoffte, damit eine Lawine ins Rollen zu bringen. Um alle mitzureißen, marschierten die Nationalsozialisten am 9. November durch München. Vor der Feldherrnhalle machte die Polizei dem Zug gewaltsam ein Ende. Es gab Tote und Verletzte.

Proklamation an das deutsche Volk!
Die Regierung der Novemberverbrecher in Berlin ist heute für **abgesetzt erklärt worden.** Eine **provisorische deutsche Nationalregierung** ist gebildet worden, diese besteht aus **Gen. Ludendorff Ad. Hitler, Gen. v. Lossow Obst. v. Seisser**

Anschlag in München, 8. 11. 1923.

5. *Lest die Proklamation und achtet genau auf die Wortwahl.*
6. *Vermutet, was Hitler wohl erwartet hatte, als er die Proklamation erließ.*
7. *Faßt zusammen, welche Gruppen gegen die Weimarer Republik waren.*

Zum Nachdenken
Ein Politiker hat gesagt, die Weimarer Republik sei eine Republik ohne Republikaner gewesen.
— *Überlegt, inwieweit er recht oder unrecht hat.*

Zusammenfassung
Am 19. Januar 1919 wurde die Nationalversammlung gewählt. Die KPD hatte sich an der Wahl nicht beteiligt. SPD, Zentrum und DDP bildeten als Weimarer Koalition die erste parlamentarisch gewählte Regierung; Friedrich Ebert wurde Reichspräsident. Die Nationalversammlung in Weimar erarbeitete die Verfassung, durch die der Reichspräsident eine starke Stellung bekam.
Der Friedensvertrag von Versailles mit seinen harten Bedingungen mußte von Deutschland unterschrieben werden. Deutschland und seine Verbündeten wurden als die Urheber des Krieges bezeichnet. Sie mußten deshalb riesige Reparationssummen zahlen. Durch die neue Grenzziehung verlor Deutschland große Gebiete.
Aufstände im Reich, Inflation und Ruhrbesetzung brachten die Republik in Gefahr. Erst gegen Ende 1923 schien es, als ob die Weimarer Republik gerettet werden könnte.

Jahre der Versöhnung

Plakat zur Reichstagswahl 1928. Die Figur im Hintergrund stellt einen französischen Soldaten dar.

Außenpolitische Zusammenarbeit

1 *Tragt zusammen, was ihr über das Verhältnis zwischen Frankreich und Deutschland wißt. Denkt dabei an den Krieg von 1870/71, an den Versailler Vertrag und an die Ruhrbesetzung.*
2 *Überlegt, welche Möglichkeiten es gibt, Vorurteile anderer Staaten gegenüber abzubauen.*

Die deutsche Republik hatte die Krisenjahre 1919 bis 1923 überstanden. Seit dem August 1923 war Gustav Stresemann Reichsaußenminister. Er blieb in diesem Amt bis zu seinem Tode 1929. Sein Hauptziel war, Deutschland wieder zu einer geachteten Macht in Europa werden zu lassen. Dazu mußten Teile des Versailler Vertrages außer Kraft gesetzt werden. Das ging nur mit der Zustimmung Frankreichs. Deshalb mußten die Beziehungen zu Frankreich verbessert werden.
Der damalige französische Außenminister war Aristide Briand. Er hatte auch erkannt, daß in Europa der Friede nur gesichert werden konnte, wenn Frankreich und Deutschland die Feindschaft überwinden. 1925 fand in Locarno (Schweiz) die erste große internationale Konferenz statt, an der Deutschland als gleichberechtigter Partner teilnahm. Auf Anregung Stresemanns trafen sich die Außenminister Deutschlands, Frankreichs, Großbritanniens, Belgiens, Italiens, Polens und der Tschechoslowakei. Sie wollten über die Friedenssicherung und die friedliche Regelung von Streitigkeiten verhandeln.

Im Vertrag, der in Locarno geschlossen wurde, heißt es:

Q 1 Die Hohen Vertragschließenden Mächte garantieren jede für sich und insgesamt ... die Aufrechterhaltung der Grenzen zwischen Deutschland und Belgien und zwischen Deutschland und Frankreich ... (Die genannten Staaten) verpflichten sich gegenseitig, in keinem Falle zu einem Angriff oder zu einem Einfall oder zum Kriege zu schreiten ... (Sie) verpflichten sich, auf friedlichem Wege ... alle Fragen jeglicher Art zu regeln. ...

Eine ähnliche Garantie für die Grenzen Polens gab Stresemann nicht ab. Hierzu hieß es im Vertrag weiter:

Deutschland und Polen ... bekennen den Willen, etwa entstehende Streitigkeiten ohne Anwendung von Gewalt auf friedlichem Wege zu regeln.

Bei der Vertragsunterzeichnung sagte Briand:

Q 2 ... Unsere Nationen haben sich oft auf den Schlachtfeldern gegenübergestanden. Der Vertrag von Locarno soll den Wert haben, daß derartige Metzeleien nicht noch einmal vorkommen sollen. Wir müssen jetzt zusammenarbeiten in der Arbeitsgemeinschaft des Friedens ...

3 *Überlegt, welche Auswirkungen der Vertrag haben konnte.*
4 *Vergleicht den Vertrag mit euren Überlegungen zu Aufgabe 2.*
5 *Vergleicht die Vertragsbedingungen Deutschlands mit Frankreich und Deutschlands mit Polen.*
6 *Beschreibt das Plakat möglichst genau.*
7 *Erläutert an Einzelheiten, wie der Zeichner die Auswirkungen des Vertrages darstellt.*
8 *Beschreibt die Einstellung der Deutschnationalen zur Verständigungspolitik Stresemanns, die auf dem Plakat ausgedrückt ist.*

Außenpolitische Zusammenarbeit

Deutschlands Aufnahme in den Völkerbund*

1919 gründeten 32 Staaten den Völkerbund zur Sicherung des Friedens. Deutschland war von dem Bund ausgeschlossen, weil es als Aggressor* angesehen wurde.

Im Vertrag von Locarno hatte Deutschland sich verpflichtet, Grenzfragen nur auf friedlichem Wege zu regeln. Daraufhin beschloß die Völkerbundsversammlung am 8. September 1926 einstimmig, Deutschland in den Völkerbund aufzunehmen. Der Dolmetscher Paul Schmidt berichtete in seinen Erinnerungen dreißig Jahre später über die Aufnahme Deutschlands in den Völkerbund:

> **Q 1** Bei Stresemanns Eintritt setzte im ganzen Saal ein wahrer Beifallssturm ein. Nur mit Mühe konnten sich die deutschen Delegierten durch die herandrängende Masse der ausländischen Völkerbundsvertreter den Weg zu ihren Plätzen bahnen ...
> Dieser Empfang Deutschlands durch die Völker der Welt war wirklich etwas Einmaliges ...

Aus der Antrittsrede Gustav Stresemanns 1926:

> **Q 2** Nur auf der Grundlage einer Gemeinschaft, die alle Staaten ohne Unterschied in voller Gleichberechtigung umspannt, können Hilfsbereitschaft und Gerechtigkeit die Leitsterne der Menschenschicksale werden. Nur auf dieser Grundlage läßt sich der Grundsatz der Freiheit aufbauen ...

Aristide Briand antwortete auf Stresemanns Rede:

> **Q 3** Was bedeutet dieser Tag für Deutschland und für Frankreich? Das will ich Ihnen sagen: Es ist jetzt Schluß mit jener langen Reihe schmerzlicher und blutiger Auseinandersetzungen ... In Zukunft werden wir (unsere Meinungsverschiedenheiten) vor dem Richterstuhl in Ordnung bringen. Deshalb sage ich: Fort mit den Waffen! Freie Bahn für die Versöhnung, die Schiedsgerichtsbarkeit und ... den Frieden.

① *Gebt mit eigenen Worten die Inhalte der Reden wieder.*
② *Überlegt, wie sie auf die Menschen in Deutschland und Frankreich gewirkt haben mögen.*
③ *Listet auf, welche Vor- und Nachteile sich aus dem Beitritt zum Völkerbund ergaben.*

Die Außenminister Briand und Stresemann. Foto 1926.

Der Völkerbund

Das Ziel des Völkerbundes war es, Frieden und Sicherheit durch internationale Zusammenarbeit zu schaffen. So wollte man eine Wiederholung der Katastrophe von 1914 verhindern.
Die Mitgliedsstaaten verpflichteten sich:
– Streitigkeiten untereinander friedlich zu lösen,
– wenn sie sich nicht einigen konnten, ein internationales Gericht anzurufen und dessen Entscheidung zu akzeptieren.

Im Artikel 16 der Völkerbundssatzung heißt es:

> **Q 4** Wenn ein Bundesmitglied ... zum Krieg schreitet, so wird es ohne weiteres so angesehen, als hätte es eine kriegerische Handlung gegen alle Bundesmitglieder begangen. Diese verpflichten sich, unverzüglich mit ihm alle Handels- und finanziellen Beziehungen abzubrechen.

Außerdem sollten alle Mitgliedsstaaten weitestgehend abrüsten.
Anfangs konnten viele internationale Konflikte friedlich gelöst werden. Doch als Japan 1931 in China einmarschierte und als Italien 1936 Abbessinien überfiel, war der Völkerbund machtlos. Die großen Mächte hielten sich nicht an die Boykottbeschlüsse*. Auch in der Abrüstungsfrage blieb der Völkerbund erfolglos. Die Eigeninteressen der einzelnen Staaten waren zu groß.

Die scheinbar „goldenen Jahre" 1924–1928

1 Verkehr auf dem Alexanderplatz in Berlin. Foto 1927.

2 Werbung in einem Modeheft. 1929.

Wirtschaftlicher Aufschwung
① *Beschreibt den Eindruck, den die Bilder auf euch machen.*
② *Vergleicht den Eindruck mit euren Kenntnissen über die Inflationszeit.*

Nach der Währungsreform vom November 1923 wurden die Reparationen* neu geregelt. Der amerikanische Finanzexperte Dawes hatte einen Plan dafür erstellt. Deutschland sollte jährlich etwa 2,5 Mrd. Goldmark zahlen.

Weil die Währung nun stabil war und hohe Zinsen gezahlt wurden, war es leicht, im Ausland Geld geliehen zu bekommen. Amerikanische Banken überwiesen 100 Mio. Dollar als Darlehen. Viele Auslandskredite hatten allerdings eine Kündigungsfrist von nur drei Monaten.

Dieses Geld floß in die deutsche Wirtschaft und in die Gemeinde- und Länderkassen. Damit konnte ein wirtschaftlicher Aufschwung finanziert werden. Fabriken wurden erneuert, das Verkehrswesen modernisiert, Krankenhäuser und Schulen gebaut. Schon 1925 exportierte die deutsche Industrie elektrische Geräte in die ganze Welt. Die chemische Industrie erreichte die Spitzenposition in Europa und Amerika. Deutsche Schiffe, Flugzeuge und Autos waren gefragt. 1924 bis 1929 stieg der Export auf das Doppelte an.

In diesen Jahren verdienten Unternehmer und Kaufleute sehr gut. Die Beamtengehälter wurden angehoben.

Dieser Aufschwung wurde mit einer hohen Auslandsverschuldung bezahlt.

Arbeitskämpfe
Im November 1918 hatten die Arbeitgeberverbände und die Gewerkschaften ein Abkommen geschlossen. Man hatte sich auf folgendes geeinigt:
- Gewerkschaften und Arbeitgeberverbände handeln als gleichberechtigte Partner Lohn- und Tarifverträge aus;
- sollte man sich nicht einigen, ist eine Schlichtungsstelle anzurufen;
- der Spruch der Schlichtungsstelle ist für beide Seiten verbindlich;
- der Normalarbeitstag beträgt acht Stunden.

Die scheinbar „goldenen Jahre" 1924–1928

	Von Streiks betroffene Betriebe	Verlorene Arbeitstage	Streikende	Ausgesperrte	Arbeitslose
1924	18 147	13 500 000	681 832	981 689	927 000
1925	16 387	11 300 000	510 172	267 725	682 000
1926	2 160	870 000	60 369	44 342	2 025 000
1927	8 144	2 950 000	232 704	270 513	1 312 000
1928	5 672	8 500 000	328 529	451 867	1 391 000
1929	7 879	1 800 000	150 745	83 798	1 999 000

1 **Arbeitskämpfe 1924 bis 1929.**

Seit 1923 mehrten sich bei den Unternehmern die Stimmen, die diesen Vertrag aufheben wollten. Die Unternehmer wollten in ihren Betrieben wieder allein bestimmen.
Dagegen wehrten sich die Arbeiter. Die Zahl der Arbeitskämpfe schnellte hinauf. Die Kämpfe gingen um die Erhaltung des Acht-Stunden-Tages und um die Löhne. Streiks und Aussperrungen gehörten bald zu den Tagesmeldungen.
Die Arbeitgeber konnten es durchsetzen, daß in vielen Bereichen der Zehn-Stunden-Tag wieder eingeführt wurde und daß die Löhne sich nur geringfügig besserten.
Zu gleicher Zeit waren sehr viele Menschen arbeitslos.

1920 Betriebsverfassungsgesetz*
1923 Reichsmieterschutzgesetz: Schutz der Mieter vor willkürlicher Kündigung
1924 Einrichtung der staatlichen Fürsorge, dadurch wird die kommunale Armenpflege ersetzt
1926 Schaffung von Arbeitsgerichten
1927 Arbeits- und Kündigungsschutzgesetz für werdende und stillende Mütter
Einrichtung von Arbeitsämtern
Einführung der Arbeitslosenversicherung – (die Pflichtbeiträge von 3 % des Lohnes sind je zur Hälfte von den Arbeitgebern und den Arbeitnehmern zu zahlen)

2 **Sozialpolitische Neuerungen.**

1 *Erläutert die Begriffe Streik und Aussperrung.*
2 *Lest die Tabelle über Arbeitskämpfe und Arbeitslosigkeit.*
3 *Versucht, euch in die Lage der Arbeitnehmer zu versetzen, und beschreibt Lage und Stimmung.*

4 *Lest Tabelle 2 und überlegt, wem die Neuerungen zugute kommen.*

Zusammenfassung
Nach der Überwindung der Krisen im Jahr 1923 wurden durch den Dawes-Plan die Reparationen festgelegt und verringert. Ausländische Banken liehen große Geldsummen, so daß die Industrie viel investieren konnte. Die deutsche Wirtschaft wurde angekurbelt und erreichte bald wieder die Vorkriegshöhe. Unternehmer und Kaufleute verdienten gut.
Die Arbeiter hatten trotz vieler Arbeitskämpfe nur geringen Anteil am Aufschwung.
In der Außenpolitik gewann Deutschland durch den Vertrag von Locarno wieder Ansehen. Die Außenminister Gustav Stresemann und Aristide Briand arbeiteten darauf hin, die Feindschaft zwischen Frankreich und Deutschland zu überwinden. Dadurch hoffte man, den Frieden in Europa zu sichern. Die Aufnahme Deutschlands in den Völkerbund war ein Ergebnis dieser Politik. Im Deutschen Reich gab es nicht wenige Gruppen und Parteien, die diese Friedens- und Verständigungspolitik ablehnten.

Frauen in der Weimarer Republik

Die Frau im Staate

einst — kein Wahlrecht der Frau
jetzt — 33 weibliche Abgeordnete im Reichstag — die Frau wählt u. wird gewählt

VOR dem Kriege: kein freier Zutritt zu den höheren Berufen (1907 nur 195 Ärztinnen)

NACH dem Kriege: 109 Rechtsanwälte u. Richter — 1965 Ärztinnen — 610 Geistliche u. Missionare — 30 000 Sozial-Beamtinnen

„So hat die Republik die Stellung der Frau verbessert." Abbildung aus der Illustrierten Reichsbanner – Zeitung 1930.

1 *Beschreibt die Abbildung aus dem Jahr 1930.*
2 *Versucht herauszubekommen, was die Abbildung verschweigt.*

Nach dem verlorenen Krieg veränderte sich vieles auch für die Frauen. Sie hatten das Wahlrecht bekommen. Viele neue Berufsfelder taten sich ihnen auf, vor allem in den Büros und Verwaltungen. Die Universitäten ließen Frauen nun zum Studium zu. So konnten sie auch in gehobene Stellungen aufrücken.

Die Frauen machten sich frei von vielen Vorstellungen, die sie eingeengt hatten. Das zeigte sich sehr deutlich in der Mode mit den kurzen Röcken und der Bubikopffrisur, aber auch in der Jugendbewegung. Mädchen wanderten in Gruppen mit Jungen zusammen, trieben Sport und beteiligten sich an politischen Aktionen.

Aber vieles war auch gleich geblieben. Viele Frauen mußten arbeiten, um die Familie zu ernähren. Sie hatten die Doppelbelastung von Lohn- und Hausarbeit zu tragen. Die Löhne für Frauen waren niedriger als für Männer bei gleicher Arbeit. Sie mußten bei Bewerbungen hinter Männern zurückstehen. In den Notzeiten der Nachkriegszeit, der Inflation und der Weltwirtschaftskrise hatten sie die schwersten Lasten zu tragen.

In den Illustrierten und den aufkommenden Kinos wurde ein neues Leitbild für Frauen geprägt: jung, attraktiv und berufstätig. Dieses Leitbild entsprach zwar nur selten der Wirklichkeit, aber viele Frauen, vor allem in den Städten, versuchten, sich dem Bild anzupassen. Immer mehr Frauen traten an die Öffentlichkeit, sei es in der Frauen- oder Friedensbewegung, den politischen Parteien und Gewerkschaften oder im sozialen Bereich.

Aus dem Bericht einer Zeitzeugin:
Frau Erika R. berichtete 1988, wie sie 1919 in ihrer Ausbildung zur Kindergärtnerin von den neuen Ideen erfährt:

Q Wir hatten fabelhafte Frauen als Lehrerinnen. Da begriff ich, daß jede Frau schöpferische Kräfte hat, sie muß sie nur finden. Man konnte sich was Neues ausdenken, z. B. beim Werken. Ich wußte ja gar nicht, daß man das konnte und durfte. Wir diskutierten nächtelang die Frage: Was ist Demokratie? Wie können wir sie verwirklichen? Wir fühlten uns als neue Generation. Wir wollten den Aufbruch versuchen.

Frau R. arbeitete nach ihrem Examen als Kindergärtnerin in Berlin in einem Volkskindergarten. Sie hatte 90 Kinder in einem Spielsaal zu betreuen, vor allem Kinder von Kriegerwitwen und Arbeiterinnen. Hier lernte sie die Wirklichkeit der Frauen anders zu sehen.

Frauen in der Weimarer Republik

1 Turnerinnen 1919. Foto.

2 Turnerinnen 1929. Foto.

Frau R. wollte an der Veränderung der Lage der Frau mitarbeiten:

Q Ich sah, ich mußte viel lernen, wenn ich Neues aufbauen wollte. Deshalb borgte ich mir Geld, um eine weitere Ausbildung machen zu können. Nach dem Examen zur Jugendleiterin arbeitete ich, um das Geld zurückzuzahlen, als Leiterin eines Hauses der Pestalozzi-Fröbel-Stiftung. Aber das war nicht das, was ich wollte. Die Arbeit machte Spaß, nur war alles schon erprobt und lief in guten Bahnen. Ich wußte noch nicht, wo ich Neues beginnen konnte.

Um selbst weiterzukommen und neue Anregungen zu finden, ging Frau R. zum Studium nach Göttingen:

Dort begriff ich, daß dieser Weg mich nicht weiterbrachte. Den Frauen in den Fabriken kann man nicht von außen oder von oben her helfen. Ich lernte zwei andere Frauen kennen, mit denen der Gedanke besprochen wurde: Vom Arbeitsplatz, von der Maschine her mit den Frauen zusammen die Veränderung zu beginnen. So zog ich nach Bielefeld in ein Arbeiterinnenwohnheim und begann in den Oetker-Werken als Arbeiterin. Inzwischen war auch der Verein „Soziale Betriebsarbeit" gegründet. In ihm besprachen wir unsere Probleme und versuchten, die Fabrikbesitzer für soziale Veränderungen zu bewegen... Aber die Hauptarbeit lief vor Ort, in den Gesprächen mit den Arbeitern und Arbeiterinnen, am Fließband und der Maschine. Es ging darum, daß die Frauen lernten, auf ihre Kräfte zu vertrauen. Sie wurden z. B. in den Betriebsräten aktiv. Sie setzten sich für bessere Arbeits- und Lebensbedingungen ein. Und sie schafften es, daß viele betriebliche Mißstände abgestellt wurden.

Frau R. baute die Arbeit in den Oetker-Werken aus und kündigte dann, um in einer Kunstseidenfabrik ebenfalls eine solche Betriebsarbeit aufzubauen. Nachdem das geschafft war, ging sie nach Schlesien, wieder in eine Textilfabrik. Ihr Leitspruch war: Nur das ist wesentlich, was durch die Tat entscheidend geprägt wird.

1 *Prüft, wie sich im Bericht der Frau R. die Lage der Frauen widerspiegelt.*

Kunst und Kultur

1 *Betrachtet die Bilder auf diesen Seiten genau.*
2 *Sucht ein Bild aus und beschreibt es in seinen Einzelheiten und in seinem Gesamteindruck.*
3 *Überlegt, was der Künstler ausdrücken will.*

In den Jahren der Weimarer Republik bekamen Technik und Naturwissenschaften einen großen Auftrieb. Neuerungen wie der Flugzeugbau und die Elektrotechnik setzten sich durch. Kino und Radio wurden als neue Massenmedien begeistert aufgenommen. Berlin wurde zur Weltstadt des Theaters und der Musik.

Viele Künstler setzten sich mit den Problemen der Zeit auseinander und engagierten sich für menschliche und demokratische Ideale. So die Dichter Bert Brecht, Alfred Döblin und Kurt Tucholski, der Bildhauer Ernst Barlach und die Maler Max Beckmann, Otto Dix und George Grosz. Andere stellten die Welt dar, wie sie ihnen erschien. Dazu gehörten die Dichter Thomas Mann und Stefan Zweig, die Maler Lyonel Feininger, Paul Klee und Oskar Kokoschka.

Diese neue Kunst stieß bei vielen, vor allem national-bürgerlichen Menschen auf Widerstand. Sie behaupteten, moderne Kunst zerstöre alles Schöne in der Kunst.

1 **Marktkirche in Halle.** Gemälde von Lyonel Feininger 1930.

2 **Der goldene Fisch.** Gemälde von Paul Klee 1925/26.

Kunst und Kultur

1 **Der Streichholzverkäufer.** Gemälde von Otto Dix 1920.

2 **Stützen der Gesellschaft.** Gemälde von George Grosz 1926.

3 **Familienbild.** Gemälde von Max Beckmann 1920.

Das Ende der Republik

Werkhalle einer stillgelegten Fabrik mit Schaubild über die Aktienkurse in den USA.

Der Börsenkrach in New York

1 *Sprecht über die möglichen Auswirkungen der folgenden Situation: Die Automobilfabriken eines Landes haben ihre Werke so sehr vergrößert, daß sie mehr Fahrzeuge herstellen, als sie verkaufen können.*

2 *Informiert euch in einem Lexikon über Aktien.*

In den Jahren nach dem Ersten Weltkrieg wurde die Industrie in allen westlichen Ländern auf Friedensproduktion umgestellt. Besonders in den USA war die Produktion sehr schnell gewachsen. Durch Fließbandproduktion wurden Massen von Autos hergestellt. Immer mehr Menschen kauften sich Autos, Kühlschränke und Radios. Wer sie nicht bar bezahlen konnte, kaufte sie auf Raten. Die Menschen in den USA glaubten, die Wirtschaftsleistung würde immer weiter steigen. Immer mehr Arbeit, mehr Güter, mehr Lohn. Da könnte man ruhig Schulden machen.
Manch eine Aktie verdoppelte ihren Wert in einem Jahr. Wer sich auf Kredit Aktien kaufte, konnte am Gewinn teilhaben und schon nach kurzer Zeit seine Schulden zurückzahlen. Viele Menschen wollten an den Gewinnen teilhaben. Deshalb kauften sie Aktien auf Kredit.
In der „Deutschen Bergwerkszeitung" vom 15. März 1929 heißt es:

Q Wir haben ... mehr Spindeln, als nötig wären, um in einem Jahr den Weltverbrauch von zwei Jahren zu spinnen. Wir haben Kautschukvorräte, ... die keine Produktion in den nächsten Jahren verbrauchen kann, und wir haben mehr Automobile verkaufsfertig, als die Kaufkraft in diesem Jahr aufnehmen kann ...

3 *Überlegt, welche Schlüsse sich aus dem Zeitungsbericht ziehen lassen.*

1928 ließ sich die Produktion schon nicht mehr voll verkaufen, im Sommer 1929 wurde die Produktion in vielen Fabriken eingeschränkt, und Arbeiter mußten entlassen werden. Hierauf reagierte der Aktienmarkt. Die Kurse gaben erst langsam nach, aber am 24. und 29. Oktober kam es zu einem regelrechten Zusammenbruch. Viele Aktien wurden wertlos. Allein am 29. Oktober wurden an der New Yorker Börse 16,5 Millionen Aktien angeboten, doch niemand wollte sie mehr kaufen.
Infolge des Börsenkrachs brachen viele Banken zusammen, die Sparer verloren ihre Einlagen. Aber auch viele Fabriken, die von den Banken keinen Kredit mehr bekommen konnten, mußten schließen. Sie entließen ihre Arbeiter.

4 *Stellt in einer Tabelle Ursachen und Folgen des Börsenkrachs zusammen.*

Die Weltwirtschaftskrise

Arbeitslose in einem Hinterhof. Foto 1928.

Die Krise greift auf Europa über

Eine Schweizer Zeitung berichtete einen Monat nach der Börsenkatastrophe in New York:
- Amerikanische Banken ziehen Kredite aus Europa ab.
- Bestellungen von Schweizer Uhren, von Diamanten aus Amsterdam, von Wein aus Frankreich und Fabrikausrüstungen aus Deutschland werden zurückgezogen.
- In den Häfen der amerikanischen Ostküste lagern Waren, die aus Europa kommen und von den Empfängern nicht bezahlt werden können.

1 *Stellt Vermutungen an, wie die Nachrichten mit dem Börsenkrach zusammenhängen.*

Der Geldmangel in den USA führte dazu, daß die Kredite aus Europa abgezogen wurden. Das führte besonders in Deutschland zu einer schweren Krise. Den Unternehmen fehlte das Geld, sie mußten die Produktion einschränken und viele Arbeiter entlassen. Die schon vorher nicht kleine Zahl von Arbeitslosen in Deutschland (vgl. S. 71) stieg nun schnell an.

Zahl der Arbeitslosen in Deutschland (in Millionen)			
jeweils im Januar		1931	4,887
1929	2,850	1932	6,024
1930	3,218	1933	6,014

2 *Überlegt, was die große Zahl an Arbeitslosen für die Wirtschaft bedeutet. Denkt dabei auch an die Bäcker und Schlachter, die Einzelhandelsgeschäfte und die Handwerker.*

3 *Vergleicht die Arbeitslosenzahlen der Gegenwart mit denen von 1929–1933.*

Überall fehlte Geld. Viele Menschen kauften nur das Allernötigste, manche nicht einmal das. Viele Fabriken mußten schließen, weil ihre Produkte nicht mehr verkauft werden konnten. Dadurch gab es wieder mehr Arbeitslose.
Die Banken mußten die USA-Kredite zurückzahlen. Dadurch war auch bei den Banken das Geld knapp. Durch die Konkurse* vieler Fabriken verloren die Banken Gelder, die sie den Unternehmen geliehen hatten.
Nun wurden die Sparer aufmerksam. Sie wollten ihr Geld nicht verlieren und hoben die Spargutshaben ab. Doch so viel Geld lag nicht bei den Kassen bereit. Eine große deutsche Bank konnte z. B. nicht mehr auszahlen und mußte schließen. Als das bekannt wurde, setzte ein Sturm auf die Banken und Sparkassen ein. Sie gerieten in Gefahr.
Um das Bankwesen zu retten, verordnete die Reichsregierung Bankfeiertage, d. h. Tage, an denen die Bank- und Sparkassenschalter geschlossen blieben. Langsam beruhigten sich die Sparer wieder.
Ähnlich war es in Österreich, Großbritannien, Frankreich und den Balkanstaaten.

4 *Zeichnet eine Kurve der Arbeitslosigkeit in Deutschland 1929–1933.*

5 *Vergleicht die Arbeitslosenzahlen von 1930 und 1931. Stellt Gründe zusammen für das weitere Ansteigen der Arbeitslosenzahlen seit 1930.*

Die Folgen der Weltwirtschaftskrise

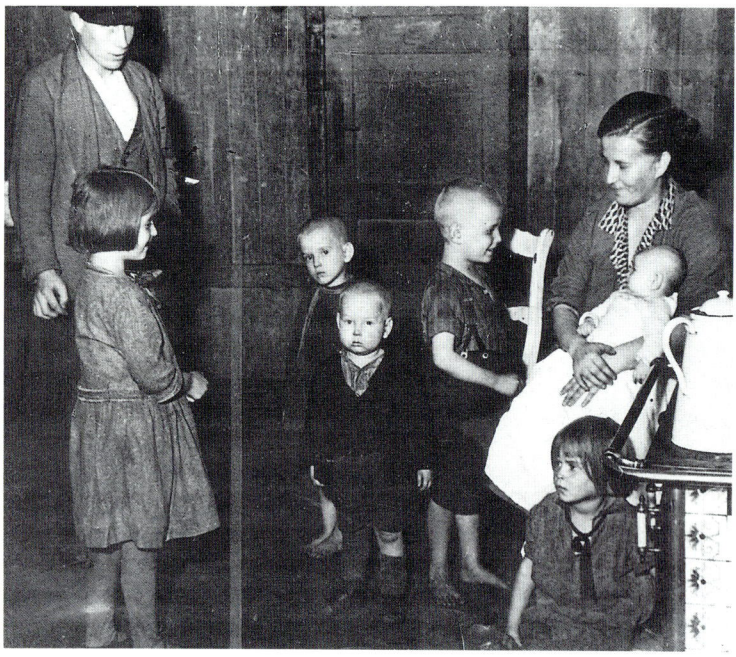

Familie eines Arbeitslosen. Foto 1931.

Arbeitslosigkeit

1 *Tragt zusammen, was ihr über heutige Arbeitslosigkeit wißt. Sprecht über die Probleme.*

Wer 1930 arbeitslos wurde, bekam für 6,5 Monate Arbeitslosenunterstützung, danach für ein Jahr Krisenfürsorge. Wer diese nicht mehr bekam, konnte von der örtlichen Wohlfahrt* unterstützt werden. Im Reichsdurchschnitt lagen die Wohlfahrtssätze bei 30 bis 40 RM im Monat, oft darunter.
Im März 1932 bekamen von den 6128000 Arbeitslosen
1850750 Arbeitslosenunterstützung
1673150 Krisenfürsorge
1832500 Wohlfahrtsunterstützung
 771600 keine Unterstützung.
Im Juni 1932 bekam eine Familie mit zwei Erwachsenen und einem Kind 51 RM als Krisenfürsorge. Davon wurden 32,50 RM für Miete, Beleuchtung und Heizung gerechnet. 18,50 verblieben dann für alle anderen Ausgaben im Monat. Nach damaligen Preisen konnte man davon kaufen: Für jeden ein halbes Brot, 500 g Kartoffeln, 100 g Kohl und 50 g Margarine täglich, drei Heringe für jeden im Monat und für das Kind extra 0,5 l Milch täglich.

2 *Prüft, wofür kein Geld vorhanden war.*
3 *Beschreibt, welche Lebens- und Ernährungsgewohnheiten ihr bei so knapper Unterstützung aufgeben müßtet.*

Bericht des preußischen Wohlfahrtsministeriums über die Not der Kinder, August 1931:

Q 1 Die Arbeitslosigkeit der Eltern verursacht bei den jungen Kindern Unterernährung... Die Kinderkrankheiten und Erkältungskrankheiten häufen sich, da der Arzt sehr oft zu spät oder gar nicht aufgesucht wird, weil für Arztschein und Medizin die notwendigen Gebühren nicht aufzubringen sind... Schwindel und Ohnmachtsanfälle treten stark auf... (Es) hat sich herausgestellt, daß die Ernährung völlig unzureichend ist, Vitamine (Obst, Gemüse) fehlen ganz...

Die Zeitung „Der Tag" vom 22. 9. 1932 brachte folgende Stimmen junger Arbeitsloser:

Q 2 Der Hunger ist noch lange nicht das Schlimmste. Aber seine Arbeit verlieren, bummeln müssen und nicht wissen, ob man jemals wieder in seine Arbeit kommt, das macht kaputt.
Man ist rumgelaufen nach Arbeit, Tag für Tag. Man ist schon bekannt bei den einzelnen Fabriken, und wenn man dann immer das eine hört: Nichts zu machen – da wird man abgestumpft.
Ich hasse diesen Staat, und ich habe als Arbeitsloser das Recht und die Pflicht, den deutschen Besitzenden zu hassen.

4 *Bringt Q 1 mit den Unterstützungszahlen in Verbindung.*
5 *Spielt ein Gespräch zwischen den beiden Erwachsenen auf dem Bild über ihre Lage.*
6 *Sprecht über den letzten Satz in Q 2.*

Die Folgen der Weltwirtschaftskrise

1 Wahlplakat 1932. **2** Wahlplakat 1932. **3** Wahlplakat 1932.

Wahlplakate 1930–1932

1 *Betrachtet diese drei Plakate und das auf S. 52 und vergleicht sie.*
2 *Wählt das Plakat aus, das euch am stärksten anspricht und begründet eure Wahl.*
3 *Vergleicht die Plakate mit Wahlplakaten von der letzten Bundestags- oder Landtagswahl.*

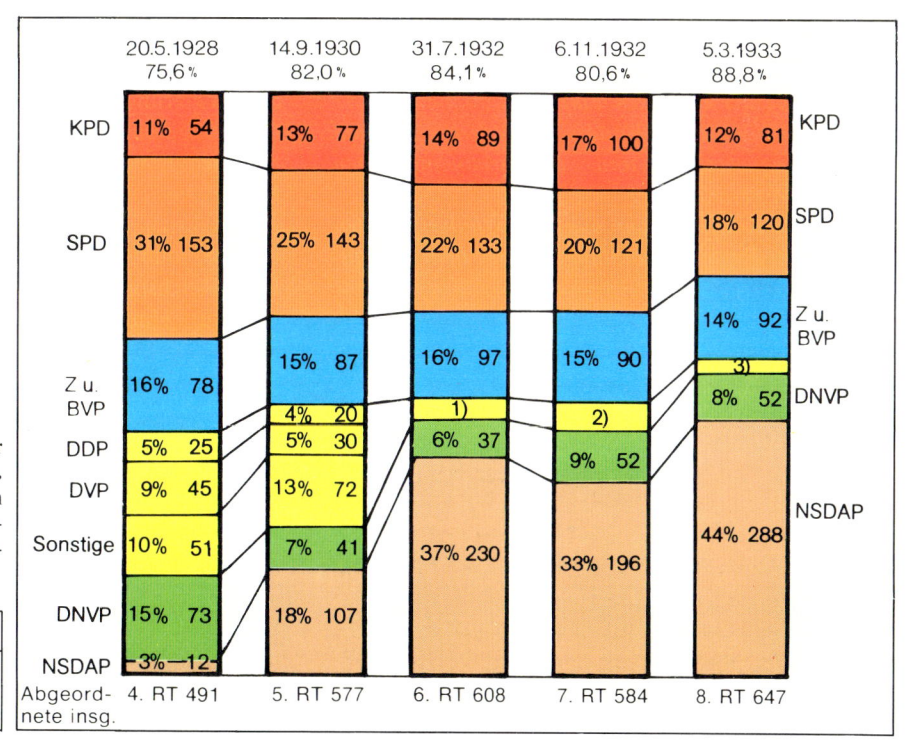

4 Die wechselnde Stärke der Parteien in den Reichstagen. Auf 60000 Wähler kam ein Abgeordneter. Über den Säulen ist die Höhe der Wahlbeteiligung angegeben.

	1)	2)	3)
DStP	1% 4	1% 2	1% 5
DVP	1% 7	2% 11	1% 2
Sonstige	3% 11	3% 12	2% 7

Partei	20.5.1928 75,6%	14.9.1930 82,0%	31.7.1932 84,1%	6.11.1932 80,6%	5.3.1933 88,8%
KPD	11% 54	13% 77	14% 89	17% 100	12% 81
SPD	31% 153	25% 143	22% 133	20% 121	18% 120
Z u. BVP	16% 78	15% 87	16% 97	15% 90	14% 92
DDP	5% 25	4% 20	1)	2)	3)
DVP	9% 45	5% 30	6% 37	9% 52	8% 52
Sonstige	10% 51	13% 72			
DNVP	15% 73	7% 41	37% 230	33% 196	44% 288
NSDAP	3% 12	18% 107			
Abgeordnete insg.	4. RT 491	5. RT 577	6. RT 608	7. RT 584	8. RT 647

Die politische Krise

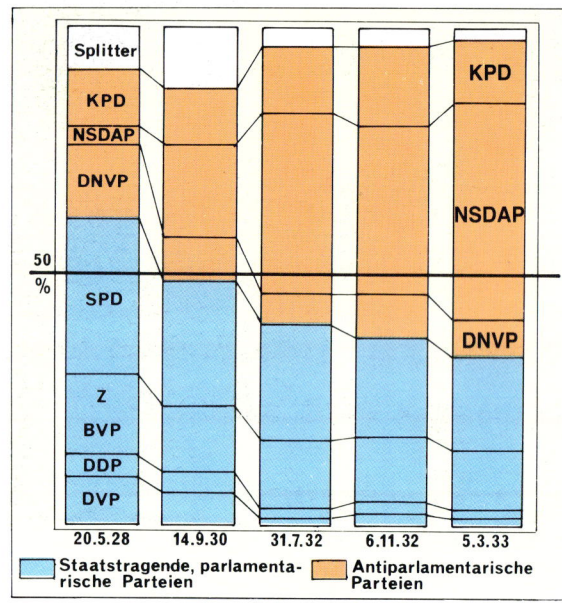

1 Sitzverteilung im Reichstag 1928–1933.

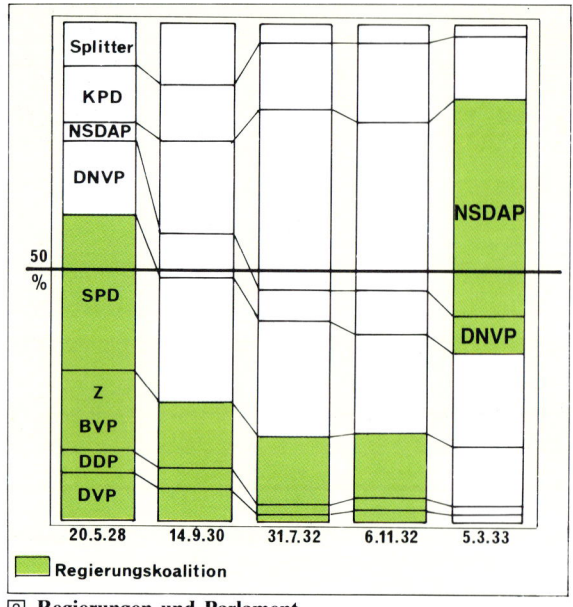

2 Regierungen und Parlament.

Parteien im Reichstag

1 *Beschreibt anhand des Schaubildes 1 die Entwicklung der einzelnen Parteien.*

2 *Beschreibt, wie sich das Kräfteverhältnis von parlamentarischen und antiparlamentarischen Parteien verändert.*

3 *Lest die Konsequenzen aus dem Wählerverhalten für die Regierungsbildungen aus dem Schaubild 2 ab.*

Die Wirtschaftskrise traf fast alle Menschen in Deutschland, nicht nur die Arbeitslosen:
- Die, die noch Arbeit hatten, sorgten sich um ihren Arbeitsplatz.
- Die Selbständigen verdienten immer weniger und sahen das Schreckgespenst des Konkurses*.
- Den Beamten wurden die Gehälter gekürzt.

Wer jetzt erklärte, die Demokratie sei schuld an dem Elend, dem glaubten viele.
In ihrer Not hofften viele auf Rettung durch solche Parteien, die allen „Arbeit und Brot" versprachen, auch wenn diese Parteien wie die NSDAP* und die KPD* Feinde der Republik waren.

Seit 1928 regierte eine Koalition aus SPD*, DDP*, DVP* und Zentrum*. Im Frühjahr 1930 kam es in der Regierung zum Streit um die Arbeitslosenversicherung, die nicht mehr genug Geld hatte. Die SPD schlug vor, die Beiträge zu erhöhen, die DVP lehnte dies ab und wollte die Leistungen an die Arbeitslosen kürzen. Da man sich nicht einigen konnte, mußte die Regierung zurücktreten.
Der Reichspräsident beauftragte den Zentrumspolitiker Heinrich Brüning mit der Regierungsbildung. Er bildete eine Koalition* aus Zentrum, DDP und DVP, fand aber keine parlamentarische Mehrheit.
Brüning legte ein umfangreiches Programm zur Sanierung des Staatshaushalts und der Sozialversicherung vor. Es wurde vom Reichstag abgelehnt. Die Kommunisten, Sozialdemokraten, Deutschnationalen und Nationalsozialisten stimmten dagegen.

4 *Überlegt, welche anderen Koalitionsmöglichkeiten es gab.*

5 *Stellt einen Zusammenhang zwischen der Weltwirtschaftskrise und dem Stimmenverlust der parlamentarischen Parteien her.*

Die politische Krise

Die NSDAP

🟡1 *Sprecht über den Eindruck, den die Menschen und die Texte auf dem Bild auf euch machen.*
🟡2 *Tragt zusammen, was ihr über die NSDAP schon erfahren habt.*

1919 wurde die Deutsche Arbeiterpartei in München gegründet, die sich 1920 in Nationalsozialistische Deutsche Arbeiter Partei umbenannte. Adolf Hitler (vgl. S. 91) wurde Mitglied dieser kleinen Partei, die bis 1923 eine von vielen kleinen Splitterparteien war. Aber die Reden Hitlers in München erregten Aufsehen. Nach dem Putschversuch von 1923 (vgl. S. 67) wurde die Partei verboten und 1925 von Hitler wieder aufgebaut. Systematisch wurden nun im ganzen Reich Ortsgruppen der NSDAP* gegründet. Die Mitgliederzahl stieg nur langsam. Noch bei der Reichstagswahl 1928 errang die NSDAP nur 2,6 % der Stimmen.

Erst als durch die Weltwirtschaftskrise das Elend in Deutschland große Ausmaße angenommen hatte, fand die NSDAP größeren Zulauf. Hitler arbeitete mit Schlagworten wie:
„Die Juden sind an allem schuld!"
„Weg mit dem Schanddiktat von Versailles!"
„Keinen Pfennig für Reparationen*!"
„Arbeit und Brot für die Hungernden!"
„Deutschland braucht mehr Lebensraum!"

Von diesen Parolen fühlten sich viele angesprochen, besonders diejenigen, die durch Krieg, Inflation und Wirtschaftskrise Wohlstand und Arbeit verloren hatten. Auch bei Bauern und Großgrundbesitzern fand die NSDAP viele Anhänger. Sie waren verbittert darüber, daß die Regierung so wenig für die Landwirtschaft tat.

Propagandafahrt der SA in Berlin. Foto 1932.

Bei der Reichstagswahl 1930 gewann die NSDAP 18 % und im Juli 1932 37 % der Stimmen. Sie war damit die stärkste Partei im Reichstag.

Aus dem Parteiprogramm der NSDAP von 1920:

Q 1 4. Staatsbürger kann nur sein, wer Volksgenosse ist. Volksgenosse kann nur sein, wer deutschen Blutes ist ... Kein Jude kann daher Volksgenosse sein ...
7. ... Wenn es nicht möglich ist, die Gesamtbevölkerung zu ernähren, so sind die Angehörigen fremder Nationen (Nicht-Staatsbürger) aus dem Reiche auszuweisen ...
10. Erste Pflicht eines jeden Staatsbürgers muß sein, geistig oder körperlich zu schaffen ... Daher fordern wir:
11. Abschaffung des arbeits- und mühelosen Einkommens.

1930 sagte Hitler in München:

Q 2 Die nationalsozialistische Bewegung wird in diesem Staat mit den verfassungsmäßigen Mitteln das Ziel zu erreichen suchen. Die Verfassung schreibt uns nur die Methoden vor, nicht aber das Ziel. Wir werden auf diesem verfassungsmäßigen Wege die ausschlaggebenden Mehrheiten in den gesetzgebenden Körperschaften zu erlangen suchen, um in dem Augenblick, wo uns das gelingt, den Staat in die Form zu gießen, die unseren Ideen entspricht.

🟡3 *Überlegt, wer von den Hitlerparolen angesprochen wurde.*
🟡4 *Prüft und erläutert die Punkte des NSDAP-Parteiprogrammes.*
🟡5 *Gebt mit eigenen Worten die Aussage Hitlers, Q 2, wieder und versucht, euch ein Urteil darüber zu bilden.*

Das Ende der Weimarer Republik

Verschärfung der politischen Auseinandersetzungen
In den Wahlkämpfen wurden die Auseinandersetzungen zwischen den Parteien immer heftiger. Wahlversammlungen konnten nur noch unter Polizeischutz stattfinden. Dennoch kam es oft zu Schlägereien. Die Nationalsozialisten und die Kommunisten gingen am rücksichtslosesten vor.
Im „Göttinger Tageblatt" wird am 18. 7. 1932 über den Altonaer Blutsonntag berichtet:

Q 1 ... Die Unruhe begann am Nachmittag in der Nähe des Altonaer Rathauses und setzte sich bis in die späten Abendstunden fort. Insgesamt wurden bisher 12 Tote und 68 Schwerverletzte gezählt. Die NSDAP* hatte für die SA* des südlichen Holstein einen Werbemarsch angesetzt. In Altona, an der Hamburger Grenze, wurde dieser Zug von Dächern und aus Fenstern beschossen. Bei dem ersten Feuerüberfall blieb ein SA-Mann tot auf dem Platze. Ferner wurde eine Frau tödlich getroffen. Zwei Beamte der Hamburger Ordnungspolizei und zwei Personen aus dem Publikum blieben ebenfalls mit erheblichen Schußverletzungen liegen.
Nach den Zusammenstößen gingen die Kommunisten ... zum offenen Straßenkampf über ... Die Altonaer Polizei mußte schließlich auch zwei Panzerwagen einsetzen, um die Dachschützen, die sich in den Abendstunden immer wieder hervorwagten, unter Zuhilfenahme eines Scheinwerfers unter Feuer zu nehmen ...
Es steht jedoch fest, daß die Hauptopfer aus dem Publikum zu beklagen sind ...

1. *Beschreibt nach dem Zeitungsbericht die Ereignisse in Altona.*
2. *Versucht, die Ereignisse zu beurteilen.*

Polizeibericht über einen Mord in Potempa, 10. August 1932.

Q 2 Die Polizeipressestelle teilt mit:
In der Nacht zum Mittwoch wurde in Potempa (Landkreis Gleiwitz) der kommunistisch gesinnte, 35 Jahre alte Arbeiter Konrad Pietrzuch ermordet. Gegen 11.30 Uhr (nachts) drangen mehrere uniformierte SA-Leute, die in einem Personenkraftwagen nach Potempa gekommen waren, in das unverschlossene Zimmer ein, in dem Konrad Pietrzuch, sein Bruder Alfons und seine Mutter schliefen. Mit dem Ruf „Raus aus dem Bett, ihr verfluchten Kommunisten! Hände hoch!" zerrten sie Konrad Pietrzuch, der zusammen mit seinem Bruder Alfons in einem Bette schlief, von seinem Lager und mißhandelten ihn schwer. Konrad flüchtete in eine Kammer neben dem Zimmer ... Sein Bruder Alfons erhielt einen mächtigen Schlag auf den Kopf und trug eine stark blutende Wunde davon. Einer der Täter stieß die Kammertür auf und gab aus seiner Pistole einen Schuß in die Kammer ab. Darauf verließen die Täter das Haus.
Die Mutter Pietrzuch begab sich in die Kammer und fand ihren Sohn in einer Blutlache liegend tot auf. Einer der Täter wurde gleich nach der Tat festgenommen.

Aus dem Urteilsspruch gegen die Mörder von Potempa, 22. August 1932:

Q 3 ... Das Sondergericht beim Landgericht in Beuthen hat in der Sitzung vom 19./20. August 1932 ... für Recht erkannt:
Es werden bestraft wegen Totschlags als Angreifer aus politischen Beweggründen sowie wegen gefährlicher Körperverletzung aus politischen Beweggründen die Angeklagten Kottisch, Molnitza, Gräupner und Müller mit der Todesstrafe ...
Der Angeklagte Lachmann wegen Anstiftung zum politischen Totschlag mit der Todesstrafe ...

Telegramm Adolf Hitlers an die Verurteilten:

Q 4 Meine Kameraden! Angesichts dieses ungeheuerlichen Bluturteils fühle ich mich mit Euch in unbegrenzter Treue verbunden. Eure Freiheit ist von diesem Augenblick an eine Frage unserer Ehre. Der Kampf gegen eine Regierung, unter der dies möglich war, unsere Pflicht. Adolf Hitler.

Die preußische Regierung wandelte im September 1932 für alle Angeklagten die Todesstrafe in eine lebenslängliche Zuchthausstrafe um. Als Hitler dann 1933 Reichskanzler wurde, begnadigte er die Mörder.

3. *Sprecht über das Urteil und überlegt, ob ihr es für gerecht haltet.*
4. *Lest noch einmal das Telegramm Hitlers. Versucht herauszufinden, welche Einstellung Hitlers zu Recht, Gesetz und Ehre sich darin ausdrückt.*
5. *Überlegt, was es bedeutet, wenn der Führer der größten Partei ein solches Telegramm veröffentlichen läßt.*

Das Ende der Weimarer Republik

Die Regierung Brüning

① *Prüft anhand der Tabelle auf S. 79 die Mehrheitsverhältnisse im Reichstag nach der Wahl vom 14. 9. 1930.*

② *Überlegt, welche Parteien Reichskanzler Brüning brauchte, um Gesetze durchbringen zu können.*

Der Reichskanzler Heinrich Brüning (Zentrum*) hatte im Frühjahr 1930 eine Regierung gebildet, die sich nicht auf eine Mehrheit im Parlament stützen konnte. Brüning glaubte, durch eiserne Sparsamkeit die Krise überwinden zu können. So wurden keine Aufträge des Reiches an die Industrie vergeben, die Leistungen der Arbeitslosenversicherung und Fürsorge gesenkt, die Löhne und Gehälter gekürzt. Die Folge war ein weiterer Rückgang der Kaufkraft und vermehrte Arbeitslosigkeit.

Diese Maßnahmen waren im Parlament nicht durchsetzbar. Brüning erhielt vom Reichspräsidenten das Versprechen, die Gesetze mit Hilfe des Artikels 48 der Verfassung durchsetzen zu können (vgl. S. 63 und 236). Dieser Artikel erlaubte in Notsituationen der Regierung, Gesetze auch ohne Zustimmung des Parlaments zu erlassen, wenn der Reichspräsident die „Notverordnung" unterschrieb. Allerdings konnte der Reichstag eine Notverordnung durch Mehrheitsbeschluß wieder aufheben. Diese Art, mit Zustimmung des Reichspräsidenten ohne Mehrheit im Reichstag zu regieren, nennt man Präsidialregierung. Man wirft Brüning vor, auf diesem Weg die Zerstörung der parlamentarischen Demokratie begonnen zu haben.

Seit 1930 konnte im Reichstag keine Regierung eine parlamentarische Mehrheit bekommen. Reichskanzler Brüning regierte mit Hilfe des Artikels 48 der Verfassung durch Notverordnungen. Um Schlimmeres zu verhüten, duldete die SPD diese Regierung. 1932 verlor Brüning das Vertrauen des Reichspräsidenten und wurde entlassen. Ihm folgten noch zwei Reichskanzler, von Papen und von Schleicher, die keinen parlamentarischen Rückhalt hatten. Die Bevölkerung verlor das Vertrauen in den Parlamentarismus.

Bericht einer Zeitzeugin (Interview mit Berta S.) 1983:

Q Immer wieder gab es auf den Straßen Krawalle, Schlägereien und Schießereien, wenn sich die Nazis und die Kommunisten in die Quere kamen. Die meisten unserer Bekannten schwärmten von der Zeit vorm Weltkrieg. Wir wünschten, daß ein starker Mann endlich wieder Ordnung schaffte. Von allen den Parteien hielt ich nichts, sie redeten alle nur. Und durch die vielen Wahlen änderte sich auch nichts. Seit 1920 hatten wir schon 18 Regierungen gehabt.

Zeittafel

1929	24. 10.	Börsenkrach in New York, Beginn der Weltwirtschaftskrise
1930	27. 3.	Rücktritt der Regierung Müller
	30. 3.	Heinrich Brüning wird zum Reichskanzler ernannt, 1. Präsidialregierung*
	16. 7.	Auflösung des Reichstages
	14. 9.	Reichstagswahlen, starke Gewinne der NSDAP
1931	Februar	fast 5 Millionen Arbeitslose
	Juli	Bankenkrise in Deutschland
1932	Februar	6,128 Millionen Arbeitslose
	10. 4.	Wiederwahl Hindenburgs als Reichspräsident
	30. 5.	Entlassung Brünings, Ernennung des neuen Reichskanzlers Franz von Papen, Präsidialregierung
	31. 7.	Reichstagswahl, NSDAP stärkste Partei
	12. 9.	Auflösung des Reichstages
	6. 11.	Reichstagswahl, NSDAP bleibt stärkste Partei
	17. 11.	Rücktritt von Papens
	2. 12.	Kurt v. Schleicher neuer Reichskanzler ohne Mehrheit im Reichstag
1933	28. 1.	Rücktritt von Schleichers

③ *Stellt in einer Liste die Gründe für das Scheitern der Weimarer Republik zusammen.*

④ *Sprecht darüber, wie weit es in der Bundesrepublik ähnliche Gefahren für die Demokratie gibt.*

Zusammenfassung

Durch den Börsenkrach von New York wurde die Weltwirtschaftskrise sichtbar. Durch sie wurde auch die deutsche Wirtschaft stark betroffen. Die Arbeitslosigkeit stieg auf über 6 Millionen Menschen. Not und Elend verstärkten die schon vorhandene politische Unzufriedenheit. KPD und NSDAP erhielten starken Zulauf. In den politischen Auseinandersetzungen zeigte sich eine wachsende Brutalität. Saalschlachten und politische Morde waren an der Tagesordnung.

Zum Weiterlesen

Im roten Hinterhaus

Gustav kam herein, der älteste von uns Peters-Jungen. Peters war unser Familienname.

„Ich habe Arbeit gefunden!" jubelte Gustav. Unsere kleine und zierliche Mutter packte er um die Hüften, hob sie vom Boden auf und drehte sich mit ihr im Kreis. Ein paar Minuten konnte man sein eigenes Wort nicht mehr verstehen. Gustav wurde von uns allen umringt. „Wo?" – „Was verdienst du?" – „Wieviel Stunden am Tag?" „Was sollst du tun? Ist es schwere Arbeit?"

Gustav war als Kaffeejunge bei einer Baufirma untergekommen. Er war schon vor zwei Jahren aus der Schule entlassen worden und hatte bereits alles mögliche angefangen. Laufbursche, Hilfsarbeiter in einer Schlosserei und bei einer Speditionsfirma war er; Schankjunge, Plakatankleber und in der Landwirtschaft hatte er es versucht. Aber keine seiner Stellen waren von langer Dauer gewesen. An meinem Bruder Gustav lag das nicht. Er war fleißig wie unser Vater und konnte sich zudem unterordnen. Stark war er auch. Nachdem Gustav meine Mutter wieder auf den Fußboden zurückgesetzt hatte, weinte sie vor Freude. Dann ging sie ins Zimmer nebenan und brachte Johannes, ihrem Mann, diese frohe Nachricht. Wir waren alle richtig glücklich. Alle Tage würde es nun doch nicht nur Salzkartoffeln und saure Gurken geben . . .

Dann kam Vater aus dem Schlafzimmer und sagte: „Man müßte in die Kommunistische Partei eintreten!"

Sophie schlug das Zeichen des Kreuzes auf Stirn und Brust. „Nein!" fuchtelte Erich mit erhobener Hand. „Ich bin Nazi!"

„Sag das nicht noch einmal, du Rotzjunge!" schrie mein Vater ihn an und drohte Erich mit der geballten Faust.

„Immer noch besser als in die Kommunistische Partei eintreten", wehrte sich Erich furchtlos. „Kommunisten kennen keinen Gott und kein Vaterland!" . . .

„Wenigstens würden die Kommunisten dafür sorgen, daß man seine Kinder in einer Lehrstelle unterbringen kann und nicht nur Hilfsarbeiter aus ihnen werden müssen", brummte Vater mehr zu sich selbst als zu den Mitgliedern seiner Familie . . .

Erich war vor wenigen Tagen aus der Schule entlassen worden. Seine politische Einstellung war unverändert. Nur wenn unser Vater in der Nähe war, sprach er nicht darüber. Aber mich, mit meinen elf Jahren, wollte er immer zu einem Nazi machen. Doch ich spielte lieber Fußball oder las den Fortsetzungsroman in der „Rheinischen Post", die ich immer noch, Tag für Tag, in die Häuser brachte. Manchen Tag verwünschte ich die Austragerei in alle Höllen, kam dann aber der Monatserste, und ich konnte ein paar Mark auf den Tisch des Hauses legen, war ich jedesmal stolz. Von dem Trinkgeld, das ich spärlich genug bekam, durfte ich immer etwas für mich behalten. So ganz ehrlich war ich dabei allerdings nie. Bevor ich das Trinkgeld meiner Mutter abgab, hatte ich mir schon einen Teil davon unter den Nagel gerissen . . .

Bis auf die Haut durchnäßt, betrat ich an einem verregneten Herbsttag unsere Küche.

„Zieh schnell das nasse Zeug aus", sagte Mutter besorgt. Als sie mit trockenen Kleidungsstücken aus dem Nebenraum zurückkam, meinte sie: „Heute spreche ich mit Vater, er verdient ja am Kai nicht schlecht. Es geht auch ohne die paar Mark, die dein Zeitungsaustragen einbringt. Wer weiß, wie der Winter wird."

Musik in meinen Ohren. Täglich mehr als zwei Stunden, die ich nun wie meine Freunde aus der Straße am Rhein zum Spiel erübrigen konnte.

Dann kam Vater von seiner Arbeitsstelle.

„Schon so früh heute?" staunte unsere Mutter, um dann erschrocken auszurufen: „Was ist los? Bist du krank, Johannes?"

Zum Weiterlesen

Das Gesicht meines Vaters war grau; seine starken Hände zitterten.

„Der schmierige Haller hat es tatsächlich so weit gebracht, daß sie mich entlassen haben", sagte Vater mit rauher Stimme.

„Ach, du lieber Gott! Schon wieder ohne Arbeit und kein Geld!"

Mir gab es augenblicklich einen Stich in der Magengegend. Ich dachte an Salzkartoffeln und mittelgroße Gurken, mit denen wir wieder täglich Bekanntschaft machen würden. Jetzt war mir auch klar, weshalb Vater in den letzten Tagen so unleidlich gewesen war. Haller war der neue Kaimeister. Er mußte ein paar Leute loswerden, damit aus seinem Verwandten- und Bekanntenkreis einige Arbeitslose weniger wurden. Nie waren ihm die Krankörbe voll genug, und immer ging ihm das Entladen zu langsam. Er hatte es darauf abgesehen, daß der eine oder andere Arbeiter aufsässig wurde. Damals gab es keine Widerworte, auch wenn sie noch so berechtigt waren. Den Männern, die den schweren Schwefelkies aus den Frachtkähnen schaufelten, blieb nichts anders übrig als eine Faust in der Tasche. Auch Vater versuchte das eine Zeitlang. Bis ihm der Kragen platzte.

Die wöchentliche Entladeprämie, die bei allen nach der Anzahl der vollgeschippten Krankörbe bemessen wurde, strich der neue Meister meinem Vater kurzerhand. Er begründete das damit, Vaters Körbe seien nicht vorschriftsmäßig gefüllt gewesen. Jeder Mensch, der meinen Vater kannte, wußte um seinen Fleiß. Mein geduldiger Vater wurde zum tollwütigen Stier. Hätten nicht einige besonnen gebliebene Männer eingegriffen, Meister Haller wäre mit Sicherheit von meinem Ernährer von der zehn Meter hohen Kaimauer in den Rhein befördert worden. Jedenfalls, von der Beendigung meines Zeitungsjungendaseins war keine Rede mehr.

Mein Bruder Erich klärte mich am Abend über die Hintergründe der eingetretenen Situation auf. Alles läge an unserer unfähigen Regierung. Wenn erst seine Bewegung die Macht in Deutschland erobert hätte, dann werde es keine Arbeitslosen und keine Meister Haller mehr geben. Frei und stolz würden die Werktätigen in einem politisch geeinten Deutschland leben können. Jeder habe mehr als genug zu essen. Die reichen Bonzen würden das Prassen verlernen, Freimaurer, Juden, Vaterlandsverräter und alle übrigen schamlosen Ausbeuter unseres Volkes erhielten ihre gerechte Strafe.

„Wer nicht für uns ist, der ist gegen uns!" rief Erich in unser dunkles Schlafzimmer, in dem wir vier Brüder in zwei Betten die Nächte verbringen mußten. Man spürte die Kraft, die Erich seiner Stimme verlieh, um den kernigen Satz in die Herzen seiner Brüder zu senken; außerdem befand er sich gerade im Stimmbruch.

Zum Glück lag Gustav, der älteste von uns Jungen, noch nicht in seiner Kiste, sonst hätte es wieder Krach zwischen den beiden gegeben. Gustav nahm seinen politischen Bruder nicht für voll. Er kümmerte sich nur um Mädchen und um seine Arbeit. Als im Hause Gerüchte über Alex Sartorius vom ersten Stock und die hübsche Frau des Seemannes umliefen, machte Gustav ständig Bemerkungen. Aber Erich war ihm ganz schön in die Parade gefahren. „Du solltest dich schämen, Gustav! Die Familie ist die Keimzelle der Nation. Wenn ich einmal heirate, dann nur ein Mädel unserer Rasse, und eines, das erbgesund ist und kräftige Kinder zur Welt bringt." „Und woher willst du wissen, zu welcher Rasse du gehörst?" „Ich? Ich bin Arier*, was sonst?"

„Weißt du das ganz genau?"

„Das – das spürt man doch! Sonst könnte ich nicht so denken."

„Weißt du, was du bist, Bruderherz? Du bist ein Idiot. Ich heirate nur ein Mädchen, das mir gefällt. Von mir aus kann es dann sogar schwarz sein, von oben bis unten. Und jetzt Ruhe; ich will schlafen!"

„Der wird noch einmal erleben, wie recht ich habe. Man muß sich schämen über so einen gesinnungslosen Bruder." Letzteres flüsterte Erich mir zu; dann legte er sich mit dem Gesicht zur Wand und war still.

Was die Peters-Jungen in den Jahren 1929–1939 erleben, könnt ihr nachlesen in dem Buch von Peter Berger: Im roten Hinterhaus. Geschichte einer Familie in verworrener Zeit. Arena Taschenbuch 1263, Würzburg 1986.

Werkstatt Geschichte

1 **1923** (Berliner Illustrierte Zeitung 1923, Nr. 44). „Für den Sack müssen Sie auch 'n Fahrschein lösen!" „Erlauben Sie mal, das is das Fahrgeld, das ich Ihnen geben will!"

2 **Karikatur 1923.** „Was haben Sie da für ein Abzeichen?" „Ja, Sowjetstern mit Hakenkreuz, man kann doch nie wissen, woher der Putsch kommt!"

3 **Notverordnung:** Nach den Erfahrungen der letzten Tage ist verfügt worden, daß jeder Demonstrationszug seinen eigenen Leichenwagen mitzuführen hat. Zeichnung vom Februar 1931 (Simplizissimus).

Karikaturen und politische Zeichnungen

Karikaturen und politische Witzzeichnungen in Zeitungen und Illustrierten sind ein Spiegelbild der Zeit, in der sie entstanden sind. Sie zeigen, womit die Menschen sich beschäftigt haben, worüber sie lachten oder sich ärgerten, wovor sie Angst hatten und was sie lächerlich fanden.

Auf diesen Seiten sind einige politische Zeichnungen aus der Weimarer Zeit abgedruckt.

1. Seht euch jedes Bild genau an.
2. Überlegt, was sie über die Zeit aussagen. Die Jahreszahl ist jedesmal angegeben.
3. Beschreibt die Bilder und erläutert dann, gegen wen oder was sie sich richten.
4. Legt euch selbst eine Sammlung heutiger politischer Karikaturen an. Aus einer solchen Sammlung könnt ihr dann eine Chronik des Jahres machen.

Werkstatt Geschichte

Am 20. Juli 1932 fand in Göttingen eine Wahlkampfveranstaltung der NSDAP* statt. Hitler selbst hielt die Hauptrede.
Im „Göttinger Tageblatt" vom 22. Juli 1932 stand:

Q 1 Hitler spricht vor Dreißigtausend!
Eine große Nationalsozialistische Heerschau – Mehr als dreißigtausend Zuschauer – Glänzender Verlauf der Kundgebung – Frick spricht über die Bedeutung des 31. Juli.
... Es goß bald in Strömen, aber niemand wich und wankte von seinem Platz – man harrte aus. Und dann kam der langersehnte Augenblick. Nicht endenwollende jubelnde Heilrufe verkündeten, daß Adolf Hitler erschienen sei. Barhäuptig betrat er die Tribüne und ließ zunächst einmal den „Regenschirm" entfernen. Wo dreißigtausend stundenlang in Nässe und Schlamm auf ihn geharrt hatten, da wollte er nicht unter einem schützenden Dach stehen. Dann, nachdem sich der Orkan der Heilrufe gelegt hatte, sprach Hitler... Jeder Satz fand begeisterte Zustimmung. Als er geendet hatte, sang die Menge spontan das Deutschlandlied...

In der „Göttinger Zeitung" vom 22. Juli 1932 stand:

Q 2 15 Minuten Hitler
... Strömender Regen dämpfte die Begeisterung. Nun ist der große Hitlertag also vorüber. Seine Rede war eine einzige scharfe Polemik* gegen alles, was nicht unbedingt aufs Hakenkreuz schwört...

Die Überschriften im „Göttinger Volksblatt" vom 22. Juli 1932 hießen:

Q 3 Der Himmel hatte ein Einsehen. Die Hitlerversammlung lief im Regen auseinander. – Frick fordert Abschaffung der Arbeitslosenunterstützung ..., so etwas würde es im Dritten Reich nicht geben.

Die „Niedersächsiche Tageszeitung" brachte am 23. Juli 1932 einen Artikel über eine ganze Seite:

Q 4 In der Universitätsstadt Göttingen
50.000 hielten aus in strömendem Regen – Der Führer spricht nun endlich auch in Göttingen. Das ist der Dank für erfüllte Pflicht, Lohn für Arbeitsleistung und Erfolg.
... Wie alle seine Kameraden hat auch der Führer kein Dach über dem Kopf. In prasselndem Schauer steht er mit tropfendem Braunhemd. Er weist den Weg zu Arbeit und Brot. Und alle fühlen sich eins mit dem Mann dort über ihnen, sie hören ihre alten Wünsche, ihren Glauben und ihr Hoffen.

1. *Lest die vier Zeitungsausschnitte.*
2. *Prüft, welche Aussagen der Zeitungen übereinstimmen und welche sich unterscheiden.*
3. *Versucht, die Zeitungen den euch bekannten Parteien der Weimarer Republik zuzuordnen.*
4. *Begründet eure Zuordnungen.*
5. *Überlegt, welchen Eindruck die Zeitungen erreichen wollten. Achtet dabei auf die Wortwahl.*
6. *Sammelt Beispiele für ähnlich unterschiedliche Zeitungsberichte in heutigen Zeitungen.*
7. *Stellt eine Liste von Forderungen auf, die man beim Zeitunglesen beachten sollte.*

Alte Zeitungen sind interessante Geschichtsdokumente. Man kann in ihnen viele Infomationen finden. Aber man muß sehr kritisch sein. Um näher an die Wahrheit heranzukommen, ist es wichtig, mehrere Berichte über das gleiche Ereignis zu lesen. Dann kommt aber erst die schwierigste Aufgabe. Der Leser muß nun prüfen und entscheiden, welchen Bericht er für den wahrscheinlichsten hält.
So arbeiten die Geschichtsforscher bei allen Dokumenten aus der Vergangenheit.

8. *Legt euch ein eigenes Zeitungsarchiv an.*

4. Der Nationalsozialismus

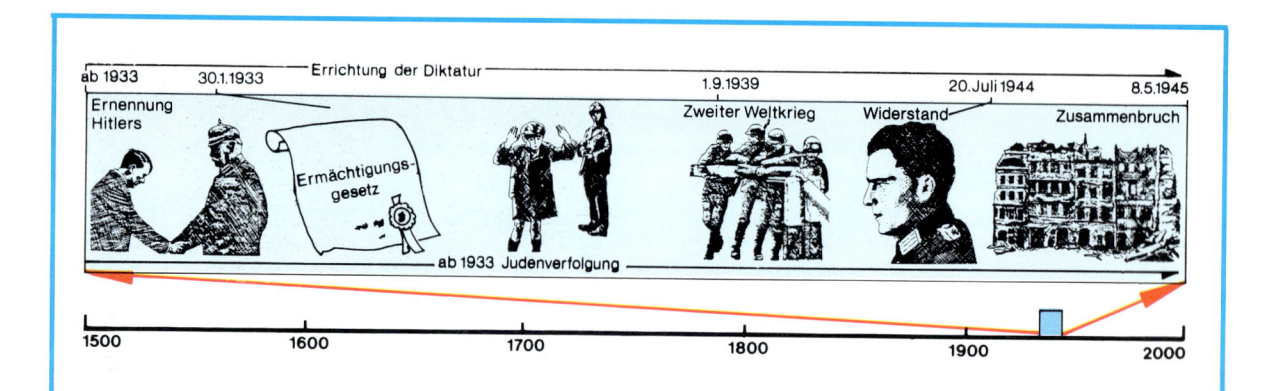

Foto um 1935.

– Sprecht über das Bild.
– Stellt auf einer Wandzeitung alle Informationen über die Zeit des Nationalsozialismus zusammen, die euch jetzt wieder einfallen.

Die Errichtung der Diktatur

Die Machtübertragung am 30. Januar 1933
1980 erinnerte sich ein damaliger Schüler einer Realschule an den 30. Januar 1933:

> **Q 1** Als ich von der Schule kam, kam eben schon die Sondermeldung, daß der Reichspräsident Hindenburg den Führer der NSDAP*, Adolf Hitler, zum Reichskanzler ernannt habe. . . . Ich selber habe . . ., wie wir Jungen damals eingestellt waren, einen Luftsprung gemacht, aus Freude, daß nun wirklich die sogenannte nationale Erhebung angebrochen war. Die hat mich damals als junger Mensch wirklich ganz buchstäblich erhoben.

Zwanzig Jahre nach dem Ende der nationalsozialistischen Herrschaft erinnerte sich eine begeisterte Anhängerin Hitlers ebenfalls an den 30. Januar 1933, sie war damals 15 Jahre alt:

> **Q 2** Am Abend des 30. Januar nahmen meine Eltern uns Kinder mit in das Stadtzentrum. Dort erlebten wir den Fackelzug, mit dem die Nationalsozialisten ihren Sieg feierten. Etwas Unheimliches ist mir von dieser Nacht her gegenwärtig geblieben. Das Hämmern der Schritte, die düstere Feierlichkeit roter und schwarzer Fahnen, zuckender Widerschein der Fackeln auf den Gesichtern und Lieder, deren Melodien aufpeitschend und sentimental zugleich klangen. Stundenlang marschierten die Kolonnen vor über . . . Irgendwann sprang plötzlich irgend jemand aus der Marschkolonne und schlug auf einen Mann ein, der nur wenige Schritte von uns entfernt gestanden hatte. Vielleicht hatte er eine feindselige Bemerkung gemacht. Ich sah ihn mit blutüberströmtem Gesicht zu Boden fallen und ich hörte ihn schreien. Eilig zogen uns die Eltern fort aus dem Getümmel, aber sie hatten nicht verhindern können, daß wir den Blutenden sahen. Sein Bild verfolgte mich tagelang . . .

Hitlers Ernennung
Bei den Wahlen zum Reichstag des Jahres 1932 hatte die NSDAP die meisten Stimmen erhalten, obwohl ihre Führer stets betonten, die Weimarer Republik und ihre Verfassung zerstören zu wollen. Als neben führenden Vertretern der Wirtschaft auch die stärkste Kraft der Weimarer Republik, die Reichswehr, Adolf Hitlers Ernennung zum Reichskanzler billigte, ernannte ihn der Reichspräsident v. Hindenburg am 30. Januar 1933.

Der Fackelzug vom 30. Januar 1933. Hier drei Jahre später für einen Propagandafilm nachgestellt.

Nationalsozialisten bestimmen den Einsatz der Polizei
Die neue Regierung unter Adolf Hitler war ein Präsidialkabinett* der NSDAP und der DNVP*. Außer Hitler als Reichskanzler gehörten nur noch zwei weitere Nationalsozialisten zur Regierung. Viele Menschen begrüßten Hitlers Ernennung. Die Gefahr, die in der Übertragung der Macht an Hitler lag, sahen sie nicht.
Der frühere Reichskanzler von Papen (DNVP*), der jetzt Vizekanzler war, erklärte:

> **Q 3** In zwei Monaten haben wir Hitler in die Ecke gedrückt, daß er quietscht . . .

Noch vor der Ernennung Hitlers zum Reichskanzler hatte die DNVP zwei wichtige Forderungen der Nationalsozialisten angenommen: sofortige Neuwahlen und die Absicht, dem Reichstag durch ein Gesetz vorübergehend seine Macht zu nehmen. Neben der Reichswehr war die Polizei das wichtigste Machtmittel des Staates. Den Befehl über die preußische Polizei hatten sich die Nationalsozialisten gesichert. Auch das Reichsinnenministerium war nun in der Hand der Nationalsozialisten.

① *Sprecht über den Ausspruch Papens und die Machtverteilung in der neuen Regierung.*
② *Berichtet über den 30. Januar 1933.*

Das Programm der Nationalsozialisten

Hitlers Anhänger. Foto 1929.

Politische Ziele Hitlers

① *Tragt zusammen, was ihr bisher bereits über Hitler und seine Partei, die NSDAP*, wißt.*

② *Betrachtet das Foto. Stellt Vermutungen darüber an, warum die Menschen Hitler zujubeln.*

In allen seinen Reden übte Hitler scharfe Kritik an den Politikern der Weimarer Republik und erklärte, als Reichskanzler folgende Punkte verwirklichen zu wollen:

- Arbeitsbeschaffung für die Arbeitslosen durch staatliche Hilfen,
- Beseitigung der Demokratie von Weimar, Abschaffung des Parlaments und Verbot der Parteien,
- Beseitigung der Bestimmungen des Versailler Vertrages von 1919, vor allem Einstellung der Reparationszahlungen* an die Siegermächte,
- Verfolgung und Ausschaltung der Juden aus dem wirtschaftlichen und öffentlichen Leben in Deutschland,
- Verfolgung und Ausschaltung von Sozialdemokraten und Kommunisten, die Hitler neben den Juden als Urheber des Elends der Menschen beschuldigte,
- Schaffung von „Lebensraum" für Deutsche auf Kosten von Polen und Russen im Osten Europas.

Hitlers Rassentheorie

Hitlers Haß auf die Juden (Antisemitismus) und seine Lebensraumtheorie beruhten auf Gedanken des 19. Jahrhunderts. Damals entstand die Lehre von höherwertigen und minderwertigen Rassen. Hitler erklärte nun, daß es einen ewigen Kampf zwischen angeblich höherwertigen und angeblich minderwertigen Rassen in einem Volk gäbe. Bei dem „ewigen Kampf ums Dasein" würde die minderwertige Rasse naturnotwendig untergehen. Die Deutschen würden überwiegend der höherwertigen Rassen der Arier* angehören. Hitler erklärte die Juden zu einer minderwertigen Rasse, obwohl sie sich nur durch ihr anderes religiöses Bekenntnis von den übrigen Mitbürgern unterschieden.

Hitler machte die Juden zum Sündenbock für alles Böse und alle Widrigkeiten im Leben. Sein Rassenhaß gipfelte in der These, daß die Juden 1918 und 1932 eine Weltverschwörung gegen Deutschland angezettelt hätten. Auch die Forderung nach Erweiterung des Lebensraums für die Deutschen beruhte auf Hitlers Rassentheorie. Die arische Rasse müsse sich ausreichenden Lebensraum durch Kriege gegen rassisch minderwertige Völker sichern. Er hielt die Angehörigen der slawischen Rasse für minderwertig und behauptete, das Herrenvolk der Arier müsse sich durch die Eroberungen im Osten, in Polen und Rußland, Lebensraum verschaffen.

In seinem 1925 erstmals veröffentlichten Buch „Mein Kampf" schrieb Hitler:

> **Q** Wir setzen dort an, wo man vor 6 Jahrhunderten endete. Wir stoppen den ewigen Germanenzug nach dem Süden und Westen Europas und weisen den Blick nach dem Land im Osten. Wir schließen endlich ab die Kolonial- und Handelspolitik der Vorkriegszeit und gehen über zur Bodenpolitik der Zukunft. Wenn wir aber heute in Europa von neuem

90

Das Programm der Nationalsozialisten

Grund und Boden reden, können wir in erster Linie nur an Rußland und die ihm untertanen Randstaaten denken. Das Schicksal selbst scheint uns hier einen Fingerzeig geben zu wollen, indem es Rußland dem Bolschewismus* überantwortete, raubte es dem russischen Volk jene Intelligenz, die bisher dessen staatlichen Bestand herbeiführte und garantierte ...

Die Nationalsozialisten und ihr Führer Adolf Hitler haben ihr Programm immer wieder in Wahlreden wiederholt. Viele Menschen nahmen die Ankündigungen der Nationalsozialisten zunächst nicht ernst, oder sie billigten einzelne Vorhaben, ohne damit das gesamte Programm zu unterstützen. Manche Forderungen erschienen kritischen Menschen so ungeheuerlich, daß sie nicht glaubten, daß sie einmal verwirklicht würden. Andere taten solche Forderungen als im Wahlkampf übliche Übertreibungen ab. Angesichts der großen wirtschaftlichen Not mit über 6 Millionen Arbeitslosen im Winter 1932 erschienen die Versprechungen Hitlers als ein letzter Ausweg aus der Krise, die bisher niemand hatte lösen können.

1. *Beschreibt mit euren Worten die politischen Ziele Hitlers.*
2. *Sprecht über Hitlers Rassentheorie und die Folgen für die von ihr betroffenen Menschen.*

Breite Zustimmung

Hitlers Pläne, die Demokratie zu beseitigen und einen Staat nach seinen Ideen aufzubauen, war den führenden Männern aus Politik, Industrie, Großlandwirtschaft und Militär bekannt. Trotzdem empfahlen sie die Ernennung Hitlers zum Reichskanzler, weil Hitler schon vor seiner Ernennung versprochen hatte, ihre Interessen zu vertreten. Auch kannten sie den Straßenterror der Nationalsozialisten und Hitlers Billigung politischer Morde (vgl. S. 82). Auch die Wählerinnen und Wähler wußten, was Hitler wollte. Trotzdem wählten nach der Machtübertragung mehr Menschen als jemals zuvor Hitler und seine Partei. Im März 1933 waren es 17,2 Mill. (43,9 %).

3. *Betrachtet das Schaubild und erklärt, welche Gruppen der Bevölkerung besonders durch die Versprechungen der Nationalsozialisten angesprochen wurden.*

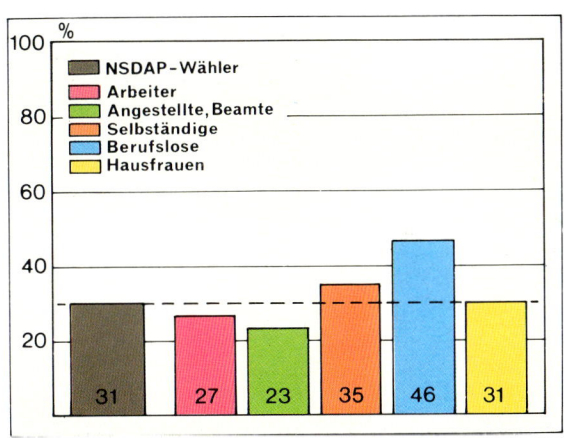

Anfälligkeit verschiedener Berufsgruppen für die NSDAP, Reichstagswahl Juli 1932. Angaben in % der Wahlberechtigten der jeweiligen Gruppe. Lesebeispiel: Im Juli 1932 gaben 31 % der Wahlberechtigten der NSDAP ihre Stimme, die Anfälligkeit der Arbeiter war mit 27 % unter dem Durchschnitt.

Hitlers Lebenslauf

Adolf Hitler wurde am 20. April 1889 im österreichischen Braunau geboren. Er beging Selbstmord am 30. April 1945.

Der Vater war Zollbeamter. Nach dem frühen Tod der Eltern ging Hitler 1907 nach Wien, um Kunstmaler oder Architekt zu werden. Da er in die Kunstakademie nicht aufgenommen wurde, verdiente er seinen Lebensunterhalt mit Gelegenheitsarbeiten und lebte von einer kleinen Rente. In Wien bildeten sich seine politischen Grundüberzeugungen.

Bei Kriegsausbruch 1914 meldete sich Hitler freiwillig als Soldat zu einem bayerischen Regiment. Er wurde mehrmals wegen Tapferkeit ausgezeichnet. Nach Kriegsende trat er 1919 in die Deutsche Arbeiterpartei ein, die ab 1920 Nationalsozialistische Deutsche Arbeiterpartei hieß. Als ihr Führer versuchte Hitler 1923 einen Putsch gegen die Regierung Bayerns, um von München aus die Macht in Deutschland zu gewinnen. Nach dem Scheitern des Putsches wurde Hitler zu Festungshaft verurteilt, in der er sein Buch „Mein Kampf" schrieb.

Die nationalsozialistische Landesregierung von Braunschweig ernannte Hitler im Jahr 1932 zum Regierungsrat. Dadurch erwarb der Österreicher Hitler die deutsche Staatsbürgerschaft und damit die formale Voraussetzung, Reichskanzler des Deutschen Reiches zu werden. Am 30. Januar 1933 ernannte Reichspräsident von Hindenburg Hitler zum Reichskanzler.

Die Zerstörung der Demokratie

1 Gefangene im Konzentrationslager Oranienburg bei Berlin. Foto 1933.

2 Plakat der NSDAP zur Reichstagswahl am 5. 3. 1933.

Notverordnungen und Terror

1 *Betrachtet das Bild und stellt Vermutungen darüber an, was ihr als Gefangene befürchtet hättet.*

Nach dem 30. Januar 1933 wurden 50000 SA-Männer* zu Hilfspolizisten ernannt und zahlreiche demokratische Polizeipräsidenten abgesetzt. Versammlungen der KPD*, der SPD* und des Zentrums* wurden verboten oder aufgelöst. Die Zeitungen der KPD und SPD wurden beschlagnahmt. Der als preußischer Innenminister amtierende Nationalsozialist Hermann Göring befahl der Polizei am 17. Februar 1933, mit den Nationalsozialisten gut zusammenzuarbeiten. Weiter heißt es in seinem Befehl:

Q Dem Treiben staatsfeindlicher Organisationen ist mit den schärfsten Mitteln entgegenzutreten. Gegen kommunistische Terrorakte und Überfälle ist mit aller Strenge vorzugehen, und, wenn nötig, rücksichtslos von der Waffe Gebrauch zu machen. Polizeibeamte, die in Ausübung dieser Pflichten von der Schußwaffe Gebrauch machen, werden ohne Rücksicht auf die Folgen des Schußwaffengebrauchs von mir gedeckt. Wer hingegen in falscher Rücksichtnahme versagt, hat dienststrafrechtliche Folgen zu gewärtigen. ...

Dieser Befehl wird heute auch „Schießbefehl" genannt.

2 *Sprecht darüber, welchen Auftrag die preußische Polizei erhielt.*

Der Reichstagsbrand und seine Folgen

Am 27. Februar 1933 brach im Reichstag ein Brand aus, der das ganze Gebäude zerstörte. Obwohl völlig ungeklärt war, wer den Reichstag in Brand gesteckt hatte, beschuldigten die Nationalsozialisten noch in der Nacht die Kommunisten der Brandstiftung. Die Reichsregierung ließ gleichzeitig über 4.000 Funktionäre der KPD nach längst vorbereiteten Listen verhaften.
Auf Vorschlag der Reichsregierung erließ am Tag nach dem Reichstagsbrand Reichspräsident von Hindenburg eine Notverordnung, in der wesentliche Grundrechte der Weimarer Verfassung außer Kraft gesetzt wurden.

Die Zerstörung der Demokratie

Verordnung des Reichspräsidenten zum Schutz von Volk und Staat vom 28. Februar 1933:

Q 1 Aufgrund des Artikels 48, Absatz 2 der Reichsverfassung wird zur Abwehr kommunistischer staatsgefährdender Gewaltakte folgendes verordnet:
§ 1 ... Artikel 114, 115, 117, 118, 123, 124 und 153 der Verfassung des Deutschen Reiches werden bis auf weiteres außer Kraft gesetzt. Es sind daher Beschränkungen der persönlichen Freiheit, des Rechtes der freien Meinungsäußerung, einschließlich der Pressefreiheit, des Vereins- und Versammlungsrechtes, Eingriffe in das Brief-, Post-, Telegraphen- und Fernsprechgeheimnis, Anordnungen von Hausdurchsuchungen und von Beschlagnahme sowie Beschränkungen des Eigentums auch außerhalb der sonst hierfür bestimmten gesetzlichen Grenzen zulässig.
§ 2 ... werden in einem Lande die zur Wiederherstellung der öffentlichen Sicherheit und Ordnung nötigen Maßnahmen nicht getroffen, so kann die Reichsregierung insoweit die Befugnisse der obersten Landesbehörde vorübergehend wahrnehmen.
... § 5 Mit dem Tode sind Verbrechen zu bestrafen, die das Strafgesetzbuch in § 81 (Hochverrat), § 229 (Giftbeimischung), § 307 (Brandstiftung), § 311 (Explosion), § 312 (Überschwemmung), § 315 Absatz 2 (Beschädigung von Eisenbahnen), § 324 (gemeingefährliche Vergiftung), mit lebenslangem Zuchthaus bedroht ...

Auch in der Weimarer Republik hatte es solche Notverordnungen gegeben. Sie waren aber immer wieder nach kurzer Zeit aufgehoben worden. Die Notverordnung vom 28. Februar 1933 blieb während der gesamten Zeit der nationalsozialistischen Herrschaft in Kraft. Sie war die rechtliche Grundlage der Diktatur. Der § 1 der Verordnung machte die willkürliche Verhaftung politischer Gegner möglich. Die Nationalsozialisten nannten dies „Schutzhaft", eine Verhaftung ohne richterlichen Haftbefehl. Ihr fielen vor allem Funktionäre der KPD* und SPD* zum Opfer. Sie wurden in schnell errichtete Konzentrationslager* eingeliefert.
Die große Mehrheit der Bevölkerung wehrte sich nicht gegen die Verhaftungen von Sozialdemokraten und Kommunisten, da sie der Propaganda glaubten, daß der Reichstagsbrand als ein Zeichen zu einem Aufstandsversuch geplant war.

Mit § 2 der Verordnung schalteten die Nationalsozialisten demokratische Politiker in den Ländern aus und übernahmen auch dort den Befehl über die Polizei.

① *Malt eine Wandzeitung mit der Überschrift: „Phasen der Machtergreifung". Lest den Text und die Verordnung genau und tragt in die Wandzeitung ein, was ihr für die erste Phase der Machtergreifung für wichtig haltet.*

Behandlung in der „Schutzhaft"

An die Zustände in einem Konzentrationslager von 1933 erinnerten sich einige Überlebende in einer Befragung 1979:

Q 2 Im März 1933 wurden wir als Schutzhäftlinge nach Moringen bei Northeim überführt und in das sogenannte Arbeitshaus eingesperrt. In zwei großen Sälen lagen 280 Kommunisten, 30 Sozialdemokraten, 20 Mitglieder anderer Parteien. Am 2. Mai wurde eine Amnestie* erlassen. Etwa 100 Häftlinge durften nach Hause. Nach und nach wurden neue eingeliefert ... Nach 4 Wochen wurde unsere Wachmannschaft abgelöst. Jetzt kam die SS*! Was sich nun abspielte, ist unbeschreiblich. Jeder der den SS-Banditen nicht paßte, wurde im Bunker durchgeprügelt. Ich erinnere mich besonders an F. H., den sie schließlich zwangen, den Urin seines Bruders zu trinken! Derartige Exzesse (Ausschreitungen) waren an der Tagesordnung. Das ging 4 Wochen lang. Dann wurden wir aufgeteilt. Ein Teil von uns kam nach Esterwegen, der andere nach Oranienburg ...

Reichstagswahl

Die Nationalsozialisten verfolgten während des Wahlkampfes im Februar 1933 Kommunisten und Sozialdemokraten. Ihre Funktionäre wurden verhaftet und die Wahlveranstaltungen zum Teil verboten. Die NSDAP* bekam 43,9 % der abgegebenen Stimmen. Ein großer Teil der Bevölkerung hatte trotz der nationalsozialistischen Übergriffe und Gewalttätigkeiten für die NSDAP gestimmt. Die Koalition aus NSDAP und DNVP* verfügte über 52 % der Stimmen im Reichstag. Das Zentrum* erhielt 11,2 %, die SPD 18,3 % und die KPD 12,3 % der Stimmen.

Die Zerstörung der Demokratie

Ermächtigungsgesetz

Planmäßig setzten die Nationalsozialisten ihre Politik der Täuschung und der gewaltsamen Eroberung des Staates fort. Der neue Reichstag wurde mit einer Versöhnungsfeier am 21. März 1933 in der Garnisonskirche in Potsdam eröffnet.
Wenige Tage später forderte Hitler vom Reichstag die Verabschiedung eines Ermächtigungsgesetzes, mit dem die nationalsozialistische Diktatur ausgebaut werden sollte.

Q 1 Gesetz zur Behebung der Not von Volk und Reich (Ermächtigungsgesetz) vom 24. März 1933:
Artikel 1: Reichsgesetze können ... auch durch die Reichsregierung beschlossen werden ...
Artikel 2: Die von der Reichsregierung beschlossenen Reichsgesetze können von der Reichsverfassung abweichen ...

Hitler begründete vor dem Reichstag die Forderung nach dem Ermächtigungsgesetz am 23. März 1933:

Q 2 Es würde dem Sinn der nationalen Erhebung widersprechen und dem beabsichtigten Zweck nicht genügen, wollte die Regierung sich für ihre Maßnahmen von Fall zu Fall die Genehmigung des Reichstages erhandeln und erbitten. ... Sie hält vor allem eine weitere Tagung des Reichstages im heutigen Zustand der tiefgehenden Erregung der Nation für unmöglich. Es ist kaum eine Revolution von so großem Ausmaß so diszipliniert und unblutig verlaufen, wie diese Erhebung des deutschen Volkes in diesen Wochen. Es ist mein Wille und meine feste Absicht, für diese ruhige Entwicklung in Zukunft zu sorgen. ...
Weder die Existenz des Reichstages noch des Reichsrates soll dadurch bedroht sein. Die Stellung und Rechte des Herrn Reichspräsidenten bleiben unberührt ... der Bestand der Länder wird nicht beseitigt, die Rechte der Kirchen werden nicht geschmälert, ihre Stellung im Staate nicht geändert.

Das Zentrum und die kleinen bürgerlichen Parteien stimmten unter Bedenken für das Gesetz, allein die Sozialdemokraten lehnten das Gesetz ab. Die Abgeordneten der Kommunistischen Partei konnten an der Sitzung des Reichstages bereits nicht mehr teilnehmen, da sie alle verhaftet oder auf der Flucht vor den Nationalsozialisten waren.

1 *Vergleicht die Bestimmungen des Ermächtigungsgesetzes mit dem Schema der Weimarer Reichsverfassung S. 63. Erklärt die Unterschiede bei der Gesetzgebung.*

Widerstand der SPD

Der sozialdemokratische Abgeordnete Otto Wels begründete die Ablehnung der Sozialdemokraten:

Q 3 Nach den Verfolgungen, die die sozialdemokratische Partei in der letzten Zeit erfahren hat, wird billiger Weise niemand von ihr verlangen oder erwarten können, daß sie für das hier eingebrachte Ermächtigungsgesetz stimmt. Die Wahlen vom 5. März haben den Regierungsparteien die Mehrheit gebracht und damit die Möglichkeit gegeben, streng nach Wortlaut und Sinn der Verfassung zu regieren. Wo diese Möglichkeit besteht, besteht auch die Pflicht ... Noch niemals, seit es einen deutschen Reichstag gibt, ist die Kontrolle der öffentlichen Angelegenheiten durch die gewählten Vertreter des Volkes in solchem Maße ausgeschaltet worden, wie es jetzt geschieht und wie es durch das neue Ermächtigungsgesetz noch mehr geschehen soll. Eine solche Allmacht der Regierung muß sich um so schwerer auswirken, als auch die Presse jeder Bewegungsfreiheit entbehrt ...
Die Verfassung von Weimar ist keine sozialistische Verfassung. Aber wir stehen zu den Grundsätzen des Rechtsstaates, der Gleichberechtigung, des sozialen Rechts, die in ihr festgelegt sind. Wir deutschen Sozialdemokraten bekennen uns in dieser geschichtlichen Stunde feierlich zu den Grundsätzen der Menschlichkeit und Gerechtigkeit der Freiheit und des Sozialismus. Kein Ermächtigungsgesetz gibt ihnen die Macht, Ideen, die ewig und unzerstörbar sind, zu vernichten. Das Sozialistengesetz* hat die Sozialdemokratie nicht vernichtet. Aus den neuen Verfolgungen kann die deutsche Sozialdemokratie neue Kraft schöpfen.
Wir grüßen die Verfolgten und Bedrängten. Wir grüßen unsere Freunde im Reich. Ihre Standhaftigkeit und Treue verdienen Bewunderung. Ihr Bekennermut, ihre ungebrochene Zuversicht verbürgen eine hellere Zukunft.

2 *Lest die Reden von Hitler und Wels noch einmal genau. Vergleicht und bewertet die Argumente für und gegen das Ermächtigungsgesetz.*

Die Zerstörung der Demokratie

Die Gleichschaltung

Nachdem alle Parteien verboten worden waren, wurde die NSDAP* im Juli 1933 zur alleinigen Staatspartei erklärt. Innerhalb von 18 Monaten gelang es den Nationalsozialisten, alle staatlichen Einrichtungen in ihre Hand zu bekommen. Diesen Vorgang nannten sie Gleichschaltung, d. h. alle Behörden mußten nun nach dem Willen der Nationalsozialisten arbeiten. Die Länderparlamente wurden aufgelöst, die Landesregierungen durch nationalsozialistische Reichsstatthalter ersetzt.

Auch die Presse wurde durch die Nationalsozialisten gleichgeschaltet. Die Zeitungen der KPD* und SPD* wurden verboten, Journalisten, die sich nicht anpassen wollten, wurden entlassen. Der Reichspropagandaminister Goebbels bestimmte, welche Nachrichten veröffentlicht werden durften. Bereits im April 1933 schloß ein Gesetz Juden vom Beamtenberuf aus. Kommunisten durften nicht mehr Rechtsanwälte werden.

Nach dem Tode des Reichspräsidenten von Hindenburg vereinigte Hitler das Amt des Reichspräsidenten und des Reichskanzlers am 2. August 1934 in seiner Person.

Die Soldaten der Reichswehr mußten einen neuen Eid schwören, der sie persönlich auf Hitler verpflichtete:

Q Ich schwöre bei Gott diesen heiligen Eid, daß ich dem Führer des Deutschen Reiches und Volkes, Adolf Hitler, dem Oberbefehlshaber der Wehrmacht, unbedingten Gehorsam leisten und als tapferer Soldat bereit sein will, jederzeit für diesen Eid mein Leben einzusetzen.

1 *Vergleicht die Maßnahmen in den 18 Monaten nach der Verabschiedung des Ermächtigungsgesetzes mit den Versprechungen Hitlers in seiner Rede (Q 1 der Vorseite).*

2 *Ergänzt eure Übersicht (Frage 1, Seite 93) mit weiteren Angaben zum Ausbau der Diktatur der Nationalsozialisten.*

Sitzung des Reichstages in der von der SA besetzten Krolloper. Foto März 1933.

Am 30. Juni 1934 leitete Hitler ein Mordkommando, das in einer überraschenden Aktion mit Unterstützung der Reichswehr hohe SA*-Führer ermordete (sogen. Röhm-Putsch). Hitler entmachtete mit dieser Aktion die SA, die beanspruchte, neben der Reichswehr eine gleichberechtigte militärische Organisation zu werden. Der Mordaktion fielen etwa 3000 Menschen, unter ihnen zahlreiche politische Gegner Hitlers, zum Opfer. Mit einem Gesetz ließ Hitler diese Morde nachträglich als „Staatsnotwehr" für Rechtens erklären.

Zusammenfassung

Mit der Übertragung der Macht an Adolf Hitler begann am 30. Januar 1933 der Aufbau der nationalsozialistischen Diktatur. Mit Notverordnungen und dem Ermächtigungsgesetz wurde die demokratische Ordnung der Weimarer Verfassung zerstört. Trotz der antisemitischen und antidemokratischen Ziele Hitlers wählten viele Menschen ihn und die NSDAP. Im März 1933 waren es 44 Prozent der Wähler. Die Verfolgung von Sozialdemokraten und Kommunisten prägte die erste Zeit der Diktatur. Innerhalb von 18 Monaten gelang es den Nationalsozialisten, durch die „Gleichschaltung" aller Behörden im Reich und in den Ländern, die Macht in ihren Händen zu sichern.

Leben unter nationalsozialistischer Herrschaft

Die Zerschlagung der Gewerkschaften

Aus den nach dem Ende der NS-Herrschaft veröffentlichten Tagebuchaufzeichnungen von Dr. Goebbels, Reichsminister für Volksaufklärung und Propaganda, für den 17. April 1933:

Q 1 ... Ich habe mit dem Führer die schwebenden Fragen eingehend durchgesprochen. Den 1. Mai werden wir zu einer grandiosen Demonstration deutschen Volkswillens gestalten. Am 2. Mai werden dann die Gewerkschaftshäuser besetzt. Gleichschaltung auch auf diesem Gebiet. Es wird vielleicht ein paar Tage Krach geben, aber dann gehören sie uns. Man darf hier keine Rücksicht mehr kennen. ... Sind die Gewerkschaften in unserer Hand, dann werden sich auch die anderen Parteien und Organisationen nicht mehr lange halten können ...

Aufruf des Reichsministers für Volksaufklärung und Propaganda, Dr. Goebbels, zum 1. Mai 1933:

Q 2 Die Reichsregierung der nationalen Revolution hat den 1. Mai zum Feiertag der nationalen Arbeit erhoben. Sie will damit zum Ausdruck bringen, daß die Verbundenheit des ganzen deutschen Volkes mit der nationalen Arbeit ihren Schöpfern und Trägern eine unlösliche und schicksalsgegebene ist. ... Ehret die Arbeit und achtet den Arbeiter! Stirn und Faust sollen einen Bund schließen, der unlösbar ist ... Der 1. Mai soll das deutsche Volk einig und geschlossen sehen ...

Weisung des preußischen Innenministers an die Polizei vom 2. Mai 1933:

Q 3 Der um 10 Uhr beginnenden Aktion der NSDAP gegen die freien Gewerkschaften ist mit polizeilichen und sonstigen staatlichen Mitteln nicht entgegenzutreten ...

Pressemitteilung über die Besetzung der Gewerkschaftshäuser vom 2. Mai 1933:

Q 4 Die nationalsozialistische Partei hat heute völlig überraschend die gesamte Organisation der freien Gewerkschaften im ganzen Reich durch eine große Aktion übernommen. Um 10 Uhr vormittags wurden sowohl in Berlin wie im ganzen Reichsgebiet die Häuser der freien Gewerkschaften besetzt, eine Anzahl der Funktionäre verhaftet und die Leitung des Gewerkschaftsapparates Nationalsozialisten in die Hände gelegt ...

1 *Lest Q 1–Q 4 und beschreibt mit ihnen das Vorgehen der Nationalsozialisten gegenüber den Gewerkschaften. Schreibt einen kleinen Bericht.*

2 *Stellt Vermutungen darüber an, was die Arbeiter empfunden haben, als sie von der Besetzung der Gewerkschaftshäuser hörten.*

Verbot der Gewerkschaftsarbeit

Die Zerschlagung der Gewerkschaften war von den Nationalsozialisten von langer Hand geplant. An manchen Orten, wie etwa in Hannover, war es schon vor dem 2. Mai 1933 zu Besetzungen von Gewerkschaftshäusern gekommen. Die gewerkschaftliche und parteipolitische Arbeit in den Betrieben wurde den Arbeitern durch ein Gesetz verboten. An die Stelle der Gewerkschaften trat ein nationalsozialistischer Vertrauensrat, der aber völlig machtlos war. In den Betrieben galt nun das nationalsozialistische Führerprinzip. Die Geheime Staatspolizei (Gestapo*) übte ihren Terror auch in den Betrieben aus.

Bekanntmachung der NS-Betriebszelle Osramwerk D, Berlin, 24. Juli 1933:

Q 5 Den Unterzeichneten ist heute im Gebäude des Geheimen Staatspolizeiamtes durch die Geheime Staatspolizei eröffnet, daß sie auf Anordnung der Geheimen Staatspolizei für mehrere Jahre in ein Konzentrationslager überführt werden, falls am Montag, den 24. Juli 1933, im Werk D der Osram GmbH Kommanditgesellschaft noch ein einziges Mal durch den Mund oder Schrift Propaganda für irgend eine Partei, ausgenommen die NSDAP, getrieben wird. Die Unterzeichneten bezeugen durch ihre eigenhändige Unterschrift, daß sie von Vorstehendem Kenntnis genommen haben. ... Die Werksleitung hofft, daß durch diese abschließende Maßnahme die für den Betrieb nötige Ruhe wieder einkehren wird.

Unterschriften ...

3 *Sprecht darüber, wie ihr euch nach dem Lesen dieser Bekanntmachung im Betrieb verhalten hättet.*

Alltag unter nationalsozialistischer Herrschaft

Sammlung für das „Winterhilfswerk"

Um die Not der Arbeitslosen zu lindern, veranstalteten die Nationalsozialisten groß angelegte Sammelaktionen. Die Bevölkerung wurde aufgefordert, Kleider und Lebensmittel und Geld für die Arbeitslosen zu spenden. Die bekannteste Einrichtung zur Linderung der Not der Arbeitslosen war das Winterhilfswerk, zu dessen Gunsten alle Deutschen einmal im Monat auf ihren Sonntagsbraten verzichten sollten.

Anfang November 1933 konnten Göttinger Bürger folgenden Aufruf in ihrer Zeitung lesen:

Q 1 Das Eintopfgericht – Tischkameraden der Nation.
Der Sonntag ist der zweite Sonntag des Eintopfgerichtes ... Die gesamte Bevölkerung Göttingens wird aufgerufen, sich ausnahmslos zu beteiligen. SS-Männer* werden die durch das Eintopfgericht ersparten Beträge in allen Haushaltungen einkassieren. ... Die Volksgenossen, die in Gaststätten das Eintopfgericht einnehmen, erhalten dort eine Quittung als Ausweis. Bei der Straßensammlung werden Ansteckblumen – Narzissen – als Ausweis abgegeben. Am Sonntag darf kein Göttinger ohne diese Ansteckblume angetroffen werden!

1 *Spielt folgende Szene: Ihr sitzt am Sonntag im November 1933 am Mittagstisch, es gibt Braten. Ein SS-Mann klingelt ...*
2 *Sprecht darüber, ob ihr für das Winterhilfswerk gesammelt hättet.*

Nach 1935 wurden ohne Wissen der Bevölkerung Teile der für das Winterhilfswerk gesammelten Gelder für Rüstungszwecke ausgegeben.

Überwachung und Unterhaltung

Mit der Auflösung aller privaten Vereine und Berufsverbände versuchten die Nationalsozialisten, die Bürger gleichzuschalten. An die Stelle der Vereine und der Berufsverbände traten Untergliederungen der Partei, mit denen möglichst alle Bürger erfaßt werden sollten. Haus- und Blockwarte sorgten darüber hinaus für die Überwachung der einzelnen auch zu Hause. Im öffentlichen Leben wurde der Hitlergruß* eingeführt.
An die Stelle der Gewerkschaften trat die „Deutsche Arbeitsfront", die nun die Belange der Werktätigen gegenüber den Unternehmern vertreten

	Arbeitslose (in Tausend)	(in % der Gewerkschaftsmitglieder)	(in % der abhängigen Erwerbspersonen)
1928	1391	8,4	6,3
1932	5603	43,7	29,9
1933*	4804	(46,3)	25,9
1936	1593		7,4
1938	429		1,9

(* Jan. 1933: 6000)

1 **Arbeitslose in Deutschland 1928–1938 (Jahresdurchschnitt).**

	Reallöhne je Woche (1928 = 100)	Arbeitszeit (in Std.)
1928	100	46,0
1932	86	41,5
1933	91	42,9
1936	97	45,6
1938	105	46,5

Der Lohn von Facharbeiterinnen betrug ca. 65% des Facharbeiterlohns.

2 **Reallöhne der Arbeiter je Woche und Arbeitszeit durchschnittlich wöchentlich.**

sollte. Sie hatte aber keinen großen Einfluß auf die Unternehmer. Eine der größten Unterorganisationen der Deutschen Arbeitsfront war die Organisation „Kraft durch Freude" (KdF). Diese Organisation sollte den Arbeiterinnen und Arbeitern ein breites Freizeitangebot machen und damit die Menschen für ihre politische Entmündigung entschädigen. Mitarbeiter der verbotenen SPD* berichteten 1936:

Q 2 Der Gau München Oberbayern (der NSDAP) ... hat im Mai 1936 neben Urlaubs- und Wanderfahrten folgende Veranstaltungen durchgeführt: Theateraufführungen, Frauennachmittage, Kinderfeste, fröhliche Samstagnachmittage, Gymnastikkurse, Leichtathletik, Sportspiele, Schwimmkurse, Reitunterricht, Segelsportfahrten an die Ostsee, Vorträge, Führungen ... Fachkurse (Deutsch, Rechnen, Musik usw.), Kochkurse ... Die Beliebtheit der KdF-Veranstaltungen ist sehr groß geworden. Auch der einfache Arbeiter kann sich solche Wanderungen leisten, denn sie kommen meist billiger als jede Privatwanderung ...

Für wenige Arbeiter wurden auch Schiffsreisen nach Madeira veranstaltet.

3 *Berichtet über den Alltag von Arbeitern mit Hilfe des Textes und der Tabellen.*

Frauen unter nationalsozialistischer Herrschaft

Deutsche Familie. Foto 1940.

Aus der Zeitung

Damen werden gebeten, nicht zu rauchen
Erfurt, 22. August
Der Erfurter Polizeipräsident hat, wie berichtet, die Inhaber von Gaststätten, Cafés usw. aufgefordert, in ihren Lokalen Schilder mit der Aufschrift „Damen werden gebeten, nicht zu rauchen" anzubringen.
Frankfurter Zeitung vom 22. August 1933

Zutritt für geschminkte Frauen verboten
Breslau, 7. August
Die Kreisleitung Breslau teilt mit, daß Frauen mit geschminktem Gesicht der Zutritt zu allen Veranstaltungen der NSDAP verboten ist. Die Amtsleiter sind angewiesen, eine entsprechende Kontrolle durchzuführen.
Schlesische Tageszeitung vom 7. August 1933

Heiratsanzeige
Zweiundfünfzig Jahre alter, rein arischer* Arzt, Teilnehmer an der Schlacht bei Tannenberg, der auf dem Lande zu siedeln beabsichtigt, wünscht sich männlichen Nachwuchs durch eine standesamtliche Heirat mit einer gesunden Arierin, jungfräulich, jung, bescheiden, sparsame Hausfrau, gewöhnt an schwere Arbeit, breithüftig, flache Absätze, keine Ohrringe, möglichst ohne Eigentum.
Münchner Neueste Nachrichten vom 25. Juli 1940

1 *Sagt eure Meinung zu dem Vergleich in Q 2.*

Zurück in Küche und Kammer

2 *Sprecht anhand des Bildes und der Zeitungsmeldungen darüber, was die Nationalsozialisten von einer deutschen Frau erwarteten.*

Frauenemanzipation, Gleichberechtigung, Selbständigkeit gegenüber dem Mann – dies alles wurde von den Nationalsozialisten entschieden abgelehnt. Nach ihrer Meinung wurden in der Frauenbewegung Frauen gegen Männer aufgehetzt und von ihrer naturgegebenen Bestimmung abgehalten.
Hitler sagte 1934 vor dem Reichsparteitag:

Q 1 Wenn man sagt, die Welt des Mannes ist der Staat, die Welt des Mannes ist sein Ringen, die Einsatzbereitschaft für die Gemeinschaft, so könnte man vielleicht sagen, daß die Welt der Frau eine kleinere sei. Denn ihre Welt ist der Mann, ihre Familie, ihre Kinder und ihr Haus.

3 *Stellt fest, welche Rolle der Frau im Nationalsozialismus zugeschrieben wird.*

Das nationalsozialistische Frauenideal waren: „Weiber, die wieder Männer zur Welt zu bringen vermögen". Mindestens 4 Kinder sollte jede Frau gebären. Die Abtreibung galt als besonders scheußliches Verbrechen. Sie wurde schwer bestraft. Nur deutsche Frauen jüdischen Glaubens durften ab 1938 straffrei abtreiben.

4 *Vermutet, warum diesen Frauen Abtreibung erlaubt wurde.*

Gezielte Propaganda und verschiedene Aktionen erinnerten die Frauen an ihre wichtigste staatsbürgerliche Aufgabe.
Am 24. Dezember 1938 berichtete der „Völkische Beobachter":

Q 2 „Die deutsche kinderreiche Mutter soll den gleichen Ehrenplatz in der deutschen Volksgemeinschaft erhalten wie der Frontsoldat, denn ihr Einsatz für Leib und Leben für Volk und Vaterland war der gleiche wie der des Frontsoldaten im Donner der Schlachten."

Für kinderreiche Mütter wurde 1939 ein „Ehrenzeichen" geschaffen, das Mutterkreuz. Am Muttertag 1939 verlieh der Staat 3 Millionen Frauen für herausragende Gebärleistungen feierlich dieses neue Ehrenzeichen. Auch finanziell wurde kinderreichen Familien mit Kindergeld und Steuerfreibeträgen geholfen. Eine Frau aus dem Ruhrgebiet erinnert sich 1980:

Q 3 Wie das Kind kam, das vierte Kind kam, ach du liebe Zeit! Ich wurde überschüttet mit Geschenken: ... Und mein Mann kriegte sofort Arbeit ... Also das wurde so gelobt, daß da Kinder kamen. Aber wir haben das ja nicht mit Absicht gemacht, Pille gab's ja nicht ... Wir bekamen ein großes Paket Kinderwäsche und einen Riesenkorb mit zu essen ... Ganz ausgefüllt mit allen möglichen Sachen, nich, also eine ganze Plockwurst ... Und 'nen Gutschein, um jeder Person ein Paar Schuhe vom Geschäft zu holen. Und ... ein Bett bekam ich, ein komplettes Bett für mich ... ein weißes Holzbett mit Matratze, ein neues Bett. ...

Frauen unter nationalsozialistischer Herrschaft

① *Lest Q 3 der Vorseite und versucht, die Stimmung in der Familie zu beschreiben, als sie die Geschenke erhielt.*
② *Erkundigt euch, ob und welche Hilfen es heute für kinderreiche Familien gibt.*

Zahlreiche neu gegründete offizielle Stellen halfen den Müttern. Zum Beispiel organisierte der 1934 gegründete Reichsmütterdienst Mütterkurse, in denen über Säuglingspflege und Kindererziehung informiert wurde. Erholungs- und Freizeitaufenthalte für Mütter und deren Kinder wurden durchgeführt.
Eine Frau berichtet darüber 1980:

> **Q 1** Da war ich bei den ersten Müttern dabei, die in diese Burg kamen, da muß ich sagen, das war einmalig. Drei Wochen war ich da. Es waren braune Schwestern, aber es wurde nichts von der Partei erzählt. Keine Vorträge oder was. . . .

③ *Listet die Maßnahmen auf, mit denen der nationalsozialistische Staat Mütter und kinderreiche Familien unterstützte.*
④ *Denkt darüber nach, was die öffentliche Anerkennung der Mutter- und Hausfrauenarbeit für das Selbstbewußtsein vieler Frauen bedeutet haben kann.*
⑤ *Vermutet, warum den Nationalsozialisten eine möglichst große Kinderzahl so wichtig war.*

Förderung von Eheschließungen

Von allen Frauen wurde die Heirat erwartet. Nicht zu heiraten oder kinderlos zu bleiben, galt als verwerflich. Die betreffenden Frauen wurden beschuldigt, dem Volk gesunde Kinder vorzuenthalten.
Mit einem groß angelegten Programm förderten die Nationalsozialisten Eheschließungen. Seit Juni 1933 konnten Hochzeitspaare ein großzügiges Ehestandsdarlehen erhalten. Der zurückzuzahlende Betrag verminderte sich mit der Zahl der Kinder. Nach vier Geburten galt er als „abgekindert". Das Geld erhielten nur gesunde „arische"* Paare, deren politische Einstellung stimmte.
Mit dem Darlehen wurde ein weiteres Ziel verfolgt:

> **Q 2** ... Voraussetzung für die Bewilligung des Ehestandsdarlehens ist:
> a) daß die künftige Ehefrau mindestens sechs Monate lang ... in einem Arbeitnehmerverhältnis gestanden hat;
> b) ... daß die künftige Ehefrau ihre Tätigkeit als Arbeitnehmerin spätestens zum Zeitpunkt der Eheschließung aufgibt oder ... bereits aufgegeben hat;

⑥ *Beschreibt, welche Frauen das Ehestandsdarlehen beantragen konnten.*
⑦ *Nennt die Bedingungen für ein Ehestandsdarlehen.*

Die von den heiratswilligen Frauen geräumten Arbeitsplätze wurden meistens mit Männern wieder besetzt. Die Nationalsozialisten sahen in der Berufstätigkeit von Frauen nur eine Ersatzbeschäftigung für Nichtverheiratete. Frauen sollten – wenn überhaupt – nur in solchen Bereichen arbeiten, die angeblich ihrer weiblichen Wesensart entsprachen: z. B. als Krankenschwester, Hausgehilfin, Fürsorgerin. Aus leitenden Positionen wurden Frauen entlassen. Sie durften keine Schulleiterinnen, Richterinnen oder Rechtsanwältinnen sein; Ärztinnen hatten große Schwierigkeiten, einen Arbeitsplatz zu finden. Verheiratete Frauen sollten gar nicht berufstätig sein. Z. B. wurden verheiratete Beamtinnen aus dem öffentlichen Dienst entlassen.

⑧ *Gebt die Einstellung der Nationalsozialisten zur Berufstätigkeit von Frauen mit euren Worten wieder. Sagt eure Meinung dazu.*

Erziehung zur Ehe

Nach Meinung der Nationalsozialisten konnte die Erziehung im Hinblick auf die Ehe gar nicht früh genug beginnen. Deshalb wurde eine spezielle Mädchenerziehung entwickelt. Hauswirtschaft, Handarbeiten, Säuglingspflege und Rassenbiologie waren nur für Mädchen verpflichtende Unterrichtsfächer. Vor der Zulassung zur Oberstufe der höheren Schulen mußten Mädchen eine hauswirtschaftliche Prüfung ablegen. Sie mußten beweisen, daß sie trotz Abitur ihre eigentliche Aufgabe als Hausfrau und Mutter erfüllen würden. Auch das Studium der Mädchen wurde beschränkt. Nur 10 % der jährlich zugelassenen Studienanfänger durften Frauen sein. Vor Antritt des Studiums mußten sie ½ Jahr als Hilfskräfte in kinderreichen Haushalten, in Kindergärten oder auf Bauernhöfen arbeiten. Mädchen bekamen frühestens ein Jahr nach der Schulentlassung eine Lehrstelle. Vorher mußten sie hauswirtschaftlich arbeiten. 1938 wurde das Pflichtjahr eingeführt. Alle ledigen Frauen unter 25 Jahren, die in bestimmten Berufen arbeiten wollten, mußten vorher ein Jahr in der Haus- oder Landwirtschaft tätig sein.

⑨ *Stellt die Inhalte der Mädchenerziehung zusammen.*

Für das Pflichtjahr wurde 1934 geworben:

> **Q 3** Dem deutschen Mädel!
> Pack Kochtopf, Schaufel, Besen an,
> Du bekommst viel eher einen Mann!
> Erkenne Deinen natürlichen Beruf – handele danach. Stelle nicht äußere Annehmlichkeiten in der Fabrik- und Büroarbeit höher als die Vorbereitung auf Deinen späteren Hausfrauenberuf. So bleibst Du auch gesünder, frischer und schöner.

⑩ *Entwerft eine Antwort auf diesen Aufruf.*

Frauen unter nationalsozialistischer Herrschaft

Hauswirtschaftliche Beratung durch die NS-Frauenschaft auf einem Wochenmarkt. Foto 1939.

Frauen werden organisiert

Bereits die Mädchen organisierten die Nationalsozialisten in dem weiblichen Teil der Hitlerjugend (vgl. S. 105), dem Bund Deutscher Mädel (BDM). Die 10–13jährigen wurden „Jungmädel", die 14–18jährigen gehörten dem eigentlichen Bund Deutscher Mädel (BDM) an. Für Mädchen über 18 Jahren gründeten die Nationalsozialisten das BDM-Werk „Glaube und Schönheit". Gymnastik, Gesundheitslehre und Haushaltskunde, aber auch Informationen über Mode und Schönheitspflege standen auf dem Programm. Es war bei vielen jungen Frauen sehr beliebt.
Ein weiteres Thema der Veranstaltungen war die Wahl des idealen Ehemannes:

Q 1 Zehn Gebote für die Gattenwahl
1. Gedenke, daß Du ein Deutscher bist.
2. Du sollst, wenn Du erbgesund bist, nicht ehelos bleiben.
...
5. Wähle als Deutsche nur einen Gatten gleichen oder nordischen Blutes.
...
10. Du sollst Dir möglichst viele Kinder wünschen.

Im Volksmund hieß der BDM „Bald Deutsche Mutter".

1 *Begründet, warum der BDM im Volksmund umgetauft wurde.*

In der NS-Frauenschaft und im Deutschen Frauenwerk wurde die politische Beeinflussung und hauswirtschaftliche Schulung der erwachsenen Frauen fortgesetzt.
Näh-, Koch- und Säuglingspflegekurse, Hausfrauennachmittage und Schaukochen wurden veranstaltet. Bei sogenannten Flickbeutelaktionen besserten Mitglieder des Frauenwerkes die Wäsche berufstätiger und kinderreicher Familien aus. Während des Krieges (vgl. S. 123) besuchten die Frauen Lazarette und beschenkten Kinder gefallener Soldaten.

2 *Legt eine Tabelle mit drei Spalten an. Listet in der ersten Spalte die einzelnen Organisationen untereinander auf.*

3 *Ordnet ihnen in der zweiten Spalte den entsprechenden Lebensabschnitt der Frauen zu.*

4 *Schreibt in der dritten Spalte die Aufgaben und Veranstaltungen der jeweiligen Organisationen. Bezieht die beiden Bilder ein.*

Für die Nationalsozialisten war die politische und praktische Schulung der Frauen durch die NS-Frauenschaft sehr wichtig:

Q 2 Die NS-Frauenschaft hat das Vorrecht, die Lehre Adolf Hitlers in das letzte Bauern-, Arbeiter-, Handwerkshaus des Dorfes zu tragen. Sie hat die weltgeschichtliche Aufgabe, das Gedankengut des Nationalsozialismus ... in die deutschen Mütter-, Frauen- und Mädchenherzen einzusenken. ... Die NS-Frauenschaft ist das scharf geschliffene Instrument der Partei zur Eroberung der Familie.

5 *Sprecht über die Aufgabe der NS-Frauenschaft.*

6 *Bildet euch eine Meinung darüber, ob die im Arbeitsauftrag 4 aufgelisteten Veranstaltungen dem Ziel der NS-Frauenschaft dienten.*

Frauen unter nationalsozialistischer Herrschaft

Zurück an die Drehbank

① *Prüft, ob dieses Foto mit dem nationalsozialistischen Frauenbild übereinstimmt. Lest dazu auf S. 98 nach.*

Es gelang den Nationalsozialisten nicht, die Mehrheit der Frauen aus dem Erwerbsleben zu verdrängen. Die Industrie war nicht bereit, auf die billigen weiblichen Arbeitskräfte zu verzichten (vgl. Tab. ②, S. 97).

② *Lest auf S. 99 nach, in welchen Berufen Frauen ihren Arbeitsplatz verloren.*

③ *Erkundigt euch, ob Frauen- und Männerlöhne heute bei gleicher Arbeit gleich sind.*

Die Meinung führender Nationalsozialisten zur Erwerbsarbeit von Frauen änderte sich spätestens bei der Umstellung der Wirtschaft auf die Kriegsvorbereitung:

Q 1 Im Kriege müssen im weitesten Umfange Frauen in Wirtschaft und Verwaltung eingesetzt werden, um wehrfähige Männer für den Kampf mit der Waffe freizustellen.

④ *Benennt den Grund der jetzt wieder angestrebten Erwerbsarbeit von Frauen und Mädchen.*

Frauen folgten den im Laufe des Krieges immer drängender werdenden Aufrufen zur Berufstätigkeit nur zögernd. Viele gaben sogar ihre schlecht bezahlten Arbeitsplätze auf, da die Hausarbeit immer schwieriger wurde. Seit Kriegsbeginn waren vor allem in den Rüstungsbetrieben viele Schutzbestimmungen gelockert oder aufgehoben worden. So wurde z. B. ab 1939 die alltägliche Arbeitszeit von 8 auf 10 Stunden ausgedehnt und Nachtarbeit für Frauen erlaubt. Schließlich wurde sogar eine allgemeine Dienstpflicht für Frauen nachdrücklich verlangt, allerdings nicht eingeführt. Hitler befürchtete, die Zustimmung vieler Frauen zum Nationalsozialismus zu verlieren. Ab 1943 wurden aber immer mehr Frauen zur Arbeit in der Landwirtschaft und in kriegswichtigen Betrieben verpflichtet. In einem Geheimdienstbericht heißt es im Dezember 1939:

Arbeiterinnen in der Rüstungsindustrie. Foto 1940.

Q 2 Immer wieder werden Klagen der zur Pflichtarbeit in der Pulverfabrik I. E. Eisfeld, Silberhütte/Harz herangezogenen Frauen aus Harzgerode laut. Die verheiratete Frau muß etwa um 4 Uhr aufstehen. ... Mit dem gegen 5 Uhr früh aus Harzgerode fahrenden Zug gelangt sie zum Bahnhof Silberhütte, um dann nach einem Fußweg von etwa einer halben Stunde ihren Arbeitsplatz zu erreichen. Gegen 17 Uhr ist die Arbeit beendet. Es folgt ein Fußmarsch bis zum Bahnhof, dort ein längerer Aufenthalt, und endlich kommt die Frau mehr oder weniger pünktlich mit dem Zug der Harzbahn gegen 18.30 Uhr in Harzgerode an. Sie stürzt dann in die gerade noch offenen Geschäfte, läuft nach Hause, bereitet das Abendbrot und sinkt nach dem Essen übermüdet ins Bett, um am nächsten Morgen wieder um 4 Uhr aufzustehen. An die notwendige Hausarbeit ist gar nicht zu denken.

⑤ *Stellt die Klagen der Frauen aus Harzgerode zusammen.*
⑥ *Erinnert Euch an die Aussagen der Nationalsozialisten zur Rolle der Frau auf S. 98 und vergleicht.*
⑦ *Entwerft einen Protestbrief an die örtliche Parteigliederung.*

Frauen unter nationalsozialistischer Herrschaft

„Minderwertiges Leben"

Eine Frau namens Dora erinnert sich an ihre Schwägerin Gertrud. Gertrud B. wurde nach der Verhaftung ihres Mannes durch die Gestapo 1942 psychisch krank. Sie wurde deshalb in eine Nervenheilanstalt abtransportiert. Dora schreibt:

Gertrud B.

Q 1 ... Du bist nun in der Hölle, Gertrud. Die Mittel deiner Peiniger sind Tabletten, Spritzen, Schläge ... Sie wenden Gewalt an, wenn du nicht gehorsam bist. Du bist nervenkrank, es wird dir immer wieder gesagt. Mit diesem Satz verbrämen* die Ärzte und Schwestern die willkürliche Verabreichung von Mitteln, die sie an dir ausprobieren. Doch dein Gesundheitszustand ist unwichtig, wenn es darum geht, dich zur Arbeit zu treiben ... Die Ärzte haben dir etwas genommen, was unwiderbringlich verloren ist, die Möglichkeit, ein Kind zu bekommen. Du bist unfruchtbar gemacht worden. Ohne dir vorher davon etwas zu sagen, ohne dein Einverständnis. Während unzählige Frauen für ihre Gebärfreudigkeit mit dem Mutterkreuz belohnt werden, nimmt man dir wegen deiner zeitweiligen Depressionen das Recht auf ein Kind ...

1. *Sprecht darüber, warum Gertrud B. gequält und unfruchtbar gemacht wurde.*
2. *Prüft, ob sie damit einverstanden war.*

Am 1. Januar 1934 war das „Gesetz zur Verhütung erbkranken Nachwuchses" (vom 14. 7. 1933) in Kraft getreten. Dadurch konnten Frauen und Männer, die an Taub- und Blindheit, Epilepsie*, Schwachsinn, Alkoholismus und angeborenen körperlichen Mißbildungen litten, unfruchtbar gemacht werden.

Q 2 ... Hat das Gericht die Unfruchtbarmachung endgültig beschlossen, so ist sie auch gegen den Willen des Unfruchtbarzumachenden auszuführen. ... Soweit andere Maßnahmen nicht ausreichen, ist die Anwendung unmittelbaren Zwanges zulässig.

3. *Sagt eure Meinung zu diesem Gesetz.*

Zwischen 1934 und 1945 wurden etwa 180000 Frauen und Männer nach diesem Gesetz sterilisiert. Bei den meisten geschah es zwangsweise. Opfer der zwangsweisen Sterilisation wurden auch viele Frauen, die während des Krieges aus den überfallenen Ländern zur Zwangsarbeit nach Deutschland verschleppt wurden. 80 % kamen aus Polen und aus der Sowjetunion (vgl. S. 130).

Q 3 Uns liegt daran, daß die fremdvölkischen Arbeiterinnen, insbesondere die Ostarbeiterinnen, ihre Schwangerschaft unterbrechen. Dadurch sind wir von der Sorge um diese Kinder befreit, und es bleibt die Arbeitskraft der Frau voll erhalten ...

War der Vater ein deutscher Arier*, und trat trotz der schweren Arbeit der werdenden Mutter keine Fehlgeburt ein, wurden die Kinder ihren Müttern sofort nach der Geburt weggenommen. Die als rassisch brauchbar begutachteten Kinder sollten in Heimen „germanisiert" und zur Adoption freigegeben werden.

Andere Säuglinge kamen in Kindersammelstellen:

Q 4 Am 11. August 1943 teilte ein SS-Gruppenführer ... mit, er habe das Säuglingsheim für Ostarbeiterkinder ... in Augenschein genommen und festgestellt, daß sämtliche Kinder bei der vorgeschriebenen Ernährung innerhalb der nächsten Monate unweigerlich an Unterernährung zugrunde gehen würden. Diese Lage sei darauf zurückzuführen, daß noch Meinungsverschiedenheiten bestünden, ob die Kinder als Arbeitskräfte aufgezogen oder beseitigt werden sollten.

4. *Benennt, wozu schwangere Zwangsarbeiterinnen aufgefordert bzw. gezwungen wurden.*
5. *Beschreibt die Einstellung, die ein solches Verhalten gegen Frauen und Kinder ermöglicht.*
6. *Tragt zusammen, welchen Frauen der Mütterkult nicht galt.*

Eine Historikerin schreibt 1986:

„Angesprochen waren ... nur deutsche, arische*, gesunde und politisch unauffällige Mütter; Frauen, die diesen Anforderungen nicht genügten, wurden in Hitlers Frauenparadies öffentlich gedemütigt, gefoltert, in Konzentrationslager verschleppt, ermordet." (5)

Werkstatt Geschichte

⒈ **Feierliche Verleihung des Mutterkreuzes.** Foto 1939.

Muttertag

Das Ehrenkreuz der Deutschen Mutter wurde in drei Stufen verliehen, und zwar:

a) die dritte Stufe Müttern von vier und fünf Kindern.

b) die zweite Stufe Müttern von sechs und sieben Kindern.

c) die erste Stufe Müttern von acht und mehr Kindern . . .

Unter nationalsozialistischer Herrschaft wurde der Muttertag, den es schon in der Weimarer Republik gab, groß gefeiert. Jeweils am Geburtstag von Hitlers Mutter, im August, wurden die Mutterkreuze in Feierstunden verliehen.

1. *Erkundigt euch, wie heute der Muttertag begangen wird.*
2. *Stellt fest, welche Organisationen besonders für den Muttertag werben.*

⒉ **Heutige Muttertagswerbung.**

Die Hitlerjugend

Foto um 1935.

Vom Ehrgeiz gepackt.
Ein ehemaliger Hitlerjugendführer erinnert sich 1975:

Q ... Wir waren Hitler-Jungen, Kindersoldaten längst ehe wir mit zehn Jahren für wert befunden wurden, das Braunhemd zu tragen. Schon vorher waren wir dauernd „im Einsatz". Wir sammelten Altpapier und Altmetalle, suchten Heilkräuter, schwangen fürs Winterhilfswerk die Sammelbüchse, bastelten Spielzeuge für Babies, führten zur Erheiterung der Soldatenfrauen politische Spielchen auf ... waren aufs „Dienen" vorbereitet, ehe wir als Pimpfe* zwei- oder dreimal die Woche und oft auch noch am Sonntag zum „Dienst" befohlen wurden:
„Du bist nichts, dein Volk ist alles!"
Wenn andere von Pimpfenzeit schwärmen (als sei das Ganze nur ein Pfadfinderklub mit anderem Vorzeichen gewesen), so kann ich diese Begeisterung nicht teilen. Ich habe beklemmende Erinnerungen. In unserem Fähnlein bestanden die Jungvolk-Stunden fast nur aus „Ordnungsdienst", das heißt aus sturem militärischem Drill. Auch wenn Sport oder Schießen oder Singen auf dem Plan stand, gab es erst immer „Ordnungsdienst": endloses Exerzieren mit „Stillgestanden", „Rührt euch", „Links um", „Rechts um", „Ganze Abteilung – kehrt" – Kommandos, die ich noch heute im Schlaf beherrsche. Zwölfjährige Hordenführer brüllten zehnjährige Pimpfe zusammen und jagten sie kreuz und quer über Schulhöfe, Wiesen und Sturzäcker. Die kleinsten Aufsässigkeiten, die harmlosesten Mängel an der Uniform, die geringste Verspätung wurden sogleich mit Strafexerzieren geahndet – ohnmächtige Unterführer ließen ihre Wut an uns aus. Aber die Schikane hatte Methode: Uns wurde von Kindesbeinen an Härte und blinder Gehorsam eingedrillt. Auf das Kommando „Hinlegen" hatten wir uns mit bloßen Knien in die Schlacken zu werfen; bei Liegestützen wurde uns die Nase in den Sand gedrückt, wer bei Dauerlauf außer Atem geriet, wurde als „Schlappschwanz" der Lächerlichkeit preisgegeben.
Wir alle waren vom Ehrgeiz gepackt, wollten durch vorbildliche Disziplin, durch Härte im Nehmen, durch zackiges Auftreten den Unterführern imponieren. Denn wer tüchtig war, wurde befördert, durfte sich mit Schnüren und Litzen* schmücken, durfte selber kommandieren, und sei es auch nur die fünf Minuten, in denen der „Führer" hinter den Büschen verschwunden war.
Mit dreizehn hatte ich es geschafft: Ich wurde „Jungzugführer" in einem Dörflein, wo es nur zwölf Pimpfe gab. Beim Sport und beim Geländespiel vertrugen wir uns prächtig, und wenn ich zum Dienstschluß mein „dreifaches Sieg Heil auf unseren geliebten Führer Adolf Hitler" ausrief, strahlten die Augen „meiner Kameraden". Doch der befohlene „Ordnungsdienst" langweilte sie. Eines Tages muckten sie auf. Nun war die Reihe an mir zu treten. Nach Dienstschluß um sechs Uhr abends knöpfte ich mir ... die drei ärgsten „Rabauken" vor und „schliff sie nach Strich und Faden": „Hinlegen – auf", „An die Mauer – marsch – marsch", „Zurück – marsch – marsch", „Tiefflieger von links", „von rechts", „von links", „zehn Liegestützen", „fünfzehn Liegestützen", „zwanzig" – so in immer schnelleren Wechseln. Ich brauchte nur zu brüllen, den Daumen auf und ab zu bewegen und die Liegestütze zu zählen ... Die armen Kerle stöhnten, schwitzten, schnappten nach Luft – aber sie gehorchten. Ihr (Eigen-)Wille war gebrochen ...

Die Hitlerjugend

1 Die organisierte Jugend im NS-Staat.

2 Foto von 1936.

① *Sprecht über die Erinnerungen des Hitlerjugendführers. Schreibt in eine Liste, was ihr bei der Hitlerjugend gut und was ihr schlecht gefunden hättet.*

② *Beschreibt mit Hilfe des Schemas den Aufbau der Hitlerjugend.*

Die Hitlerjugend zog in den ersten Jahren der nationalsozialistischen Herrschaft viele Jugendliche an. Ihre Freizeitangebote und der Gemeinschaftsgeist waren für Mädchen und Jungen verlockend. Auch in der Schule hatte man als Mitglied Vorteile. An zwei Tagen gab es keine Hausaufgaben. Die Führer der Hitlerjugend waren Jugendliche, die als 14- bis 16jährige sogar Lehrern in Dingen der Hitlerjugend Befehle erteilen durften.

1933 umfaßte die Hitlerjugend etwa 3 Millionen Jugendliche, 1939 waren es etwa 12 Millionen Jugendliche.

Bund Deutscher Mädel (BDM)

Alle Mädchen gehörten nach ihrer Jungmädelzeit zum Bund Deutscher Mädel (BDM). Während der BDM-Zeit sollte in den jungen Mädchen der „Wille zu einer gesunden, dem Volke wertvollen Ehe" geweckt werden. Der Alltag sah aber oft anders aus. Ein ehemaliges BDM-Mädchen erinnerte sich 1963 an die Heimabende:

> **Q** ... Die Zeit wurde mit dem Einkassieren der Beiträge, mit dem Führen unzähliger Listen und dem Einpauken von Liedertexten totgeschlagen ... Aussprachen über politische Texte – etwa aus „Mein Kampf" – endeten schnell im allgemeinen Verstummen.

Der BDM organisierte aber auch Wochenendfahrten mit Wanderungen, Lagerfeuern und Übernachtungen in der Jugendherberge. Unter dem Motto „Straff aber nicht stramm – herb aber nicht derb" wurde viel Sport getrieben.

③ *Stellt Vermutungen an über die Einstellung der Mädchen zu diesen Veranstaltungen. Betrachtet dazu Bild* **2**.

Schule im Nationalsozialismus

Foto von 1936.

Schule im Nationalsozialismus

In einem Bericht von 1982 über den NS-Schulalltag heißt es:

Q 1 Jeder Lehrer mußte mit dem Hitlergruß* vor die Klasse treten, und diese antwortete mit einem lauten „Heil Hitler". Nicht nur mittwochs und samstags, sondern auch an anderen Tagen mußten die Lehrer beim Stellen der Hausaufgaben auf den „Dienst" ihrer Schüler Rücksicht nehmen. Für versäumte Hausaufgaben hatten die Schüler jetzt zugkräftige Entschuldigungen, die besonders bei dem Lehrer ohne Parteiabzeichen wirkten. Das war ziemlich einfach. Gab uns unser Lateinlehrer einen endlosen Abschnitt auf zu übersetzen, so übersetzten wir einfach nicht und entschuldigten uns damit, daß wir am Nachmittag Dienst in der Hitlerjugend gehabt hätten... In vielen Schulen herrschte Kasernenton...

Etwa ein Viertel der Lehrer war nach 1933 der NDSAP beigetreten. Die Lehrpläne änderten sich aber nur langsam. Der Einfluß der Nationalsozialisten auf die Inhalte im Unterricht stieg ab 1935 immer mehr an.

Der Schriftsteller Ludwig Harig erinnerte sich 1987 an seine Schule, in der die Nationalsozialisten besonders ausgewählte Jungen erzogen:

Q 2 Es kamen (nach 1941) Ritterkreuzträger und erzählten von ihren Heldentaten, es kamen Jugendoffiziere und warben Kriegsfreiwillige; wir meldeten uns alle.... Aus dem Munde der Ritterkreuzträger hörten wir die Wörter Mut, Risiko, Disziplin, aus dem Munde der Jugendoffiziere die Wörter Ehre, Treue, Vaterland... Wir waren berauscht, wir waren blind. Das Nazipathos* blähte meine Backen, ich krähte die Parolen lauthals in alle Winde...

1 *Betrachtet das Bild und berichtet über den Alltag in der Schule.*

Zusammenfassung

Im Alltag waren die Gestapo und die SS mit ihren Verfolgungsmaßnahmen immer gegenwärtig. Die Gewerkschaften wurden aufgelöst. Die nationalsozialistische Organisation „Kraft durch Freude" bot Arbeitern zahlreiche Freizeitveranstaltungen an. Die Frauen sollten vor allem Kinder gebären und für die Familie sorgen. Ihre Berufstätigkeit war unerwünscht. Das Ideal der Mädchenerziehung war die Vorbereitung auf die Mutterschaft. Die Jugendlichen wurden in der Hitlerjugend organisiert, ab 1936 war sie Staatsjugend. In der Schule setzte sich stetig der Einfluß der Nationalsozialisten durch.

Werkstatt Geschichte

NS-Kunst

[1] **Paul Mathias Padua, Der Führer spricht.** Gemälde 1937.

[2] **Oskar Martin Amorbach, Abend.** Gemälde 1939.

„Entartete Kunst"

[3] **Oskar Schlemmer, Mädchenkopf in Vertikalstreifen** Gemälde 1932.

[4] **Franz Marc, Turm der blauen Pferde.** Gemälde.

Kunst im Nationalsozialismus

Auch im Bereich der Kunst wollten die Nationalsozialisten nur ihre Vorstellungen gelten lassen. In allen Museen beschlagnahmten sie Bilder, die sie als „entartet" bezeichneten. Auf einer großen Wanderausstellung wurden diese Bilder 1937 als „entartete Kunst" gezeigt und dann verbrannt oder ins Ausland verkauft. Allein in München besuchten über 2,5 Millionen Menschen diese Ausstellung.

① *Betrachtet die Bilder genau und vergleicht sie miteinander.*

② *Stellt mit Hilfe der Bilder [1] und [2] Vermutungen darüber an, warum die Maler solcher Bilder in der Zeit des Nationalsozialismus besonders gefördert wurden.*

③ *Überlegt, weshalb die Bilder [3] und [4] von den Nationalsozialisten als „entartet" bezeichnet wurden.*

Verfolgung und Vernichtung

Zählappell in einem Konzentrationslager. Foto um 1934.

Terror und früher Widerstand

Gestützt auf die Notverordnung zum Schutz von Volk und Staat (vgl. S. 93), verhafteten die Nationalsozialisten politische Gegner und alle Menschen, die sie als politische Gegner ansahen. Solche Verhaftungen ohne eine gerichtliche Anordnung nannten sie „Schutzhaft".

Einem Verhafteten wurde 1933 erklärt:

> **Q1** Die Schutzhaft wird damit begründet, daß infolge ihrer Betätigung im kommunistischen Sinne die Bevölkerung von N. und darüber hinaus derart gegen sie aufgebracht ist, daß mit Gewaltmaßnahmen gegen ihre Person gerechnet werden muß. Die Anordnung der Schutzhaft erfolgt somit zum Schutz ihrer eigenen Person ...

1 *Erklärt den Begriff „Schutzhaft".*

In der ersten Zeit der nationalsozialistischen Herrschaft wurden vor allem Kommunisten und Sozialdemokraten, später auch andere Personen, verhaftet. Da die Gefängnisse bald überfüllt waren, wurden in ganz Deutschland behelfsmäßige Lager als Ersatzgefängnisse errichtet. Die Nationalsozialisten nannten sie „Konzentrationslager"* (KZ). Diese Lager unterstanden seit 1934 der SS* (Schutzstaffel), die eine besondere Kampfeinheit der Nationalsozialisten war. Die SS wurde nach 1934 zur mächtigsten Organisation während der Herrschaft der Nationalsozialisten. Wegen ihrer Brutalität* wurde sie von allen gefürchtet. 1936 wurde der Führer der SS, Heinrich Himmler, zugleich Chef der deutschen Polizei, so daß die SS nun auch die Polizei kontrollierte.

Nobelpreisträger im KZ

1935 besuchte der Abgesandte des Internationalen Roten Kreuzes, Carl J. Burkhardt, den Schriftsteller und Friedensnobelpreisträger Carl von Ossietzky im KZ Esterwegen. Ossietzky hatte von 1926 bis 1929 in der Zeitschrift „Die Weltbühne" Artikel gegen die Nationalsozialisten geschrieben. Nach dem 30. Januar 1933 verhafteten die Nationalsozialisten den Schriftsteller und sperrten ihn in das Konzentrationslager Esterwegen.

Über seine Begegnung mit Ossietzky, der 1933 den Friedensnobelpreis erhalten hatte, schreibt Burkhardt:

> **Q2** Nach 10 Minuten kamen zwei SS-Leute, die einen kleinen Mann eher schleppten und trugen als ihn heranführten. Ein zitterndes totenblasses Etwas, das gefühllos zu sein schien, ein Auge verschwollen, die Zähne anscheinend eingeschlagen. Er schleppte ein gebrochenes, schlecht ausgeheiltes Bein nach sich ... Vor mir, gerade noch lebend, stand ein Mensch, der an der äußersten Grenze des Tragbaren angelangt war ... Jetzt füllte sich das noch sehende Auge mit Tränen, lispelnd unter Schluchzen sagte er:
> „Danke, sagen Sie den Freunden, ich sei am Ende, es ist bald vorüber, bald aus. Das ist gut ..."

Ossietzky wurde bald nach dem Besuch des Vertreters des Internationalen Roten Kreuzes entlassen. Er starb kurze Zeit später.

2 *Versucht in einer Stadt- oder Schulbücherei mehr über das Leben von Carl von Ossietzky zu erfahren und berichtet in der Klasse.*

Terror und früher Widerstand

Hitler redet vom Frieden und rüstet zum Krieg!
Soll es wieder Millionen Tote geben?
Soll Deutschland verwüstet werden?
Sichert den Frieden!
Macht Schluß mit der Hitlerei!

Nur Hitlers Sturz schafft Freiheit und Brot!

Zwei Klebezettel aus dem Jahr 1936.

Früher Widerstand

Trotz der Unterdrückungsmaßnahmen bildeten sich nach 1933 immer wieder Widerstandsgruppen, die mit Flugblättern, Broschüren und Klebezetteln die Bevölkerung vor den Gefahren des Nationalsozialismus warnen wollten.
Vor allem Mitglieder der KPD* und der SPD* leisteten diese Widerstandsarbeit. Ihre Gruppen wurden immer wieder von der Gestapo* zerschlagen. 1935 verhaftete die Polizei 15 000 Kommunisten, 1938 waren es immerhin noch 3800.
Nach Schätzungen von Historikern wurden 1936 1,6 Millionen Flugblätter heimlich in Deutschland gegen die Nationalsozialisten verteilt. 70% von diesen stammten von Kommunisten, etwa 30% von Sozialdemokraten und kleineren sozialistischen Gruppen. Für diese kleineren Gruppen arbeiteten Willy Brandt, Heinz Kühn und Alfred Kubel.
Über die Formen der Widerstandsarbeit nach 1933 berichtete ein Sozialdemokrat 1980:

> **Q** Dieses kleine Geschäft in einem Kiosk, das wir nach und nach aufbauten, ... sollte bis zu meiner Verhaftung als eine Art Zentrale eine wichtige Rolle spielen. Kam eine Kontaktperson, mußte sie sich dadurch ausweisen, daß sie die Geldstücke, gleich welcher Art, so auf den Ladentisch legte, daß 4 Geldstücke im Quadrat lagen mit einem fünften in der Mitte. Auch und gerade wenn der Laden voll war, fiel das kaum auf ... Inzwischen hatten wir angefangen, selbst Flugblätter herzustellen ... Die ersten Flugblätter steckten wir in die Briefkästen, vornehmlich in Arbeitervierteln ... Es gab damals in den großen Kaufhäusern kleine Kindergeldbeutel aus Wachstuch, das Stück zu 10 Pfennigen. Unsere Gruppe, die aus 7 bis 10 Personen bestand, kaufte nun, wechselweise ... Geldbörsen auf. In diese falteten wir unsere Flugblätter und „verloren" sie in Treppenhäusern, auf viel begangenen Gehwegen, auf Parkbänken und in Telefonzellen. ... Wer im Laufe der Zeit auf die Idee kam, Gummistempel anzufertigen, mit Farbe zu bestreichen und sie auf gepflasterte Gehwege und Häuserwände und Mauern zu drücken, weiß ich nicht mehr.

1 *Beschreibt die Formen des Widerstands. Schaut euch dazu auch die Klebezettel auf dieser Seite an.*

2 *Versucht mit einem Lexikon herauszufinden, welche politischen Aufgaben in der Bundesrepublik Deutschland Willy Brandt, Heinz Kühn und Alfred Kubel übernommen haben.*

Auch innerhalb der evangelischen Kirche bildete sich früh der Widerstand gegenüber den Nationalsozialisten aus. In der „Bekennenden Kirche" sammelten sich Pastoren und Christen, die verhindern wollten, daß nationalsozialistische Gruppen Einfluß in der evangelischen Kirche gewannen.
Innerhalb der katholischen Kirche leisteten einzelne Pfarrer und Christen Widerstand gegenüber den Nationalsozialisten. Für ihre mutigen Predigten wurden diese Pfarrer von der Gestapo verhaftet und wie ihre Glaubensbrüder von der „Bekennenden Kirche" ohne Urteil in Konzentrationslager verschleppt.

Die Verfolgung der Juden

1 Foto 1. 4. 1933.

Die ersten Wellen der Judenverfolgung
Die Verfolgung der jüdischen Bürger durch die Nationalsozialisten begann sofort nach der Machtübertragung an Hitler.
In der Bentheimer Zeitung war am Freitag, dem 31. 3. 1933, zu lesen:

Q 1 Boykottiert ab morgen, vormittags 10.00 Uhr alle jüdischen Geschäfte ... zu gleicher Zeit sind auch folgende Transparente ... durch die Straßen zu fahren: „Kauft nicht in jüdischen Warenhäusern", „Geht nicht zu jüdischen Rechtsanwälten", „Meidet jüdische Ärzte", „Die Juden sind unser Unglück".

Am 12. 4. 1933 konnten die Leser des Göttinger Tageblattes einen Bericht über Anträge der Fraktion der NSDAP im Göttinger Gemeinderat lesen:

Q 2 ... Der Magistrat wird gebeten, keinerlei neue Aufträge auf Lieferungen an städtische Einrichtungen irgendwelcher Art an jüdische Firmen zu erteilen ... Der Magistrat wird gebeten, dafür zu sorgen, daß bestehende Lieferungsverträge der Stadt oder der selbständigen städtischen Betriebe mit jüdischen Firmen schnellstmöglich ihr Ende finden ...

Am 1. April 1933 zogen in ganz Deutschland SA-Wachen vor jüdischen Geschäften auf und hinderten die Bevölkerung am Betreten dieser Geschäfte. Diese Aktionen taten viele Menschen als einen vorübergehenden Spuk ab. Auch die Entlassung von jüdischen Mitbürgern aus öffentlichen Ämtern (als Beamte, als Hochschullehrer) oder Berufsverbote für Juden (z. B. als Redakteure von Zeitungen), stießen kaum auf Widerstand.

Der damals 16jährige Gerhard Moss berichtete 1978:

Q 3 Bis ... 1936 etwa ließ ich als echter HSV-Anhänger kein Fußballspiel ... aus. Bis dann Juden der Besuch von Fußballspielen verboten wurde! – Ich erinnere mich an einen Sonntagnachmittag. Wir fuhren zum Café Randel in Wellingsbüttel, um wie so oft zuvor ..., dort Kaffee zu trinken. Aber wir mußten dieses Mal wieder umkehren, denn am Eingang hing ein großes Schild: „Juden ist der Zutritt verboten!". Wir fanden auch kein anderes Lokal mehr. Überall hingen solche Schilder. Einmal fuhren wir im Sommer an die Ostsee. Da waren Transparente über die Straße gespannt: „Hier scheint den Juden die Sonne nicht".

2 Dieses Bild wurde einem Bilderbuch für Kinder (1935) entnommen. Die Worte im Bild sind in alter deutscher Schrift geschrieben und bedeuten: „Einbahnstraße, Tempo Tempo. Die Juden sind unser Unglück".

1 *Berichtet über die ersten Maßnahmen gegen die Juden in Deutschland.*
2 *Sprecht darüber, wie ihr auf die beiden Zeitungsnotizen Q 1 und Q 2 im Jahr 1933 reagiert hättet.*
3 *Überlegt, wie es euch in der Rolle des 16jährigen Gerhard Moss wohl zumute gewesen wäre.*

Die Verfolgung der Juden

Die Juden werden zu Sündenböcken gemacht

Die von den Nationalsozialisten verbreiteten Vorurteile gegenüber den Juden wurden von vielen Deutschen geteilt oder hingenommen. Diese Vorurteile waren seit der Mitte des 19. Jahrhunderts in Deutschland immer wieder aufgekommen. Sie entstanden aus Neid über den Erfolg von Juden im Handel und Bankgewerbe. Auch die herausragende Stellung jüdischer Gelehrter an den Universitäten erweckte Neid und Mißgunst. Dabei übersahen viele Menschen, daß die Mehrzahl der Juden ebenso in einfachen Verhältnissen lebte wie die übrigen Deutschen. Die deutschen Juden waren mit 526000 Personen eine Minderheit von 1 % der deutschen Bevölkerung. Mit haßerfüllter Propaganda gelang es den Nationalsozialisten, die Juden zu Sündenböcken zu machen. Nur noch wenige Menschen setzten sich für sie ein.

Die Nürnberger Gesetze

1935 beschlossen die Nationalsozialisten auf ihrem Parteitag in Nürnberg die sogenannten „Nürnberger Gesetze", die den Rahmen für die weitere Verfolgung der Juden in Deutschland abgaben. Durch das „Reichsbürgergesetz" wurden die deutschen Bürger jüdischen Glaubens zu Menschen zweiter Klasse gemacht. Sie besaßen nun keine politischen Rechte mehr. Das „Gesetz zum Schutze des deutschen Blutes und der deutschen Ehre" verbot die Mischehe zwischen „Ariern"* und Juden. Später wurde den Juden das Wahlrecht, die Ausübung von öffentlichen Ämtern, die Zulassung als Ärzte, Rechtsanwälte und Steuerberater und die Ausübung zahlreicher anderer Berufe verboten. Die Juden durften keine Theater, Konzerte und Kinos besuchen, jüdische Kinder wurden aus den öffentlichen Schulen ausgeschlossen. Ab 1941 mußten alle Juden in der Öffentlichkeit einen gelben Stern tragen (vgl. Bilder S. 114).

Die Frau eines jüdischen Rabbiners* erzählt, was ihre Kinder 1937 in der Schule in Dortmund erlebten:

> Q ... Nun sagte die Lehrerin vor allen anderen Kindern, daß man es einem arischen* Mädchen nicht mehr zumuten kann, neben einem Judenkind zu sitzen. Dann hat die Lehrerin meiner Tochter befohlen, sich in die letzte Bankreihe zu setzen und daß keine arische Schülerin in derselben Reihe sitzen darf. Und nun ist sie auch während des Unterrichts von allen isoliert und sitzt dahinten ganz allein ...

Die ständig steigenden Beschimpfungen und Verfolgungen der Juden im täglichen Leben veranlaßten 220000 jüdische deutsche Bürger bis 1938, aus Deutschland auszuwandern. Ihnen folgten mehr oder minder unfreiwillig bis 1941 weitere 100000.

1 *Besprecht in eurer Klasse, wie ihr euch als Mitschülerin oder Mitschüler gegenüber der Tochter des Rabbiners damals wohl verhalten hättet.*

2 *Überlegt, warum viele Juden nicht auswanderten.*

Nationalsozialistische Brandstiftungen am 8./9. 11. 1938

Am 7. 11. 1938 wurde in Paris ein Beamter der deutschen Botschaft erschossen. Der Täter war ein 17jähriger deutscher Jude, dessen Familie wenige Tage zuvor von den Nationalsozialisten aus Hannover nach Polen ausgewiesen worden war. Für die Nationalsozialisten war der Mordanschlag an dem Beamten der willkommene Anlaß, eine Judenverfolgung von bis dahin unbekanntem Ausmaß zu organisieren. Angeleitet durch den Reichspropagandaminister Joseph Goebbels steckten nationalsozialistische Trupps 191 Synagogen (jüdische Gotteshäuser) in Brand. Sie zerstörten 7500 Geschäfte, verwüsteten viele Wohnungen und alle jüdischen Friedhöfe. Diese Aktionen nannten die Nationalsozialisten „Reichskristallnacht". Der von den Nationalsozialisten bei Juden angerichtete Schaden betrug mindestens 25 Millionen Reichsmark. 30000 Juden wurden verhaftet und in Konzentrationslager* eingeliefert, viele jüdische Bürger verletzt und mißhandelt. Die offizielle Statistik meldete 91 Tote.

Im Zuge der Aktion mußten Juden eine Sondersteuer von 1,12 Milliarden Reichsmark bezahlen. Der Staat beschlagnahmte alle Versicherungsleistungen, die für die Zerstörungen bei den Juden gezahlt werden sollten. Die Aktionen am 9. November 1938 waren aber nur der Auftakt einer neuen, noch schlimmeren Verfolgung und wirtschaftlichen Ausbeutung der Juden in Deutschland.

3 *Schreibt mit Hilfe des Textes einen Bericht über die Verfolgung von Juden in Deutschland bis ins Jahr 1938.*

Die Verfolgung der Juden

⌐1⌐ **Ortseingang von Braunschweig.** Foto 1938.

⌐2⌐ **Aufnahme vor einem Freibad.** Foto 1937.

Zeittafel
1. April 1933: Aufruf zum allgemeinen Boykott* jüdischer Geschäfte.
April 1933: Jüdischen Ärzten wird die Zulassung zum Krankenhaus entzogen, jüdische Rechtsanwälte werden nicht mehr bei Gericht zugelassen.
Mai 1933: Jüdische Professoren und Notare müssen ihre Arbeit einstellen. Etwa 680 Professoren werden von den Universitäten vertrieben. Jüdische Arbeiter und Angestellte im öffentlichen Dienst verlieren ihre Arbeit.
Sept./Okt. 1933: Jüdische Schriftsteller und Künstler erhalten Berufsverbot.
Oktober 1935: Nürnberger Gesetze.
November 1938: Juden dürfen nicht mehr an deutschen Hochschulen studieren. Juden werden gezwungen, ihre Geschäfte im Einzelhandel und Handwerk aufzugeben.
Dezember 1938: Juden dürfen keine Personenkraftwagen oder Motorräder mehr fahren. Ihre Führerscheine werden eingezogen.
Januar 1939: Jüdische Zahnärzte, Tierärzte und Apotheker dürfen ihren Beruf nicht mehr ausüben.
Februar 1939: Juden müssen alle ihre persönlichen Wertgegenstände aus Gold, Silber und Platin beim Staat abliefern.
September 1939: Juden müssen ihre Rundfunkgeräte abliefern.
1941: Alle Juden müssen in der Öffentlichkeit einen gelben Davidstern tragen.
Oktober 1941: Juden wird die Auswanderung verboten.

Mutige Solidarität
Es gab aber auch Menschen, die nach wie vor zu Juden ein gutes Verhältnis hatten und sich mit ihnen verbunden zeigten, ohne damit das Schicksal der Juden insgesamt verändern zu können.
Eine Frau aus Göttingen berichtete 1979:

Q Als meine Mutter einmal Herrn Max Hahn auf dem Markt ansprach, trat ein SS-Mann* hinzu und fragte, ob sie denn wisse, mit wem sie spreche. Meine Mutter erwiderte: Natürlich, ich werde doch wohl mit meinem langjährigen Hauswirt sprechen dürfen! Frau Hahn bat meine Mutter, nicht neben ihr durch die Straßen zu gehen. Damit gefährdete sie sich. Sie verabredeten, künftig dicht hintereinander zu gehen und sich so zu unterhalten. Das klappte. Nur einmal durchbrach Frau Hahn diese Taktik. Freudig erregt stürzte sie sich auf meine Mutter zu und sagte: Stellen Sie sich vor, wir haben unsere Ausreisepapiere nach England bekommen.

① *Sprecht über den Vorfall. Bedenkt dabei die Gefahren.*
② *Betrachtet die Bilder ⌐1⌐ und ⌐2⌐. Sprecht darüber, wie ihr reagiert hättet, wenn ihr als Juden diese Schilder gesehen hättet.*

Massenmorde in Vernichtungslagern

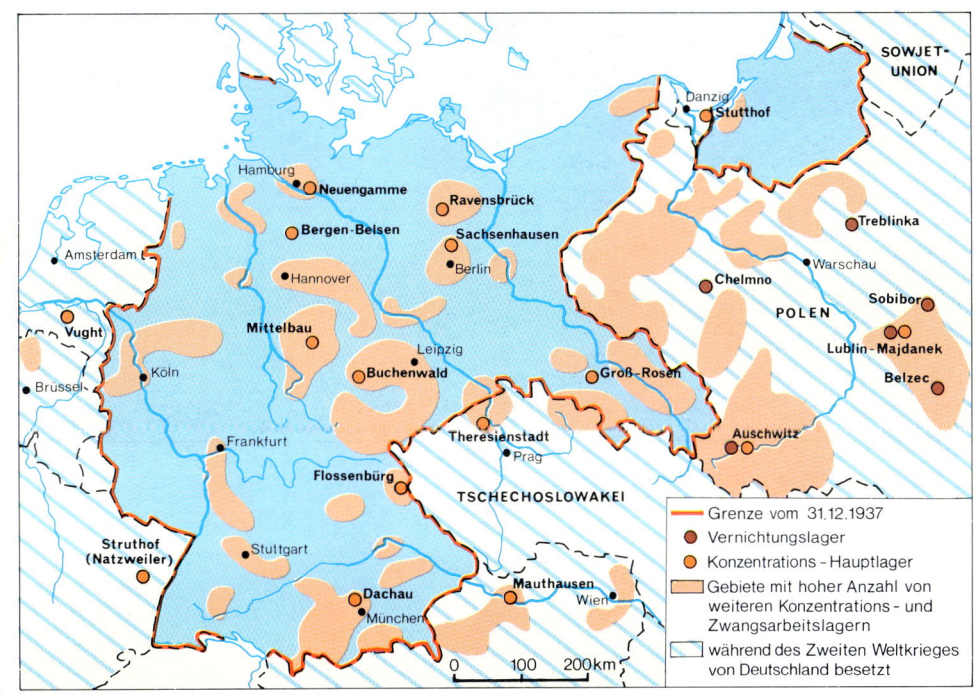

Karte der wichtigsten Konzentrationslager*.

Legende:
- Grenze vom 31.12.1937
- Vernichtungslager
- Konzentrations-Hauptlager
- Gebiete mit hoher Anzahl von weiteren Konzentrations- und Zwangsarbeitslagern
- während des Zweiten Weltkrieges von Deutschland besetzt

Mordaktionen in Polen und Rußland

Am 30. Januar 1939 kündigte Hitler vor dem Reichstag in dunklen Worten die Ermordung der Juden Europas an:

> **Q** Ich will heute wieder ein Prophet sein: wenn es dem internationalen Finanzjudentum inner- und außerhalb Europas gelingen sollte, die Völker noch einmal in einen Weltkrieg zu stürzen, dann würde das Ergebnis nicht die Bolschewisierung* der Erde und damit der Sieg des Judentums sein, sondern die Vernichtung der jüdischen Rasse in Europa.

Nachdem Hitler im September 1939 (vgl. S. 123) durch den Überfall auf Polen den Zweiten Weltkrieg ausgelöst hatte, verschlechterte sich die Lage der Juden in Deutschland und im eroberten Polen von Tag zu Tag. Die Nationalsozialisten begannen nun mit der planmäßigen Ermordung von Juden in Polen, später auch in der Sowjetunion. Besondere Einsatzkommandos der SS verwirklichten auf grausame Weise das Rassenprogramm der Nationalsozialisten. Man schätzt, daß diesen Mordaktionen, an denen sich auch Soldaten der Wehrmacht beteiligten, etwa 1 Million Menschen zum Opfer gefallen sind.

Auf einer Konferenz in Berlin-Wannsee am 20. 1. 1942 wurde die „Endlösung", d. h. die Ermordung aller Juden in Europa in Vernichtungslagern, beschlossen.

Aus allen Ländern Europas, die die Nationalsozialisten erobert hatten, wurden Juden in die Vernichtungslager verschleppt. Für diese Schreckenslager stehen stellvertretend die Namen Auschwitz, Majdanek, Kulmhof und Belczek. Allein in Auschwitz wurden drei Millionen Menschen in Gaskammern umgebracht. Andere starben an den Folgen schwerer Arbeit ohne ausreichende Ernährung.

Nach der Ankunft in den Lagern wurden die Menschen von SS-Ärzten „selektiert", d. h. ausgesondert nach ihrer Arbeitsfähigkeit (Bild 1 der nächsten Seite). Die Arbeitsfähigen wurden in primitiven Unterkünften untergebracht und zu schwerer Arbeit gezwungen. Die anderen Menschen wurden in den Gaskammern ermordet.

1 *Betrachtet die Karte und die Bilder der nächsten Seite und lest die Texte. Sprecht über eure Empfindungen.*

Massenmorde in Vernichtungslagern

⃞1 **Auf der Rampe von Auschwitz.** Foto.

⃞2 **Auf dem Weg in die Gaskammern.** Foto.

„Ich war allein"...
Der damals 9 Jahre alte Soschia Minz berichtete nach dem Zweiten Weltkrieg (vgl. auch S. 123 f.):

Q 1 Der Lagerarzt... stellte fest, daß ich noch nicht zur Arbeit tauglich sei und übergab mich dem Tod. Sie schlossen mich im Block ein... (Dort) traf ich meine Mutter, die auch für den Tod vorgesehen war... Ich war vollständig verzweifelt. Ich wollte nicht mehr leben und gequält werden... Frühmorgens kamen die Autos an, und wir fuhren zu jenem Platz, von dem niemand zurückkehrt. In der Gaskammer lag ich in den Armen meiner Mutter. Sie schaute mich mit weit aufgerissenen Augen voller Verzweiflung an, und ich hatte Angst, sie weiter anzusehen... Da kam ein SS-Mann herein, und er betrachtete die Opfer. Er trat mit seinen genagelten Schuhen auf meinen Fuß. Ich schrie leise auf. Er bückte sich, schaute mich einen Moment lang an, dann nahm er plötzlich meine Hand und warf mich aus der Kammer heraus. Als ich wieder zu Bewußtsein kam, war die Gaskammer von außen verriegelt. Ich war allein. Ich hatte keine Mutter, und ich mußte weitermachen und gegen den Tod ankämpfen...

Schätzung der Zahl der ermordeten Juden aus:			
Polen	2 800 000	Deutschland	170 000
Rußland	1 500 000	Europa insgesamt	5 978 000

Der Kommandant von Auschwitz, des größten Vernichtungslagers, Rudolf Höß, schrieb nach dem Zweiten Weltkrieg kurz vor seiner Hinrichtung einen Bericht:

Q 2 ... ich befehligte Auschwitz bis zum 1. Dezember 1943 und schätze, daß mindestens 2 500 000 Opfer dort durch Vergasung und Verbrennen hingerichtet und ausgerottet wurden; mindestens eine weitere halbe Million starben durch Hunger und Krankheit, was eine Gesamtzahl von ungefähr 3 Millionen Toten ausmacht. Diese Zahl stellt ungefähr 70 oder 80 % aller Personen dar, die als Gefangene nach Auschwitz geschleppt wurden; die übrigen wurden ausgesucht und für Sklavenarbeit in den Industrien des Konzentrationslagers verwendet. Unter den hingerichteten und verbrannten Personen befanden sich ungefähr 20 000 russische Kriegsgefangene, die früher von der Gestapo aus den Gefängnissen der Kriegsgefangenen ausgesondert waren; ... der Rest der Gesamtzahl der Opfer umfaßte ungefähr 100 000 deutsche Juden und eine große Anzahl von ... Juden aus Holland, Frankreich, Belgien, Polen, Ungarn, der Tschechoslowakei, Griechenland oder anderen Ländern. Ungefähr 400 000 ungarische Juden wurden allein in Auschwitz im Sommer 1944 von uns hingerichtet.

Massenmorde in Vernichtungslagern

Andere Opfer der Nationalsozialisten
Millionen anderer Menschen wurden ebenso wie die Juden Opfer der nationalsozialistischen Vernichtungspolitik. Viele Gegner der Nationalsozialisten, wie Sozialdemokraten, Kommunisten oder Christen beider Konfessionen und Zeugen Jehovas, wurden verfolgt, eingesperrt oder in Konzentrationslager* gebracht.
Nach Ausbruch des Zweiten Weltkrieges töteten die Nationalsozialisten in einer gemeinsamen Aktion etwa 20000 Geisteskranke und körperlich Mißgebildete durch Gas oder Gift. Gegen diese Aktion protestierten Geistliche der evangelischen und der katholischen Kirche. Daraufhin stellten die Nationalsozialisten die Mordaktion zeitweilig ein.
Ein ähnliches Schicksal wie die Juden erlitten die Sinti und Roma, die die Nationalsozialisten Zigeuner nannten. Etwa 500000 Angehörige dieses Volkes wurden aus ganz Europa in Vernichtungslager gebracht und getötet. Nach dem Entzug der Bürgerrechte* im Jahre 1935 konnten die Sinti und Roma in Deutschland jederzeit verhaftet und in Lager eingesperrt werden. Von den 30000 Sinti und Roma, die 1939 in Deutschland lebten, überlebten nur 5000.

Mitwirkung und Mitschuld
Ohne die Mitwirkung zahlreicher Menschen und vieler Behörden, etwa der Reichsbahn, hätte der Massenmord an den Juden nicht verwirklicht werden können. Die Angst, selbst Opfer der Mordmaschinerie zu werden, hinderte viele Menschen, aktiven Widerstand gegen den Massenmord zu leisten oder gegen ihn zu protestieren. Nach sorgfältigen Schätzungen sind fast 6 Millionen jüdische Menschen in den nationalsozialistischen Vernichtungslagern gequält und getötet worden.

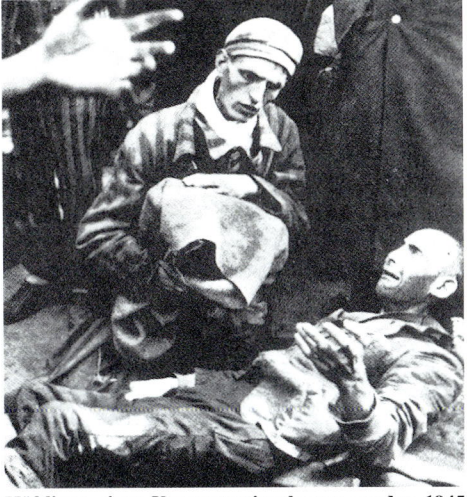

Häftlinge eines Konzentrationslagers werden 1945 befreit. Foto.

Gegen die massenweise Ermordung der Juden durch die SS regte sich in Deutschland kein Widerstand. Viele, die davon wußten oder etwas ahnten, schwiegen. Auch die beiden großen Kirchen protestierten nicht gegen die Verfolgungen und den Massenmord an den Juden.

1 *Berichtet über Opfer der nationalsozialistischen Mordaktionen.*
2 *Versucht herauszufinden, ob es in der Nähe eures Schulortes Konzentrations- oder Vernichtungslager gab. Überlegt, ob ihr eine Gedenkstätte, etwa Bergen-Belsen, besucht.*

Zum Nachdenken
– *Auch heute gibt es unwahre Parolen gegenüber Minderheiten, z. B. den Türken. Überlegt, was man tun kann, wenn man diesen Parolen Einhalt gebieten will.*
– *Diskutiert darüber, zu welchem Zeitpunkt die Menschen in Deutschland sich gegen die antijüdischen Parolen der Nationalsozialisten hätten wehren müssen, um Schlimmeres zu verhindern.*

Zusammenfassung
Die Nationalsozialisten übten ihre Herrschaft durch die gewaltsame Verfolgung aller andersdenkenden Menschen aus. Die Gestapo und die SS brachten die Gegner der nationalsozialistischen Herrschaft in Gefängnisse und Konzentrationslager. Dort wurden viele Menschen bis zum Tode gequält. In besonderem Maße wurden die Juden Opfer des nationalsozialistischen Terrors. Die ständige Verschlechterung ihrer Situation und ihre politische Entrechtung kennzeichneten die Lebensverhältnisse der Juden bis 1939. Nach Beginn des Zweiten Weltkrieges begann die massenweise Ermordung der Juden in Vernichtungslagern; fast 6 Millionen verloren ihr Leben. Ein ähnliches Schicksal erlitten die Sinti und Roma.

Zum Weiterlesen

Der erste Tag in Auschwitz

Kitty Hart, ein junges jüdisches Mädchen, das vor der Deportation* in Polen nahe der deutschen Grenze lebte, berichtet von ihrer Ankunft in Auschwitz:

Ich schlief, als der Zug plötzlich anhielt. Die Türen unseres Gefängnisses wurden aufgerissen, und man trieb uns hinaus.

„Aussteigen, alles aussteigen, schneller, los."

Es war pechschwarze Nacht, Mitternacht. Wir mußten uns in Fünfergruppen aufstellen, und dann wurde gezählt. Plötzlich merkte ich erst, daß hier Hunderte von Menschen standen.

Ich hörte das Schlagen von Peitschen, dann Geschrei und das Bellen der Hunde. Endlich marschierten wir los. Der Boden war matschig, und meine Füße steckten tief im Schlamm. Nicht weit entfernt von uns war helles Licht – ein beleuchteter Zaun und alle paar Meter ein Soldat auf einem Wachtturm. Dann sah ich ein eisernes Tor, auf dem stand: „Arbeit macht frei."

Das war Auschwitz. Aber wir gingen vorbei und marschierten entlang der Eisenbahnschienen weiter. Auf beiden Seiten waren Zäune und dahinter – das Ungewisse. Alle Frauen passierten schließlich ein Tor. Das war Auschwitz II – bekannt unter dem Namen Birkenau, Lager BIIa.

Zum Weiterlesen

Es war immer noch ziemlich dunkel, und in einiger Entfernung konnten wir seltsam aussehende Gestalten ausmachen, die aus barackenähnlichen Hütten herauskamen. Man hörte Pfiffe und Schreie wie „Aufstehen", „Alles aufstehen zum Zählappell." Hatte ich das richtig gehört? War es wirklich Zeit zum Aufstehen? Es war doch erst zwischen drei und vier Uhr morgens!

Man führte uns zu einem Gebäude, das Sauna genannt wurde; gemeint war das Bad. Im Innern des Bades waren Duschen und große Trommeln, wo die Kleider entlaust wurden. Ich schaute mich um. Keine deutschen Uniformen waren zu sehen. Nur einige auf- und abgehende Gestalten waren da. Waren es Männer oder Frauen? Es war schwierig zu sagen. Sie hatten kurzes Haar, einige trugen Hosen, andere eine Art von Kleidern. Alle hatten auf ihren Rücken rote Kreuze. Sie sprachen nicht, sondern brüllten nur, und ihre Stimmen waren rauh und tief, wahrscheinlich vom dauernden Herumschreien. Alle hatten eine Peitsche in der Hand. Ich sah genauer hin und bemerkte auf der linken Brust eine Nummer und ein grünes Dreieck. Wie wir später erfuhren, war das grüne Dreieck ein Erkennungsmerkmal für deutsche Kriminelle. Es war klar, wer das Lager befehligte und die Schlüsselpositionen innehatte.

Jemand wagte zu fragen: „Wann bekommen wir etwas zu essen", denn wir hatten nichts bekommen, seit wir Dresden verlassen hatten.

„Du bist schon hungrig, du verfluchtes Arschloch?" war die bellende Antwort. „Warum schaut ihr durch die Fenster? Neugierig? Schaut ihr nach den Muselmännern? Keine Angst, bald seid ihr selbst ein Muselmann."

Wir zogen uns aus und duschten, aber es waren immer noch keine Kleider da. Dann kam die Desinfektion – ein Bad in einer bläulich-grünen Flüssigkeit. Danach begannen die Friseure ihre Arbeit. Es waren Gefangene, deren Aufgabe darin bestand, uns zu rasieren, unsere Köpfe, natürlich auch unter den Armen und zwischen den Beinen. Das Kommando hieß: „Arme und Beine auseinander". Es dauerte nur einige Sekunden. Ich faßte an meinen Kopf. Er fühlte sich seltsam und kalt an.

Dann wurde mir ein Haufen Lumpen zugeworfen – die Kleidung. Da war eine Weste, ein Paar khakifarbene Kniehosen und ein Hemd, das Teil einer Uniform eines russischen Kriegsgefangenen gewesen war. Die Kniehosen waren Nummern zu groß und zu weit, und das Hemd hatte zwei ungerade Ärmel. Ich bekam zwei sonderbare Strümpfe und ein Paar Holzschuhe, wieder einige Nummern zu groß. Ich drehte mich um zu meiner Mutter. Aber ich konnte sie nicht erkennen unter all den anderen. In diesen Lumpen und mit unseren rasierten Köpfen sahen wir alle gleich aus. Als ich sie dann doch endlich sah, mußte ich laut lachen. Sollte ich vielleicht auch so aussehen? Wir sahen aus wie Clowns in einem Zirkus.

„Anstellen, anstellen, schneller, verfluchte Bande!" schrie eine rauhe Stimme. Es war Zeit für die nächste Prozedur. (...) Mutter kam zuerst an die Reihe, 39933, dann ich, 39934, daneben ein Dreieck auf meinen linken Unterarm. Jedesmal wenn die Nadel in die Haut eindrang, verspürte ich einen stechenden Schmerz. Ich hatte vorher nie eine Tätowierung gesehen und sie machte mir eigentlich nichts aus. Ich glaubte, ich könnte sie einfach wieder abwaschen. Ich hatte nicht die leiseste Ahnung, daß dies ein ewiges Mal sein würde. (...).

Es war fast mittag, und von weitem konnten wir große Töpfe erkennen, die aus der Küche herausgetragen wurden. Ich hatte dies früher in den Gefängnissen gesehen und wußte, daß die Suppe kam. Vom nächstgelegenen Block sprangen Mädchen auf. Etwas Suppe war verschüttet worden, und die Mädchen lagen auf dem Boden, um die Suppe aus dem Schlamm aufzulecken; andere durchsuchten die Müllkästen in der Hoffnung, eine Kartoffelschale zu finden.

Endlich kam auch unsere Suppe, und jeder erhielt eine rote, emaillierte Schüssel mit einem Schöpflöffel voll Suppe. Es war ein schrecklich geschmackloses, übles Zeug. Es enthielt einige Happen Kartoffelschalen, und obendrauf schwammen einige Rüben. Ich probierte und spürte Übelkeit aufsteigen, aber ich war zu hungrig, um das Zeug stehen zu lassen. Wir hatten keine Löffel, aber die ließen sich „organisieren", wie alles andere auch. Das war unser Mittagessen. (...)

Diese Doppelseite ist entnommen aus: Roberto Innocenti: Rosa Weiss . . . 1986 und dem Begleitmaterial: Kinder als Opfer des Nationalsozialismus, Frankfurt/Main. 1986, S. 27 f.

Der Zweite Weltkrieg

1 Amerikanische Karikatur zur Friedensrede vom 17. Mai 1933.

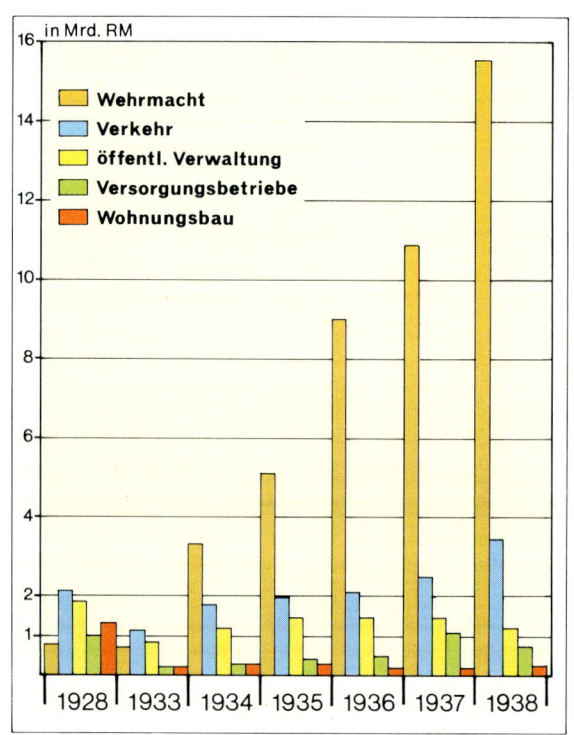

2 Die öffentlichen Investitionen im Deutschen Reich.

Friedensreden und Aufrüstung

1 *Sprecht über die Karikatur (Bild 1) und stellt Vermutungen darüber an, was der amerikanische Zeichner 1933 damit sagen wollte.*

Kurz nach der Machtübernahme erklärte Hitler, der neue Reichskanzler, am 17. Mai 1933 vor dem Reichstag:

Q 1 Die deutsche Regierung wünscht, sich über alle schwierigen Fragen politischer und wirtschaftlicher Natur mit den anderen Nationen friedlich und vertraglich auseinanderzusetzen. Sie weiß, daß jeder militärische Akt in Europa auch im Falle seines vollständigen Gelingens, gemessen an seinen Opfern, in keinem Verhältnis steht zu möglichem endgültigem Gewinn ...

In vielen anderen Reden zwischen 1933 und 1938 betonte Hitler seinen Willen zum Frieden. Aber bereits drei Tage nach seiner Ernennung zum Reichskanzler versprach Hitler den Generälen, die Reichswehr aufzurüsten und die allgemeine Wehrpflicht einzuführen. Er deutete seine Absicht an, „neuen Lebensraum im Osten" zu erobern.
Erst 1938 enthüllte er in einer geheimen Rede vor deutschen Verlegern seine wahren Ziele:

Q 2 ... Die Umstände haben mich gezwungen, jahrzehntelang fast nur vom Frieden zu reden. Nur unter der fortgesetzten Betonung des deutschen Friedenswillens und der Friedensabsichten war es mir möglich, dem deutschen Volk Stück für Stück die Freiheit zu erringen und ihm die Rüstung zu geben, die immer wieder für den nächsten Schritt als Voraussetzung notwendig war. Es ist selbstverständlich, daß eine solche jahrzehntelang betriebene Friedenspropaganda auch ihre bedenklichen Seiten hat ... Es war nunmehr notwendig, das deutsche Volk psychologisch allmählich umzustellen und ihm langsam klarzumachen, daß es Dinge gibt, die, wenn sie nicht mit friedlichen Mitteln durchgesetzt werden können, mit Mitteln der Gewalt durchgesetzt werden müssen. ... Es war notwendig, ... bestimmte außenpolitische Vorgänge so zu beleuchten, daß die innere Stimme des Volkes selbst langsam nach der Gewalt zu schreien begann ... diese Arbeit hat Monate erfordert ...

2 *Untersucht die Reden Hitlers und stellt fest, welche politischen Ziele er seit 1933 verfolgte. Lest noch einmal auf S. 90 nach.*

Die Vorbereitung des Krieges

Guernica. Gemälde von Pablo Picasso, 1937.

Der Bruch des Versailler Vertrages

Die Nationalsozialisten bekundeten ihren angeblichen Friedenswillen, indem sie 1933 mit dem Vatikan und der Sowjetunion Verträge über gute Beziehungen schlossen. Zur großen Überraschung schlossen Deutschland und Polen im Januar 1934 einen Nichtangriffspakt, um den dauernden Streit zwischen den beiden Staaten zu beenden.

Gleichzeitig brach Hitler den Versailler Vertrag:
- durch den Aufbau einer modernen Luftwaffe und einer modernen Panzerwaffe,
- durch die Einführung der Wehrpflicht 1935,
- durch den Aufbau einer U-Boot-Waffe,
- durch den Einmarsch deutscher Truppen in das Rheinland, das nach dem Versailler Vertrag nicht durch deutsche Truppen besetzt sein durfte.

Gegen diese Vertragsbrüche protestierten England und Frankreich nur schwach. Mit Drohungen und Täuschungen gelang es Hitler, die Siegermächte von 1918 dazu zu bringen, daß sie seine Politik der Beseitigung des Vertrages von Versailles hinnahmen. Die deutsche Bevölkerung jubelte Hitler zu. Ihm schien vieles zu gelingen, was die Regierungen der Weimarer Republik in Verhandlungen, die zum Teil kurz vor dem Abschluß standen, nicht erreicht hatten: nämlich Deutschland wieder zu einer angesehenen militärischen Großmacht zu machen.

1 *Berichtet mit Hilfe des Textes und des Schaubildes* 2 *der vorigen Seite über Hitlers Politik.*

Luftangriff auf Guernica

Die wahren Absichten Hitlers wurden erstmals im spanischen Bürgerkrieg 1936 einer größeren Öffentlichkeit deutlich. Deutsche Soldaten, angeblich Freiwillige, unterstützten die Truppen des faschistischen* Generals Franco. Dieser wollte in Spanien eine staatliche Ordnung nach dem Vorbild des Nationalsozialismus schaffen.

Ohne vorherige Warnung bombardierten Flugzeuge der deutschen Luftwaffe im April 1937 die kleine baskische Stadt Guernica. Ein Augenzeuge schrieb:

> **Q** Mehr als eine Stunde blieben die 18 Maschinen in einer Höhe von wenigen hundert Metern über Guernica, und sie warfen Bombe auf Bombe. . . . Die zweite Welle warf Brandbomben auf unsere gemarterte Stadt. Das zweite Bombardement dauerte 35 Minuten, aber es reichte hin, um den ganzen Ort in einen gewaltigen Feuerofen zu verwandeln.

Dieser erste Luftangriff in der Geschichte der Menschheit auf einen zivilen Ort erschütterte die ganze Welt. Der spanische Maler Pablo Picasso (1881–1973) malte als Mahnmal ein großes Bild, in dem sich der Schrecken des Krieges spiegelt. Auf seinen ausdrücklichen Wunsch durfte es erst nach dem Ende der Herrschaft Francos in Spanien gezeigt werden (1975).

2 *Schaut euch das Bild des Malers Picasso genau an und versucht herauszufinden, was er erzählt.*

Die Vorbereitung des Krieges

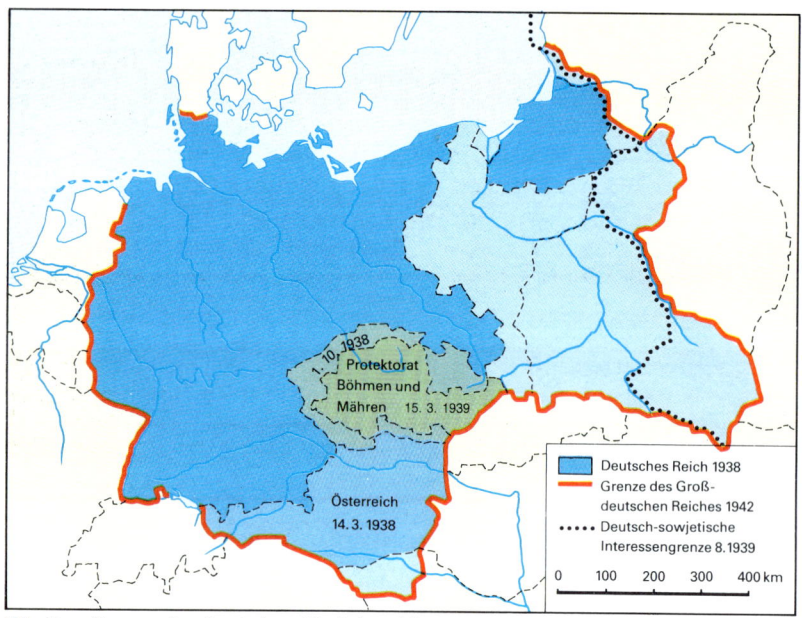

Die Erweiterung des deutschen Machtbereiches.

Hitlers Ziele

1 *Beschreibt mit Hilfe der Karte die Vergrößerung des Deutschen Reiches bis 1942.*

Bereits 1936 hatte Hitler in einer Denkschrift angeordnet:

Q 1 I. Die deutsche Armee muß in 4 Jahren einsatzfähig sein.
II. Die deutsche Wirtschaft muß in 4 Jahren kriegsfähig sein.

Ein Jahr später trug Hitler den Befehlshabern der Reichswehr und dem Reichsaußenminister seine Pläne für das künftige Vorgehen Deutschlands vor. Hitler erklärte in der geheimen Rede vom 10. November 1937 seine Absicht, den „Lebensraum" des deutschen Volkes zu vergrößern. In einer Nachschrift der Rede heißt es:

Q 2 Zur Lösung der deutschen Frage könne es nur den Weg der Gewalt geben. Dieser werde niemals risikolos sein. ... Stelle man an die Spitze der nachfolgenden Ausführungen den Entschluß zur Anwendung von Gewalt und Risiko, dann bleibe noch die Beantwortung der Fragen „wann" und „wie". ... Zur Verbesserung unserer militärpolitischen Lage müsse in jedem Fall einer kriegerischen Verwicklung unser erstes Ziel sein, die Tschechei und gleichzeitig Österreich niederzuwerfen ... Die Angliederung der beiden Staaten an Deutschland bedeutet militärpolitisch eine wesentliche Entlastung ...

Der Anschluß Österreichs

Die Nationalsozialisten hatten schon lange geplant, Österreich mit dem Deutschen Reich zu verbinden. Eine starke Gruppe von österreichischen Nationalsozialisten unterstützte diese Absicht.

Nachdem Italien grundsätzlich der Angliederung an Deutschland zugestimmt hatte, forderte Hitler im Februar 1938 ultimativ* die Beteiligung von österreichischen Nationalsozialisten an der Regierung in Wien. Dies lehnte der damalige österreichische Bundeskanzler ab. Hitler forderte nun die Übergabe der Macht an die Nationalsozialisten und ließ am 12. März 1938 deutsche Truppen in Österreich einmarschieren.

Die Bevölkerung Österreichs begrüßte die deutschen Truppen mit großem Jubel. Die überwiegende Mehrheit der Deutschen und der Österreicher billigte Hitlers Politik. Gegen das Verbot der Pariser Friedensverträge von 1919 wurde Österreich an das Deutsche Reich angeschlossen. England und Frankreich sahen in dem Vorgehen Hitlers einen Bruch der Pariser Verträge. Sie unternahmen aber nichts gegen Hitlers Politik.

2 *Erklärt mit Hilfe des Textes, auf welche Weise Österreich im Jahr 1938 mit dem Deutschen Reich vereinigt wurde.*

3 *Stellt Vermutungen darüber an, warum die Bevölkerung Österreichs die deutschen Truppen bejubelte.*

Die Vorbereitung des Krieges

Der Griff nach der Tschechoslowakei
Am 30. Mai 1938 befahl Hitler der Wehrmacht:

> **Q 1** Es ist mein unabänderlicher Entschluß, die Tschechoslowakei in absehbarer Zeit durch eine militärische Aktion zu zerschlagen. Den politisch und militärisch geeigneten Zeitpunkt abzuwarten oder herbeizuführen, ist Sache der politischen Führung. . . .

Die 1918 gegründete Tschechoslowakei war ein Vielvölkerstaat. In ihr lebten neben 7 Millionen Tschechen, 3,5 Millionen Deutsche, 2,5 Millionen Slowaken, 0,7 Millionen Ungarn, 0,5 Millionen Karpato-Ukrainer und 0,1 Millionen Polen. Die Deutschen wohnten vor allem in Böhmen und Mähren, die meisten von ihnen im Sudetenland. Seit 1933 gewann die nationalsozialistische Bewegung unter den Deutschen immer größeren Einfluß. Die Sudetendeutschen forderten in enger Absprache mit Hitler den Anschluß des Sudetenlandes an Deutschland. Sie stellten der tschechoslowakischen Regierung immer unerfüllbarere Forderungen, um Hitler einen Vorwand für den Einmarsch zu schaffen.

Das Münchener Abkommen
Angesichts eines drohenden Krieges um die Frage des Anschlusses des Sudetenlandes an Deutschland, schlug der britische Premierminister Chamberlain eine Konferenz vor, auf der versucht werden sollte, einen Krieg zu verhindern. Auf Vermittlung Italiens trafen sich die Regierungschefs von Italien, Frankreich, Großbritannien und Deutschland in München. Die betroffene Tschechoslowakei wurde nicht eingeladen. Im Münchener Abkommen vom 29. September 1938 billigten die drei Mächte die deutschen Forderungen und beschlossen, daß die Tschechoslowakei das Sudetenland räumen mußte. Gleichzeitig garantierten Großbritannien und Frankreich feierlich den Fortbestand der restlichen Tschechoslowakei. Die Tschechoslowakei erkannte das Münchener Abkommen nicht an. Sie konnte sich aber gegen den Beschluß und den Einmarsch der deutschen Truppen in das Sudetenland nicht wehren. Am 1. Oktober 1938 wurde das Sudetenland dem Deutschen Reich angegliedert. Für einen hohen Preis hatten Großbritannien und Frankreich im Sommer 1938 noch einmal den Ausbruch eines Krieges verhindert.

Deutsche Truppen in Prag. Foto 15. 3. 1939.

Einmarsch in Böhmen und Mähren
Entgegen Hitlers Versicherung, nach dem Anschluß des Sudetenlandes keine Gebietsansprüche mehr zu haben, überfielen am 15. März 1939 deutsche Truppen die Tschechoslowakei und das Memelland. Böhmen und Mähren wurden als „Reichsprotektorat" dem Deutschen Reich angegliedert. Die Slowakei wurde ein selbständiger Staat unter deutscher Oberhoheit. Über den Einmarsch deutscher Truppen in Prag berichtet ein Augenzeuge 1939:

> **Q 2** Der Graben, der Wenzelsplatz und alle Seitengassen waren so überfüllt, so sehr drängten sich dort die Menschenmassen, daß die Truppen wie auf den Schultern der Menge daherruderten. Beim Anblick der ersten deutschen Soldaten herrschte eine Stille, die fast feierlich wirkte. Dann – aufbrausend, trotzig, kraftvoll die tschechische Hymne, das „Kde domov muj!" aber ohne den slowakischen Teil. Und als das Lied verklungen war, plötzlich ein tausendfaches „Pfui! Räuber, fort mit euch!" Die Soldaten marschierten wie mit Gesichtern aus Holz, ohne die geringste Reaktion, nur darauf bedacht, vorwärts zu kommen. Tschechische Polizei und Gendarmerie vermochten die Demonstranten nicht abzudrängen . . .

1. *Betrachtet das Bild und beschreibt die Reaktion der Tschechen in Prag auf den deutschen Einmarsch.*
2. *Vergleicht Hitlers Vorgehen gegenüber der Tschechoslowakei mit dem gegenüber Österreich.*

Die Vorbereitung des Krieges

Eine jüdische Familie aus dem Memelland auf dem Weg zum Bahnhof mit der Absicht, das Land aus Angst vor den Nationalsozialisten zu verlassen. Foto 1939.

Verfolgung von Juden und Emigranten

Von dem Einmarsch deutscher Truppen in die Tschechoslowakei und ins Memelland wurde die Bevölkerung, die zahlreichen politischen Flüchtlinge und vor allem die in diese Gebiete geflohenen Juden überrascht.
Ein Augenzeuge schreibt 1939 dem Vorstand der verbotenen SPD:

> Q Unmittelbar nach dem Einmarsch hielt die Gestapo in Böhmen ihren Einzug. Eine Verhaftungswelle ging über das Land. Tschechische und deutsche Demokraten und Sozialisten, tschechische und deutsche führende Juden, Emigranten*, die sich nach der Tschechoslowakei geflüchtet hatten, wurden gefangengesetzt, mißhandelt und zum Teil in deutsche Konzentrationslager* abtransportiert. Nie hat man die wahre Zahl der Verhaftungen erfahren, nie auch die Ziffer der Selbstmorde, die sich in diesen Tagen in Böhmen ereignet haben ...

Ähnlich ging es den Bewohnern des Memellandes.

1 *Betrachtet das Bild und stellt Vermutungen darüber an, was die jüdische Familie aus dem Memelland auf dem Weg zum Bahnhof empfunden haben mag. Beachtet dabei auch die Gruppe der SS-Leute im Hintergrund.*

Wirtschaftliche Vorteile des Anschlusses

Der Anschluß Österreichs und die Angliederung Böhmens und Mährens an Deutschland hatte für das Deutsche Reich große wirtschaftliche Vorteile. Die schnelle Aufrüstung der Reichswehr hatte Deutschland im Jahre 1938 an den Rand eines wirtschaftlichen Zusammenbruchs gebracht. Die Versorgungslage der Bevölkerung mit Nahrungsmitteln wurde immer kritischer. Für das Deutsche Reich waren die in Österreich und in Böhmen und Mähren beschlagnahmten Devisen*, Goldvorräte, Fabriken, Rohstoffe und Lebensmittel deswegen besonders wichtig. Die in diesen Gebieten beschlagnahmten militärischen Ausrüstungsgegenstände verbesserten die Aufrüstung der deutschen Wehrmacht.

Zusammenfassung

Unter der Beteuerung seines Friedenswillens bereitete Hitler planmäßig den Zweiten Weltkrieg vor. Deutschland rüstete seine Wehrmacht durch den Bau einer modernen Panzer- und Luftwaffe auf. Durch diese Aufrüstung und den Einmarsch deutscher Truppen in das Rheinland brachen die Nationalsozialisten den Versailler Vertrag.
Gegen den Anschluß Österreichs an das Deutsche Reich protestierten England und Frankreich nur schwach. Die Bevölkerung in Deutschland und Österreich bejubelte den Anschluß.
Im Münchener Abkommen billigten England, Frankreich und Italien die Abtretung des Sudetenlandes an Deutschland gegen den ausdrücklichen Willen der Tschechoslowakei. Der Versuch, durch das Münchener Abkommen den Frieden in Europa zu erhalten, scheiterte. Am 15. März 1939 besetzten deutsche Truppen Böhmen und Mähren und das Memelland.

Der Ausbruch des Zweiten Weltkrieges

Hitlers Ziele gegenüber Polen
In einer Besprechung mit Generälen im August 1939 erläuterte Hitler in großer Offenheit die Ziele seiner Politik gegenüber Polen:

Q 1 Ziel: Vernichtung Polens – Beseitigung seiner lebendigen Kraft. Es handelt sich nicht um Erreichen einer bestimmten Linie oder einer neuen Grenze, sondern um Vernichtung des Feindes ... Auslösung: Mittel gleichgültig. Der Sieger wird nie gefragt, ob seine Gründe berechtigt waren.

Großbritannien und Frankreich, die klar sahen, daß Polen das nächste Opfer der Nationalsozialisten sein würde, schlossen bereits am 31. 3. 1939 mit Polen einen Beistandspakt. Beide Länder erklärten, daß ein deutscher Überfall auf Polen zum Krieg Frankreichs und Englands gegen das Deutsche Reich führen werde. Unklar blieb, auf welche Seite die Sowjetunion in einem Krieg um Polen treten würde. England und Frankreich führten deswegen in Moskau lange Geheimverhandlungen mit der Sowjetunion. Sie versuchten, die Sowjetunion als Bündnispartner gegen Deutschland zu gewinnen. Die Verhandlungen scheiterten.

Das Moskauer Abkommen
Für die Welt völlig überraschend schlossen das nationalsozialistische Deutschland und die Sowjetunion am 23. August 1939 einen gegenseitigen Nichtangriffspakt. Die Sowjetunion sagte zusätzlich die Lieferung wichtiger Rohstoffe und Erze zu, die Deutschland für die Herstellung von Waffen benötigte.
In einem geheimen Zusatz zu dem Vertrag, teilten die Sowjetunion und Deutschland Polen und andere Gebiete im Osten Europas unter sich auf:

Q 2 Für den Fall einer ... Umgestaltung in den zu den baltischen Staaten (Finnland, Estland, Lettland, Litauen) gehörenden Gebieten bildet die nördliche Grenze Litauens zugleich die Grenze der Interessensphäre Deutschlands und der UdSSR. ...
Für den Fall einer ... Umgestaltung der zum polnischen Staate gehörenden Gebiete werden die Interessensphären Deutschlands und der UdSSR ungefähr durch die Linie der Flüsse Narew, Weichsel und San abgegrenzt. Die Frage, ob die beiderseitigen Interessen die Erhaltung eines unabhängigen polnischen Staates erwünscht erscheinen lassen, und wie dieser Staat abzugrenzen wäre, kann endgültig erst im Laufe der weiteren politischen Entwicklung geklärt werden. In jedem Fall werden beide Regierungen diese Fragen im Wege einer freundschaftlichen Verständigung lösen.

1 *Berichtet mit Hilfe von Q 1 und Q 2 und der Karte S. 120 über die deutschen und sowjetischen Absichten gegenüber Polen. Verfolgt die „Interessenlinie" auf der Karte.*

Der Zweite Weltkrieg beginnt
Am 1. September 1939 überrannten deutsche Truppen ab 4.45 Uhr die polnische Grenze. Großbritannien und Frankreich standen zu ihrem Bündnis mit Polen und erklärten Deutschland den Krieg. Sie konnten aber Polen nicht mehr rechtzeitig zu Hilfe kommen. Nach 18 Tagen hatte die deutsche Wehrmacht Polen besiegt.
Bereits am 17. September 1939 marschierte auch die Sowjetunion in Polen ein und besetzte die ihr in dem geheimen Zusatzprotokoll (**Q 2**) zugesprochenen Gebiete.
Den deutschen Truppen folgten Einheiten der SS*, die in den von Deutschland besetzten Teilen Polens sofort eine Schreckensherrschaft ausübten.
Am 31. Oktober 1939 schrieb ein deutscher Offizier in einem Privatbrief über die Zustände in Warschau:

Q 3 Es ist eine unsagbare Tragödie, die sich dort abspielt ... Es ist so grausam, daß man keinen Augenblick seines Lebens froh ist, wenn man in dieser Stadt weilt ... Die blühendste Phantasie einer Propaganda ist arm gegen die Dinge, die eine organisierte Mörder-, Räuber- und Plündererbande unter angeblich höchster Duldung dort verbricht. ... Diese Ausrottung ganzer Geschlechter mit Frauen und Kindern ist nur von einem Untermenschentum möglich, das den Namen deutsch nicht mehr verdient. Ich schäme mich, ein Deutscher zu sein.

2 *Berichtet über den Beginn des Zweiten Weltkrieges.*
3 *Lest noch einmal Q 3 und sprecht darüber, warum der Offizier sich schämte, ein Deutscher zu sein.*

Der europäische Krieg wird zum Weltkrieg

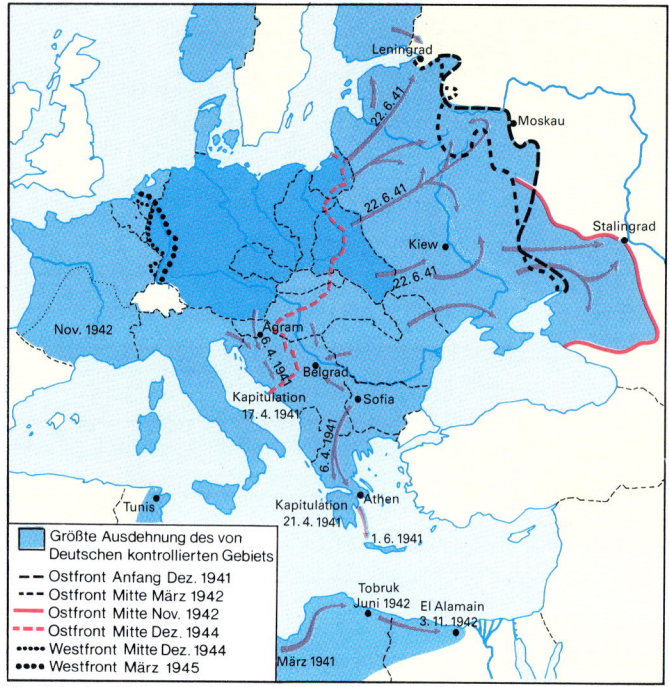

Größte Ausdehnung des deutschen Machtbereiches.

Legende zur Karte:
- Größte Ausdehnung des von Deutschen kontrollierten Gebietes
- Ostfront Anfang Dez. 1941
- Ostfront Mitte März 1942
- Ostfront Mitte Nov. 1942
- Ostfront Mitte Dez. 1944
- Westfront Mitte Dez. 1944
- Westfront März 1945

Zeittafel: Der Zweite Weltkrieg

- **1.9.39** Deutscher Angriff auf Polen
- **3.9.39** Kriegserklärung Großbritanniens und Frankreichs an Deutschland
- **10.5.40** Deutscher Angriff gegen Belgien, die Niederlande, Luxemburg und Frankreich
- **22.6.40** Waffenstillstand zwischen Deutschland und Frankreich
- **22.6.41** Deutscher Angriff gegen die Sowjetunion
- **7.12.41** Japanischer Angriff auf den amerikanischen Stützpunkt Pearl Harbour auf Hawaii, Kriegserklärung der USA und Großbritanniens an Japan
- **11.12.41** Kriegserklärung Deutschlands an die USA
- **31.1.43** Kapitulation* der 6. deutschen Armee in Stalingrad
- **6.6.44** Invasion* amerikanischer und britischer Soldaten in Nordwestfrankreich
- **7./8.5.1945** Unterzeichnung der deutschen Kapitulation in Reims und Berlin

Der Krieg im Westen

In der ersten Phase des Zweiten Weltkrieges schien es, als ob Deutschland bald ganz Europa beherrschen würde. Nach dem Sieg über Polen eroberten deutsche Truppen ab April 1940 Dänemark und Norwegen, um die Zufuhr wichtiger Erzlieferungen nach Deutschland zu sichern. Im Mai 1940 befahl Hitler den Angriff auf Frankreich. Unter dem Bruch der Neutralität von Belgien und Holland stießen Panzertruppen durch Belgien nach Frankreich vor. Fallschirmjägertruppen und Panzertruppen besetzten Holland. Am 22. Juni 1940 kapitulierten* die französischen Truppen. Eine britische Armee entging in letzter Minute durch eine großangelegte Rettungsaktion der Vernichtung durch deutsche Truppen. Dabei mußten die Briten ihre Ausrüstung am Strand von Dünkirchen zurücklassen.

Mit dem Sieg über Frankreich war Hitler auf dem Höhepunkt seiner Macht. Die deutsche Bevölkerung bejubelte die Erfolge. Die hohen Verluste, auch auf der deutschen Seite, wurden hingenommen. Nur Großbritannien unter seinem Premier Winston Churchill leistete auch nach der Niederlage von Dünkirchen erbitterten Widerstand. Es lehnte alle Friedensangebote Hitlers ab.

Vernichtungskrieg gegen die Sowjetunion

Im März 1941 erklärte Hitler vor Generälen seine Pläne gegenüber der Sowjetunion. In der Nachschrift heißt es:

Q 1 Unsere Aufgaben gegenüber Rußland: Wehrmacht zerschlagen, Staat auflösen ... Kampf zweier Weltanschauungen gegeneinander ... Kommunismus ungeheure Gefahr für die Zukunft. Wir müssen von dem Standpunkt des soldatischen Kameradentums abrücken. Der Kommunist ist vorher kein Kamerad und nachher kein Kamerad. Es handelt sich um einen Vernichtungskampf. Wenn wir es nicht so auffassen, dann werden wir zwar den Feind schlagen, aber in 30 Jahren wird uns wieder der kommunistische Feind gegenüberstehen. Wir führen nicht Krieg, um den Feind zu konservieren* ...

In einer Anweisung über die Kriegsführung vom Mai 1941 für den Rußlandfeldzug hieß es:

Q 2 Partisanen und Widerstandskämpfer sind durch die Truppe im Kampf oder auf der Flucht schonungslos zu erledigen. Auch alle anderen Angriffe feindlicher Zivilpersonen gegen die Wehrmacht ...

Der europäische Krieg wird zum Weltkrieg

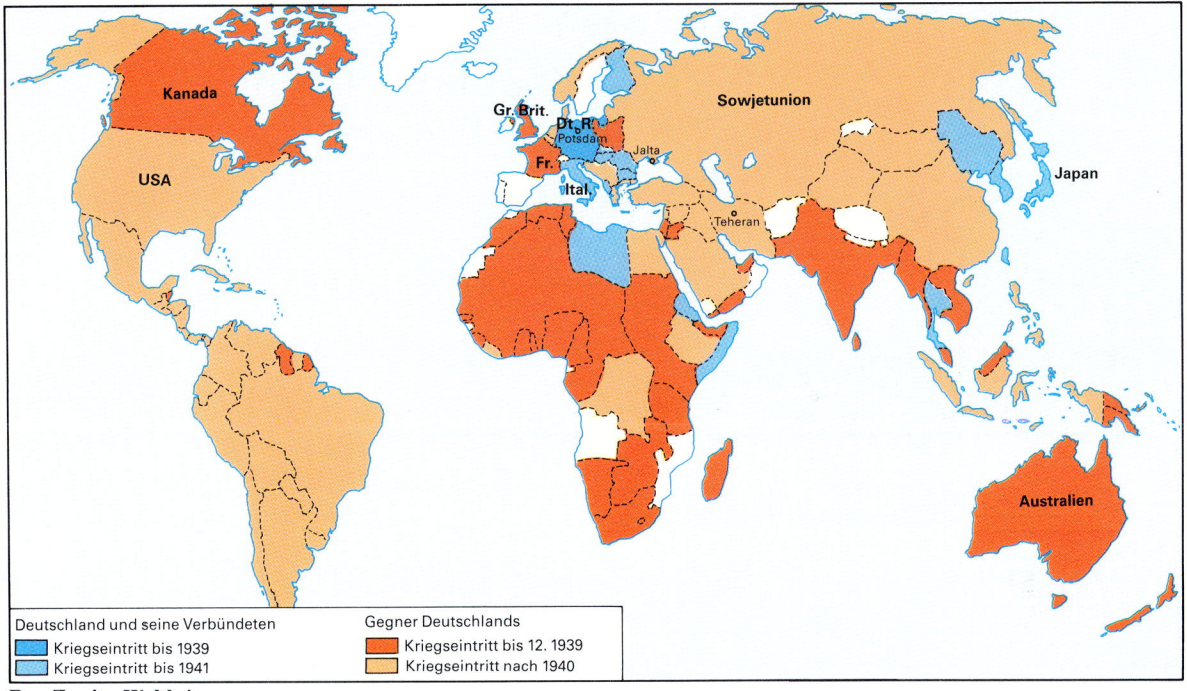

Der Zweite Weltkrieg.

Deutschland und seine Verbündeten
- Kriegseintritt bis 1939
- Kriegseintritt bis 1941

Gegner Deutschlands
- Kriegseintritt bis 12. 1939
- Kriegseintritt nach 1940

sind von der Truppe auf der Stelle mit den äußersten Mitteln bis zur Vernichtung des Angreifers niederzukämpfen.
Für die Handlungen, die Angehörige der Wehrmacht und des Gefolges gegen feindliche Zivilpersonen begehen, besteht kein Verfolgungszwang, auch dann nicht, wenn die Tat zugleich ein militärisches Verbrechen oder Vergehen ist ...

1 *Gebt mit euren Worten wieder, welche Befehle die Nationalsozialisten über die Behandlung sowjetischer Soldaten gaben.*

Am 22. Juni 1941 überfiel die deutsche Wehrmacht die Sowjetunion. Bis zum Kriegsausbruch hatte die Sowjetunion ihre Lieferung von Rohstoffen, Erzen und Getreide an Deutschland nach dem deutsch-sowjetischen Abkommen fortgesetzt. Der Überfall kam trotz Warnungen durch Geheimdienste für die Sowjetunion überraschend.
Wiederum schien es, als ob die Nationalsozialisten auch die Sowjetunion durch einen Blitzkrieg besiegen könnten. Große Anfangserfolge ließen bei Hitler und dem deutschen Generalstab die Hoffnung aufkommen, das riesige Reich in 6 Wochen erobern zu können. Mit dem Einbruch des Winters kam aber der deutsche Vormarsch zum Erliegen.

Der sowjetischen Armee gelang es vor Stalingrad, eine ganze deutsche Armee einzukesseln. Hitler verbot den deutschen Truppen den Rückzug. In der erbitterten Schlacht um Stalingrad verloren etwa 150000 deutsche Soldaten ihr Leben, 90000 gingen nach der Kapitulation* der 6. deutschen Armee am 31. Januar 1943 in sowjetische Gefangenschaft. Von ihnen kehrten nur 6000 nach Deutschland zurück.

2 *Berichtet mit Hilfe der Karte und des Textes über den Verlauf des Krieges gegen die Sowjetunion.*

Die deutsche Wehrmacht und Einsatztruppen der SS verwirklichten nach der Eroberung sowjetischer Gebiete Hitlers Lebensraum- und Rassenprogramm (vgl. S. 90). Ihm fielen vor allem Mitglieder der KPdSU*, sowjetische Juden und alle Menschen, die sich aktiv gegen die deutschen Eroberer stellten, zum Opfer. Nach den Befehlen Hitlers verübten deutsche Soldaten und Angehörige der SS* unvorstellbare Greueltaten in den besetzten Gebieten. Von den etwa 5,7 Millionen gefangen genommener Sowjetsoldaten starben 3,3 Millionen in deutscher Gefangenschaft.

3 *Erklärt mit Hilfe der Karte auf dieser Seite und der Zeittafel, warum der Krieg von 1939–1945 Weltkrieg genannt wird.*

Das Gesicht des Zweiten Weltkrieges

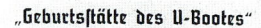

Firmenwerbung im Zweiten Weltkrieg.

Die Verbindung der Industrie mit dem Nationalsozialismus

1 *Betrachtet die beiden Plakate und sprecht darüber, für was die Plakate werben.*

Seit der Übergabe der Macht an Hitler 1933 hatte die deutsche Industrie immer enger mit den Nationalsozialisten zusammengearbeitet. Teile der Industrie unterstützten Hitler bereits vor dem 30. Januar 1933 durch Wahlkampfspenden. Während des Krieges gab es eine enge Verbindung zwischen den staatlichen Stellen, der NSDAP* und den Vertretern der großen Firmen. Ein Direktor des damals größten Chemiekonzerns, der IG Farben* war zugleich einer der wichtigsten Planer für die deutsche Rüstung. Hitlers Pläne für die Eroberung neuen „Lebensraumes" im Osten unterstützten viele führende Industrielle.

Aktenvermerk Otto-Wolf-Konzern 25. 6. 1941:

Q 1 Mit der fortschreitenden militärischen Besetzung russischen Gebietes ist bekanntlich beabsichtigt, eine weitverzweigte wirtschaftliche Organisation aufzuziehen. Für den Bereich Eisen und Stahl sind für die vorgesehenen 4 Verwaltungsbezirke (Leningrad, Moskau, Kiew und Kaukasus) folgende leitende Persönlichkeiten vorgesehen:
1. für Leningrad Herr Direktor Korschhahn (Krupp AG),
2. für Moskau Herr Direktor Gärtner (Reichswerke Hermann Göring),
3. für Kiew Herr Direktor vom Bruck (Hösch-AG),
4. für Kaukasus noch unbesetzt.

Das weitaus wichtigste Gebiet stellt die Ukraine mit einer Erzförderung von 22 Millionen Tonnen Eisenerz, 1,8 Millionen Tonnen Manganerz, einer Stahlproduktion von 12 Millionen Tonnen und etwa 35 wichtigen Hochöfen und Walzwerken dar . . . Herrn Dr. vom Bruck wird die Verteilung der Erze obliegen.

2 *Lest noch einmal in der Zeittafel der Vorseite den Beginn des Krieges gegen die Sowjetunion nach und vergleicht mit dem Datum von Q 1.*

3 *Faßt mit euren eigenen Worten den Inhalt von Q 1 zusammen und bewertet ihn.*

Ab dem Frühjahr 1941 errichtete der Chemiekonzern IG Farben im polnischen Auschwitz in direkter Nachbarschaft des Konzentrationslagers* ein neues Werk. Zum Bau wurden ausschließlich KZ-Gefangene eingesetzt, die das Werk in einer Form von Sklavenarbeit errichten mußten.

Über die Behandlung der KZ-Häftlinge auf der Baustelle schrieb der IG-Farben-Ingenieur Max Faust an seine Firma am 31. 10. 1943:

Q 2 Bedauerlich hierbei ist, daß die Gestapo bei der Behandlung von Fragen der Arbeitsbummelei nicht so prompt arbeitet, wie dies von uns gewünscht wird. . . . Bezüglich der Behandlung der Häftlinge habe ich zwar stets dagegen opponiert, daß Häftlinge auf der Baustelle erschossen oder halb totgeschlagen werden: ich stehe jedoch auf dem Standpunkt, daß eine Züchtigung in gemäßigten Formen unbedingt notwendig ist, um die nötige Disziplin unter den Häftlingen zu wahren.

Das Gesicht des Zweiten Weltkrieges

Überlebende der Aufstände im Warschauer Ghetto ergeben sich der SS. Foto 1943.

Der Kommandant des KZ* Auschwitz, Rudolf Höß, erklärte nach dem Zweiten Weltkrieg, kurz vor seiner Hinrichtung unter Eid:

> Q Nach meiner Kenntnis begann die massenhafte Verwendung von KZ-Häftlingen in der deutschen Privatindustrie im Jahre 1940/41. Diese Verwendung steigerte sich fortlaufend bis zum Ende des Krieges. Gegen Ende 1944 waren ungefähr 400000 Konzentrationslagerhäftlinge in der privaten Rüstungsindustrie und rüstungswichtigen Betrieben beschäftigt. ... Nach meiner Schätzung sind ... jeden Monat ⅕ der Gefangenen gestorben oder wurden wegen Arbeitsunfähigkeit zur Vernichtung von den Betrieben an die Lager zurückgeschickt ... Anfang des Krieges bezahlten die Unternehmungen wenig für diese Arbeitskräfte, etwa 1 Mark oder 1,20 Mark pro Tag. Später zahlten sie bis zu 5 Mark für gelernte Arbeiter ...

1 *Beschreibt die Zusammenarbeit zwischen der Industrie und den Nationalsozialisten und schildert das Schicksal der KZ-Häftlinge.*

Unmenschliche Verbrechen im deutschen Namen

Nach dem Beginn des Überfalls auf die Sowjetunion begingen Einheiten der SS* und der deutschen Wehrmacht zahlreiche Verbrechen an der Bevölkerung. Entsprechend den Befehlen Hitlers (vgl. S. 115) wurden viele Tausend Menschen gequält, gedemütigt, verschleppt oder auf barbarische Weise getötet. Auch in anderen Gebieten, die Deutschland besetzt hatte, geschahen solche Verbrechen. Stellvertretend seien wenige Orte genannt:

Babi Yar westlich von Kiew: Hier wurden 33000 jüdische Einwohner von Kiew in einer Schlucht durch Sonderkommandos der SS umgebracht.

Leningrad: An der Hungerblockade deutscher Truppen um Leningrad starben etwa 1 Million Einwohner.

Lidice: Als Rache für die Ermordung des deutschen Statthalters in der Tschechoslowakei ermordeten Einheiten der SS alle Männer des tschechischen Dorfes Lidice. Frauen und Kinder wurden in Konzentrationslager verschleppt.

Oradour-sur-Glan: Im französischen Ort Oradour ermordeten im Juli 1944 Einheiten der SS alle Einwohner auf barbarische Weise.

Warschau: Der Aufstand der polnischen Juden im Warschauer Ghetto wurde im April/Mai 1943 blutig niedergeschlagen. Die Überlebenden wurden in Konzentrationslager gebracht und ermordet. Im August 1944 erschossen nach Beginn des Warschauer Aufstandes der polnischen „Heimatarmee" deutsche Truppen etwa 15000 Menschen. Warschau wurde völlig zerstört.

Der alliierte Vormarsch

Die Invasion beginnt. Am 6. Juni 1944 landen alliierte Soldaten an der französischen Küste. Foto.

Alliierte* fordern bedingungslose Kapitulation*
Nach dem überraschenden japanischen Angriff auf Pearl Harbour, einem großen amerikanischen Stützpunkt auf Hawaii erklärten die USA und Großbritannien Japan den Krieg. Um Japan zu unterstützen, erklärte Deutschland seinerseits am 11. Dezember 1941 den USA den Krieg (vgl. Karte S. 125).
Schon seit längerer Zeit lieferten die USA an Großbritannien und die Sowjetunion Waffen und anderes Rüstungsmaterial.
Auf einer Konferenz in Casablanca im Jahr 1943 erklärten der amerikanische Präsident Roosevelt und der britische Premierminister Churchill:

Q 1 In Anbetracht der gesamten Kriegslage sind wir mehr denn je davon überzeugt, daß nur eine totale Beseitigung der deutschen und japanischen Kriegsmacht der Welt den Frieden bringen kann. Dies führt zu der einfachen Formulierung der Kriegsziele, welche eine bedingungslose Kapitulation* Deutschlands, Japans und Italiens zum Inhalt hat. Die bedingungslose Kapitulation dieser Mächte kann allem Ermessen nach den Weltfrieden für Generationen sichern.

Ihre Ziele verwirklichten die Vereinigten Staaten und Großbritannien schrittweise in zwei großen Landungsaktionen. Im November 1942 landete eine amerikanisch-britische Armee in Nordafrika. Sie zwang im Mai 1943 das deutsche Afrikakorps* zur Kapitulation.
Während nach dem Sieg von Stalingrad die sowjetische Armee die Deutschen an allen Kriegsschauplätzen in der Sowjetunion zurückdrängte, planten die Amerikaner und Briten eine große Invasion* in Frankreich. Der britische Premierminister Winston Churchill erklärte am 6. Juni 1944 vor dem Unterhaus:

Q 2 Eine gewaltige Flotte von 4000 Schiffen hat den Kanal überquert. Starke Luftlandeverbände sind hinter den deutschen Stellungen abgesetzt worden und dort tätig. Die deutschen Küstenbatterien wurden weitgehend zum Schweigen gebracht. Die alliierten Streitkräfte werden von über 11 000 Flugzeugen aus der Luft unterstützt.

Im Juni 1944 besetzten die alliierten Truppen Rom. Nach schweren Kämpfen eroberten die Alliierten Frankreich. An der Spitze der französischen Widerstandsbewegung zog General de Gaulle im August 1944 in das von den Deutschen geräumte Paris ein. Die Amerikaner erreichten bereits im September 1944 die Westgrenze des Deutschen Reiches. Im Oktober 1944 standen die Sowjets in Ostpreußen.

① *Beschreibt die Ziele der Amerikaner und Briten gegenüber Deutschland mit Hilfe von Q 1 und Q 2.*
② *Orientiert euch an der Karte S. 124 über die militärische Lage im Dezember 1944.*

Propaganda für den „totalen Krieg"
Angesichts der deutschen Niederlagen versuchte Hitlers Propagandaminister Goebbels mit der Ausrufung des „totalen Krieges" die letzten deutschen Kräfte zusammenzufassen. Vor besonders ausgesuchten Nationalsozialisten erklärte er im Februar 1943 im Sportpalast in Berlin, allein der Nationalsozialismus schütze Europa vor dem Bolschewismus*:

Q 3 Es geht hier nicht um die Methode, mit der man den Bolschewismus zu Boden schlägt, sondern um das Ziel, nämlich um die Beseitigung der Gefahr ... Ich frage euch, seid ihr und ist das deutsche Volk entschlossen, wenn der Führer es

Der alliierte Vormarsch

befiehlt, 10 oder 12, und wenn nötig, 14 und 16 Stunden täglich zu arbeiten und das Letzte herzugeben für den Sieg? ...
Ich frage euch, wollt ihr den totalen Krieg, wollt ihr ihn, wenn nötig, totaler und radikaler, als wir ihn uns heute überhaupt noch vorstellen können? ...
Ich frage euch, ist euer Vertrauen zum Führer heute größer, gläubiger und unerschütterlicher denn je?

Auf jede seiner Fragen riefen die Zuhörer begeistert „Ja".

Luftangriffe auf deutsche Städte

Fast Tag und Nacht bombardierten amerikanische und britische Flugzeuge die großen Städte und die Industriewerke. Viele Menschen lebten nur noch in Kellern, da ihre Wohnungen ausgebrannt waren.
In einem amtlichen Bericht heißt es im August 1943:

> **Q 1** In den 10 Tagen und Nächten vom 25. Juli bis 3. August 1943 fanden 7 Angriffe auf Hamburg statt, davon 4 Großangriffe, die zusammen über 11 Stunden dauerten und 40.000 Tote unter der Bevölkerung forderten. ... Die Schreckensszenen, die sich im Feuersturmgebiet abgespielt haben, sind unbeschreiblich. Kinder wurden durch die Gewalt des Orkans von der Hand der Eltern gerissen und ins Feuer gewirbelt. Menschen, die sich gerettet glaubten, fielen vor der alles vernichtenden Gewalt der Hitze um und starben in Augenblicken.

Über die Stimmung in Berlin Ende 1943 berichtete der deutsche Geheimdienst:

> **Q 2** Ein Fronturlauber, der den Luftangriff in Charlottenburg miterlebte und tüchtig gelöscht hat, berichtet, daß er in verschiedenen Fällen erlebt hätte, daß die Leute, deren Häuser abbrannten, Führerbilder ins Feuer warfen und auch sonst in der Erregung auf den Führer schimpften. ... Auch jetzt noch könne man in dieser Gegend häufig negative Äußerungen hören, wie z. B.: „Führer befiehl, wir müssen es tragen".

1 *Vergleicht Q 3 der Vorseite und Q 2 und stellt Vermutungen darüber an, welche Einstellung die meisten Deutschen zum „totalen Krieg" hatten.*

Überlebende, die aus Bunkern und Kellerlöchern gerettet werden, sind von Todesangst gezeichnet, Foto.

Aus einem anderen Geheimdienstbericht vom November 1943:

> **Q 3** Am Kriegsgeschehen im einzelnen nehmen die Frauen weniger Interesse. Besonders die weibliche Jugend zeige sich recht teilnahmslos. Häufig trete bei den Frauen eine ausgesprochene Kriegsmüdigkeit zutage ... Von den drängenden Tagesanforderungen bereiten derzeit die Kartoffelnot und der Gemüsemangel den Frauen große Sorge. Viele Mütter von heranwachsenden Kindern hätten schlaflose Nächte, denn sie wüßten oft nicht, was sie auf den Tisch bringen sollten ... Die besonderen Klagen der Frauen gelten zur Zeit der Sperrung der Kleiderkarte*, wobei sie darauf hinweisen, daß die Behebung des Mangels an Strümpfen und Bettwäsche bei der jetzigen kühlen Witterung besonders dringlich geworden sei und daß auch Wollsachen unbedingt beschafft werden müßten. (Inzwischen ist den Wünschen hinsichtlich der Strümpfe durch die Freigabe je eines Paares Rechnung getragen worden.)

2 *Sprecht über die Einstellung zum Krieg im Jahr 1943.*

129

Zwangsarbeit für den totalen Krieg

"Zuverlässiges Arbeiten, unter Aufsicht einer deutschen Frau" (Originalbildunterschrift). Foto 1944.

Rüstungsproduktion durch Zwangsarbeiter

Um die Rüstungsproduktion aufrechtzuerhalten, wurden zwischen 1943 und dem Ende des Krieges im Mai 1945 etwa 2,5 Millionen ausländische Zivilisten und Kriegsgefangene mit brutalen Methoden nach Deutschland gebracht. Diese Zwangsarbeiter und Gefangene hatten die schlimmsten Lebensverhältnisse zu erdulden.
Ein Historiker schrieb 1986:
„Ein Viertel aller Beschäftigten in der deutschen Wirtschaft waren Ausländer, in der rüstungswichtigen Industrie und in der Landwirtschaft etwa ⅓. Der Arbeitseinsatz der Millionen Fremdarbeiter und Kriegsgefangenen während des 2. Weltkrieges hatte es dem nationalsozialistischen Deutschland erlaubt, den Krieg weiterzuführen, als seine eigenen Arbeitskräfte längst aufgebraucht waren. Ohne Ausländer wäre für Deutschland dieser Krieg spätestens im Sommer 1943 verloren gewesen. Gleichzeitig erlaubte der Ausländereinsatz der Führung aber auch, die Versorgungslage der deutschen Bevölkerung bis in die letzte Kriegsphase auf hohem Niveau zu halten." (1)
Im August 1944 wurden 5,7 Millionen ausländische Zivilarbeiter in Deutschland gezählt, ein Drittel von ihnen waren Frauen. Die Frauen stammten zu fast 90 % aus den besetzten Ostgebieten. Sie mußten wie die Männer in den Betrieben Zwangsarbeit leisten. Sie wurden aber schlechter bezahlt und waren oft auch den sexuellen Nachstellungen durch deutsche Vorgesetzte und Lagerführer ausgesetzt.
Die Lebensbedingungen der ausländischen Zwangsarbeiter und Gefangenen unterschieden sich sehr stark. Gefangene und Zwangsarbeiter aus westlichen Ländern, wie Franzosen, Belgier und Holländer wurden zwar schlechter als deutsche Arbeiter ernährt, aber nicht so schrecklich wie russische Arbeiter behandelt.

Im Sommer 1943 ermittelte ein Gesandter im Auswärtigen Amt auf eigene Faust die Lebensbedingungen von Ostarbeitern in Berliner Lagern:

Q Morgens ½ l Kohlrübensuppe, mittags im Betrieb einen Liter Kohlrübensuppe. Abends 1 Liter Kohlrübensuppe. Zusätzlich erhält der Ostarbeiter 300 g Brot täglich. Hinzu kommen wöchentlich 50 bis 75 g Margarine, 25 g Fleisch oder Fleischwaren, die je nach Willkür der Lagerführer verteilt oder vorenthalten werden. Es sei hier noch erwähnt, daß der größte Teil der Arbeiterinnen die Entbindung mehr fürchtet als den Tod. So mußte ich selbst sehen, wie Ostarbeiterinnen auf Betten ohne Matratze auf den Stahlfedern lagen und in diesem Zustand entbinden mußten. ... Die größte Geißel der Lager aber bildet die Tuberkulose, die sich auch unter den Minderjährigen sehr stark ausbreitet. Im Rahmen der sanitären und gesundheitlichen Lage, in der sich die Ostarbeiter befinden, muß unterstrichen werden, daß es den deutschen und russischen Ärzten von den Betriebskrankenkassen verboten wird, irgendwelche Medikamente den Ostarbeitern zu verabfolgen. ...

Während der Luftangriffe waren die Zwangsarbeiter und Gefangenen besonders gefährdet, da sie keine Luftschutzbunker aufsuchen durften. Die deutsche Bevölkerung nahm die Behandlung der Zwangsarbeiterinnen und Zwangsarbeiter in den Betrieben hin. Nur wenige halfen ihnen heimlich, indem sie ihnen Lebensmittel mitbrachten.

1 *Sprecht über das Schicksal der nach Deutschland verschleppten Zwangsarbeiterinnen und Zwangsarbeiter.*
2 *Überlegt, welche Einstellung hinter der originalen Bildunterschrift steht.*
3 *Erkundigt euch an eurem Heimatort, ob in Fabriken oder landwirtschaftlichen Betrieben Zwangsarbeiter beschäftigt wurden.*

Werkstatt Geschichte

Spuren nationalsozialistischer Herrschaft

Nicht irgendwo, sondern hier bei uns!

Titelbild des Wettbewerbs des Bundespräsidenten.

Spuren der nationalsozialistischen Herrschaft finden sich fast überall. Auch Schülerinnen und Schüler können solchen Spuren nachgehen und mit einfachen Methoden etwas über die Geschichte der Zeit von 1933 bis 1945 erforschen.

Man kann z. B. in alten Zeitungen nachschlagen und erforschen, wie der Alltag während der Zeit von 1933 bis 1939 oder von 1939 bis 1945 am Schulort oder am nächst größeren Ort ausgesehen hat.

Man kann auch noch heute lebende Zeitzeugen befragen oder in den Unterricht einladen.

Wichtig ist, daß man sich für seine Untersuchung nur ein kleines Thema mit einer klaren Fragestellung aussucht.

Folgende Bücher können euch zur Arbeit an einer lokalen Untersuchung ermuntern oder euch helfen, Material zu finden:

Dieter Galinski, Ulrich Herbert, Ulla Lachauer (Hg.): Nazis und Nachbarn, Schüler erforschen den Alltag im Nationalsozialismus, Ergebnisse, Erfahrungen, Anregungen, rororo Nr. 7648.

Harald Focke, Uwe Reimers: Alltag unterm Hakenkreuz, rororo 4431.

Gedenkstätten für die Opfer des Nationalsozialismus, eine Dokumentation, Schriftenreihe der Bundeszentrale für politische Bildung, Bonn 1987, Bd. 245. (Diese Dokumentation enthält ein Verzeichnis aller Gedenkstätten in den alten Bundesländern mit kurzen Hinweisen über die Möglichkeit, die Gedenkstätten zu besichtigen.) Bittet eure Lehrerin, euren Lehrer, diese Bücher für euch in einer Bibliothek auszuleihen.

Der Widerstand gegen den Nationalsozialismus

Widerstand im Krieg

Trotz der Gefahr für das eigene Leben waren immer wieder Menschen bereit, Widerstand gegen den Nationalsozialismus zu leisten. Man schätzt ihre Zahl auf etwa 20000 bis 40000 Menschen.
Die einen taten es aufgrund ihrer politischen oder religiösen Überzeugung: z. B. Angehörige der KPD, der SPD, der Gewerkschaften und Christen beider Bekenntnisse. Andere Menschen kamen zum Widerstand, weil sie als Soldaten die Verbrechen der Nationalsozialisten in den besetzten Gebieten gesehen hatten und an ihnen nicht mitschuldig werden wollten. Wiederum andere waren davon überzeugt, daß man Hitler stürzen müsse, um den Krieg nicht zu verlieren.
Aufgrund von Verrat gelang es der Gestapo* aber immer wieder, Mitglieder von Widerstandsgruppen zu verhaften. Auch noch in den letzten Kriegsjahren hatte der Widerstand gegen Hitler in der Bevölkerung wenig Rückhalt. Zu viele Menschen glaubten, man dürfte während des Krieges nichts gegen die eigene Regierung tun. Außerdem fühlte sich die überwiegende Zahl der Soldaten und Offiziere an ihren Eid gebunden, mit dem sie Hitler persönlich die Treue geschworen hatten (vgl. S. 95).

Widerstand politischer Gruppen

Zu politischen Widerstandsgruppen fanden sich vor allem Kommunisten, Sozialdemokraten und Gewerkschafter zusammen. Sie verbreiteten Nachrichten und Flugblätter unter Soldaten und Arbeitern in den Betrieben.
Kommunistische Gruppen organisierten auch Anschläge in Rüstungsbetrieben. Besonders bekannt wurden später die Gruppen Saefkow und Schulze-Boysen/Harnack, der auch viele Frauen angehörten. Einige Mitglieder sammelten militärische Nachrichten und leiteten sie an die Sowjetunion weiter. Bis 1942 konnten die Gruppen im Untergrund arbeiten, ohne erkannt zu werden. Die Fahnder der Wehrmacht und der Gestapo nannten sie „Rote Kapelle". Schließlich wurden die etwa 100 Mitglieder verhaftet und die Hälfte von ihnen hingerichtet.

Christlicher Widerstand

Der Widerstand von Christen beider Kirchen war nicht in festen Gruppen organisiert. Einzelne Pfarrer und Pastoren, wie die evangelischen Pastoren Schneider und Niemöller und der katholische Pastor Lichtenberg, predigten mutig gegen das nationalsozialistische Unrecht. Dafür wurden sie in Konzentrationslager* gesperrt, Schneider und Lichtenberg zu Tode gequält.
Der evangelische Bischof Wurm und der katholische Bischof Graf von Galen prangerten in Schriften und Predigten die Tötung von psychisch kranken Menschen an. Sie erreichten dadurch die zeitweilige Einstellung der Tötungsaktionen.

Georg Elser

Mutigen Widerstand leistete Georg Elser. Er versuchte, Hitler während einer Gedenkveranstaltung im Münchener Bürgerbräukeller am 8. November 1939 mit einer selbstgebastelten Bombe zu töten. Der 35jährige Schreiner war davon überzeugt, mit der Ermordung Hitlers den Weltkrieg verhindern zu können. Im Februar 1945 wurde er auf Anordnung Hitlers in einem KZ umgebracht.

Jugendliche leisten Widerstand

Der 17jährige Helmut Hübener war Mitglied der Zeugen Jehovas. Er hörte englische Rundfunknachrichten ab und verbreitete sie auf Flugblättern. In seinen Flugblättern rief er auch zum Sturz Hitlers auf. Dafür wurde er zum Tode verurteilt und im Oktober 1942 hingerichtet.
Die Studentengruppe um die Geschwister Scholl und den Münchener Professor Huber riefen in ihren Flugblättern zum Widerstand gegen Hitler auf.
Im letzten Flugblatt der „Weißen Rose" vom Februar 1943 – so nannte sich die Gruppe um die Geschwister Scholl – schreiben die Autoren:

> **Q** Erschüttert steht unser Volk vor dem Untergang der Männer von Stalingrad ... Wollen wir den niederen Machtinstinkten einer Parteiclique* den Rest der deutschen Jugend opfern? Nimmer mehr! Der Tag der Abrechnung ist gekommen, der Abrechnung der deutschen Jugend mit der verabscheuungswürdigsten Tyrannis*, die unser Volk je erduldet hat. Im Namen der deutschen Jugend fordern wir vom Staat Adolf Hitlers die persönliche Freiheit, das kostbarste Gut des Deutschen zurück, um das er uns in der erbärmlichsten Weise betrogen ...

Im Februar 1943 wurden die Geschwister Scholl und ihre Freunde verhaftet und bereits 4 Tage danach hingerichtet.

Der Widerstand gegen den Nationalsozialismus

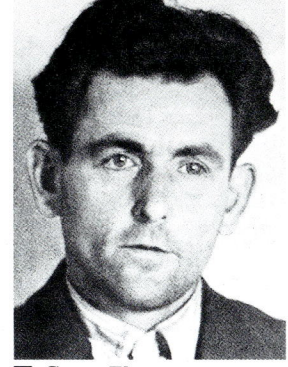

1 Mildred Harnack. 2 Georg Elser. 3 Sophie Scholl. 4 Claus Graf Schenk von Stauffenberg. Fotos.

Die Edelweißpiraten

Um 1940 bildeten sich vor allem im Rheinland spontane Jugendgruppen von Jugendlichen zwischen 14 und 18 Jahren, die sich selbst Edelweißpiraten nannten.
In einem Bericht an die Gestapo* in Düsseldorf heißt es im Juli 1943 über sie:

> Q Diese Jugendlichen im Alter von 12 bis 17 Jahren flegeln sich bis in die späten Abendstunden mit Musikinstrumenten und weiblichen Jugendlichen hier herum. Da dieses Gesindel zum großen Teil außerhalb der HJ steht und eine ablehnende Haltung zu dieser Gliederung einnimmt, bilden diese eine Gefahr für die übrige Jugend. ... Es besteht der Verdacht, daß diese Jugendlichen diejenigen sind, welche die Wände in der Unterführung an der Altenbergstraße beschreiben mit „Nieder mit Hitler", ... Nieder mit der Nazibestie" ... Diese Anschriften können so oft beseitigt werden, wie man will, innerhalb weniger Tage sind die Wände wieder neu beschrieben.

Der 20. Juli 1944

Der Widerstand von Bürgern, Diplomaten und Militärs wurde in 2 Gruppen geplant: Der ehemalige Leipziger Oberbürgermeister Karl Goerdeler beriet mit Diplomaten und Militärs über eine neue staatliche Ordnung nach dem Sturz Hitlers. Ähnliche Überlegungen stellte der sog. Kreisauer Kreis an, in dem Christen, Sozialdemokraten, Gewerkschafter, Diplomaten und Militärs zusammentrafen. Diesen Kreisen eng verbunden war der militärische Widerstand um den 1938 entlassenen Generaloberst Beck. Nachdem mehrere Attentatsversuche auf Hitler gescheitert waren, wurde Oberst Claus Graf Schenk von Stauffenberg der Motor einer Verschwörung gegen Hitler. Am 20. Juli 1944 wurde von Stauffenberg zu einer Besprechung zu Hitler nach Ostpreußen gerufen. Bei der Besprechung stellte er eine Aktentasche mit einer Bombe neben Hitler ab und verließ den Raum, um nach Berlin zu fliegen. Von dort sollte Stauffenberg den Umsturz selbst leiten. Die Bombe tötete mehrere Menschen. Hitler wurde aber nur leicht verletzt. Da die überwiegende Mehrzahl der Generale nach dem Attentat sich auf die Seite Hitlers stellte, brach der Umsturzversuch in der Nacht zusammen. Stauffenberg und andere beteiligte Offiziere wurden noch in der Nacht erschossen. In den nächsten Monaten verhaftete die Gestapo über 5000 Personen. Viele wurden vom Volksgerichtshof* zum Tode verurteilt.

Widerstand gegen die deutsche Besatzung

In den von Deutschland besetzten Gebieten bildeten sich Widerstandsgruppen, die ihre Heimat von der deutschen Besatzung befreien wollten. Sie überfielen deutsche Soldaten, sprengten Eisenbahnlinien, zerstörten Fabriken und arbeiteten mit den alliierten Truppen zusammen (vgl. S. 128).
Heldenhaften Widerstand leisteten die Juden im Warschauer Ghetto. Mit einem Aufstand im April 1943 versuchten sie, ihren Abtransport in die Vernichtungslager zu verhindern. Dieser Aufstand wurde grausam niedergeschlagen (vgl. Bild S. 127).

1 *Stellt aus dem Text eine Übersicht über die verschiedenen Formen und Möglichkeiten des Widerstandes gegen Hitler zusammen.*

Flucht und Kapitulation

Auf der Flucht. Foto 1945.

Im Januar 1945 begann die sowjetische Armee ihren letzten Angriff. In wenigen Wochen stießen die sowjetischen Soldaten bis an die Oder vor. Amerikaner und Briten bombardierten die deutschen Städte Tag und Nacht. Ihre Truppen eroberten den Westen Deutschlands. Am 25. April 1945 trafen sich sowjetische und amerikanische Truppen bei Torgau an der Elbe.

In den letzten Monaten des Krieges hatte besonders die deutsche Zivilbevölkerung Schreckliches zu erleiden. Sowjetische Soldaten rächten sich auf grausame Weise für den Terror deutscher Soldaten in der Sowjetunion. Plünderungen, Vergewaltigungen, Deportationen* und zahlreiche Morde waren nach dem Einmarsch sowjetischer Truppen in Ostpreußen an der Tagesordnung.

Durch sinnlose Durchhaltebefehle hatten die Nationalsozialisten eine frühzeitige Flucht der Bevölkerung aus Ostpreußen verhindert. Millionen von Menschen flüchteten deswegen zu spät unter chaotischen Umständen vor den vordringenden sowjetischen Truppen.

Etwa 2,8 Millionen Menschen, so wird geschätzt, verloren auf der Flucht ihr Leben. 1,5 Millionen Flüchtlinge und 500 000 deutsche Soldaten konnten durch die Marine in einer dramatischen Rettungsaktion aus dem eingeschlossenen Ostpreußen gerettet werden.

Obwohl Deutschland Anfang 1945 praktisch geschlagen war, setzten Amerikaner und Briten ihren Bombenkrieg gegen deutsche Städte fort. Bei einem Zerstörungsangriff mit Brandbomben auf das mit Flüchtlingen überfüllte Dresden kamen im Februar 1945 35 000 Menschen ums Leben. Ebenso wurden Nürnberg und Würzburg zerstört.

Im April 1945 eroberten sowjetische Truppen Berlin. Die nationalsozialistische Herrschaft endete mit dem Selbstmord Hitlers am 30. April 1945 und der Unterzeichnung der bedingungslosen Kapitulation* am 8./9. Mai 1945 durch die Führung der deutschen Wehrmacht. In allen deutschen Gebieten übernahmen die Siegermächte die Regierungsgewalt.

1 *Berichtet über das Ende des Krieges in Deutschland.*

Das Ende des Zweiten Weltkrieges

In Ostasien ging der Krieg zwischen Japan und den USA weiter, weil Japan eine Kapitulation* ablehnte. Am 6. August 1945 warfen die Amerikaner über der japanischen Stadt Hiroshima, in der 340 000 Menschen lebten, erstmals eine Atombombe ab. Durch die Explosion starben 80 000 Menschen sofort, 40 000 Menschen erlitten gefährliche Strahlungsverletzungen und Verbrennungen, an denen sie innerhalb weniger Monate starben. Die Stadt wurde fast völlig zerstört. Noch heute leiden viele Überlebende an den Spätfolgen der Strahlenschäden. Nach dem Abwurf einer zweiten Atombombe über Nagasaki kapitulierte Japan bedingungslos am 2. September 1945.

1) *Versucht, Informationen über die Auswirkungen des ersten Atombombenabwurfs aus Büchern und Zeitschriften zusammenzustellen (Stadtbibliothek, Schulbibliothek).*

2) *Informiert euch über den Stand und die Ergebnisse von Verhandlungen der letzten Jahre, mit denen Atomwaffen verringert bzw. abgeschafft werden sollen.*

1 **Hiroshima nach dem Abwurf der ersten Atombombe am 6. 8. 1945,** Foto.

	Tote	in % der Bevölkerung	davon Soldaten
Deutschland und Österreich	7 234 000	9,5	4 030 000
Sowjetunion	20 600 000	12,1	13 600 000
Polen	6 000 000	17,0	123 000
Großbritannien	388 000	0,8	326 000
Frankreich	810 000	1,9	340 000
USA	259 000	0,2	259 000
Japan	1 200 000	1,6	600 000

2 **Tote des Zweiten Weltkrieges.**

Zusammenfassung

Der Zweite Weltkrieg begann mit dem Einmarsch deutscher Truppen in Polen. Entsprechend den Vereinbarungen im Moskauer Abkommen teilten Deutschland und die Sowjetunion Osteuropa unter sich auf. Nach dem schnellen Sieg über Polen und Frankreich befahl Hitler, den Angriff auf die Sowjetunion vorzubereiten. Im Juni 1941 begann dieser Krieg. Zunächst hatten die deutschen Truppen große Erfolge, ihr Angriff blieb aber im Winter 1941/42 stecken. Die Niederlage bei Stalingrad im Januar 1943 brachte die Wende im Krieg. Nach Hitlers Befehlen übten Einheiten der SS und der Wehrmacht in den eroberten Gebieten unmenschliche Verbrechen an der Zivilbevölkerung und gefangenen Soldaten aus. Briten und Amerikaner beschlossen 1943, von Deutschland die bedingungslose Kapitulation zu fordern. In Deutschland wurde daraufhin der „totale Krieg" verkündet. Verschiedene Gruppen organisierten im Krieg den Widerstand. Ein Attentat auf Hitler am 20. Juli 1944 scheiterte. Mit der Kapitulation der deutschen Wehrmacht am 8./9. Mai 1945 endete die nationalsozialistische Herrschaft.

Die UNO – eine internationale Friedensorganisation

① Soldaten der UN (Blauhelme) im Einsatz in Libanon.

② Blick in die UN-Vollversammlung.

Hoffnung auf Frieden

Am Ende des Zweiten Weltkrieges hofften viele Menschen, daß nun endlich für lange Zeit Frieden herrschen würde. Der amerikanische Präsident Truman schlug vor, eine neue internationale Organisation zur Sicherung des Friedens in der Welt nach dem Vorbild des Völkerbundes zu gründen (vgl. S. 69). Die United Nations Organization (UNO) wurde im Juni 1945 gegründet. 51 Staaten unterzeichneten die Verfassung der neuen Organisation, die ihren Sitz in New York hat.

In der Verfassung der UNO heißt es:

> Q Wir, die Völker der Vereinten Nationen, sind entschlossen, die kommenden Generationen vor der Geißel des Krieges zu bewahren, die zu unseren Lebzeiten zweimal unsagbares Elend über die Menschheit gebracht ...
> Die Ziele der Vereinten Nationen sind:
> 1. Den Weltfrieden und die internationale Sicherheit aufrechtzuerhalten ...
> 2. Freundschaftliche Beziehungen zwischen den Nationen zu entwickeln, gegründet auf die Achtung des Grundsatzes der Gleichberechtigung und des Selbstbestimmungsrechtes der Völker sowie entsprechende andere Maßnahmen zu ergreifen, um den Weltfrieden zu festigen.
> 3. Internationale Zusammenarbeit zu erzielen, um internationale Probleme wirtschaftlicher, sozialer, kultureller oder humanitärer Art zu lösen und die Achtung der Menschenrechte und Grundfreiheiten für jedermann ohne Unterschied von Rasse, Geschlecht, Sprache oder Religion zu fördern und zu festigen.

Die Hoffnungen, durch die Vereinten Nationen den Frieden in der Welt erhalten zu können, haben sich nicht erfüllt. Auch nach 1945 gab es zahlreiche Kriege mit Millionen von Toten, Verwundeten, Flüchtlingen und Vertriebenen. Der UNO blieb oft nur die Rolle des Vermittlers zwischen den kämpfenden Parteien. Der Sicherheitsrat (siehe nächste Seite) erwies sich vielfach als nicht handlungsfähig. Der Zustrom neuer, unabhängig gewordener Staaten veränderte das Gesicht der Weltorganisation. Fast alle unabhängigen Staaten gehören heute der UNO an. Die Mehrheit bilden die Länder der „Dritten Welt". Zunehmend wurde die UNO zu einem Ort, an dem die Entwicklungsländer ihre Probleme vor die Weltöffentlichkeit bringen konnten. Internationale Konferenzen der UNO und ihrer Unterorganisationen schufen neue Möglichkeiten der Zusammenarbeit. Mit dem Ende des Kalten Krieges scheinen die Chancen der UNO zu wachsen.

Die UNO – Hilfe für Notleidende in aller Welt

Der Sicherheitsrat

Die wichtigste Institution der UNO zur Sicherung des Friedens ist der Sicherheitsrat (vgl. Schaubild). Jedes der fünf ständigen Mitglieder kann durch sein „Veto" (Nein) zu einem Antrag verhindern, daß der Sicherheitsrat der UNO einen Beschluß fassen kann. Der Sicherheitsrat ist nur handlungsfähig, wenn sich diese fünf Mitglieder in einer Sache einig sind. Vor allem die Interessengegensätze der beiden mächtigsten Staaten, USA und Sowjetunion, schränkten deshalb seine Handlungsmöglichkeiten stark ein. Mit dem Zerfall der Sowjetunion hat sich auch hier die Lage verändert.

Bei einigen größeren militärischen Konflikten haben die Bemühungen der UNO für einen Waffenstillstand gesorgt, den die UNO durch ihre „Friedenstruppen" überwacht. Die Friedenstruppen der UNO bilden Soldaten solcher Nationen, die am jeweiligen Konflikt nicht beteiligt sind. An ihren blauen Helmen mit dem Wappen der UNO sind die Soldaten der UN-Friedenstruppe zu erkennen. Ihre Aufgabe ist es, einen Waffenstillstand zu überwachen, ohne aber in die Kämpfe direkt einzugreifen.

1. *Beschreibt mit Hilfe des Schaubildes die Institutionen der UNO.*
2. *Erkundigt euch nach den derzeitigen nichtständigen Mitgliedern des Sicherheitsrates.*
3. *Sammelt Zeitungsberichte über Beschlüsse des Sicherheitsrates zu aktuellen Konflikten.*

Die Vollversammlung der UNO

Einmal im Jahr treffen sich in New York alle Mitgliedsstaaten der United Nations. In diesen Versammlungen werden wichtige Fragen der Weltpolitik diskutiert und für alle Mitgliedsstaaten verbindliche Beschlüsse gefaßt. Jeder Staat hat eine Stimme. Allerdings kann die UNO keinen Staat unmittelbar zwingen, diese Beschlüsse durchzuführen.

4. *Schreibt an das Bundesaußenministerium in Bonn und bittet um Informationsmaterial über die Mitarbeit der Bundesrepublik Deutschland in der UNO.*

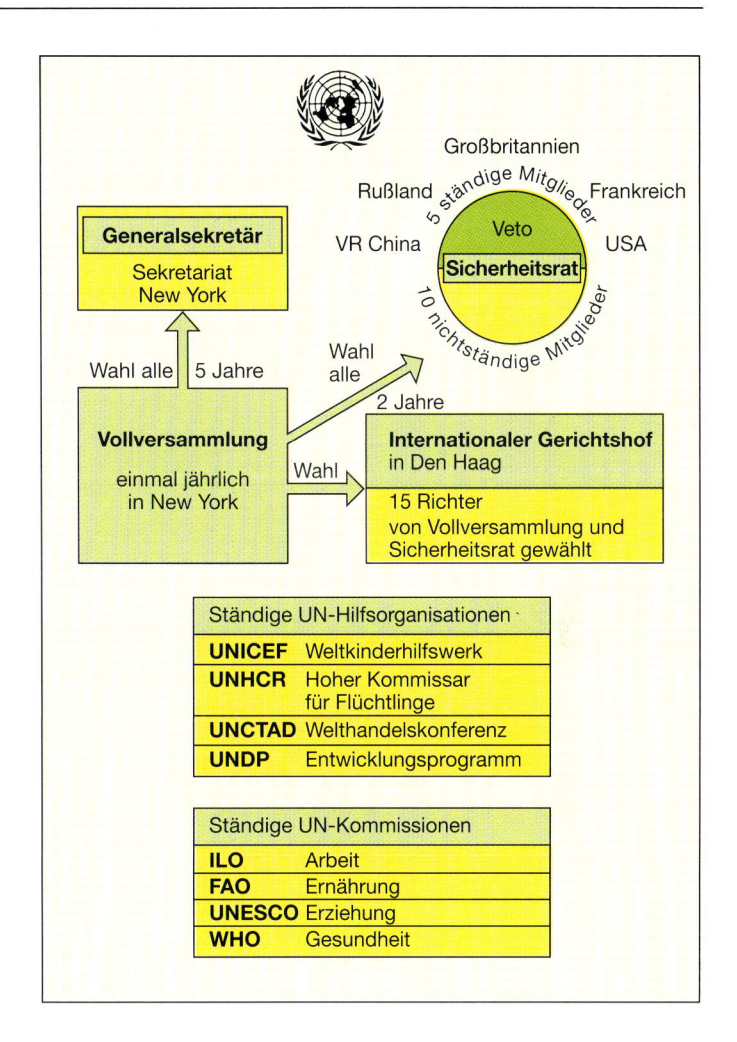

Generalsekretär	5 ständige Mitglieder: Großbritannien, Rußland, Frankreich, VR China, USA
Sekretariat New York	Sicherheitsrat – Veto
Vollversammlung einmal jährlich in New York	10 nichtständige Mitglieder
	Internationaler Gerichtshof in Den Haag – 15 Richter von Vollversammlung und Sicherheitsrat gewählt

Wahl alle 5 Jahre – Wahl alle 2 Jahre – Wahl

Ständige UN-Hilfsorganisationen	
UNICEF	Weltkinderhilfswerk
UNHCR	Hoher Kommissar für Flüchtlinge
UNCTAD	Welthandelskonferenz
UNDP	Entwicklungsprogramm

Ständige UN-Kommissionen	
ILO	Arbeit
FAO	Ernährung
UNESCO	Erziehung
WHO	Gesundheit

Das Weltkinderhilfswerk (UNICEF)

Mit zahlreichen Hilfsorganisationen unterstützt die UNO notleidende Menschen in aller Welt. Das Flüchtlingshilfswerk der UNO versorgt Flüchtlinge mit Nahrungsmitteln und ärztlicher Hilfe. Das Weltkinderhilfswerk (UNICEF) will besonders Kindern in der Dritten Welt helfen. Ein Schwerpunkt der Arbeit liegt in der Einrichtung von Gesundheitszentren in den Dörfern der Dritten Welt. Dort werden die Kinder und ihre Mütter ärztlich versorgt. Die Verbesserung des Trinkwassers durch den Bau von Brunnen und Filteranlagen ist ein weiterer Schwerpunkt der Arbeit. Große Anstrengungen unternimmt UNICEF auch, um die Ernährung der vielen hungernden Kinder in der Dritten Welt sicherzustellen. Im Mittelpunkt steht die Beratung der Mütter, wie sie mit einfachen Mitteln nahrhafte Speisen zubereiten können.

5. Deutschland mitten in Europa

1945	1949	1961	1970	1973	3.10.1990
Potsdamer Abkommen	Gründung der Bundesrepublik Deutschland / Deutschen Demokrat. Republik	Berliner Mauer	Ostverträge	Grundlagenvertrag	Deutsche Einheit

1500 1600 1700 1800 1900 2000

[1] **Einheiten der nationalen Volksarmee und Betriebskampfgruppen am 14. August 1961 vor dem Brandenburger Tor.**

– *Überlegt, welche Probleme der deutschen Geschichte nach 1945 mit den beiden Bildern angesprochen werden.*
– *Sammelt Fragen, die euch zu den Bildern einfallen.*

[2] **Westberliner und Ostberliner auf der Mauer vor dem Brandenburger Tor am 10. November 1989.**

Neubeginn in Deutschland

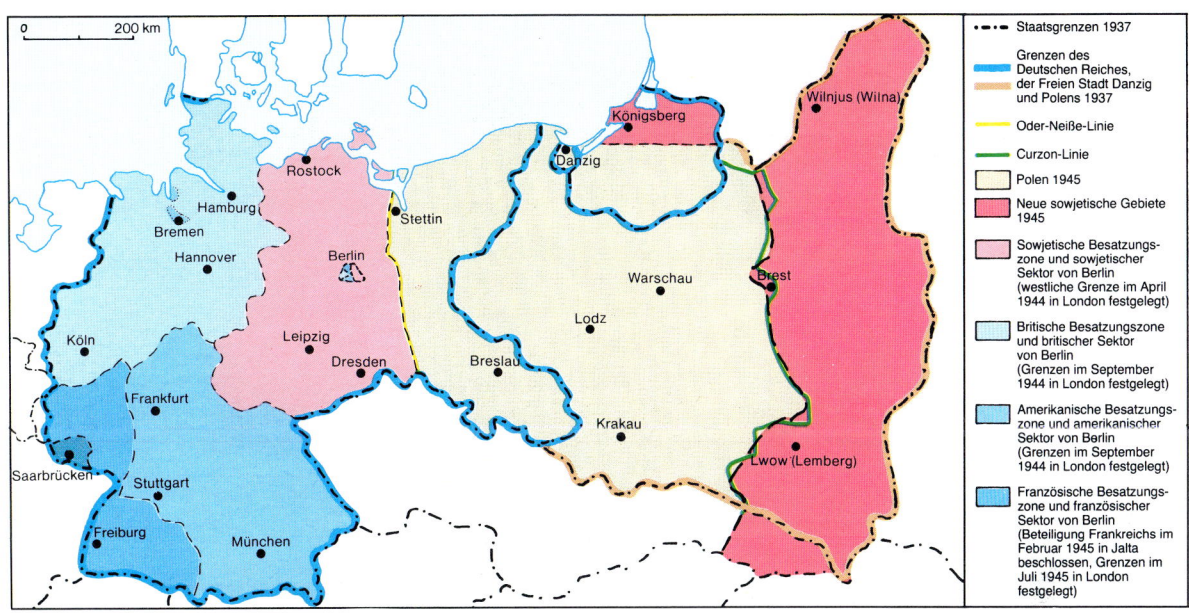

Die Aufteilung des Deutschen Reiches.

Legende:
- ─·─·─ Staatsgrenzen 1937
- Grenzen des Deutschen Reiches, der Freien Stadt Danzig und Polens 1937
- Oder-Neiße-Linie
- Curzon-Linie
- Polen 1945
- Neue sowjetische Gebiete 1945
- Sowjetische Besatzungszone und sowjetischer Sektor von Berlin (westliche Grenze im April 1944 in London festgelegt)
- Britische Besatzungszone und britischer Sektor von Berlin (Grenzen im September 1944 in London festgelegt)
- Amerikanische Besatzungszone und amerikanischer Sektor von Berlin (Grenzen im September 1944 in London festgelegt)
- Französische Besatzungszone und französischer Sektor von Berlin (Beteiligung Frankreichs im Februar 1945 in Jalta beschlossen, Grenzen im Juli 1945 in London festgelegt)

Die Konferenz von Jalta

1 *Betrachtet die Karte. Beschreibt, welche Veränderungen sich für Deutschland und Polen im Vergleich zu den Grenzen von 1937 ergeben haben.*

Während des Krieges trafen die „Großen Drei" (der amerikanische Präsident Roosevelt, der sowjetische Ministerpräsident Stalin und der britische Premierminister Churchill) mehrmals zusammen. Sie verhandelten, was nach dem Krieg in Europa geschehen sollte. Im Februar 1945 beschlossen sie in Jalta am Schwarzen Meer u. a. folgendes:
- Einteilung Deutschlands in vier Besatzungszonen,
- Einsetzung eines Alliierten* Kontrollrates unter Beteiligung Frankreichs.
- Festlegung der neuen polnischen Ostgrenze. Entsprechende Erweiterung des polnischen Staatsgebietes nach Westen auf Kosten Deutschlands. Auf die genaue Grenzziehung konnte man sich nicht einigen.
- Berlin soll der gemeinsamen Verwaltung der vier Besatzungsmächte unterstellt werden.

Aus der alliierten Erklärung in Anbetracht der Niederlage Deutschlands (5. Juni 1945):

> **Q** Die deutschen Streitkräfte sind geschlagen und haben bedingungslos kapituliert* ...
> Es gibt in Deutschland keine zentrale Regierung oder Behörde, die fähig wäre, die Verantwortung für die Aufrechterhaltung der Ordnung und für die Ausführung der Forderungen der siegreichen Mächte zu übernehmen ...
> Die Regierungen des Vereinigten Königreiches, der Vereinigten Staaten von Amerika, der Union der Sozialistischen Sowjetrepubliken und die Provisorische Regierung* der Französischen Republik übernehmen hiermit die oberste Regierungsgewalt in Deutschland, einschließlich aller Befugnisse der deutschen Regierung, des Oberkommandos der Wehrmacht und der Regierungen, Verwaltungen oder Behörden der Länder, Städte und Gemeinden.

Der Alliierte Kontrollrat setzte sich aus den Oberkommandierenden der Streitkräfte zusammen. Sie waren gleichzeitig Oberbefehlshaber in ihren Besatzungszonen. Die Fragen, die Deutschland als Ganzes betrafen, mußten im Kontrollrat einstimmig entschieden werden.

2 *Entnehmt aus den Texten, wer über die Zukunft Deutschlands bestimmte.*

3 *Überlegt, warum die Deutschen an den Beratungen über ihre Zukunft nicht beteiligt wurden.*

Pläne für Deutschland

Die Konferenzrunde von Potsdam. Foto 1945.

Die Konferenz von Potsdam

Vom 17. 6. bis zum 2. 8. 1945 berieten die „Großen Drei", die Vereinigten Staaten, Großbritannien und die Sowjetunion, in Potsdam.
Am Ende stand das sogenannte Potsdamer Abkommen, das u. a. folgende Beschlüsse enthielt:

Q Alliierte Armeen führen die Besatzung von ganz Deutschland durch, und das deutsche Volk fängt an, die furchtbaren Verbrechen zu büßen.
Der deutsche Militarismus und Nazismus werden ausgerottet ... damit Deutschland niemals mehr seine Nachbarn oder die Erhaltung des Friedens in der ganzen Welt bedrohen kann.
Alle aktiv tätigen Mitglieder der nazistischen Partei sind aus den öffentlichen Ämtern und verantwortlichen Posten in wichtigen Privatunternehmungen zu entfernen.
Das Erziehungswesen in Deutschland muß so überwacht werden, daß eine erfolgreiche Entwicklung der demokratischen Ideen möglich gemacht wird.
In ganz Deutschland sind alle demokratischen politischen Parteien zu erlauben.
Die Herstellung von Kriegsmaterial ist zu verbieten.
Entsprechende Produktionsanlagen sind entweder zu demontieren* oder zu vernichten.
Das Hauptgewicht ist auf die Entwicklung der Landwirtschaft und der Friedensindustrie für den inneren Bedarf zu legen.
Während der Besatzungszeit ist Deutschland als eine wirtschaftliche Einheit zu betrachten. Jede Besatzungsmacht entnimmt ihre Reparationen* aus ihrer Zone. Die Sowjetunion erhält zusätzlich aus den westlichen Zonen bestimmte Güter.
Die endgültige Festlegung der Westgrenze Polens soll bis zur Friedenskonferenz zurückgestellt werden. Bis dahin sollen die früher deutschen Gebiete östlich der Oder/Neiße-Linie unter die Verwaltung des polnischen Staates kommen.

1 *Stellt zusammen, mit welchen Beschlüssen die Siegermächte diese Ziele verwirklichen wollten.*
2 *Stellt Vermutungen darüber an, was die Beschlüsse über Polens Westgrenze für die deutschen Ostgebiete bedeuteten.*
3 *Stellt Vermutungen darüber an, was die Beschlüsse für Polen bedeuteten.*

Überleben nach Kriegsende

1 **Zerstörtes Köln.** Foto 24. 4. 1945.

Wohnraumzerstörung und Wohnungsnot
Der Schriftsteller Paul Schallück beschreibt 1970 einen Gang, der ihn 1945 durch das zerstörte Köln führte:

> **Q** Ich bin über einen Trampelpfad geschlichen, der vom Dom wegführte irgendwohin in eine Wüste aus Schutt, und habe erst hinterher erfahren, daß es die Hohe Straße war, das Zentrum des Kaufens und Verkaufens ... Ich habe hinter den Resten des Spanischen Baues den Rathaussaal gesucht und nicht gefunden. Ich habe mich umgedreht und von überall her den Dom in seiner ganzen Größe gesehen und immer ganz nah. Denn da war nichts, was den Blick hinderte. Da waren nur Trümmer, nur schmale Schornsteine, nur entlaubte Baumstrünke, nur leere Fensterhöhlen in Fassaden, hinter denen kein Haus stand. Dies war eine eingewalzte Stadt, die keine mehr war.

1. Beschreibt eure Eindrücke angesichts des Fotos und des Textes.
2. Gebt anhand der Karte einen Überblick über die Zerstörungen in Deutschland.
3. Versucht herauszufinden, welche Schäden euer Heimatort im Krieg erlitten hat.

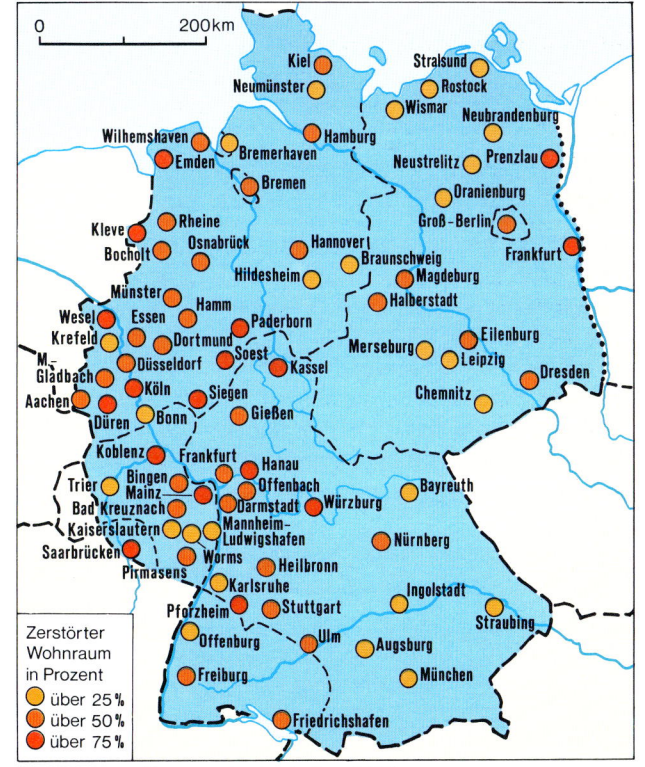

Zerstörter Wohnraum in Prozent
- über 25 %
- über 50 %
- über 75 %

2 **Kriegszerstörungen in deutschen Städten.**

Überleben nach Kriegsende

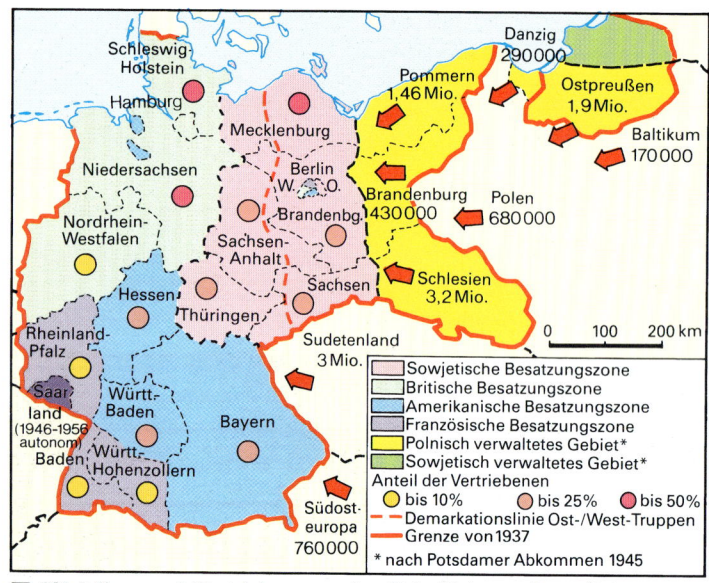

1 Flüchtlinge und Vertriebene aus den Ostgebieten und aus Osteuropa.

2 Flüchtlinge. Foto 1945.

Heimkehrer

Aus einer amtlichen Bekanntmachung in Göttingen vom 22. September 1945:

Q 1 5000 heimgekehrte Soldaten müssen eingekleidet werden!
Neue Scharen von Soldaten sind aus der Kriegsgefangenschaft zurückgeströmt und besitzen nichts mehr als die abgetragene Uniform, die sie auf dem Leibe haben. Noch einmal müssen wir alle Kräfte zusammennehmen und uns von Dingen trennen, auf die wir bisher nicht verzichten zu können meinten.
Wir brauchen: 5 000 Anzüge
10 000 Oberhemden
10 000 Unterhosen
Wir brauchen Mützen und Hüte und alle Arten von Resten, aus denen wir Mützen machen können. Wir brauchen viele Knöpfe, Zwirn, Nähgarn dazu. Frauen und Mädchen, meldet Euch als Helferinnen für die Nähstuben! Gartenbesitzer, bringt Obst zur Erquickung von durchwandernden Soldaten! Hausfrauen gebt Einmachgläser für die Flüchtlinge! Helft helfen!

1 *Beschreibt, wie man in Göttingen versuchte, die Not zu lindern.*
2 *Beschreibt die Lage der auf dem Bild dargestellten Menschen.*

Vertreibung aus den Ostgebieten

Auf Befehl der Siegermächte mußten viele Deutsche in den Ostgebieten ihre bisherige Heimat verlassen. Ungefähr 15 Millionen Menschen wurden kurzfristig gezwungen, mit wenig Gepäck in die westlichen Gebiete zu ziehen.
Erlebnisbericht aus dem polnisch besetzten Kreis Dramburg, Pommern vom Juni 1945:

Q 2 Am Nachmittag des 28. Juni kamen zwei polnische Soldaten und forderten uns auf, binnen 15 Minuten das Haus zu verlassen und zum Dorfplatz zu kommen ... Auf dem Dorfplatz angekommen, wo sich fast alle Einwohner des Dorfes versammelt hatten, wurden wir weitergeschickt in Richtung Nuthagen ...
Jedem fiel die mühselige Wanderung schwer, besonders aber den Alten und Schwächlichen. Noch wußten wir nichts über das Ziel. Gelegentlich sprach ein polnischer Soldat das Wort „Na Odder" – also über die Oder. Da ging uns ein Licht auf ... Immer größer wurde der Leidenszug.

3 *Berichtet mit Hilfe der Quelle und der Karte über die Vertreibung.*
4 *Sucht auf einem Atlas Pommern und berechnet, welche Entfernung die Flüchtlinge zurücklegen mußten, um beispielsweise von Stolp nach Göttingen zu kommen.*

Überleben nach Kriegsende

1 „Trümmerfrauen" bei Aufräumungsarbeiten in Dresden. Foto 1945.

2 Frauenalltag 1945. Foto.

3 Frauen suchen nach ihren Angehörigen. Foto um 1946.

Die Situation der Frauen

1. *Betrachtet die Bilder auf dieser Seite. Tragt zusammen, was ihr über die Lebensverhältnisse der Frauen zu dieser Zeit erfahrt.*
2. *Lest den Text aufmerksam durch. Beurteilt das Leben der Frauen damals.*

Frau G. Arends erinnert sich 1982, wie sie 1946 Kartoffeln beschaffte:

> Q Eine Bekannte und ich sind mit Hacken und meinem Kinderwagen losgezogen. Es waren sicher mehr als vier Kilometer, bis wir auf ein abgeerntetes Kartoffelfeld kamen. Wir haben uns auf den Acker gestürzt und haben Reihe für Reihe nachgehackt. Ich weiß noch, wie stolz wir waren, als wir nach einigen Stunden fast einen Zentner gesammelt hatten. Aber das war zuviel für den Kinderwagen. Wir waren noch nicht auf der Asphaltstraße, da zerbrach ein Rad. Aber die Kartoffeln aufgeben? Nie! Wir drehten aus Bindfaden und meinen Schnürsenkeln einen Tragegriff, den wir an die Achse mit dem zerbrochenen Rad banden. Nun hielt eine den Wagen im Gleichgewicht, und die andere schob. Zum Glück hielten die anderen drei Räder, und wir brachten die Kartoffeln heim.

Überleben nach Kriegsende

Überfüllter Personenzug. Foto 1945.

	Um die Jahreswende 1947/48 betrug die Zuteilung für einen Normalverbraucher in 4 Wochen	Heute verbraucht jeder Deutsche in 4 Wochen ca.
Brot	10000 g	17400 g
Grieß, Graupen, Maismehl	1250 g	30 g
Kartoffeln	8000 g	13000 g
Zucker	500 g	2500 g
Fleisch	400 g	4000 g
Fett	175 g	2200 g
Käse	250 g	400 g
Fisch	50 g	1000 g
Ei	50 g	900 g
Milch	½ l (Magermilch)	11 l (Voll-, Mager-, Kondensmilch)
Obst	500 g	4700 g
Gemüse	–	3800 g

1 *Berechnet nach diesen Angaben, wie viele Lebensmittel für einen Tag zur Verfügung standen.*

Versorgung der Bevölkerung

In dem Bericht des Ernährungsamtes Trier vom September 1945 heißt es:

Q 1 Menschenschlangen vor den Lebensmittelgeschäften sind leider eine tägliche Erscheinung im Stadtbild geworden. Ein oder zwei Stunden anstehen für ein Brot, 100 g Fleisch oder ½ l Milch ist fast zur Selbstverständlichkeit geworden. Wenn ein Bäcker Brot backt, so geht das wie ein Lauffeuer durch die Straßen; Folge, die Massen stellen sich vor dem Bäckerladen an und warten geduldig, bis das Brot aus dem Ofen kommt. Wer hinten steht, hat wenig Aussicht, ein Brot zu erhalten, denn ein Backofen ist nicht unerschöpflich.

Um die Ernährungslage aufzubessern, sammelten Kinder Brennesseln und Kräuter, die zu Salaten verarbeitet wurden. In der größten Not schreckten Menschen auch nicht davor zurück, auf der Straße verendete Pferdekadaver auszuweiden oder gefangene Katzen zu braten.

An die Bevölkerung wurden Lebensmittelkarten ausgegeben. So wurden Höchstmengen festgesetzt, die ein „Normalverbraucher" in einem bestimmten Zeitraum kaufen konnte.

Etwas günstiger als in den Städten war die Lage auf dem Lande. Die Bauern hatten Lebensmittel genug. Daher kam es oft vor, daß Stadtbewohner auf eigene Faust aufs Land fuhren, um Lebensmittel im Tausch zu erwerben.

In einer Stuttgarter Zeitung wurde 1946 über „Hamsterfahrten" berichtet:

Q 2 Eigentlich steigt man nicht in den Zug. Man stürmt den Zug. Viele Hunderte waren bereits mehrere Stunden vor der Abfahrtszeit auf dem Bahnhof, wo der Zug eingesetzt wird. Sie springen auf die Trittbretter, hängen sich an die Türgriffe, erobern sich einen Platz. Sie sind rücksichtslos und haben verschlossene Gesichter...
Sie übernachten in Wartesälen..., sie kommen tagelang nicht aus den Kleidern, sie müssen Stolz und Scham in sich niederzwingen, wenn sie von Hof zu Hof gehen, und sie fühlen sich mit ihren Kartoffelsäcken nicht sicher, ehe sich nicht die Wohnungstür hinter ihnen geschlossen hat.

2 *Erklärt, was ihr auf dem Bild seht.*
3 *Denkt euch einen Erlebnisbericht eines „Hamsterfahrers" aus.*

Überleben nach Kriegsende

1 Auf der Jagd nach ein paar Brocken Kohle. Foto 1946.

2 Schwarzmarkt. Foto 1947.

Not der Schüler im Winter 1946/47.

1 *Beschreibt Bild 1.*

Im Winter wurde die Situation für die Menschen noch schwieriger. Das zeigt auch folgender Bericht von K. H. Müller, der sich 1981 in einem Interview an den Februar 1947 erinnerte:

> Wegen des Kohlenmangels war auch die Schule geschlossen. In ganz Göttingen waren nur zwei Schulen geheizt, in denen für alle Göttinger Schüler die Aufgaben ausgegeben und eingesammelt wurden. Einmal in der Woche mußte ich zur Schule, gab meine Arbeiten ab und schrieb mit klammen Fingern die Aufgaben für die kommende Woche von der Tafel ab. . . . Die Schularbeiten machte ich dann im Bett oder in der Wärmstube der Geiststraße. Auf dem Rückweg von der Wärmstube ging ich immer über den Güterbahnhof, um zu sehen, ob ich Kohle erwischen konnte. Dort trieben sich immer ganze Scharen von Kindern rum, die wie ich Kohlen klauen wollten. Einen Brotbeutel hatte ich immer dabei, und wenn ich den voll Kohlen mit nach Hause brachte, war es ein guter Tag.

2 *Macht euch Gedanken über die Lage der Jugendlichen. Überlegt, welche Sorgen sich wohl die Eltern gemacht haben werden.*

Der Schwarzmarkt

Die Nationalsozialisten hatten zur Finanzierung des Krieges immer mehr Geld gedruckt. Am Ende des Krieges war die Reichsmark fast wertlos. Waren wurden fast nur gegen Waren getauscht. Zigaretten galten als Ersatzwährung.

Für solche Geschäfte bildete sich ein Schwarzmarkt heraus. Auf dem Schwarzmarkt war fast alles zu haben, wenn der entsprechende Gegenwert geboten wurde. Die Schwarzhändler, auch Schieber genannt, erschlossen immer neue Quellen. So wurde aus den Vorräten der Besatzungsmächte illegal etwas abgezweigt, offizielle Lieferungen erreichten nie ihren Bestimmungsort, ganze Lastwagen voll Gemüse wurden in die Städte geschmuggelt. Es wurde schwarzgebacken, schwarzgeschlachtet, ja sogar Lebensmittelkarten wurden schwarzgedruckt.

Obwohl das Schwarzhandeln verboten war und die Polizei scharf kontrollierte, konnte der Schwarzmarkt bis 1948 nie völlig unterbunden werden.

3 *Erläutert den Begriff „Schwarzmarkt".*

4 *Denkt über Vor- und Nachteile eines Schwarzmarktes nach.*

Sühne für NS-Verbrechen in West und Ost

Die Hauptangeklagten im Nürnberger Prozeß 1945/46. In den ersten Reihen die Verteidiger, dahinter in zwei Reihen die Angeklagten.

Die Entnazifizierung

Mitglieder der Nazi-Regierung, Führer der NSDAP* und Befehlshaber der Wehrmacht wurden vor einen internationalen Gerichtshof in Nürnberg gestellt. Ihnen wurden Verbrechen gegen den Frieden und die Menschlichkeit vorgeworfen. Nach einjähriger Verhandlung verhängte das Gericht 12 Todesurteile, 7 Haftstrafen (3 lebenslange), sprach aber auch 3 Angeklagte frei.

In den einzelnen Besatzungszonen wurden danach weitere führende Militärs, SS-Leute*, aber auch Wirtschaftsführer angeklagt, in den Westzonen 5133 Personen. Es gab 688 Todesurteile, aber nicht alle wurden vollstreckt; manche Wirtschaftsführer wie Friedrich Flick oder Alfred Krupp wurden schon nach erheblich verkürzter Haftzeit entlassen.

Anfang 1946 wurde das Entnazifizierungsverfahren auf die gesamte Bevölkerung ausgedehnt. So mußte z. B. in der amerikanischen Zone jeder einen Fragebogen ausfüllen, der über die Mitgliedschaft in NS-Organisationen, aber auch über entlastende Punkte Aufschluß geben sollte. Von sogenannten Spruchkammern wurde das Urteil gefällt. Es konnte in fünf Abstufungen von „unbelastet" über „Mitläufer" bis „Hauptschuldiger" lauten.

Mit dem sogenannten „Persilschein" versuchten viele ihre Unschuld zu beweisen. „Persilschein" nannte man eidesstattliche Erklärungen, in denen beispielsweise Juden, politisch Verfolgte oder Geistliche jemandem untadeliges Verhalten in der Nazizeit bescheinigten. Mit der Zeit entstand ein regelrechter „Persilscheinmarkt".

Die Entnazifizierung ist bis heute umstritten. Der französische Historiker A. Grosser urteilte 1970:

„In der sowjetischen Zone ging man von dem Grundsatz aus, daß die soziale Revolution* durch die Entfernung derer erkauft werden mußte, die bis dahin an der Spitze von Staat und Wirtschaft gestanden haben. Den „Kleinen" konnte rasch verziehen werden, sobald sie sich den neuen Normen fügten. In den Westzonen konnte man 1946 den Eindruck gewinnen, daß je nach dem Nutzen, den jemand für Wirtschaft und Verwaltung versprach, mehr oder weniger streng gesäubert wurde. Und als die Amerikaner merkten, daß die Säuberung die Universitäten funktionsunfähig machte, setzten sie auch Professoren mit ziemlich belasteter Vergangenheit wieder ein." (1)

1 *Beschreibt die Unterschiede in der Entnazifizierung in der sowjetischen und amerikanischen Zone.*

Zusammenfassung

Nach Kriegsende standen die Menschen in Deutschland vielen Problem gegenüber: Obdachlosigkeit – Kälte und Hunger – Vertreibung – Suche nach Familienangehörigen – Verlust jeder politischen Mitbestimmung.

Die Siegermächte versuchten, mit dem Potsdamer Abkommen eine gemeinsame Regelung für Deutschland zu treffen. Bald nach dem Krieg zerbrach aber das Bündnis der Siegermächte.

Zum Weiterlesen

Sag mir einen, der nicht schiebt...
Fred kam nicht mehr dazu, darauf zu antworten. Die Tür ging, und die Mutter kam. „Euch hört man ja bis ins Treppenhaus", rief sie im Flur. Dann ging sie in die Küche.
Eule sprang auf und folgte der Mutter. Sie stellte ihre Tasche auf dem Küchentisch ab, drehte sich um und sah Eule fragend an. Eule wollte etwas sagen, wollte fragen, doch erst wußte er nicht, wie er beginnen sollte, und dann bemerkte er, wie verkrampft die Mutter dastand. Er ahnte, daß ihr der Rücken schmerzte und die Arme schwer waren und daß es sie viel Mühe kostete, sich aufrecht zu halten, und fragte nichts. Und dann kam Fred und guckte in Mutters Tasche. Er fand ein halbes Brot, nahm es heraus, brach ein Stück ab und biß hinein. Kauend entschuldigte er sich: „Ich habe einen Wahnsinnshunger."
Die Mutter nahm Fred das Brot weg. „Beherrsch dich!" fuhr sie ihn an...
„Die Kartoffeln sind für heute, das Brot ist für morgen", sagte sie, nahm zwei Messer aus dem Küchenschrank, rief Karin und winkte Eule und gab jedem ein Messer.
„Schält nicht zu dick und werft die Schalen nicht weg, wir brauchen sie noch."
„Für Kartoffelpuffer, ich weiß!" Karin verzog das Gesicht.
„Die Schalen nicht zu dick, aber trotzdem Kartoffelpuffer daraus machen! Da fressen wir ja Dreckpuffer."
„Ich kann's nicht ändern." Die Mutter setzte sich auf den Hocker, zog die Schuhe aus, rieb sich die Füße...
„Wo warst du heute eigentlich?" fragte Karin die Mutter.
„Bei Lieseckes jedenfalls nicht. Frau Liesecke hat selber verkauft, ich hab sie im Laden gesehen."...
„Frau Liesecke hat wieder einen Mann", sagte die Mutter da. „Sie braucht mich nicht mehr."
„Und was machst du jetzt?" Karin ließ das Messer sinken.
„Trümmerfrau."
„Trümmerfrau?"
„Habt ihr was dagegen?"

Fred fuhr sich mit der Hand über das glatt nach hinten gekämmte Haar. „Besonders toll finde ich es nicht."
„Nicht hungern ist immer toll."
„Du willst mich nicht verstehen", sagte Fred.
„Ich verstehe dich ganz gut", erwiderte die Mutter. „Dir imponieren nicht die Frauen, die dafür sorgen, daß die Trümmerberge verschwinden, daß aus Steinen Häuser werden, daß all die Obdachlosen in den Baracken und Kellern wieder ein Dach über dem Kopf bekommen, dir imponieren die Schieber, die auf eine leichte Art ein feines Leben führen."
„Mit deinem ‚Ehrlich währt am längsten' kommst du nicht sehr weit", entgegnete Fred ärgerlich. Und dann schüttelte er vorwurfsvoll den Kopf. „Acht Stunden Steine klopfen oder Loren schieben! Dabei immer in Gefahr, auf einen Blindgänger zu treten, der mit dir in die Luft geht. Und alles für ein paar Mark dreißig."
Die Mutter nahm die geschälten Kartoffeln, spülte sie unter dem Wasserhahn ab und legte sie in einen Topf. „Ich habe Angst um dich, Fred", sagte sie dann. „Den ganzen Tag auf der Couch, dazu diese Burschen, mit denen du dich herumtreibst und die dir diese Weisheiten eintrichtern – das nimmt kein gutes Ende."...
Die Mutter stellte den Topf mit den Kartoffeln auf den Herd. Fred zog Streichhölzer aus der Hosentasche und steckte das Gas an. Eine bläuliche Flamme tanzte um den Ring. Die Mutter nahm eine Kasserolle und begann, mit Wasser und Mehl eine Soße anzurühren. „Alle diese Schieber!" sagte sie wieder. „Sie sitzen in den Kneipen und trinken, sie leben auf Kosten der Armen und Dummen und fühlen sich auch noch wohl dabei." „Sage mir einen, der nicht schiebt", entgegnete er ausweichend, „und ich stifte dir einen Ehrenpreis."
„Ich", erwiderte die Mutter, „ich schiebe nicht!"
„Dafür wühlst du im Dreck", gab Fred zurück. „Ist das besser?"...
„Es schieben doch wirklich alle", verteidigte Karin den Bruder. „Geh doch mal auf den schwarzen Markt, da triffst du mehr Bekannte als Unbekannte."

Wie es in Berlin 1947 weiterging, könnt ihr nachlesen in dem Buch von Klaus Kordon, Ein Trümmersommer. Beltz-Verlag 1982.

Der Kalte Krieg

Frieden heute. Der Frieden als Balanceakt zwischen der Kontrolle über die Welt (world control) und ihrer Vernichtung (destruction). Amerikanische Karikatur aus dem Jahre 1947.

Der Kampf um die Vorherrschaft

1 *Sprecht über die Karikatur und beachtet dabei das Entstehungsjahr.*

Nach dem Abwurf der ersten Atombombe über Japan 1945 verfügten allein die USA über Atomwaffen. Sie glaubten, gestützt auf die Atomwaffen und ihre starke Wirtschaftskraft, weltweit Einfluß ausüben zu können. Die bei der Gründung der UNO verkündeten Friedensziele wollten die USA überall auf der Welt durchsetzen. Diesen Anspruch auf Vorherrschaft der USA lehnte die UdSSR entschieden ab. Sie versuchte im Sinne der kommunistischen Theorie von der Weltrevolution, den Einfluß der Kommunisten ebenso weltweit zu sichern. Bereits 1945 hatte der Generalsekretär der KPdSU*, Stalin, die Ziele seiner Politik beschrieben:

> **Q 1** Dieser Krieg ist nicht wie in der Vergangenheit; wer immer ein Gebiet besetzt, legt ihm auch sein eigenes gesellschaftliches System auf. Jeder führt sein eigenes System ein, soweit seine Armeen vordringen. Es kann gar nicht anders sein.

Die im Krieg gegen Deutschland verbündeten Mächte USA und UdSSR wurden ab Mitte 1945 aufgrund der unterschiedlichen gesellschaftlichen und wirtschaftlichen Grundüberzeugungen zu erklärten Gegnern.

Der Eiserne Vorhang

In Osteuropa weitete die UdSSR planmäßig ihren Einfluß aus, indem sie in allen von den Sowjettruppen besetzen Gebieten kommunistisch beherrschte oder beeinflußte Regierungen einsetzte (Polen, Rumänien, Bulgarien, Ungarn, Sowjetische Besatzungszone Deutschlands). Im Iran, in der Türkei und in Griechenland versuchte die UdSSR kommunistische Gruppen zu stärken, ebenso in Nordkorea und in der Mandschurei.

Zu dieser Politik sagte der ehemalige britische Premierminister Winston Churchill am 5. März 1946:

> **Q 2** Von Lübeck an der Ostsee bis nach Triest an der Adria hat sich ein Eiserner Vorhang über den Kontinent gesenkt. Dahinter liegen die Hauptstädte der vormaligen Staaten Zentral- und Osteuropas: Warschau, Berlin, Prag, Wien, Budapest, Belgrad, Bukarest und Sofia. Alle diese berühmten Städte und die umwohnende Bevölkerung befinden sich in der Sowjetsphäre ... und unterstehen im hohen Maße der Kontrolle Moskaus. Die von den Russen beherrschte polnische Regierung wurde aufgemuntert, ungeheure und unberechtigte Übergriffe auf deutsches Gebiet zu unternehmen; eine Massenaustreibung von Millionen Deutschen findet statt ... Den in diesen osteuropäischen Staaten sehr kleinen kommunistischen Parteien wurde eine Machtstellung eingeräumt, die ihrer zahlenmäßigen Stärke keineswegs entspricht, und sie versuchen nun allenthalben, die Kontrolle vollständig zu erlangen.

2 *Beschreibt mit euren Worten die Politik der UdSSR nach 1945.*
3 *Erklärt den Begriff „Eiserner Vorhang".*

Die Politik der Eindämmung

Die USA antworteten auf das Vorgehen der UdSSR mit einer Politik der Eindämmung des kommunistischen Einflusses. Im Iran, in Griechenland und in der Türkei verhinderten sie durch massive Unterstützung westlicher Gruppen eine kommunistische Machtübernahme. Vor dem Hintergrund der sich in China abzeichnenden Machtübernahme der Kommunisten und der Vorgänge in Europa erklärte Präsident Truman am 12. März 1947 vor dem Kongreß:

> **Q 3** Um die friedliche, ungezwungene Entwicklung der Nationen sicherzustellen, haben die USA sich an führender Stelle an der Errichtung der Vereinten Nationen (UNO) beteiligt ... Wir werden unser Ziel jedoch nicht verwirklichen, wenn wir nicht bereit sind, den freien Völkern zu helfen, ihre freien Institutionen und ihre nationale Integrität* gegenüber aggressiven* Bewegungen zu erhalten, die ihnen

148

Hilfe durch den Marshallplan

totalitäre Regime aufzwingen wollen ... Im gegenwärtigen Abschnitt der Weltgeschichte muß fast jede Nation ihre Wahl in bezug auf ihre Lebensweise treffen. Nur allzu oft ist es keine freie Wahl. Die eine Lebensweise gründet sich auf den Willen der Mehrheit und zeichnet sich durch freie Institutionen, freie Wahlen, Garantie der individuellen Freiheit, Rede und Religionsfreiheit und Freiheit vor politischer Unterdrückung aus. Die zweite Lebensweise gründet sich auf den Willen einer Minderheit, der der Mehrheit aufgezwungen wird. Terror und Unterdrückung, kontrollierte Presse und Rundfunk, fingierte* Wahlen und Unterdrückung persönlicher Freiheit sind ihre Kennzeichen.

Ich bin der Ansicht, daß es die Politik der USA sein muß, die freien Völker zu unterstützen, die sich der Unterwerfung durch bewaffnete Minderheiten oder durch Druck von außen widersetzen ... Ich bin der Ansicht, daß unsere Hilfe in erster Linie in Form wirtschaftlicher und finanzieller Unterstützung gegeben werden sollte ... Die Saat der totalitären* Regime gedeiht in Elend und Mangel ... Sie wächst sich vollends aus, wenn in einem Volk die Hoffnung auf ein besseres Leben ganz erstirbt ...

1 *Gebt die Ziele der amerikanischen Politik im Jahr 1947 mit euren Worten wieder.*

Der Marshallplan

Am 5. Juni 1947 verkündete der US-Außenminister Marshall in einem Vortrag ein Hilfsprogramm für den Wiederaufbau Europas (European Recovery Program), in das alle Länder einschließlich der UdSSR einbezogen sein sollten, wenn sie die Bedingungen des Programms annähmen.

Q 1 Unsere Politik richtet sich nicht gegen irgendein Land oder irgendeine Doktrin*, sondern gegen Hunger, Armut, Verzweiflung und Chaos. Ihr Zweck ist die Wiederbelebung einer funktionierenden Weltwirtschaft, damit die Entstehung politischer und sozialer Bedingungen ermöglicht wird, unter denen freie Institutionen existieren können.

Die amerikanische Hilfe bestand in langfristigen Krediten und der Lieferung von Investitionsgütern* und Lebensmitteln. Ihre Annahme setzte die Beibehaltung oder Wiederzulassung der freien Marktwirtschaft voraus. Nach der Rede Marshalls legten 16 europäische Länder einen Entwurf für ein Aufbau-

Marshallplan-Hilfe (in Mrd. Dollar 1948–1952)

Großbritannien	3,6	Österreich	0,7
Frankreich	3,1	Griechenland	0,8
Italien	1,6	Belgien/Luxemburg	0,6
Niederlande	1,0	Verschiedene	1,8
Westzonen und Bundesrepublik Deutschland			1,5

programm vor. Die UdSSR untersagte den osteuropäischen Ländern und der SBZ* die Teilnahme, so daß die Hilfe nur Westeuropa zugute kam. Der Marshallplan hatte große psychologische und wirtschaftliche Folgen. Er verstärkte den bereits begonnenen Wiederaufbau in Westeuropa und legte in Westdeutschland die Grundlage für das spätere „Wirtschaftswunder" (vgl. S. 170). Aufgrund der Ablehnung des Plans durch die UdSSR verstärkte er aber auch die wirtschaftliche Teilung Europas.

Die Antwort der UdSSR

Als Antwort auf den Marshallplan gründete die UdSSR ein Kommunistisches Informationsbüro (KOMINFORM), mit dem die Arbeit der kommunistischen Parteien Osteuropas besser kontrolliert und organisiert werden sollte. In der Gründungserklärung vom 30. September 1947 hieß es:

Q 2 Die Sowjetunion und die demokratischen Länder betrachteten als Hauptziele des Krieges die Wiederherstellung und Festigung der demokratischen Systeme in Europa, die Liquidierung* des Faschismus*, Verhütung der Möglichkeit einer neuen Aggression Deutschlands ... Die USA ... setzten sich im Krieg ein anderes Ziel. Beseitigung ihrer Konkurrenten auf dem Weltmarkt (Deutschland und Japan) und Festigung ihrer eigenen Vormachtstellung ... Auf diese Weise entstanden zwei Lager: das imperialistische, antidemokratische Lager, dessen Hauptziel die Weltherrschaft des amerikanischen Imperialismus und die Zerschlagung der Demokratie ist, und das antiimperialistische und demokratische* Lager, dessen Hauptziel die Untergrabung des Imperialismus, die Festigung der Demokratie und die Liquidierung der Überreste des Faschismus ist ...

2 *Lest Q 3 genau und untersucht, was für die UdSSR „demokratisch" bedeutet.*

3 *Nennt die Ziele der UdSSR und vergleicht sie mit denen der USA (Q 3 der Vorseite).*

Sicherung des Einflusses in Ost und West

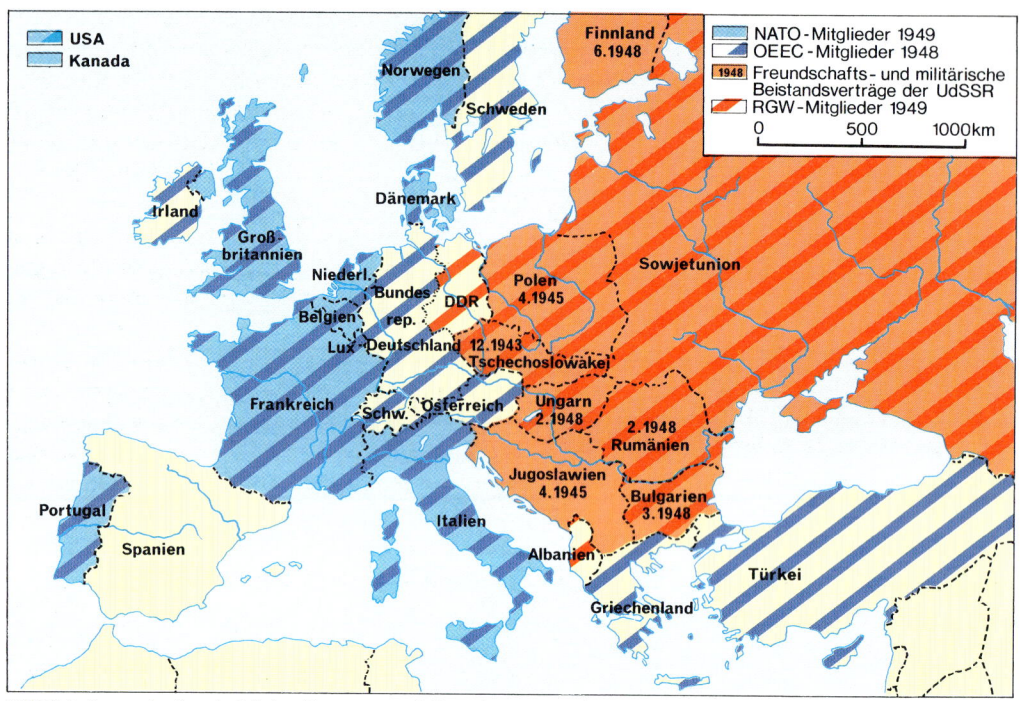

Militärische und wirtschaftliche Zusammenschlüsse in Europa 1945–1949.

Die politische Situation 1947/48

① *Stellt mit Hilfe der Karte fest, welche Staaten zu welchem Zeitpunkt ein militärisches Bündnis mit der UdSSR hatten.*

Im November 1947 schrieb ein hoher amerikanischer Beamter dem US-Außenminister einen Brief, in dem er die politische Situation bewertete:

Q Der politische Vormarsch der Kommunisten in Westeuropa konnte wenigstens zeitweise aufgehalten werden. Dies ist das Ergebnis mehrerer Faktoren, von denen einer die Aussicht auf US-Hilfe ist ... Der Stillstand des kommunistischen Vormarsches zwingt Moskau, seinen Einfluß in Osteuropa zu konsolidieren*. Es muß wahrscheinlich die Tschechoslowakei vollständig in den Griff bekommen. Denn falls sich der politische Trend in Europa gegen den Kommunismus wendet, könnte eine relativ freie Tschechoslowakei zu einem bedrohlichen Keil in Moskaus politischer Position in Osteuropa werden ...
Alles in allem muß unsere Politik darauf ausgerichtet werden sein, ein Kräftegleichgewicht in Europa und Asien wiederherzustellen. Das bedeutet, daß wir ... darauf bestehen müssen, Westdeutschland von kommunistischer Kontrolle freizuhalten. Wir müssen dann sehen, daß es besser in Westeuropa integriert wird ...

② *Sagt mit euren Worten, welche politische Entwicklung der Beamte erwartet und was er daraus folgert. Seht euch dazu noch einmal die Karte an.*

Der Ostblock*

In der Tschechoslowakei regierte seit 1945 eine Koalitionsregierung aus Kommunisten und bürgerlichen Politikern, unter einem kommunistischen Ministerpräsidenten. Als diese Regierung beabsichtigte, sich am Marshallplan zu beteiligen, wurde sie handstreichartig im März 1948 auf Drängen der UdSSR durch eine rein kommunistische Regierung ersetzt. Die Tschechoslowakei wurde 1948 nach dem Vorbild der anderen osteuropäischen Staaten zu einer sozialistischen Volksrepublik umgewandelt, in der allein die Kommunisten die Macht ausübten. In der Zeit von 1945–1948 schloß die UdSSR Freundschaftsverträge und militärische Beistandsverträge mit Polen, Rumänien, Ungarn, Bulgarien, Jugoslawien und der Tschechoslowakei. Dadurch

Sicherung des Einflusses in Ost und West

entstand ein neues politisches Bündnissystem, der Ostblock, in dem die UdSSR die allein bestimmende Macht war.

Jugoslawien wurde 1949 aus diesem Bündnis ausgeschlossen, da es sich weigerte, die Vorherrschaft der UdSSR anzuerkennen. Mit Hilfe amerikanischer Kredite konnte Jugoslawien seinen Wiederaufbau zu einem eigenständigen sozialistischen Staat fortführen.

Die Gründung der NATO

Die Ereignisse in der Tschechoslowakei im März 1948 waren der Anlaß zur Gründung einer militärischen Organisation der westlichen Staaten unter Führung der USA. Sie erweiterten ihr bisheriges militärisches Bündnis vom März 1948 (Frankreich, Großbritannien, Benelux-Staaten) zur NATO (North Atlantic Treaty Organization).

> **Q 1** § 5 Die Parteien vereinbaren, daß ein bewaffneter Angriff gegen eine oder mehrere von ihnen in Europa oder Nordamerika als ein Angriff gegen sie alle angesehen wird ...

1. *Stellt mit Hilfe der Karte auf der Vorseite fest, welche Staaten 1949 zur NATO gehörten.*
2. *Beschreibt mit Hilfe der Karte die wirtschaftlichen Bündnisse der europäischen Staaten im Osten und im Westen Europas.*
3. *Versucht mit Hilfe der Karte die politische Situation in Europa für das Jahr 1949 zu beschreiben. Stellt Vermutungen darüber an, wie sie sich auf Deutschland auswirkte.*

Die wirtschaftliche Basis des westlichen Bündnisses bildete die „Organisation für europäische wirtschaftliche Zusammenarbeit" (OEEC, später OECD*), die die Verteilung der Mittel aus dem Marshallplan organisierte. Die Staaten des Ostblocks gründeten 1949 den „Rat für gegenseitige Wirtschaftshilfe" (RGW*) als Gegenstück zu der westlichen Organisation. Ziel war es, die wirtschaftliche Zusammenarbeit der sozialistischen Staaten zu fördern. 1955 bildeten die Ostblockstaaten als militärisches Gegenüber zur NATO den Warschauer Pakt, der die bisherigen Militärbündnisse unter dem Oberbefehl der UdSSR zusammenfaßte.

Sicherung des kommunistischen Machtbereichs

In den 40 Jahren seit 1948 gab es in den Ostblockstaaten immer wieder Versuche, die kommunistische Herrschaft abzuschütteln oder wenigstens Reformen durchzusetzen. 1953 erstickten sowjetische Panzer den Volksaufstand in der DDR (vgl. S. 178). 1956 protestierten in Polen Arbeiter gegen Preiserhöhungen. Die daraus entstandene Aufstandsbewegung wurde durch sowjetisches Militär niedergeschlagen.

Im Oktober 1956 kam es in Ungarn zu Unruhen und Protesten gegen die nach Stalins Vorbild regierenden Kommunisten. Der neue Ministerpräsident Imre Nagy, selbst ein Kommunist, strebte eine Demokratisierung Ungarns an und verkündete ein Reformprogramm. Darauf marschierten sowjetische Truppen in Ungarn ein, Nagy wurde festgenommen und später hingerichtet. 16000 Ungarn fielen in den Kämpfen, 200000 flohen ins westliche Ausland.

Der Einmarsch in der Tschechoslowakei 1968

1968 versprach die neugewählte Führung der Kommunistischen Partei der Tschechoslowakei einen „Kommunismus mit menschlichem Antlitz". Das Reformprogramm enthielt u. a. Garantien für Rede- und Versammlungsfreiheit, Reisefreiheit und vor allem Reformen in der Wirtschaftspolitik. Dieser neue Kurs beunruhigte die Führer der übrigen Ostblockstaaten. Am 21. August 1968 marschierte eine Invasionsarmee der Ostblockstaaten unter Beteiligung der DDR (ohne Rumänien) in die Tschechoslowakei ein und beendete die Reformen gewaltsam. Der Generalsekretär der KPdSU, Leonid Breschnew, rechtfertigte sich im November 1968:

> **Q 2** Und wenn die inneren und äußeren, dem Sozialismus feindlichen Kräfte die Entwicklung irgendeines sozialistischen Landes auf die Wiederherstellung der kapitalistischen Ordnung zu wenden versuchen, wenn eine Gefahr für den Sozialismus in diesem Land, eine Gefahr für die Sicherheit der gesamten sozialistischen Staatengemeinschaft entsteht, ist das nicht nur ein Problem des betreffenden Landes, sondern ein allgemeines Problem, um das sich alle sozialistischen Staaten kümmern müssen.

4. *Gebt mit eigenen Worten wieder, womit der sowjetische Generalsekretär den Einmarsch der Truppen begründet. Prüft, ob diese Begründung auch auf die früheren Ereignisse zutrifft.*

Ringen um den Frieden

Zum letzten Mal? Karikatur aus der Frankfurter Allgemeinen Zeitung zum 20. August 1988.

1 *Erklärt die Karikatur, die 20 Jahre nach dem Einmarsch der Ostblock-Staaten in Prag in einer großen deutschen Zeitung erschien.*

1980 wurde in Polen eine von der kommunistischen Regierung unabhängige Gewerkschaft gegründet, die Solidarnosc. Wegen anhaltender Versorgungsschwierigkeiten verschärfte sich der Konflikt zwischen Solidarnosc und Regierung. Als die Solidarnosc im September 1981 die Arbeiterselbstverwaltung forderte, verhängte die polnische Regierung auf Druck der Sowjetunion das Kriegsrecht und verbot die unabhängige Gewerkschaftsbewegung. Die sowjetische Nachrichtenagentur TASS erklärte dazu am 14. 12. 1981:

> **Q** All diese Schritte, die in Polen unternommen wurden, sind natürlich dessen innere Angelegenheit ... Es ist für niemanden ein Geheimnis, daß die Feinde des Sozialismus ... durch die vorsätzliche Vertiefung der Krise im Lande und Ruinierung seiner Wirtschaft die Unabhängigkeit der Volksrepublik Polen gefährdet haben.

2 *Stellt zusammen, mit welchen Methoden die Sowjetunion ihren Machtbereich gesichert hat.*
3 *Sprecht über die TASS-Erklärung.*

Frieden in Europa durch atomare Abschreckung

Der Sieg der Kommunisten in Nordkorea im Februar 1948 und in China im Oktober 1949, die erfolgreiche Zündung der ersten sowjetischen Atombombe im August 1949 und die sowjetische Blockade der Zugangswege nach Berlin vom Juni 1948 bis zum Mai 1949 (vgl. S. 165) schien denjenigen im westlichen Lager recht zu geben, die eine neue militärische Auseinandersetzung zwischen den Blöcken für möglich hielten. Deswegen forderten sie die Wiederbewaffnung Westdeutschlands und dessen Aufnahme in die NATO (vgl. S. 187).

Der Besitz von Atomwaffen und von ständig verbesserten Raketensystemen in den Händen der beiden Großmächte USA und UdSSR führte dazu, daß die beiden Großmächte ihre jeweiligen Einflußgebiete stillschweigend anerkannten. Krieg in Europa war nur noch unter der Gefahr der gegenseitigen atomaren Vernichtung denkbar. Um die gegenseitige Abschreckung vor einem Krieg glaubhaft zu machen, begann ein schreckliches Wettrüsten, das über 30 Jahre andauerte.

Wettrüsten und Verhandeln

4 *Beschreibt mit Hilfe der Tabelle das Wettrüsten der Großmächte. Ergänzt die Tabelle mit Informationen aus Büchern und Zeitungen.*

	USA	UdSSR
Atombomben	1945	1950
Langstreckenbomber	1953	1957
Atom-U-Boote	1956	1962
U-Boot-Raketen	1958	1968
Raketen mit Mehrfachsprengköpfen	1970	1975
Marschflugkörper mit atomarem Sprengkopf	1976	
Weltraumwaffen (SDI)	1985	

Wettrüsten der Großmächte, (Auswahl).

In allen Phasen des Wettrüstens verhandelten die Großmächte zugleich auch über mögliche Abrüstungsverträge. Die Kubakrise 1962 führte die Welt an den Rand eines Atomkrieges. Nach der Beilegung des Konfliktes begannen Abrüstungsgespräche, deren Ziel es war, durch eine bessere Verständigung und Schritte zur Abrüstung die Gefahr eines Atomkrieges zu vermeiden. Lange Zeit blieben solche Verhandlungen erfolglos oder wurden in aktuellen Krisen zwischen den Großmächten ganz unterbrochen. Dies geschah, als die UdSSR Ende 1979 in Afghanistan einmarschierte, um die dortigen kommunistischen Gruppen im Bürgerkrieg massiv zu unterstützen. Im gleichen Jahr faßte der Westen den NATO-Doppelbeschluß, mit dem er die UdSSR aufforderte, ihre auf Westeuropa gerichte-

Ringen um den Frieden

ten Mittelstreckenraketen so weit abzubauen, daß sie der Zahl der westlichen Mittelstreckenraketen entsprechen würden. Sofern die UdSSR dieser Aufforderung nicht folgen würde, wollte der Westen ab 1983 atomare Mittelstreckenraketen, besonders in Westdeutschland, aufstellen.

Die Friedensbewegung
Gegen diese Pläne protestierten in allen westlichen Staaten, besonders aber in der Bundesrepublik Deutschland, Hunderttausende, vor allem junge Menschen. In vielen Städten fanden Kundgebungen, öffentliche Mahnwachen und Schweigekreise statt, mit denen gegen die „Nachrüstung" demonstriert wurde. Die Aktion Sühnezeichen erklärte 1981:

> **Q 1** Bisher gilt der Satz: Die Angst, die ich meinem Gegner mache, sichert meinen Frieden. Dagegen wächst die Erkenntnis, die Angst, die ich dem Gegner nehme, sichert meine eigene Sicherheit. Deshalb treten wir für kalkulierte* einseitige Abrüstungsschritte ein ... Wir müssen uns der Frage stellen, wie Frieden ohne Waffen geschaffen werden kann.

In einem „Krefelder Appell" forderte die Friedensbewegung 1980:

> **Q 2** ... durch unablässigen und wachsenden Druck der öffentlichen Meinung eine Sicherheitspolitik zu erzwingen, die eine Aufrüstung Mitteleuropas zur nuklearen Waffenplattform der USA nicht zuläßt; Abrüstung für wichtiger hält als Abschreckung ...

Trotz aller Proteste wurden aber 1983 amerikanische Raketen in Deutschland stationiert, da sich die UdSSR weigerte, ihre Raketen abzubauen. Besonders bei jungen Menschen führte die Aufstellung der Raketen zu einer lang anhaltenden politischen Enttäuschung.

① *Berichtet über das Wettrüsten und seine politische Zielsetzung.*
② *Sprecht über Q1 und überlegt, ob ihr die Aussage für richtig haltet.*
③ *Erkundigt euch über heutige Abrüstungsverträge.*

Der Abbau der Atomraketen ab 1987
Nach der Wahl von Michail Gorbatschow zum Generalsekretär der KPdSU im Jahre 1985 (vgl. S. 32) kamen die Abrüstungsgespräche wieder in Gang. Die amerikanische Regierung setzte das

Eine „Friedenskette" von Neu-Ulm bis Stuttgart bildeten am 22. 10. 1983 Demonstranten, um gegen die Nachrüstung zu protestieren. Foto 1983

Wettrüsten aber fort und ließ Weltraumwaffen entwickeln (SDI*-Programm). Gleichzeitig verhandelte sie aber mit der UdSSR über die gegenseitige Abrüstung. Auf Gipfeltreffen des amerikanischen Präsidenten Ronald Reagan mit Generalsekretär Gorbatschow kam es zunächst zu keiner Einigung. 1987 war es dann soweit, mit dem INF*-Abkommen wurde der Abbau der atomaren Mittelstreckenwaffen in Europa vereinbart. Die erst 1983 aufgestellten Raketen wurden auch in der Bundesrepublik Deutschland schrittweise wieder abgebaut. Diesem ersten Abkommen folgten weitere Vereinbarungen. 1990 wurde im Rahmen eines KSZE*-Treffens in Paris (vgl. S. 157) der umfangreichste Abrüstungsvertrag (VKSE*) geschlossen, der in ganz Europa die Truppenstärken reduzierte und das Kräfteverhältnis beider Seiten in ein Gleichgewicht brachte.

1963	Atomtestvertrag	Verbot von Atomversuchen im Weltraum.
1972	SALTI*-Vertrag	Begrenzung der Raketenabwehrsysteme, der Raketen auf dem Land und unter Wasser.
1976	Atomteststopp	Begrenzung unterirdischer Atomversuche.
1987	INF-Vertrag	Abbau der atomaren Mittelstreckenraketen.
1990	VKSE	Starke Reduzierung aller Streitkräfte in Europa.

Abrüstungsverträge (Auswahl)

Reformen und Veränderungen

Der KSZE-Prozeß

Im August 1975 wurde in den Zeitungen aller Staaten des Ostblocks das Abschlußdokument der Konferenz für Sicherheit und Zusammenarbeit in Europa (KSZE) veröffentlicht. Es war von 34 Staaten (USA, Kanada, UdSSR, alle östlichen und westlichen Staaten Europas ohne Albanien) auf einer Konferenz in Helsinki beschlossen worden. In diesem Dokument hieß es:

> **Q 1** Die Teilnehmerstaaten erklären folgende Prinzipien ... zu achten und in die Praxis umzusetzen: 1. Souveräne Gleichheit ..., 2. Enthaltung von der Androhung oder Anwendung von Gewalt, 3. Unverletzlichkeit der Grenzen, ... 5. Friedliche Regelung von Streitfällen, 6. Nichteinmischung in innere Angelegenheiten, 7. Achtung der Menschenrechte und Grundfreiheiten, einschließlich der Gedanken-, Gewissens-, Religions- oder Überzeugungsfreiheit, 8. Gleichberechtigung und Selbstbestimmungsrecht der Völker, 9. Zusammenarbeit zwischen den Staaten, 10. Erfüllung völkerrechtlicher Verpflichtungen nach Treu und Glauben.

In einem mit „Korb 3" benannten Teil des Dokuments verpflichteten sich alle Staaten, Verwandtenbesuche über die Blockgrenzen hinweg zuzulassen und jedem Bürger das Reisen zu erleichtern:

> **Q 2** Sie setzen sich zum Ziel, freiere Bewegung und Kontakte ..., sei es auf privater oder offizieller Grundlage zwischen Personen, Institutionen und Organisationen der Teilnehmerstaaten zu erleichtern ...

Die KSZE-Konferenz war 1973 auf Wunsch der UdSSR zusammengetreten, um über eine europäische Sicherheitsordnung zu beraten. Ihre Beschlüsse hatte die UdSSR so nicht erwartet, sich aber wie alle anderen Staaten zu einem solchen nach langen Verhandlungen entstandenen Vertrag bekannt.

In den westlichen Staaten wurde der Konferenzbeschluß nur in Auszügen in den Zeitungen veröffentlicht und das Ergebnis der KSZE-Konferenz nicht besonders gewürdigt. In den Staaten des Ostblocks, besonders in der DDR, waren an diesem Tag die Zeitungen sofort ausverkauft. Die meisten Menschen fanden den Beschluß und seine Veröffentlichung als Sensation.

❶ *Lest noch einmal Q1, Q2 und überlegt, warum die Beschlüsse der KSZE-Konferenz den Menschen in den Ostblockstaaten so wichtig waren.*

❷ *Sprecht darüber, warum im Westen die KSZE-Beschlüsse als nicht besonders wichtig aufgefaßt wurden.*

Bürgerrechtsbewegungen entstehen

Die Beschlüsse der KSZE führten dazu, daß in allen Staaten des Ostblocks sich Menschen auf die KSZE-Beschlüsse beriefen und ihre Verwirklichung, die offizielles Recht aller Staaten waren, forderten. So bildete sich in der Tschechoslowakei die Bewegung „Charta 77", und auch in der DDR entstanden Gruppen, die die Verwirklichung der Menschenrechte forderten. Durch die KSZE-Beschlüsse hatten die Mitglieder der Menschenrechtsgruppen einen gewissen Schutz, auch wenn sie für ihre Forderungen zunächst festgenommen und zu langen Haftstrafen verurteilt wurden. Die Staaten des Westens konnten nun unter Berufung auf die KSZE-Beschlüsse für diese Menschen eintreten und die Verwirklichung der KSZE-Beschlüsse einfordern.

❸ *Sucht in Büchereien nach Informationen über die Arbeit der Menschenrechtsgruppen in den Ostblockstaaten bis 1989.*

Reformkurs der Sowjetunion seit 1985

Außenpolitisch setzte der 1985 zum Generalsekretär der KPdSU gewählte Michail Gorbatschow auf Entspannung mit dem Westen und Abrüstung. Dabei gelang es ihm in Begegnungen mit den amerikanischen Präsidenten Reagan und Bush, Mißtrauen gegenüber der UdSSR abzubauen. Zum Verhältnis der sozialistischen Staaten untereinander erklärte er 1987:

> **Q 3** Wichtigste Rahmenbedingung der politischen Beziehungen zwischen den sozialistischen Staaten muß die absolute Unabhängigkeit dieser Staaten sein ... Die Unabhängigkeit jeder Partei, ihr souveränes* Recht, über die Probleme des betreffenden Landes zu entscheiden .. sind Prinzipien*, die über jede Diskussion erhaben sind ...

Bei einem Treffen in Bonn im Juni 1989 bekräftigte er in einer gemeinsamen Erklärung mit Bundeskanzler Kohl diesen Satz:

> **Q 4** ... Das Recht aller Völker und Staaten, ihr Schicksal frei zu bestimmen und ihre Beziehungen zueinander auf der Grundlage des Völkerrechts souverän zu gestalten, muß sichergestellt werden.

Reformen und Veränderungen

Der Vorrang des Völkerrechts in der inneren und internationalen Politik muß gewährleistet werden ... Bauelemente des Europas des Friedens und der Zusammenarbeit müssen sein:
Die uneingeschränkte Achtung der Integrität und der Sicherheit jedes Staates. Jeder hat das Recht, das eigene politische und soziale System frei zu wählen ...

1 *Beschreibt die Grundzüge der Reformpolitik von Michail Gorbatschow.*

2 *Lest noch einmal auf S. 151 in Q2 nach, was der damalige Generalsekretär Breschnew 1968 über die Beziehungen der sozialistischen Staaten sagte, und beschreibt die Veränderungen.*

1989 – das Jahr der Reformen

Die Reformen des sowjetischen Generalsekretärs Gorbatschow ermutigten auch Reformer in den osteuropäischen Ländern. Wie in der Sowjetunion wurden Forderungen nach Demokratisierung laut. Den immer drängender werdenden Wirtschaftsproblemen wollte man mit einer Öffnung zum westlichen System der Marktwirtschaft begegnen. 1989 wurde auf diese Weise zum Jahr der politischen Veränderung in Osteuropa. Allerdings verlief der Prozeß in den einzelnen Ländern unterschiedlich.

Polen: Im Februar 1989 begannen die polnischen Kommunisten Gespräche mit der noch verbotenen Opposition. Im April 1989 wurde die größte Reformbewegung, die seit 1981 verbotene Solidarnosc, wieder zugelassen. In den ersten freien Wahlen errangen ihre Kandidaten im Juni 1989 einen großen Erfolg. Im August wurde Tadeusz Mazowiecki der erste nichtkommunistische polnische Ministerpräsident. Im Dezember 1990 wählte das Volk den Solidarnosc-Führer Lech Walesa zum Staatspräsidenten.

Ungarn: Im Februar 1989 sprachen sich die ungarischen Kommunisten für ein Mehrparteiensystem aus. Über 100000 Ungarn forderten im März Reformen. Die mehrheitlich aus Reformkommunisten gebildete Regierung öffnete im Mai 1989 die Grenzbefestigungen nach Österreich. Der „Eiserne Vorhang", der seit 1946 bestand, war nun an einer Stelle geöffnet. Im April 1990 verloren die Kommunisten in den ersten freien Wahlen die Vormachtstellung.

Tschechoslowakei: Auch in der Tschechoslowakei wurde im Dezember 1989 eine neue Regierung gebildet, die überwiegend aus Nichtkommunisten bestand. Ihr Sprecher, der Schriftsteller Vaclav Havel, wurde am 30. 12. 1989 zum ersten nichtkommunistischen Präsidenten der Tschechoslowakei gewählt. Im Staatsnamen wurde der Begriff „sozialistisch" durch „föderativ" (bundesstaatlich) ersetzt, aus CSSR wurde CSFR.

3 *Beschreibt, worum es den Reformern in den osteuropäischen Staaten ging.*

Gorbatschows Reformpolitik wurde im Herbst 1990 mit der Verleihung des Friedensnobelpreises gewürdigt. Allerdings war seine Politik in der UdSSR keineswegs unumstritten. Konservative Kommunisten warfen ihm vor, die Großmacht UdSSR geschwächt zu haben. Die Erfolge des Zweiten Weltkrieges seien wieder verlorengegangen.

KSZE-Folgetreffen 1990

Auf dem KSZE-Folgetreffen 1990 in Paris wurden die langfristigen Erfolge der KSZE-Konferenz deutlich: Umfangreiche Verträge zur gegenseitigen Abrüstung und zur Zusammenarbeit auf allen Gebieten waren verwirklicht worden. Mit dem KSZE-Dokument von Paris wurde der „Kalte Krieg" von allen Staaten in Ost und West für beendet erklärt:

Q Es bricht in Europa ein neues Zeitalter der Demokratie, des Friedens und der Einheit an ... Wir verpflichten uns, die Demokratie als die einzige Regierungsform unserer Nation aufzubauen ... Menschenrechte und Grundfreiheiten sind allen Menschen von Geburt an eigen ... Demokratische Regierung gründet sich auf den Volkswillen, der seinen Ausdruck in regelmäßigen, freien und gerechten Wahlen findet ...

Zusammenfassung
Nach dem Ende des Zweiten Weltkrieges sollte die UNO weltweit den Frieden sichern. Der Gegensatz zwischen den USA und der UdSSR führte zum Kalten Krieg, in dessen Folge Europa ab 1947 in zwei Teile geteilt wurde. Erst 43 Jahre später wurden durch die Zusammenarbeit der Staaten im KSZE-Prozeß die Teilung und der Kalte Krieg beendet.

Die Gründung der beiden deutschen Staaten

[1] Wahlplakat der SPD, 18. 5. 1947.

[2] Wahlplakat der CDU, um 1947.

Der Beginn des politischen Lebens

Schon im Sommer 1945 fanden sich auf örtlicher Ebene politisch Gleichgesinnte und bildeten wieder Parteien. Die 1933 zerschlagenen Parteien SPD* und KPD* wurden wiedergegründet. In der CDU* (in Bayern CSU*) schlossen sich Christen beider Bekenntnisse zu einer Partei zusammen. Die FDP* entstand erst etwas später aus dem Zusammenschluß liberaler Parteien der Westzonen und Westberlins. Nachdem die alliierten Militärregierungen die Gründungen offiziell zugelassen hatten, organisierten sich die Parteien in Kreis- und Landesverbänden.

Außerdem entstanden in einigen Ländern kleinere Parteien mit regionaler Bedeutung, z. B. in Niedersachsen die Niedersächsische Landespartei (NLP*). Einer Beschreibung der Anfänge der CDU in Köln von Herman-Josef Arentz 1981 sind folgende Daten zu entnehmen:

Q 1 Die Kölner Kreispartei wurde am 19. 8. 1945 gegründet. Am 1. 1. 46 hat der Kreisverband 1250, am 31. 3. 46 bereits 4270 Mitglieder. 1945 fanden bereits 55 Versammlungen mit insgesamt 6000 Besuchern statt. Im ersten Quartal 1946 gab es 71 Versammlungen mit 11.189 Besuchern. Bei den Wahlen zum Kölner Stadtrat im Oktober 1946 erhielt die Kölner CDU mehr als die Hälfte der abgegebenen Stimmen. Die Gründung der CDU in Köln war das Ergebnis von Erfahrungen und Überlegungen in den Konzentrationslagern* und Gefängnissen des Nazi-Regimes und den Widerstandskreisen, die sich vor allem um die katholische Arbeiterbewegung und die christlichen Gewerkschaften in Köln sammelten.

Aus einer Beschreibung der Anfänge der Sozialdemokratie in Köln, die Otto Damm ebenfalls 1981 verfaßte:

Q 2 Das Sammeln der ehemaligen Mitglieder vollzog sich zunächst in den einzelnen Stadtteilen. Bewußt traf man sich nicht mehr in privaten Wohnungen, sondern offen in den Wirtschaften. Ein halbes Jahr nach dem Ende des Krieges war die Kölner Sozialdemokratie in ihrer alten Struktur wiedererstanden. Aus der gemeinsam verabschiedeten „Programmatischen Erklärung" geht hervor, daß diese Partei sich zum Anwalt einer konsequenten Ausschaltung der Nazis machte.

1. Beschreibt die Wahlplakate von CDU und SPD. Welche Hinweise geben sie auf die Ziele der Parteien?
2. Lest die Texte Q 1 und Q 2. Was erfahrt ihr über das politische Interesse der Bevölkerung?
3. Ladet einen Politiker aus eurer Gemeinde ein und laßt euch von der heutigen Arbeit der Parteien erzählen.

Der Beginn des politischen Lebens

Die erste Landesregierung von Großhessen.
Foto Oktober 1945.

Länder werden gegründet

1945 hatte der US-Generalstab an den Oberbefehlshaber der amerikanischen Besatzungstruppen folgende Anweisung gegeben:

> Deutschland wird nicht besetzt zum Zwecke seiner Befreiung, sondern als ein besiegter Feindstaat ... Bei der Durchführung der Besetzung und Verwaltung müssen Sie gerecht, aber fest und unnahbar sein. Die Verbrüderung mit deutschen Beamten und der Bevölkerung werden Sie streng unterbinden.

Es zeigte sich aber bald, daß die Alliierten die großen Probleme der Nachkriegsjahre (vgl. 139–145) ohne tatkräftige deutsche Hilfe nicht lösen konnten. So besetzten sie schnell untere Verwaltungsstellen mit Personen, die frei von dem Verdacht des Nationalsozialismus waren. Allerdings verlief die Entwicklung der deutschen Beteiligung an politischen Entscheidungen in den einzelnen westlichen Besatzungszonen recht unterschiedlich.

Die amerikanische Zone

Neben Gemeinde- und Bezirksverwaltungen wurden in der amerikanischen Zone bald auch Länderregierungen gebildet. Mit Bayern und Württemberg-Baden konnten die Amerikaner auf schon vorher bestehenden Ländertraditionen aufbauen. 1947 kamen Bremen und Bremerhaven, die bisher zur britischen Zone gehörten, unter amerikanische Verwaltung und bildeten das Land Bremen. Komplizierter lag der Fall in Hessen. Hier bildeten die Amerikaner aus dem ehemaligen Hessen und den früheren preußischen Provinzen Kurhessen und Nassau das Land Großhessen. Das frühere Rheinhessen links des Rheines gehörte zur französischen Zone und kam später zum Land Rheinland-Pfalz. Die Bevölkerung Hessens gab in Hunderten von Interviews mit amerikanischen Beamten dieser Neubildung ihres Landes ihre Zustimmung.

Am 12. Oktober 1945 setzten die Amerikaner für Großhessen eine Landesregierung unter dem Ministerpräsidenten Professor Karl Geiler ein. Die wesentliche Aufgabe der Landesregierung bestand darin, die Militärregierung von örtlichen Problemen zu entlasten. So konnten sich die Amerikaner im wesentlichen darauf konzentrieren, die Landesregierung zu kontrollieren. Im Oktober 1945 wurde aus den Ministerpräsidenten der drei Länder Bayern, Württemberg-Baden und Hessen ein Länderrat gebildet. Er bekam bald eine große Bedeutung. Hier konnten wichtige gemeinsame Probleme wie z. B. die Unterbringung der Flüchtlinge mit den Amerikanern geklärt werden. So bekamen die Ministerpräsidenten der Länder bei der politischen Mitsprache immer mehr Gewicht.

Verfassung für Hessen

Im Juni 1946 wurde für Hessen eine beratende Versammlung gewählt, die aus vielen Vorentwürfen der Parteien und überparteilichen Kreisen eine Verfassung erarbeitete. Am 1. Dezember 1946 wurde die Verfassung in einer Volksabstimmung angenommen. Zugleich wurde der erste hessische Landtag gewählt. Die SPD* errang mit 42,7% die deutliche Mehrheit.

Seit 1951 leitete der Sozialdemokrat Dr. Georg August Zinn die hessische Politik. Er war schon 1945 in die erste Regierung als Justizminister berufen worden und hat die Entwicklung Hessens bis zu seinem Rücktritt aus Krankheitsgründen 1969 entscheidend geprägt.

Der Beginn des politischen Lebens

Ländergründungen in den Besatzungszonen Deutschlands.

Die britische Zone

Die britische Zone bestand aus der Stadt Hamburg, vier kleineren Ländern und mehreren preußischen Provinzen. Die Militärregierung setzte in diesen Verwaltungseinheiten Oberpräsidenten ein, die sie in der Verwaltung unterstützen sollten. Briten und Deutsche erkannten bald, daß diese Gebiete zu klein waren, um wirksam etwas gegen die Notlage nach dem Krieg tun zu können.

Ein besonderes Problem für die Neuordnung stellte das Ruhrgebiet dar. Auf der Konferenz der alliierten Außenminister im Frühjahr 1946 in Paris forderte die Sowjetunion eine Viermächtekontrolle im Ruhrgebiet, Frankreich sogar einen selbständigen Ruhrstaat unter Viermächtekontrolle. Um die unsichere Lage dieses für die weitere wirtschaftliche Entwicklung so wichtigen Gebietes zu beenden, gründeten die Briten am 23. August 1946 das Land Nordrhein-Westfalen. Sie nahmen dabei in Kauf, daß die frühere Rheinprovinz geteilt wurde, deren südlicher Teil in der französischen Zone lag. Das nordrheinische Gebiet wurde mit der ehemaligen Provinz Westfalen vereinigt. Damit hatten sich westfälische Politiker bei den Briten durchgesetzt, die den Anschluß einiger westfälischer Gebiete an das spätere Niedersachsen verhindern wollten. Anfang 1947 wurde noch das kleine Land Lippe-Detmold angegliedert. Damit war die Neueinteilung der Länder nach der Gründung Niedersachsens, Schleswig-Holsteins und des Stadtstaates Hamburg abgeschlossen. Die ersten Landtagswahlen fanden in Nordrhein-Westfalen am 20. April 1947 statt. Sie brachten der CDU* mit 37,5% die Mehrheit vor der SPD. Angesichts der großen Probleme des Landes kam es aber unter Ministerpräsident Karl Arnold (CDU) zu einer großen Koalition in der Regierung aus CDU, SPD*, KPD* und Zentrum*.

Zu den großen Aufgaben der Landesregierung gehörten die Bewältigung der Ernährungskrise, die Verhandlungen mit den Briten um die Durchführung der Demontagen und schließlich die Erarbeitung einer Verfassung. Gerade in den Fragen der Sozialisierung der Industrie und in den Überlegungen zum neuen Aufbau des Schulsystems kam es in der Regierungskoalition zu langwierigen Auseinandersetzungen. Erst 1950 wurde die Verfassung mit den Stimmen der CDU und des Zentrums verabschiedet, gegen den Willen von SPD und FDP*. Ein Volksentscheid bestätigte die Verfassung endgültig.

Der Beginn des politischen Lebens

Die französische Zone

Eine grundsätzlich andere Politik verfolgte Frankreich in seiner Zone. Sie wurde streng von den anderen Zonen abgeschlossen; so fanden z. B. die Vertriebenen keine Aufnahme in der französischen Zone. Außerdem sahen die Franzosen hier die Möglichkeit, sich durch Demontagen und Entnahme von Lebensmitteln und Kohle für die erlittenen Verluste im Krieg teilweise zu entschädigen.
1946 wurde das Land Rheinland-Pfalz gegründet, dazu kamen 1947 die aus Verwaltungsbezirken entstandenen Länder Baden und Württemberg-Hohenzollern. Lange Zeit widersetzte sich Frankreich allen Bestrebungen nach übergeordneten Verwaltungsstellen, um eine Entwicklung zu einem deutschen Einheitsstaat zu verhindern.

Das Saarland

Eine Sonderrolle nahm das Saarland ein. Im Sommer 1946 trennte Frankreich das Saarland von seiner Zone ab. Parteien wurden im Saarland nur unter der Bedingung zugelassen, daß sie sich nicht für einen Anschluß an Deutschland einsetzten. Die von Politikern dieser Parteien erarbeitete Verfassung bezeichnete 1947 das Saarland als selbständiges demokratisches, wirtschaftlich an Frankreich angeschlossenes Land. Die französische Währung wurde eingeführt. 1948 schloß Frankreich einen völkerrechtlichen Vertrag mit dem souveränen Staat Saarland, in dem die enge wirtschaftliche Bindung besonders betont wurde. Da die Bevölkerung selbst nicht über ihre Zukunft abgestimmt hatte, blieb die Lage umstritten. Im Oktober 1955 gab es dann eine Abstimmung über ein Saarstatut, das im wesentlichen die Selbständigkeit der Saar im Rahmen einer europäischen Gemeinschaft vorsah. Bei 97% Stimmabgabe entschieden sich 67,7% gegen das Statut. Daraus zog Frankreich die Konsequenzen und ermöglichte den Anschluß des Saarlandes an die Bundesrepublik Deutschland. Das Saarland wurde am 1. Januar 1957 ein Bundesland.

① *Beschreibt aus* **Q**, *S. 157, mit welcher Einstellung die Alliierten nach Deutschland kamen.*
② *Untersucht, welche Gründe in den Texten für eine Veränderung der alliierten Politik genannt sind.*
③ *Beschreibt, wie es zur Gründung eures Bundeslandes gekommen ist.*
④ *Stellt mit Hilfe der Karte und der Texte eine Übersicht über die Bildung der Länder der Bundesrepublik Deutschland zusammen.*
⑤ *Fragt ältere Menschen aus eurer Gemeinde oder sucht im Archiv eurer Lokalzeitung nach den Anfängen des politischen Lebens in eurem Ort.*

Landeswappen

Nordrhein-Westfalen

Rheinland-Pfalz

Saarland

Hessen

Die Entwicklung in der SBZ

Wahlplakat der SED kurz nach der Vereinigung von SPD und KPD 1946.

Die Gruppe Ulbricht

Schon während des Krieges war in Moskau eine Gruppe deutscher Kommunisten besonders geschult worden. Sie sollten nach dem Krieg in Deutschland eine Machtübernahme ermöglichen. Ihr Führer war Walter Ulbricht. Diese Gruppe wurde in den letzten Kriegstagen nach Berlin geflogen. Sie sollte dort in Zusammenarbeit mit dem russischen Kommandanten unverzüglich eine deutsche Verwaltung organisieren. Ein Mitglied dieser Gruppe, Wolfgang Leonhard, schilderte 1955 die von Ulbricht im Frühjahr 1945 ausgegebenen Handlungsanweisungen:

Q 1 Die Bezirksverwaltungen müssen politisch richtig zusammengestellt werden. Kommunisten als Bürgermeister können wir nicht gebrauchen ... Die Bürgermeister sollen in den Arbeiterbezirken in der Regel Sozialdemokraten sein. In den bürgerlichen Vierteln ... müssen wir an die Spitze einen bürgerlichen Mann stellen, einen, der früher dem Zentrum, der Demokratischen oder Deutschen Volkspartei angehört hat. Am besten, wenn er ein Doktor ist; er muß aber gleichzeitig auch Antifaschist* sein. Für Gesundheitswesen antifaschistisch eingestellte Ärzte, für Post und Verbindungswesen parteilose Spezialisten, die etwas davon verstehen. Jedenfalls müssen zahlenmäßig mindestens die Hälfte aller Funktionen mit Bürgerlichen oder Sozialdemokraten besetzt werden ... Der erste stellvertretende Bürgermeister, der Dezernent für Personalfragen und der Dezernent für Volksbildung – das müssen unsere Leute sein. Dann müßt ihr noch einen ganz zuverlässigen Genossen in jedem Bezirk ausfindig machen, den wir für den Aufbau der Polizei brauchen ... Es muß demokratisch aussehen, aber wir müssen alles in der Hand haben.

Die Gründung der Sozialistischen Einheitspartei

Im Sommer 1945 ließ die sowjetische Militärregierung vier Parteien zu, die KPD*, SPD*, CDU* und LDP*. Diese schlossen sich sehr schnell zur Einheitsfront antifaschistisch-demokratischer Parteien zusammen. Ein Ausschuß konnte für diesen „Antifa-Block" Beschlüsse fassen nicht durch Mehrheitsabstimmung, sondern aufgrund gemeinsamer Vereinbarung.

In der SPD gab es zunächst Stimmen, die nach den Erfahrungen unter der nationalsozialistischen Herrschaft für eine „Einheit der Arbeiterklasse", also einen Zusammenschluß mit der KPD waren. Nachdem die Kommunisten bei ersten Wahlen in Österreich im November 1945 eine schwere Niederlage erlitten hatten, wollten sie mit aller Macht eine Vereinigung mit der SPD erreichen.

Ein damaliger Augenzeuge, D. Güstrow, erzählte 1983 von einer gemeinsamen Veranstaltung von KPD und SPD Anfang 1946:

Q 2 Die große Mehrheit stimmte am Ende für die Vereinigung beider Parteien; die wenigen Nein-Stimmen und die etwas zahlreicheren Stimmenthaltungen wurden, da die Abstimmung offen durchgeführt wurde, sogleich identifiziert und die Namen von den Russen notiert. Unter diesen Umständen nahm es nicht wunder, daß schon vor dem sogenannten Berliner Vereinigungsparteitag vom 21./22. 4. 46 prominente sozialdemokratische Politiker in den Westen flohen oder verhaftet wurden.

Die Entwicklung in der SBZ

Bei der Gründung der Sozialistischen Einheitspartei Deutschlands (SED*) im April 1946 wurden Wilhelm Pieck (bisher KPD*) und Otto Grotewohl (bisher SPD*) zu Vorsitzenden gewählt. Die SPD der Westzonen und in Westberlin lehnte die Vereinigung mit der KPD entschieden ab.

1. Lest die Texte und beschreibt den Einfluß, den die Sowjetunion in ihrem Machtbereich genommen hat.
2. Überlegt, für wen der Antifa-Block vorteilhaft war.
3. Beschreibt die Haltung der SPD.
4. Untersucht das Plakat. Nehmt Stellung zu seiner Überschrift.

Volksentscheid über die Verstaatlichung der Industrie in Sachsen. Foto 1945.

Bodenreform

Auch auf wirtschaftlichem Gebiet drängten die Kommunisten schnell auf Reformen. Aus einer Verordnung der Provinz Sachsen (3. 9. 1945):

> Q Folgender Grundbesitz wird ... unabhängig von der Größe der Wirtschaft enteignet:
> a) der Grundbesitz der Kriegsverbrecher und Kriegsschuldigen ...
> b) der Grundbesitz ..., der den Naziführern ... sowie den führenden Personen des Hitlerstaates gehörte ...
> ... Gleichfalls wird der gesamte ... Großgrundbesitz über 100 Hektar ... enteignet.

Das enteignete Land wurde anschließend neu verteilt. Dabei erhielten im Durchschnitt

119 121	landlose Bauern und Landarbeiter	7,8 ha
82 483	landarme Bauern	3,3 ha
91 155	Umsiedler	8,4 ha

Ackerland als privates, vererbbares Eigentum. Auf einem Drittel des enteigneten Landes entstanden „volkseigene Güter" (VEG).

Industrieform

Im Oktober 1945 führte ein Befehl der sowjetischen Militärregierung zur Beschlagnahmung allen Eigentums des deutschen Staates, der NSDAP* und der Wehrmacht. Einen Teil der schwerindustriellen Betriebe nahm die Sowjetunion in Besitz, den übrigen Teil stellte die Militärregierung der deutschen Verwaltung zur Verfügung. Insgesamt wurden 8 % der Industriebetriebe enteignet. Diese lieferten aber fast die Hälfte der gesamten Industrieproduktion.
In einem Volksentscheid in Sachsen stimmten etwa drei Viertel der Bürger für die Verstaatlichung der enteigneten Betriebe.
Aus westlicher Sicht wird diese Entwicklung von dem Historiker Hermann Weber 1982 so beurteilt:
„Vor allem 1948 führten Prozesse gegen Unternehmer, die als „Wirtschaftsverbrecher" angeklagt wurden, zu Einschüchterung, Flucht und damit weiteren Verstaatlichungen. Auch Banken und Versicherungen befanden sich ... in Staatsbesitz. 1948/49 waren so durch Boden- und Industriereform in der SBZ die Weichen für eine völlig neue Gesellschafts- und Wirtschaftsordnung gestellt." (1)

5. Stellt zusammen, welche Elemente einer neuen Wirtschaftsordnung in der Quelle und dem Text des Historikers genannt werden.
6. Betrachtet das Bild. Versucht, eure Eindrücke zu beschreiben.
7. Überlegt, warum die Verstaatlichung in Sachsen eine so große Mehrheit gefunden hat.

Die wirtschaftliche Entwicklung in den Westzonen

Plakat aus dem Jahr 1947.

Die Gründung der Bizone
Der amerikanische Diplomat Kennan notierte schon im Sommer 1945:

Q 1 Die Idee, Deutschland gemeinsam mit den Russen regieren zu wollen, ist ein Wahn. Wir haben keine andere Wahl, als unseren Teil von Deutschland – den Teil, für den wir und die Briten die Verantwortung übernommen haben – zu einer Form von Unabhängigkeit zu führen, die so gesichert ist, daß der Osten sie nicht gefährden kann.
Zugegeben, dies bedeutet Zerstückelung. Aber die Zerstückelung ist bereits Tatsache, wegen der Oder-Neiße-Linie.

In einer Rede am 6. 9. 1946 verkündete der amerikanische Außenminister Byrnes in Stuttgart eine Wende in der amerikanischen Besatzungspolitik. Darin trat Byrnes für einen Wegfall der Zonenschranken ein, soweit sie die wirtschaftliche Zusammenarbeit behinderten. Bisher habe es keine gerechte Verteilung der Güter in den Zonen gegeben.

Die Rede enthielt ein Angebot an alle anderen Zonen, sich mit der amerikanischen Zone zu vereinigen. Danach sollte möglichst bald eine vorläufige deutsche Regierung gebildet werden.

Nur Großbritannien folgte dem amerikanischen Vorschlag. Am 1. Januar 1947 schlossen sich die beiden Besatzungszonen zur Bizone zusammen.

Aus dem Abkommen über die Zusammenlegung der britischen und amerikanischen Besatzungszone:

Q 2 Dieses Übereinkommen über die wirtschaftliche Vereinigung der beiden Zonen soll am 1. Januar 1947 wirksam werden...
Die beiden Zonen sollen in allen wirtschaftlichen Angelegenheiten als ein einziges Gebiet behandelt werden...
Der amerikanische und britische Oberbefehlshaber sind verantwortlich dafür, daß unter ihrer gemeinsamen Kontrolle deutsche Verwaltungsbehörden eingesetzt werden, die zur wirtschaftlichen Vereinigung der beiden Zonen notwendig sind.

Am 25. 6. 47 wurde von den Amerikanern und Briten der Wirtschaftsrat als deutsche Verwaltungsbehörde eingesetzt. Dieser konnte unter alliierter Kontrolle Gesetze erlassen. Seine Mitglieder wurden von den Landtagen gewählt. Von den 52 Mitgliedern gehörten je 20 der CDU und SPD, 4 der FDP und 8 anderen Parteien an.
Für die 5 Verwaltungen (Ernährung und Landwirtschaft, Verkehr, Post, Finanzen und Wirtschaft) wurden Direktoren ernannt, die alle der CDU angehörten oder nahestanden.

1. *Lest die Texte durch und stellt die Gründe zusammen, die zur Bildung der Bizone führten.*
2. *Bewertet das Angebot der Amerikaner an die anderen Zonen, sich zu vereinigen.*
3. *Beschreibt die Möglichkeiten deutscher Politiker.*
4. *Beschreibt das Plakat.*
5. *Stellt Vermutungen darüber an, welcher wirtschaftspolitische Kurs im Wirtschaftsrat eingeschlagen wurde (vgl. auch die Plakate auf dieser Doppelseite).*

Die wirtschaftliche Entwicklung in den Westzonen

Die Währungsreform

Die Wirtschaftshilfe des Marshallplans konnte für die Westzonen erst dann wirksam werden, wenn auch das Geld wieder etwas wert war. Am 20. Juni 1948 (in Westberlin am 24. Juni) trat in den Westzonen eine Währungsreform in Kraft. Hier die wichtigsten Bestimmungen:

Jeder Westdeutsche erhielt zunächst 40,– DM und später noch einmal 20,– DM („Kopfgeld"). Bargeld wurde im Verhältnis RM:DM = 10:1 umgetauscht, Sparguthaben ca. 15:1.

Grundbesitz, Produktionsstätten und Aktien behielten ihren Wert und wurden weiter frei gehandelt. Die Rationierung* vieler Produkte und die Preiskontrollen entfielen.

Der Bonner „Generalanzeiger" berichtete am 20. 6. 1958 zum 10. Jahrestag der Währungsreform:

> **Q** Die DM erwirkte schnell das erwartete Wunder. Schon am Montag, dem 21. Juni, war Bonn wie verwandelt. Waren, die man jahrelang nicht gesehen hatte, erschienen in den Schaufenstern, vor allem Haushaltsartikel. Wer sich seit Jahren um einen Bezugsschein für einen Topf oder eine Pfanne bemüht hatte, sah mit Erstaunen, wie sich die begehrten Dinge nun in erstaunlicher Vielzahl präsentierten. Einer der ersten Artikel, die wieder auftauchten, waren übrigens Fahrradreifen. Sie fanden Stück für Stück um 7,50 DM reißenden Absatz; viele Bonner konnten jetzt ihre wegen Reifenmangels außer Betrieb gesetzten Stahlrösser wieder in Dienst nehmen. ... Wer übrigens gedacht hatte, die Bonner Hausfrauen stürzten sich nach Jahren der Kochnöte kritiklos auf das höhere Lebensmittelangebot, irrte. Am Morgen nach der Währungsreform erschien ein Wagen mit Kopfsalat in den Bonner Straßen, Stück für Stück 20 Pfennig. Die Hausfrauen sahen ihn kritisch an und fanden ihn „zu teuer", nachdem sie jahrelang astronomische Preise für jedes zusätzliche Nahrungsmittel gezahlt hatten.

① *Beschreibt das Plakat der SPD. Welcher Vorwurf wird hier erhoben?*

② *Betrachtet Bild ② und lest die Quelle. Versucht, die Stimmung der Bevölkerung zu beschreiben.*

① **Plakat aus dem Jahr 1948.**

② **Verkauf ohne Marken.** Foto 1948.

Die Teilung Deutschlands

Zum Parlamentarischen Rat. Foto 1948. Behelfsmäßige Straßenwegweiser in Bonn, die den Weg zu den neuen noch unbekannten Tagungsorten des Parlamentarischen Rates und der Parteien anzeigen. Der Parlamentarische Rat sollte eine neue Verfassung für die Länder der westlichen Besatzungszonen erarbeiten. Damals glaubten viele Menschen, die neue Verfassung würde nur für eine kurze Übergangszeit gelten, so daß sich in den behelfsmäßigen Schildern auch die politische Einschätzung des Parlamentarischen Rates ausdrückte.

Die Londoner Außenministerkonferenz

Ende 1947 trafen die Außenminister der vier Siegermächte zur 5. Deutschlandkonferenz in London zusammen. In keinem der wichtigen Punkte (Reparationen*, Marshall-Plan, Bizone, Oder-Neiße-Frage, Frage der deutschen Einheit) konnten sich der sowjetische Außenminister und seine westlichen Kollegen näherkommen. Am 15. Dezember wurde die Konferenz nach drei Wochen abgebrochen.
Ende Februar 1948 trafen sich in London Vertreter der drei Westmächte, Belgiens, der Niederlande und Luxemburgs. Sie bemühten sich um ein gemeinsames Vorgehen in den westlichen Besatzungszonen.
Am 20. März 1948 verließ der sowjetische Vertreter den alliierten Kontrollrat mit der Begründung:

> **Q 1** Die offiziellen Vertreter der USA, Großbritanniens und Frankreichs haben auf der Londoner Konferenz Deutschlandfragen erörtert und entschieden, die unmittelbar der Kompetenz* des Kontrollrats unterliegen und nur durch Viermächtebeschluß entschieden werden können. Die amerikanischen und britischen Besatzungsbehörden wollen den Kontrollrat nicht über die in London vorbereiteten Beschlüsse informieren ... Durch ihre Handlungsweise haben diese drei Delegationen wieder einmal bestätigt, daß der Kontrollrat als Organ der obersten Gewalt faktisch nicht mehr besteht.

Die Londoner Beratungen zogen sich bis zum Juni 1948 hin. Erst dann waren die Franzosen bereit, ihre Zone der Bizone anzugliedern und einen westlichen Teilstaat zu bilden.
Das Ergebnis der Londoner Beratungen wurde den Ministerpräsidenten der Länder der Westzonen am 1. Juli 1948 feierlich in Frankfurt übergeben. Die Ministerpräsidenten wurden ermächtigt, eine verfassunggebende Versammlung einzuberufen. Diese sollte eine demokratische Verfassung für einen Weststaat ausarbeiten.
Die Ministerkonferenz nahm dazu am 10. Juli Stellung:

> **Q 2** Die Ministerpräsidenten glauben jedoch, daß ... alles vermieden werden müßte, was dem zu schaffenden Gebilde den Charakter eines Staates verleihen würde; sie sind darum der Ansicht, daß ... zum Ausdruck kommen müßte, daß es sich lediglich um ein Provisorium* handelt ...

1. *Fertigt eine Tabelle über die Ereignisse seit der Deutschland-Konferenz Ende 1947 an. Ergänzt sie mit den Daten der Seiten 156–163.*
2. *Nehmt Stellung zur sowjetischen Haltung in Q 1.*
3. *Überlegt, welche Sorge hinter der Aussage Q 2 steht.*
4. *Betrachtet das Bild. Beschreibt die Wirkung, die es auf euch ausübt.*

Die Teilung Deutschlands

Die Berliner Blockade

Nachdem die Sowjetunion die Londoner Außenministerkonferenz verlassen hatte, versuchte sie, auf die Westmächte Druck auszuüben. Berlin wurde seit 1945 von den vier Siegermächten gemeinsam verwaltet. Die Stadt war in vier Sektoren aufgeteilt (vgl. S. 139). Die Einführung der neuen DM-West in den Westsektoren nahm die Sowjetunion zum Anlaß, in der folgenden Nacht (23./24. Juni 1948) die Lieferung elektrischen Stroms in die Westsektoren einzustellen.

Außerdem brachte die sowjetzonale Nachrichtenagentur am 24. Juni folgende Meldung:

> **Q 1** Infolge einer technischen Störung ist die Transportverwaltung der sowjetischen Militärverwaltung gezwungen, sowohl den Passagier- als auch den Güterverkehr auf der Strecke Berlin–Helmstedt in beiden Richtungen einzustellen.

Damit waren die Westsektoren Berlins von Westdeutschland abgeschnitten. Die Lebensmittelvorräte reichten für 36, die Kohlevorräte für 45 Tage. In einem Schreiben an die Westmächte erklärte die Sowjetunion, die Westmächte hätten ihr Recht an einer gemeinsamen Besetzung Berlins verwirkt, da sie in Deutschland eine Politik der Spaltung betrieben hätten.

Der amerikanische General Clay hatte schon im April 1948 seinem Präsidenten berichtet:

> **Q 2** Wenn Berlin fällt, folgt Westdeutschland als nächstes. Wenn wir beabsichtigen, Europa gegen den Kommunismus zu halten, dürfen wir uns nicht von der Stelle rühren ... Wenn wir fortgehen, gefährden wir unsere europäische Position.

General Clay begann sofort, eine Luftversorgung Berlins zu organisieren. Bis zum Mai 1949 trafen täglich im Minutenabstand auf drei Flugplätzen in der Stadt Transportmaschinen ein. Neben Lebensmitteln und Medikamenten brachten sie vor allem Kohle, um die Stromversorgung aufrechtzuerhalten. Ein Denkmal erinnert in Berlin an die fast 80 Amerikaner, Engländer und Deutsche, die bei Unfällen in dieser Zeit ihr Leben verloren.

Im Sommer 1948 störten kommunistische Demonstranten mehrmals die Sitzung der in Ostberlin tagenden Stadtverordnetenversammlung aller vier Sektoren. In den Wahlen von 1946 hatten die SPD

Amerikanische Luftbrücke nach Berlin. Foto 1948.

48,5 %, die CDU 22,2 %, die Liberalen 9,3 % und die SED 19,6 % der Stimmen erhalten.

Im September 1948 verlegten alle Abgeordneten, die nicht der SED angehörten, die Sitzung der Stadtverordnetenversammlung in den Westen der Stadt, um weitere Störungen zu verhindern. Daraufhin erklärte die SED den Oberbürgermeister für abgesetzt und bildete in Ostberlin eine eigene Stadtverwaltung. Berlin war nun endgültig in zwei Teile, West- und Ost-Berlin, geteilt.

Im Mai 1949 beendete die Sowjetunion die Blockade. Dazu meinte der amerikanische Präsident Truman in seinen Memoiren 1955:

> **Q 3** Daß wir ... in Berlin ausharrten, demonstrierte den Völkern Europas unseren Willen, gemeinschaftlich mit ihnen jeder Bedrohung ihrer Freiheit entgegenzutreten. Die Folge war eine engere politische Bindung ... an die Vereinigten Staaten.

1. *Betrachtet das Bild. Welche Stimmung kommt dort zum Ausdruck?*
2. *Bestimmt aus den Texten Anlaß und Ziel der sowjetischen Maßnahmen.*
3. *Nennt die Motive der Amerikaner und Briten, den Berlinern zu helfen.*
4. *Überlegt, welches Ergebnis die Blockade hatte.*

Die Teilung Deutschlands

Bundespräsident Heuss überreicht Bundeskanzler Adenauer die Ernennungsurkunde. Foto vom 20. 9. 1949.

Die Gründung der Bundesrepublik Deutschland

Am 1. September 1948 nahm die verfassunggebende Versammlung, der Parlamentarische Rat, seine Arbeit auf (vgl. S. 164). Die Länderparlamente hatten 65 Abgeordnete bestimmt (CDU/CSU 27, SPD 27, FDP 5, KPD 2, Zentrum 2, DP 2). Nach längeren Beratungen verabschiedete der Parlamentarische Rat am 8. Mai 1949 eine Verfassung. Sie wurde Grundgesetz genannt, um den provisorischen Charakter zu betonen. Die drei Westalliierten genehmigten das Grundgesetz, die westdeutschen Landtage stimmten mit Ausnahme Bayerns zu. Am 23. Mai wurde das Grundgesetz verkündet. Dieser Tag wird heute als „Verfassungstag" gefeiert.

Aus der Einleitung zum Grundgesetz:

> **Q 1** ... von dem Willen beseelt, seine nationale und staatliche Einheit zu wahren und als gleichberechtigtes Glied in einem vereinten Europa zu dienen, hat das deutsche Volk ..., um dem staatlichen Leben für eine Übergangszeit eine neue Ordnung zu geben, kraft seiner verfassunggebenden Gewalt dieses Grundgesetz der Bundesrepublik Deutschland beschlossen. Es hat auch für jene Deutschen gehandelt, denen mitzuwirken versagt war.

Am 14. 8. 1949 wurde der erste Deutsche Bundestag gewählt. Es gab eine Koalitionsregierung aus CDU/CSU, FDP und DP. Bundeskanzler wurde Konrad Adenauer (CDU). Zum ersten Bundespräsidenten wurde am 12. 9. 1949 Theodor Heuss gewählt.

Die Gründung der Deutschen Demokratischen Republik

Im März 1948 wurde von der SED der zweite Volkskongreß einberufen. Er bestand vor allem aus Delegierten der Parteien und Gewerkschaften. Der Volkskongreß wählte einen Volksrat. Dieser arbeitete eine Verfassung aus, wobei er sich auf einen Entwurf der SED von 1946 stützte. Außerdem beschloß er, den III. Volkskongreß im Mai 1949 durch allgemeine Wahlen berufen zu lassen. Bei diesen Wahlen konnte die Bevölkerung nur mit ja oder nein für eine Einheitsliste stimmen. Auf der Einheitsliste waren der SED mehr als die Hälfte der Sitze im neuen Volkskongreß garantiert. Dieser III. Volkskongreß bestätigte am 30. Mai 1949 den Verfassungsentwurf und wählte einen neuen Volksrat. Am 7. 10. 1949 erklärte sich der Volksrat zur Provisorischen Volkskammer der Deutschen Demokratischen Republik. Sie setzte die Verfassung in Kraft und sprach sich für die Bildung einer provisorischen Regierung aus.

Präsident der DDR wurde Wilhelm Pieck, Ministerpräsident Otto Grotewohl. Die entscheidende politische Gewalt übte jedoch der Erste Sekretär des Zentralkomitees der SED, Walter Ulbricht, aus.

Aus der Einleitung zur DDR-Verfassung von 1949:

> **Q 2** Von dem Willen erfüllt, die Freiheit und die Rechte des Menschen zu verbürgen, das Gemeinschafts- und Wirtschaftsleben in sozialer Gerechtigkeit zu gestalten, dem gesellschaftlichen Fortschritt zu dienen, die Freundschaft mit allen Völkern zu fördern und den Frieden zu sichern, hat sich das deutsche Volk diese Verfassung gegeben.

1. *Vergleicht, auf welche Weise die beiden deutschen Staaten gegründet wurden.*
2. *Untersucht, welche Rolle die Bürger gespielt haben.*
3. *Vergleicht Q 1 und Q 2. Auf welche Punkte haben die Verfasser jeweils besonderen Wert gelegt?*

Die Teilung Deutschlands

In einem DDR-Buch stand 1977 über die Gründung der beiden deutschen Staaten:

Q 1 ... Im Verlauf eines mehr als vierjährigen Kampfes gelang es den Werktätigen im Osten Deutschlands, Kriegsgewinnler und Naziverbrecher zu enteignen und ihren Besitz in Volkseigentum umzuwandeln. Sie schaffen es, in der sowjetisch besetzten Zone die Bodenreform* durchzuführen und Junkerland* in die Hände der werktätigen Bauern zu geben... Umsichtig hatte die Sowjetunion den Werktätigen in der sowjetisch besetzten Zone bei ihrem Aufbauwerk geholfen. Ihr war es zu verdanken, daß in so kurzer Zeit eine tiefgreifende Umwälzung der gesellschaftlichen Verhältnisse erreicht wurde... Die imperialistischen* Westmächte fürchteten ein Übergreifen der revolutionären Entwicklung auf die westlichen Besatzungszonen. Sie versuchten daher, die von ihnen regierten Zonen... abzugrenzen... Am 23. Mai 1949 trat die von den drei westlichen Militärbefehlshabern diktierte Verfassung – das sogenannte Grundgesetz – in den Westzonen in Kraft. Damit war faktisch ein neuer imperialistischer Staat in die Welt gesetzt worden – die Bundesrepublik Deutschland.

Aus der Regierungserklärung von Bundeskanzler Adenauer vom 20. September 1949:

Q 2 Zwar müssen wir uns immer bewußt sein, daß Deutschland und das deutsche Volk noch nicht frei sind, ... daß es – und das ist besonders schmerzlich – in zwei Teile zerrissen ist. Aber wir erfreuen uns doch einer wenigstens relativen staatlichen Freiheit... Wir haben vor allem wieder den Schutz der Persönlichkeitsrechte. Niemand kann bei uns, wie das im nationalsozialistischen Reich der Fall war und wie es jetzt noch in weiten Teilen Deutschlands, in der Ostzone, zu unserem Bedauern der Fall ist, durch Geheime Staatspolizei, oder ähnliche Einrichtungen, der Freiheit und des Lebens beraubt werden.

1 *Betrachtet die Karikatur und versucht, sie zu erklären.*
2 *Stellt gegenüber, wie die Verfasser des DDR-Buches und Konrad Adenauer die Gründung der beiden deutschen Staaten beurteilen.*
3 *Sprecht über die Frage, welche Ursachen die deutsche Teilung herbeigeführt haben.*

„Zwei Volk, zwei Reich, zwei Führer." Karikatur aus dem „Simpl", 1949. Der Reichsadler ist zweigeteilt, auf der linken Seite der neue Präsident der DDR, Wilhelm Pieck, in der Kralle Hammer und Sichel, auf der rechten Seite der neue Präsident der Bundesrepublik Deutschland, Theodor Heuss, der in der Kralle einen Sack mit US-Dollar trägt.

4 *Befragt eure Großeltern, wie sie die Gründung der deutschen Staaten erlebt haben.*

Zusammenfassung

Die Entwicklung in den Besatzungszonen verlief unterschiedlich. Die amerikanische und britische Zone schlossen sich bald zur Bizone zusammen. Die Wirtschaft wurde durch den Marshallplan und die Währungsreform westlich ausgerichtet.
In der sowjetisch besetzten Zone bestimmten die von Moskau gelenkten Kommunisten den Kurs. KPD und SPD schlossen sich zur SED zusammen. Eine Bodenreform und Enteignungen in der Großindustrie stellten die Weichen für eine sozialistische Neuordnung.
Am Ende der Entwicklung standen 1949 die Gründungen der Bundesrepublik Deutschland und der Deutschen Demokratischen Republik.

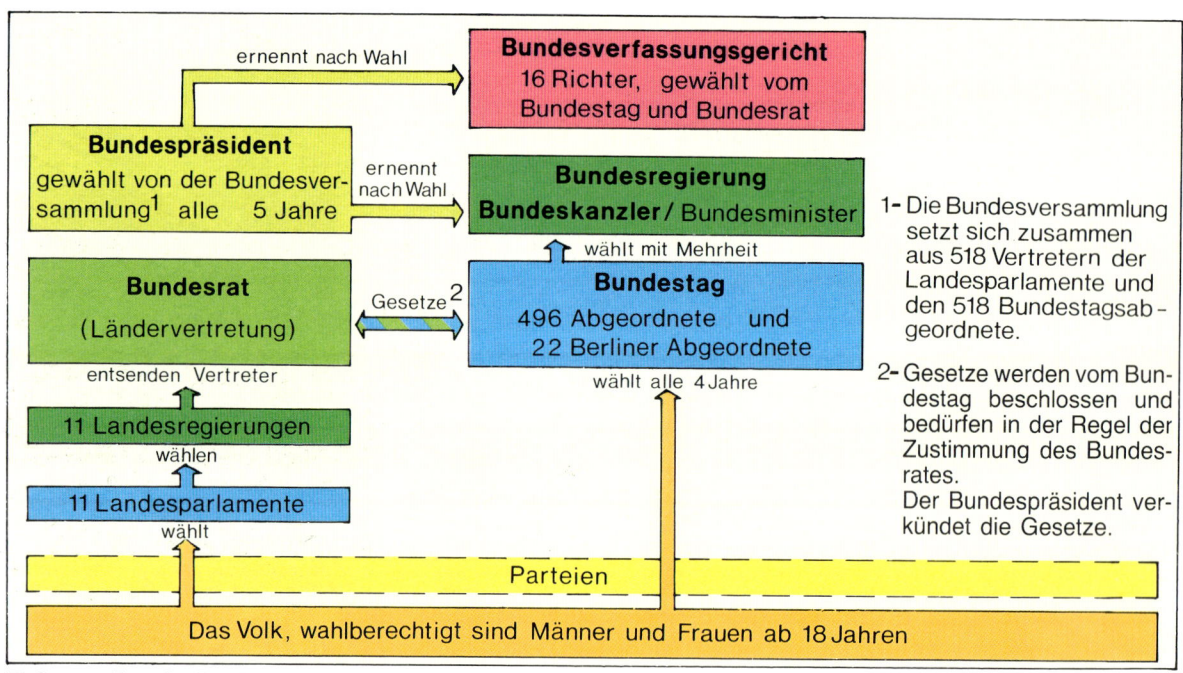

Die Entwicklung der Bundesrepublik Deutschland bis 1990

Bundesverfassungsgericht
16 Richter, gewählt vom Bundestag und Bundesrat

Bundespräsident — gewählt von der Bundesversammlung¹ alle 5 Jahre — ernennt nach Wahl →

Bundesregierung
Bundeskanzler / Bundesminister
wählt mit Mehrheit ↑

Bundesrat (Ländervertretung) — Gesetze² ↔ **Bundestag** 496 Abgeordnete und 22 Berliner Abgeordnete

entsenden Vertreter ↑
11 Landesregierungen
wählen ↑
11 Landesparlamente
wählt ↑

wählt alle 4 Jahre

Parteien

Das Volk, wahlberechtigt sind Männer und Frauen ab 18 Jahren

1 – Die Bundesversammlung setzt sich zusammen aus 518 Vertretern der Landesparlamente und den 518 Bundestagsabgeordnete.

2 – Gesetze werden vom Bundestag beschlossen und bedürfen in der Regel der Zustimmung des Bundesrates.
Der Bundespräsident verkündet die Gesetze.

[1] **Staatsaufbau der Bundesrepublik Deutschland bis 1990.**

[2] **Briefmarken der Deutschen Bundespost (1981).**

Das Grundgesetz

Aus dem Grundgesetz über die Bundesregierung:

Q 1 Artikel 65: Der Bundeskanzler bestimmt die Richtlinien der Politik und trägt dafür die Verantwortung. Innerhalb dieser Richtlinien leitet jeder Bundesminister seinen Geschäftsbereich selbständig und unter eigener Verantwortung. Über Meinungsverschiedenheiten zwischen den Bundesministern entscheidet die Bundesregierung …
Artikel 67: Der Bundestag kann dem Bundeskanzler das Mißtrauen nur dadurch aussprechen, daß er mit der Mehrheit seiner Mitglieder einen Nachfolger wählt …

Aus dem Bundeswahlgesetz in der Fassung von 1975:

Q 2 § 6 (4) Bei Verteilung der Sitze … werden nur Parteien berücksichtigt, die mindestens 5 von Hundert … Zweitstimmen erhalten, oder in mindestens drei Wahlkreisen einen Sitz errungen haben …

1. *Beschreibt anhand des Schaubildes die Aufgaben der Institutionen.*
2. *Vergleicht das Schaubild und die Gesetzesbestimmungen mit der Verfassung der Weimarer Republik (siehe S. 63).*
3. *Erkundigt euch, welche Parteien und Personen im Augenblick in Bund, Land und Gemeinde regieren.*

Die Deutsche Bundespost hat 1981 die Grundgedanken der Demokratie in einer Briefmarkenserie ausgedrückt.

4. *Lest den Text auf den drei Marken und überlegt, welche Verfassungsorgane der Bundesrepublik Deutschland angesprochen werden.*

Staat und Wirtschaft in der Bundesrepublik Deutschland

Die Bundeskanzler 1949–1990

1949–1957	**Konrad Adenauer,** CDU (Koalition aus CDU/CSU, FDP, DP)	
1957–1961	**Konrad Adenauer,** CDU (Alleinregierung der CDU/CSU)	
1961–1963	**Konrad Adenauer,** CDU (Koalition aus CDU/CSU, FDP)	
1963–1966	**Ludwig Erhard,** CDU (Koalition aus CDU/CSU, FDP)	
1966–1969	**Kurt Georg Kiesinger,** CDU (Koalition aus CDU/CSU, SPD)	
1969–1974	**Willy Brandt,** SPD (Koalition aus SPD, FDP)	
1974–1982	**Helmut Schmidt,** SPD (Koalition aus SPD, FDP)	
1982–1990	**Helmut Kohl,** CDU (Koalition aus CDU/CSU, FDP)	

2 **Gustav Heinemann,** Foto 1974.

🟡1 *Vergleicht die Regierungszeiten der Bundeskanzler mit den Regierungszeiten der Reichskanzler der Weimarer Republik und vergleicht die Wahlergebnisse mit denen der Weimarer Republik (S. 79).*

🟡2 *Untersucht, welche Auswirkungen die Einführung der „5%-Klausel" seit 1953 hatte (Q 2 auf der Vorseite).*

Die Bundespräsidenten seit 1949

1949–1959	**Theodor Heuss,**
1959–1969	**Heinrich Lübke,**
1969–1974	**Gustav Heinemann,**
1974–1979	**Walter Scheel,**
1979–1984	**Karl Carstens,**
seit 1984	**Richard von Weizsäcker**

🟡3 *Schreibt aus Lexika Informationen über die Bundespräsidenten der Bundesrepublik auf.*

3 **Walter Scheel,** Foto 1984.

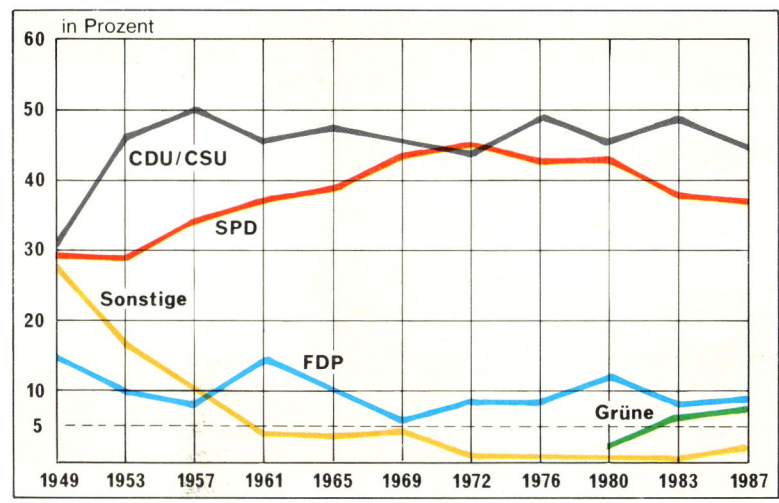

1 **Ergebnisse der Bundestagswahl 1949–1987** (in Prozent der Zweitstimmen).

4 **Richard von Weizsäcker,** Foto 1984.

Staat und Wirtschaft in der Bundesrepublik Deutschland

Das „Wirtschaftswunder"

Die Weichen in der Wirtschaftspolitik wurden schon in der Bizone gestellt (vgl. S. 162). CDU*/CSU* und FDP* einigten sich auf das Programm der Sozialen Marktwirtschaft. In diesem System sollte der Wettbewerb und das Streben nach Gewinn und Privatbesitz die Wirtschaft anregen. Sozial sollte die Marktwirtschaft dadurch sein, daß sie:
– alle Bürger am wirtschaftlichen Wohlstand teilhaben läßt,
– allen Bürgern Eigentum ermöglicht und
– soziale Absicherung im Alter, bei Krankheit oder Unfall und bei Arbeitslosigkeit gewährleistet (vgl. Abb. 2).

Im Ausland bezeichnete man den schnell einsetzenden Wirtschaftsaufschwung als „Wirtschaftswunder". Dieses „Wunder" hatte ganz reale Ursachen:
– Der bereits begonnene Wirtschaftsaufbau wurde durch den Marshallplan verstärkt (vgl. S. 149).
– Neue Produktionsanlagen waren der Konkurrenz aus dem Ausland überlegen.
– Es gab ein großes Angebot leistungswilliger und gut ausgebildeter Arbeitskräfte.
– Die Qualität der Waren und der große Nachholbedarf nach dem Zweiten Weltkrieg und während des Koreakrieges ließen den Export schnell ansteigen.

1 *Betrachtet das Bild. Versetzt euch in die Lage der Personen (vgl. dazu die Bilder auf den Seiten 143–145).*

2 *Überlegt, aus welchen Gründen das Modell „Wirtschaftswunder" nicht auf die Entwicklung der neuen Bundesländer übertragen werden kann.*

3 *Betrachtet Schaubild 3 und stellt fest, für welche Zeit der Begriff „Wirtschaftswunder" gelten könnte.*

4 *Stellt Vermutungen darüber an, welche Probleme eine hohe Arbeitslosigkeit für die Betroffenen bringt.*

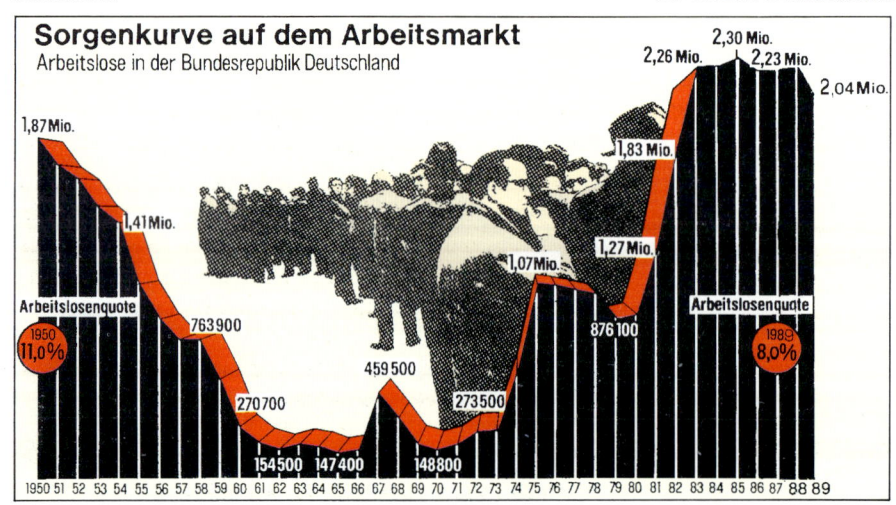

1 **1955 freuen sich 500 000 Mieter über eine neue Wohnung.** Foto.

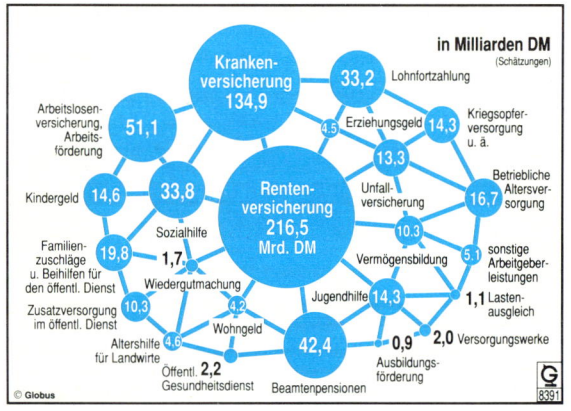

2 **Bereiche der sozialen Absicherung 1990 in den alten Bundesländern.**

3 **Die Entwicklung der Arbeitslosigkeit 1950–1990 in den alten Bundesländern.**

Staat und Wirtschaft in der Bundesrepublik Deutschland

Gefahren in der sozialen Marktwirtschaft

Im Godesberger Programm wies die SPD* 1959 auf mögliche Gefahren der sozialen Marktwirtschaft hin:

Q 1 Im demokratischen Staat muß sich jede Macht öffentlicher Kontrolle fügen. Das Interesse der Gesamtheit muß über dem Einzelinteresse stehen. In der vom Gewinn- und Machtstreben bestimmten Wirtschaft und Gesellschaft sind Demokratie, soziale Sicherheit und freie Persönlichkeit gefährdet ... Deshalb bejaht die SPD den freien Markt, wo immer wirklich Wettbewerb herrscht. Wo aber Märkte unter die Vorherrschaft von einzelnen Gruppen geraten, bedarf es vielfältiger Maßnahmen, um die Freiheit in der Wirtschaft zu erhalten. Wettbewerb soweit wie möglich – Planung soweit wie nötig.

1. *Arbeitet heraus, welche Gefahren die SPD sah und wie sie ihnen begegnen wollte.*
2. *Untersucht den folgenden Text und die Übersicht. Überlegt, inwieweit die Fortschritte in der Sozialpolitik die Wünsche vieler Menschen nach sozialer Sicherheit erfüllte.*
3. *Sammelt aus Zeitungen Berichte über heutige sozialpolitische Forderungen.*

Sozialpolitische Leistungen

Der wirtschaftliche Aufschwung wurde seit 1949 von einer großen Zahl sozialpolitischer Gesetze begleitet. Wichtige Anstöße zu diesen Gesetzen kamen immer wieder von den zahlreichen Verbänden und Interessengruppen, vor allem von den Arbeitgeberverbänden und den Gewerkschaften. Rückblickend sah es der damalige Vorsitzende der Gewerkschaft IG Metall, Otto Brenner, 1969 so:

Q 2 Es kam nur zu stückchenweisen Verbesserungen, meist als „Wahlgeschenke" für die Arbeitnehmer, widerwillig und unter Druck der organisierten Arbeitnehmer.
Im Bereich der Krankenversicherung führte der große Metallarbeiterstreik an der Jahreswende 1956/57 in Schleswig-Holstein zur Verabschiedung des ersten Lohnfortzahlungsgesetzes* für Arbeiter ... Die endgültige Gleichstellung mit den Angestellten ist nach jahrelangem Drängen der Gewerkschaften und gegen den hinhaltenden Widerstand der Arbeitgeber nunmehr durch das Lohnfortzahlungsgesetz vom Juni 1969 erfolgt.

1946 Wiederzulassung von Betriebsräten durch die alliierten* Siegermächte.
1949 Tarifvertragsgesetz: Arbeitgeber und Gewerkschaften handeln miteinander Löhne und Arbeitszeit aus, Regeln für den Arbeitskampf werden vorgeschrieben.
1950 Bundesversorgungsgesetz: Versorgung der Kriegsbeschädigten und Hinterbliebenen.
1951 Montanmitbestimmungsgesetz: Im Bergbau und in der Stahlindustrie erhalten Arbeitnehmer und Arbeitgeber im Aufsichtsrat je die Hälfte der Sitze.
1952 Betriebsverfassungsgesetz: Die Rechte der Arbeitnehmervertretungen in den Betrieben werden geregelt, im Aufsichtsrat erhalten die Arbeitnehmervertreter ein Drittel der Sitze.
1957 Lohnfortzahlung im Krankheitsfall für Arbeiter.
1957 Reform der Rentenversicherung: Die Rente wird an die jeweilige Lohnentwicklung automatisch angepaßt.
1961 Vermögensbildungsgesetz: Staatliche Zulagen für Arbeitnehmer bei langfristigem Sparen.
1962 Sozialhilfegesetz: Sozialhilfe wird ein rechtlicher Anspruch.
1962 Mindesturlaub von 15 Arbeitstagen.
1967 40-Stunden-Woche.
1969 Lohnfortzahlungsgesetz: Arbeiter und Angestellte werden bei der Lohnfortzahlung im Krankheitsfall gleichgestellt.
1976 Mitbestimmungsgesetz: In Großbetrieben mit mehr als 2000 Beschäftigten wird der Aufsichtsrat je zur Hälfte aus Vertretern der Arbeitnehmer und der Arbeitgeber besetzt.
1979 Mutterschaftsurlaub: Verlängerung des Schwangerschaftsurlaubs ohne Bezüge, aber mit Sicherung des Arbeitsplatzes.
1981 Berufsbildungsförderungsgesetz: Finanzielle Förderung von Umschulung und Weiterbildung durch die Bundesanstalt für Arbeit.
1984 Vorruhestandsgesetz: Vorgezogene Rente bzw. Pension.
1985/86 Beschäftigungsförderungsgesetz.
1985/86 Erziehungsgeld.

Sozialpolitische Maßnahmen in den alten Bundesländern 1946–1986.

Wichtige sozialpolitische Maßnahmen

Wegen ihrer Bedeutung für die sozialpolitische Entwicklung werden Arbeitgeberverbände und Gewerkschaften auch „Sozialpartner" genannt. Sie handeln untereinander Löhne und Gehälter für Arbeiter und Angestellte aus. Eine große Bedeutung hatte auch immer die Auseinandersetzung um die wöchentliche Arbeitszeit.

4. *Zeigt auf, welche Mittel Otto Brenner für die Erreichung gewerkschaftlicher Ziele nennt.*
5. *Sprecht über den Begriff „Sozialpartner".*
6. *Ladet Vertreter der Tarifparteien ein und informiert euch über aktuelle Konflikte.*

Frauen in der Bundesrepublik Deutschland

1 **Familie in den 50er Jahren,** Foto.

2 **Frauendemonstration für Gleichberechtigung im Beruf,** Foto 1977.

Frauen in der Bundesrepublik

Die „gute" Ehe
Das Beratungsbuch „Die gute Ehe" empfahl 1959 einer guten Ehefrau:

Q 1 ... ihrem Mann ein Heim zu schaffen, in dem er wirklich zu Hause ist, in das er nach des Tages Arbeit gern zurückkehrt. Dabei muß immer das im Vordergrund stehen, was ihm besonders am Herzen liegt, und das kann ganz verschiedenartig sein. Der eine verlangt unbedingte Ordnung. Er liebt es, wenn alle Gegenstände immer am gleichen Platz liegen ... einem anderen Ehemann ist wichtiger als absolute Ordnung, daß seine Frau immer gepflegt aussieht ..., ein dritter legt großen Wert darauf, daß ihm nicht nur Allerweltsgerichte auf den Tisch gestellt werden ... Es gilt also, sich darauf einzustellen, auch wenn es den eigenen Neigungen nicht ganz entspricht.

Die Herausgeberin einer Frauenzeitschrift, Alice Schwarzer, gab 1977 folgende Empfehlungen:

Q 2 Auch Frauen, die noch ans Haus gebunden sind, weil sie kleine Kinder haben, sollten langfristig ihre Rückkehr in den Beruf vorbereiten. Zur Beratung und Unterstützung gibt es verschiedene Institutionen* und Initiativen. Das geht von Arbeitsämtern über Familienberatung bis zu den unabhängigen Frauenzentren ... Denn nur die Berufstätigkeit gewährt der Frau eine gewisse Unabhängigkeit vom eigenen Mann; nur die Berufsarbeit lindert die soziale Isolation und hebt das Selbstwertgefühl von Frauen; nur die Berufsarbeit bricht zumindest partiell die traditionelle Frauenrolle auf.
Vollhausfrauen sollten auf jeden Fall auch das Gespräch mit anderen Frauen in ihrer Situation suchen und Aufgaben wie Kinderbeaufsichtigung oder Einkauf zunehmend gemeinsam lösen ...

In ihrem Bericht „Frauen in der Bundesrepublik Deutschland" erklärte die Bundesregierung 1984:

Q 3 Frauen müssen an der Gestaltung des politischen, wirtschaftlichen und gesellschaftlichen Lebens vollen Anteil haben. Frauen müssen gleichen Lohn für gleiche Arbeit erhalten und die gleichen Aufstiegschancen haben wie die Männer. Frauen müssen frei entscheiden können, ob sie ihre Aufgabe in der Familie oder im Beruf oder in der Verbindung von beidem sehen wollen.
Die Gleichberechtigung der Frau im Arbeitsleben ist

	1950	1960	1970	1980	1989
Hauptschüler	49,3	49,3	49,0	47,7	45,3
Realschüler	54,1	61,9	52,9	53,6	52,4
Gymnasiasten	40,5	44,2	43,9	50,0	51,0
Abiturienten	32,4	35,9	40,3	45,0	49,8
Studienanfänger	18,0	27,4	40,6	40,1	40,3
Staats-/Diplomprüfung	15,8	20,5	30,5	40,1	41,4*
Doktoranden	16,8	15,9	16,5	18,5	26,3*

1 Mädchen- bzw. Frauenanteil nach Schulformen und Bildungsabschlüssen 1950–1989 (in %). (* = Zahlen für 1988)

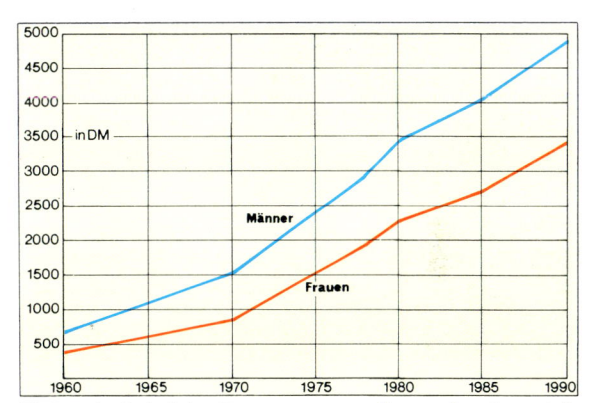

2 Durchschnittliche Bruttomonatsverdienste der Angestellten in Industrie und Handel in den alten Bundesländern.

in der Bundesrepublik Deutschland zwar rechtlich verwirklicht, sie muß aber in der Praxis des Arbeitslebens in vielen Fällen noch durchgesetzt werden.

In den letzten Jahren versuchten Frauen, über eine „Quotenregelung"* in Verbänden und Parteien bei der Vergabe von Führungspositionen in gleichem Maße wie Männer bedacht zu werden. Dieser Versuch hat für Aufsehen und verstärkte Auseinandersetzungen in der Öffentlichkeit gesorgt.

1. *Vergleicht die Ratschläge von Q1 und Q2.*
2. *Untersucht die Tabellen. Versucht Ursachen für die unterschiedlichen Werte zu benennen.*
3. *Vergleicht die Aussagen der Tabellen mit Q3.*
4. *Tragt Beobachtungen darüber zusammen, wie Frauen in euch bekannten Institutionen und Verbänden (auch in der Schule) an Führungsaufgaben beteiligt sind.*
5. *Betrachtet die Bilder der gegenüberliegenden Seite. Äußert Vorstellungen, wie Frauen weiter für Gleichberechtigung kämpfen können. Sprecht dabei auch über die „Quotenregelung".*

Die Bundesrepublik Deutschland und Europa

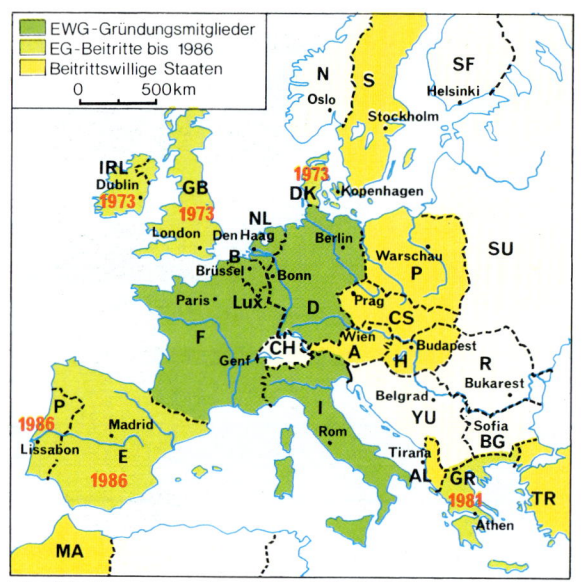

Die Mitgliedsstaaten der EG und die Beitrittskandidaten 1991.

1951 schlossen sich Frankreich, die Niederlande, Belgien, Luxemburg, Italien und die Bundesrepublik Deutschland zur Europäischen Gemeinschaft für Kohle und Stahl (Montanunion) zusammen.

Positive Erfahrungen verstärkten den Wunsch nach weiterer Zusammenarbeit. 1967 wurden die Montanunion, die Europäische Wirtschaftsgemeinschaft und die Europäische Atomgemeinschaft zur Europäischen Gemeinschaft (EG) zusammengefaßt. Sie umfaßt heute 12 Mitglieder.

1 *Stellt anhand der Karte die Mitgliedsländer der EG zusammen.*
2 *Untersucht anhand von Q 1 und Q 2, was einer europäischen Einigung zunächst entgegenstand.*
3 *Lest den folgenden Text und tragt zusammen, was ihr über das Verhältnis zwischen Franzosen und Deutschen wißt.*

Die Freundschaft zwischen den beiden führenden Politikern Charles de Gaulle und Konrad Adenauer förderte eine Annäherung der beiden ehemals verfeindeten Völker. Der 1963 geschlossene Vertrag über die deutsch-französische Zusammenarbeit blieb auch nach dem Tod beider Politiker wirksam. Neben den regelmäßigen Gesprächen zwischen beiden Regierungen hat es viele Begegnungen zwischen Deutschen und Franzosen gegeben, die die Freundschaft zwischen beiden Ländern vertieft haben. 1988 haben beide Länder das Jubiläum ihrer Freundschaft mit einer gemeinsamen Briefmarke gewürdigt.

Schritte zur Einigung Europas

Am 9. Mai 1950, fünf Jahre nach der Kapitulation* des Deutschen Reiches, erklärte der französische Außenminister Robert Schuman vor der Presse:

Q 1 Die Vereinigung der europäischen Nationen erfordert, daß der jahrhundertealte Gegensatz zwischen Frankreich und Deutschland ausgelöscht wird ... Die französische Regierung schlägt vor, die Gesamtheit der französisch-deutschen Kohle- und Stahlproduktion unter eine gemeinsame Oberste Aufsichtsbehörde zu stellen, in einer Organisation, die den anderen europäischen Ländern zum Beitritt offensteht.

Bundeskanzler Adenauer berichtet in seinen Erinnerungen 1965:

Q 2 In einem persönlich an mich gerichteten Brief schrieb mir Schuman, der Zweck seines Vorschlages sei nicht wirtschaftlicher, sondern eminent politischer Natur. In Frankreich besteht die Furcht, daß Deutschland, wenn es sich wieder erholt habe, Frankreich angreifen werde. Er könne sich denken, daß umgekehrt auch in Deutschland der Wunsch nach Sicherheit bestehe. Aufrüstung mache sich zuerst fühlbar in einer erhöhten Produktion von Kohle, Eisen und Stahl. Wenn man eine Einrichtung schaffe ..., die jedes der beiden Länder in den Stand setze, die ersten Anzeichen einer Aufrüstung wahrzunehmen, so würde die Schaffung dieser Möglichkeit in Frankreich eine ganz außerordentliche Beruhigung zur Folge haben.

Die Bundesrepublik Deutschland und Europa

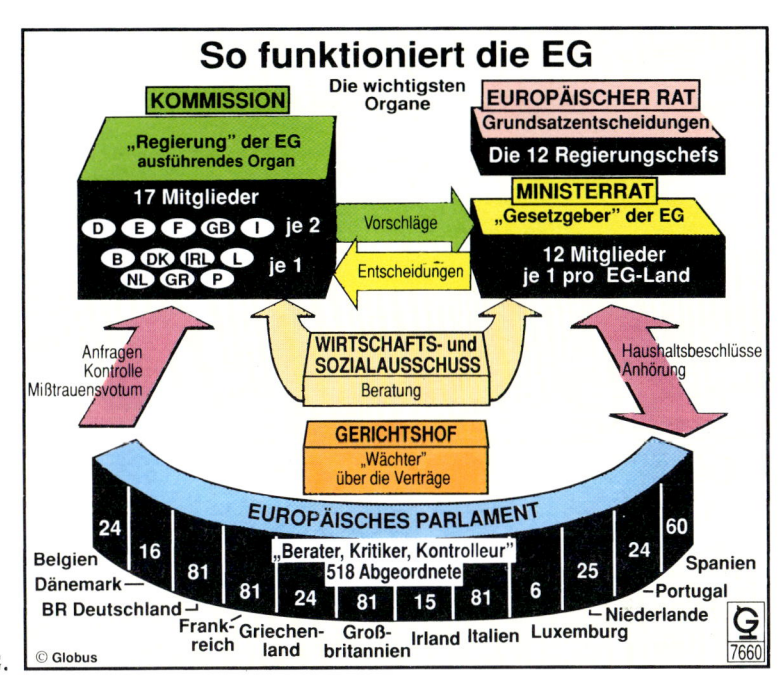

So funktioniert die EG.

Die Europäische Gemeinschaft

Das Europäische Parlament besteht seit 1957. Seine Mitglieder wurden zuerst von den Parlamenten der einzelnen Länder bestimmt. Seit 1979 werden die Abgeordneten von der Bevölkerung der Mitgliedsländer direkt gewählt. Im Ministerrat treten die Außenminister oder die zuständigen Fachminister der Mitgliedsstaaten zusammen. Der Rat entscheidet über die EG-Politik. Er allein kann Verordnungen erlassen. Dazu ist in der Regel Einstimmigkeit Voraussetzung. Besonders wichtige Fragen werden im „Europäischen Rat" entschieden, dem die Regierungschefs aller Mitgliedsstaaten angehören. 1987 stand die Frage einer Finanzreform der EG auf dem Programm. Frankreich und die Bundesrepublik Deutschland wehrten sich gegen eine zu starke Unterstützung der ärmeren EG-Staaten, Großbritannien wollte keine höheren Beiträge zahlen. Im Frühjahr 1988 wurde auf einem weiteren Treffen eine Regelung aller Finanzfragen beschlossen.

1. *Beschreibt die Institutionen der EG mit Hilfe des Schaubildes.*
2. *Sammelt aktuelle Nachrichten aus den Tageszeitungen über die Politik der Europäischen Gemeinschaft.*

Ein griechischer Gastarbeiter wurde in Deutschland 1970 gefragt, was das Schlimmste in seinem neuen Leben sei:

Q Daß wir Fremde bleiben. Wenn ich meinen Meister um etwas bitte, dann ... wird es vernachlässigt. Mein hiesiger Kollege wird beachtet. Der spricht auch mit mir über die Arbeit in der Druckerei. Aber eingeladen hat er mich noch nie. Ich glaube auch nicht, daß er von mir eingeladen sein will ... anscheinend bin ich „anders". Zu Hause war ich den ganzen Tag wie alle anderen. Wir teilten unsere Freude und trugen das Leid miteinander. Hier wird nicht geteilt. Eine Mauer steht zwischen den Einheimischen und uns. Wir leben dahinter. Sie reden uns mit „Du" und dem Vornamen an. Manchmal sagen sie: Hier nix für Ausländer, Hammelfresser raus. Was haben sie gegen uns? Sie essen Ochsen.
Warum sind wir weniger wert als die Leute hier?

3. *Prüft anhand eurer eigenen Erfahrungen, ob sich das Verhältnis zwischen Gastarbeitern und Deutschen geändert hat.*
4. *Macht eine Befragung zum Thema „Europäische Einigung" auf einem Platz in eurem Heimatort.*

175

Protestbewegungen

Demonstration gegen den Krieg in Vietnam. Foto 1968.

Studentenunruhen Ende der sechziger Jahre
Im Februar 1966 wandte sich der Sozialistische Deutsche Studentenbund nach einer Demonstration in einem Flugblatt an die Tübinger Bürger.

Q 1 Sie hatten es eilig gestern nachmittag. Sie waren müde von der Arbeit, und wir, die Studenten, haben Sie eine halbe Stunde lang gewaltsam aufgehalten. Sie wollten Ihren Weg gehen ... Aber in diese Gleichgültigkeit haben wir Ärger gebracht, den Sie für überflüssig halten. Jedoch eben diese Gleichgültigkeit ist es auch, die es einer Gruppe von Mächtigen erlaubt, einen solchen Krieg zu führen wie den in Vietnam ...
Sie arbeiten den ganzen Tag, und wenn Sie nach Hause kommen, sind Sie zu müde, um noch viel und lange über Vietnam lesen zu können. Und ist es verwunderlich, daß Zeitungen, die im Privatbesitz weniger reicher Leute sind, verschweigen, daß andere, reiche Konzernherren auch in der Bundesrepublik Chemikalien und Waffenteile für den Vietnam-Krieg der USA herstellen? ...
Gerade weil wir Studenten Zeit haben und weil wir wissen, daß wir auch auf Ihre Kosten leben, sind wir verpflichtet, Ihnen auch solche Dinge mitzuteilen, die Ihnen kein Chef gerne mitteilt. Die gleichen Herren haben schon einmal die Wahrheit ihrer Geschäfte wegen verschwiegen und uns in einen schmutzigen Krieg gestürzt ... Wir wollen uns nicht belügen lassen, nicht schon wieder!

1 *Gebt mit eigenen Worten wieder, welche Ziele die Studenten in diesem Flugblatt verfolgen.*

In den folgenden Jahren kam es in der Bundesrepublik Deutschland erstmalig zu größeren politischen Unruhen. Vor allem die studentische Jugend machte ihrer Unzufriedenheit darüber Luft, daß nach ihrer Ansicht nicht genügend Demokratie herrschte. Eine Regierungskoalition von CDU und SPD, der nur eine zahlenmäßig schwache Opposition aus der FDP gegenüberstand, vergrößerte das Unbehagen. Dazu verstärkten sich die Proteste gegen das militärische Eingreifen der USA in Vietnam.
Die Demonstranten verstanden sich als außerparlamentarische Opposition (APO). Die Regierung und ein großer Teil der Presse richtete gegen die APO erbitterte Angriffe. Die aufgeheizte Stimmung führte schließlich zu einem Attentat auf Rudi Dutschke, einen der studentischen Wortführer.
In der Folge entwickelte sich aus der APO ein radikaler Flügel, der den Staat mit Terrorakten bekämpfte. Über die Mittel, die der Staat im Kampf gegen seine Gegner ergreifen sollte, herrschte keine Einigkeit. Die CDU/CSU forderte einen „starken Staat" und wirksame Gesetze gegen Terroristen. SPD und FDP dagegen warnten vor zu vielen Gesetzen, um die Freiheitsrechte nicht zu stark einzuschränken.
Aus einer Bundestagsrede des damaligen Abgeordneten der FDP, Walter Scheel, vom 30. 4. 1968:

Q 2 Parlamentarische Regierungen müssen nicht nur daran denken, sich auf ihre Mehrheiten zu verlassen, sondern sie müssen auch ständig daran arbeiten, die Unterstützung weiter Bevölkerungskreise für ihre Maßnahmen zu gewinnen ... Das Problem, vor dem wir stehen, ist das Problem der politischen Minderheiten in einer Demokratie, die man aus der Gesellschaft herausdrängt ...

2 *Sprecht über die Aussage des Politikers.*
3 *Gebt die Stimmung auf dem Foto wieder.*

Protestbewegungen

1 Montagsdemonstration in Leipzig. Foto März 1991.

2 Schülerdemonstration gegen den Golfkrieg. Foto Januar 1991.

Bürgerinitiativen

In einem Diskussionsbeitrag zum Thema Demokratisierung der Demokratie stellte der Berliner SPD-Politiker Wolfgang Haus 1970 fest:

Q 1 Es wurde vorhin gefragt, was sich denn in den letzten fünf oder zehn Jahren in bezug auf unser Demokratie-Thema verändert hat. Verändert hat sich nach meiner Meinung, daß das Thema ... Mitwirkung an der Entscheidungsfindung ... speziell im Gemeindebereich aufgeworfen worden ist. Wir können heute keine Hauptstraße mehr umbenennen, ohne es mit einer dagegen aufbegehrenden Bürgerinitiative zu tun zu bekommen ... So sind in den letzten Jahren zahllose Initiativbewegungen entstanden, Bürgerinitiativen, die etwa zu Kindergartengründungen, Eröffnung von Gemeinschaftseinrichtungen oder zur Rücknahme kommunaler Entscheidungen führten.

Und die Deutsche Zeitung schrieb am 16. 6. 1972:

Q 2 Bürgerinitiativen dürfen aber als Mittel zur politischen Veränderung der bestehenden Macht- und Herrschaftsverhältnisse nicht überschätzt werden.

1. *Sprecht über den Beitrag von Wolfgang Haus. Wo habt ihr schon Bürgerinitiativen kennengelernt?*
2. *Überlegt, welches Problem die Deutsche Zeitung angesprochen hat.*
3. *Beschreibt die Probleme, die auf den Bildern dieser Seite dargestellt sind.*
4. *Überlegt, in welcher Weise sich die Bürger an der Lösung der Probleme beteiligen können.*
5. *Informiert euch darüber, wie sich die Politiker bisher um die Lösung der Probleme bemüht haben.*

Zusammenfassung

Die Wirtschaft in der Bundesrepublik Deutschland entwickelt sich rasch, so daß man von einem deutschen „Wirtschaftswunder" sprach. Die freiheitlich-demokratische Grundordnung des Grundgesetzes wurde durch das System der sozialen Marktwirtschaft ergänzt. Staat und Wirtschaft wurden von einer großen Mehrheit der Bevölkerung angenommen. Das zeigt sich vor allem beim Wahlverhalten. Die Bundestagswahlen führten jeweils zu stabilen Regierungen. Erst seit Ende der sechziger Jahre hatte die Bundesrepublik Deutschland im Innern mehrere Belastungsproben zu überstehen.

Die Entwicklung der Deutschen Demokratischen Republik

1 HO*-Plakat von 1953.

Der 17. Juni 1953

1952 beschloß die SED*, den Sozialismus verstärkt aufzubauen. In der Folgezeit wurden zahlreiche Gewerbetreibende und Unternehmer verhaftet und enteignet. Die Schwerindustrie wurde auf Kosten der Konsumgüterindustrie und Landwirtschaft vorrangig ausgebaut. Im Frühjahr 1953 kam es zu einer Verschlechterung bei der Versorgung der Bevölkerung mit Lebensmitteln. Im Mai erhöhte die SED die Arbeitsnormen* in den volkseigenen Betrieben bei gleichbleibendem Lohn. Das bedeutete für die Arbeiter praktisch erhebliche Lohnkürzungen. Am 16. Juni 1953 formierten sich 3000 Bauarbeiter auf der Stalinallee in Berlin zu einem Demonstrationszug. Bald war der Zug auf 10.000 Menschen angewachsen. Am Haus der Ministerien forderte die Menge das Erscheinen des 1. Sekretärs des Zentralkomitees der SED Ulbricht und des Ministerpräsidenten Grotewohl.
Ein Arbeiter rief:

> **Q** Kollegen, es geht hier nicht mehr um die Normen und um die Preise. Es geht hier um mehr. Wir kommen nicht nur von der Stalinallee, sondern aus ganz Berlin. Das hier ist eine Volkserhebung. Wir wollen frei sein. Die Regierung muß aus ihren Fehlern die Konsequenzen ziehen. Wir fordern freie und geheime Wahlen.

2 Ost-Berlin, 17. Juni 1953. Foto.

Probleme der gesellschaftlichen Neuordnung

Für den 17. Juni 1953 wurde der Generalstreik ausgerufen. In ca. 250 Orten der DDR wurde gestreikt und demonstriert. Parteibüros der SED gingen in Flammen auf, die Regierung verkündete den Ausnahmezustand. Die Volkspolizei war nicht mehr Herr der Lage. Da griff die Sowjetarmee ein. Mit Panzern warf sie die Unruhen nieder. In der Folge ging die Regierung mit aller Härte gegen „Schuldige" vor, es gab sogar Todesurteile. Die Normenerhöhungen wurden aber zurückgenommen, die Preise gesenkt und die Renten erhöht.
In einem DDR-Geschichtsbuch stand 1971 dazu:

Q 1 Am 17. Juni 1953 gelang es Agenten verschiedener imperialistischer* Geheimdienste, die von Westberlin aus massenhaft in die Hauptstadt und einige Bezirke der DDR eingeschleust worden waren, ... einen kleinen Teil der Werktätigen zu zeitweiligen Arbeitsniederlegungen und Demonstrationen zu verleiten ... Durch das entschlossene Handeln der fortgeschrittensten Teile der Arbeiterklasse und ihrer Verbündeten, gemeinsam mit sowjetischen Streitkräften und bewaffneten Organen der DDR, brach der konterrevolutionäre* Putsch innerhalb von 24 Stunden zusammen.

1. *Beschreibt, was ihr auf Bild 2 der Vorseite erkennen könnt.*
2. *Überlegt, welche Aufgabe das Plakat auf der Vorseite erfüllen soll.*
3. *Lest die Texte durch. Fertigt eine Tabelle der Ereignisse an.*
4. *Nehmt zu der Deutung der Ereignisse in dem DDR-Geschichtsbuch Stellung.*

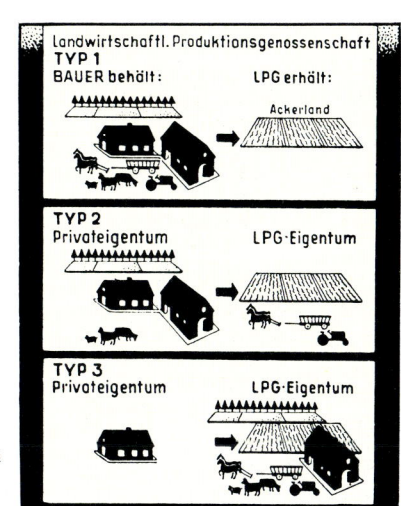

Etappen der Umwandlung von Bauernhöfen in LPG's. Plakat.

Zwangskollektivierung

Zusammen mit dem Aufbau des Sozialismus beschloß die SED 1952 die Bildung Landwirtschaftlicher Produktionsgenossenschaften (LPG). Dabei wurde versichert, daß die Bauern nicht zum Eintritt gezwungen werden dürften. Allerdings genossen LPG-Bauern deutliche Vorteile. Sie erhielten Kredite und Steuerermäßigungen. Trotzdem vollzog sich die Kollektivierung* nur zögernd, nach dem 17. Juni 1953 ließ der Druck auf die selbständigen Bauern vorübergehend sogar nach. Ende 1959 entschloß sich die SED aber, die Kollektivierung vollständig durchzuführen. Viele Bauern flüchteten vor der Kollektivierung in den Westen.
Ein Flüchtling berichtete 1960:

Q 2 Täglich kamen 6-8 Mann und verlangten ... den Eintritt in die LPG. Oft kamen sie täglich zwei- bis dreimal oder blieben bis nachts zwei Uhr. Unter den Werbern befanden sich Polizei, SED-Funktionäre ... Mein Sohn studierte an der Technischen Hochschule (TH) in Dresden, und sie äußerten sich dahingehend, daß mein Sohn im Falle einer Weigerung von der TH entlassen würde ...

Mitte April 1960 gab es in der DDR keine selbständigen Bauern mehr.
Dazu erklärte die Volkskammer:

Q 3 Mit dem Zusammenschluß der Bauern werden alle Schranken der einzelbäuerlichen Wirtschaft überwunden, die Ausbeutung der Menschen durch den Menschen auf dem Lande ein für allemal beseitigt ... Damit sind auch die Voraussetzungen geschaffen, daß die Bäuerinnen und Bauern ihre Fähigkeiten und Talente frei entfalten.

5. *Beschreibt nach dem Plakat die unterschiedlichen LPG-Typen.*
6. *Untersucht, welche Vorteile eine LPG bietet.*
7. *Erklärt, warum die Kollektivierung auf so viel Widerstand gestoßen ist. Stellt dabei auch Vermutungen über die Einstellung der Bevölkerung zu der Regierung der DDR an.*

Werkstatt Geschichte

Quellenkritik

Eine geschichtliche Darstellung ist in der Regel das Ergebnis einer Untersuchung vieler unterschiedlicher Quellen. Das können Texte, aber auch Bilder oder Gegenstände aus dieser Zeit sein. Auf dieser Seite findet ihr mehrere Quellentexte abgedruckt, die sich alle auf die Ereignisse des 17. Juni 1953 beziehen. Für die Bearbeitung der folgenden Aufgaben könnt ihr die Quellentexte und das Foto von S. 178 mit heranziehen.

1. *Beantwortet zu den einzelnen Texten und dem Bild folgende Fragen:*
   a) Wer ist der Autor? b) Zu welchem Zweck wurde die Quelle verfaßt? c) Aus welchen Gründen verdient der Inhalt der Quelle wenig oder viel Vertrauen? d) Auf welche Fragen gibt mir die Quelle eine Antwort? e) Welche Fragen möchte ich noch beantwortet haben?
2. *Sammelt aus Büchereien und anderem euch zugänglichem Material weitere Texte und Fotos zu diesem Thema und legt eine Quellensammlung an.*
3. *Verfaßt auf der Grundlage eurer Quellensammlung einen Aufsatz.*

Die DDR-Zeitung „Neues Deutschland" am 18. 6. 1953:

Q 1 Während die Regierung der DDR ihre Anstrengungen darauf richtet, durch neue wichtige Maßnahmen die Lebenshaltung der Bevölkerung zu verbessern, ... haben käufliche Elemente, und zwar Agenten ausländischer Staaten und ihre Helfershelfer aus den Kreisen der deutschen Monopolherren, die Maßnahmen der Regierung zu durchkreuzen versucht.
Es wurde festgestellt, daß die Arbeitsniederlegungen ... nach einem einheitlichen, in Westberlin hergestellten ... Plan durchgeführt wurden.
Die Exzesse endeten mit dem vollen Zusammenbruch des angezettelten Abenteuers, da sie auf den Widerstand größerer Teile der Bevölkerung und der Machtorgane stießen.

Ein ehemaliger Regierungsbeamter der DDR erzählte 1962, wie er den 17. Juni im Haus der Ministerien der DDR erlebte:

Q 2 Gegen Mittag erreichte der Aufstand seinen Höhepunkt. Die Kampfrufe hatten nur noch politischen Inhalt. Statt „Weg mit den Normen" hörte man fast nur noch „Weg mit Ulbricht!" Auch der Ruf nach freien Wahlen verstummte nicht mehr ... Dann peitschten Maschinengewehrsalven durch die Luft, Panzer kamen die Leipziger Straße herauf mit dröhnenden Motoren ... – doch alles wurde übertönt von den Panikschreien der vielen tausend wehrlosen Menschen.

Derselbe Beamte teilte auch die Äußerung eines anderen Regierungsbeamten der DDR als Reaktion auf den Panzereinsatz mit:

Q 3 Der Marxismus-Leninismus* kennt in unserer heutigen Gesellschaft zwei Hauptklassen ...: die Arbeiterklasse und die Klasse der Ausbeuter. Das sozialistische Lager, geführt von der Sowjetunion, dem auch wir angehören, vertritt die Interessen der Arbeiterklasse. Kann mir jemand sagen, wessen Blut heute geflossen ist? Waren das Kapitalisten, die heute die Straßen füllten und jetzt zusammengeschossen werden?

Der Franzose Alfred Grosser schrieb 1974 in einer Darstellung der Geschichte Deutschlands:

Q 4 Am 17. Juni 1953 findet das statt, was die kommunistischen Autoren einen „von den westlichen Agenten unterstützten Putschversuch ..." nennen. Es ist oft genug berichtet worden, wie die Unzufriedenheit der Bauarbeiter, denen ... weiterhin erhöhte Normen vorgeschrieben wurden, zu einem Streik am 16. Juni führte, dann zu einer Demonstration und schließlich am nächsten Tag zu einem ... Volksaufstand. Der sowjetische Militärbefehlshaber erklärt den Ausnahmezustand. In Magdeburg, Leipzig, Dresden und der Mehrzahl der Industriestädte kommt es zu Unruhen, die vom Streik bis zum Sturm auf die Gefängnisse reichen. Die anfängliche Angst und Verwirrung der Behörden verhindert nicht, daß die erste von Arbeitern ausgehende Revolte gegen ein kommunistisches Regime rasch niedergeschlagen wird.

Abgrenzung zur Bundesrepublik Deutschland

Geschlossene DDR-Grenzen

Gleich nach ihrer Gründung 1949 hatte die DDR die meisten Verkehrswege zur Bundesrepublik Deutschland unterbrochen. Gesperrt wurden u. a. die Autobahn zwischen Hof und Chemnitz, 29 Bundesstraßen, 126 Landstraßen und 35 Eisenbahnstrecken. Vor allem nachts aber konnte man noch auf Schleichwegen die Grenze überschreiten. 1952 wurde das anders.

Ein Augenzeuge berichtete von einer Einwohnerversammlung eines Dorfes unmittelbar an der Grenze:

Q Überall im Versammlungssaal verteilt saßen ortsfremde Männer in Ledermänteln. Ein Vertreter der SED-Kreisleitung eröffnete die Versammlung. Er sprach von der Aufrüstung Westdeutschlands und der dadurch entstandenen drohenden Kriegsgefahr. In den letzten Wochen seien Grenzposten, sogar Zivilisten und Kinder, von Westdeutschland aus beschossen worden. Zum Schutze der Bevölkerung müsse nun die Grenze abgeriegelt werden. – Nur wenige hatten den Mut und verurteilten in der Diskussion die angekündigten Maßnahmen.

① *Erklärt, wie die Absperrungen begründet werden. Nehmt dazu Stellung.*

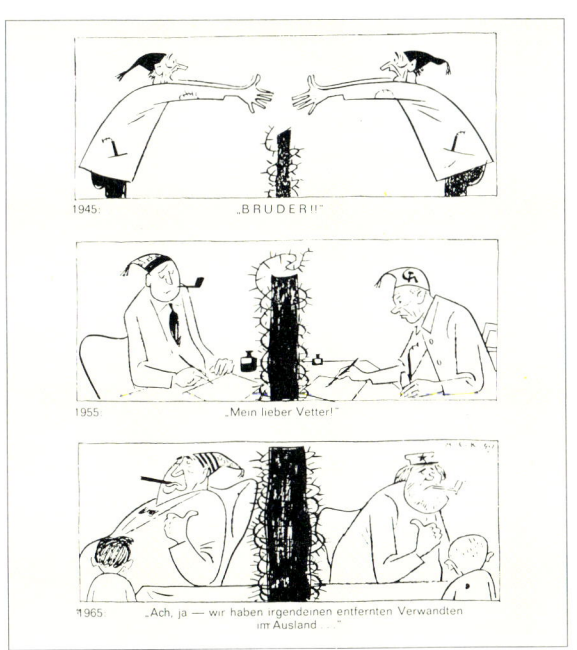

① **Die Spaltung des deutschen Volkes.** Karikatur von H. E. Köhler aus dem Jahre 1949.

② **Auf von der SED veranstalteten Demonstrationen wurden solche Plakate getragen.** Foto 50er Jahre.

Fluchtbewegungen aus der DDR

Insgesamt waren bis 1961 rund 2,6 Millionen Menschen (1/9 der Gesamtbevölkerung) aus der DDR geflohen. Die Ursachen für die Flucht waren unterschiedlich: Viele wollten nicht weiter in Unfreiheit unter der Diktatur der SED leben, andere erhofften sich im „goldenen Westen" einen gutbezahlten Arbeitsplatz und Luxus. In Ostberlin fehlten 45000 Arbeitskräfte. 53000 Ostberliner fuhren jeden Tag zur Arbeit nach Westberlin, da sie mit ihrem Lohn in West-DM praktisch dreimal so viel verdienten wie im Osten.

Im Sommer 1961 hatte sich die Lage dramatisch zugespitzt. Teile der Ernte blieben auf den Feldern, da Arbeitskräfte fehlten. Auf dem Land war die medizinische Versorgung stark gefährdet. Am 13. August schloß die DDR auch die Grenze in Berlin vollkommen ab, sie baute die Berliner Mauer.

Nach dem Bau der Mauer starben viele Menschen bei dem Versuch, die DDR zu verlassen, da die Soldaten der DDR die Anweisung hatten, sofort auf jeden Flüchtling zu schießen. Erst Mitte der 80er Jahre wurde der Schießbefehl auf Drängen der Bundesregierung aufgehoben.

② *Betrachtet das Foto und nehmt dazu Stellung.*
③ *Lest die Texte und fertigt eine Zeittabelle über die Entwicklung der Grenzsperren an.*
④ *Sprecht über die Karikatur aus dem Jahr 1949. Entwerft eine vierte Zeichnung, die die heutige Situation widerspiegelt.*

181

Die Staatsorgane der DDR

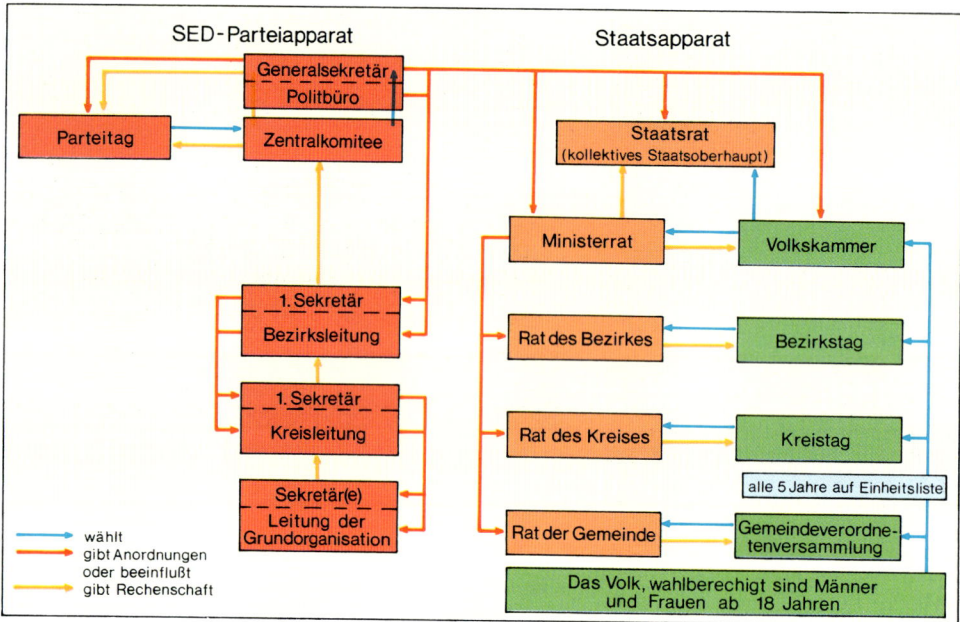

Staatsaufbau und Herrschaftsverhältnisse in der DDR bis Ende 1989.

Die sozialistische Gesellschaft

Die SED* als beherrschende Partei hat 2,2 Mio. Mitglieder. Eine wichtige Rolle in der Gesellschaft spielen auch die Massenorganisationen, die von der SED gelenkt werden. Sie sollen die Partei beim Aufbau einer sozialistischen Gesellschaft unterstützen. Dazu gehören:
- der Freie Deutsche Gewerkschaftsbund (FDGB). In ihm sind alle Arbeiter (9 Mio.) organisiert. Der FDGB sorgt vor allem dafür, daß in den Betrieben die Planziele erreicht werden. Er verwaltet die Sozialversicherung, organisiert die Freizeitgestaltung und vermittelt verbilligte Ferienreisen für die Werktätigen.
- der Demokratische Frauenbund Deutschlands. Er organisiert die Frauen.
- die Freie Deutsche Jugend (FDJ). Ihr gehören etwa 3/4 aller Jugendlichen zwischen 14 und 25 Jahren an. Die Mitgliedschaft ist Voraussetzung für einen politischen Aufstieg. Der FDJ ist die Pionierorganisation Ernst Thälmann angeschlossen. Dort sind fast alle 6–14jährigen Kinder Mitglied.

Das „SED-Lied":

Q Sie hat uns alles gegeben.
Sonne und Wind. Und sie geizte nie.
Wo sie war, war das Leben.
Was wir sind, sind wir durch sie!
Sie hat uns niemals verlassen.
Fror auch die Welt, uns war warm.
Uns schützt die Mutter der Massen!
Uns trägt ihr mächtiger Arm.
Die Partei, die Partei, die hat immer recht.
Und, Genossen, es bleibt dabei.
Denn wer kämpft für das Recht, der hat immer recht.
Gegen Lüge und Ausbeuterei.
Wer das Leben beleidigt, ist dumm oder schlecht.
Wer die Menschheit verteidigt,
Hat immer recht.
So aus Leninschem Geist,
Wächst von Stalin geschweißt,
Die Partei, die Partei, die Partei.

1 *Untersucht die Grafik. Welche Einflußmöglichkeiten hat die SED, welche das Volk?*

2 *Lest die Texte. Welche Unterschiede zum Leben in der Bundesrepublik Deutschland kannst du erkennen?*

Staat und Staatssicherheit

[1] **Stasi-Observanten vor der Ständigen Vertretung der Bundesrepublik Deutschland in Ost-Berlin,** Foto 1983.

[2] **Brunnen Demokratie durch Stasi-Giftflasche vergiftet,** Karikatur 1990.

Der Stasi-Staat

40 Jahre lang hatte die SED das gesamte politische, wirtschaftliche und gesellschaftliche Leben in der DDR kontrolliert. Um die Kontrolle durchzusetzen, schuf sie das Ministerium für Staatssicherheit. Zuständiger Minister war seit 1957 Erich Mielke. Unter seiner Führung wurde das Bespitzelungssystem in der gesamten DDR immer weiter ausgebaut. Zuletzt arbeiteten 80000 festangestellte und weit über 100000 inoffizielle, getarnte Mitarbeiter (IM) für die Staatssicherheit. In der Zentralen Personen-Datenbank wurden Angaben über 6 Millionen DDR-Bürger gespeichert.
Eine Wochenzeitschrift berichtete, wie neue Mitarbeiter „gewonnen" wurden:

Q1 ... Schon vor jeder Anwerbung mußte über den potentiellen (möglichen) IM eine umfangreiche Akte angelegt werden ... Und stets fanden sich kleinere Vergehen ..., für die dann „Wiedergutmachung" eingefordert werden konnte. „Auf dieser Basis", erinnert sich ein ehemaliger Spitzelführer, „reichte fast immer schon ein Gespräch, um die Leute krumm zu machen".

1 *Überlegt, was mit dem Ausdruck „krumm machen" gemeint ist.*
2 *Stellt Vermutungen darüber an, welchen Auftrag die Stasi-Mitarbeiter auf dem Bild hatten.*
3 *Sprecht darüber, welche Folgen das Spitzelsystem für das Verhalten der Bürger hatte.*

Abrechnung mit der Vergangenheit

Ende 1989 wurde die Stasi aufgelöst. Viele Mitarbeiter verschwanden in den Untergrund. Es bestand der Verdacht, daß einige von dort aus weiterarbeiteten. Im Laufe der Zeit wurden viele ehemalige Mitarbeiter enttarnt, es gab aber auch falsche Verdächtigungen. Ein Mitglied der ersten frei gewählten DDR-Regierung, Minister Eppelmann, sagte in einem Interview 1990 zu diesem Problem:

Q2 Wenn wir keinen Schlußstrich ziehen, dann muß ich auch den Ministerpräsidenten in zehn Jahren überprüfen. Das kann bedeuten, daß DDR-Bürger in der künftigen Republik Deutschland in keinem Bereich des politischen und gesellschaftlichen Lebens Verantwortung übernehmen dürfen. Es war gut ein Drittel, das mehr oder weniger intensiv mit der Stasi zusammengearbeitet hat.

4 *Stellt dar, welches Problem Minister Eppelmann hier beschreibt.*
5 *Diskutiert die Frage, ob man ehemalige Stasi-Mitarbeiter zur Rechenschaft ziehen soll.*
6 *Überlegt, was die Karikatur aussagen will.*

Wirtschaftsordnung und -entwicklung

Sozialistische Planwirtschaft

Die Startbedingungen für die Wirtschaftsentwicklung in der DDR waren besonders schlecht. So hat die DDR an die Sowjetunion etwa dreimal soviel Kriegsentschädigung zahlen müssen wie die Bundesrepublik Deutschland an die westlichen Siegermächte.

Schon in der Sowjetisch Besetzten Zone waren die Weichen für eine sozialistische Planwirtschaft nach sowjetischem Vorbild gestellt worden (vgl. S. 179). An die Stelle des privaten Eigentums des Unternehmers trat im Laufe der Jahre das „gesellschaftliche Eigentum" der Genossenschaften und des Staates. Kein Betrieb konnte über seine Produktion gegen die staatlichen Planvorgaben selbständig entscheiden. Dadurch reagierten Betriebe nur sehr schwerfällig auf veränderte wirtschaftliche Erfordernisse.

Im Wettbewerb mit den anderen sozialistischen Staaten im Rahmen des Rates für gegenseitige Wirtschaftshilfe, dem die DDR 1950 beigetreten war, fiel dieser Nachteil zunächst nicht ins Gewicht. Im Gegenteil war es der DDR 1966 gelungen, zum zweitgrößten Industriestaat in dem Rat aufzusteigen, im Lebensstandard stand sie in diesem Vergleich sogar an der Spitze.

[2] **DDR-Chemiewerk bei Bitterfeld.** Foto 1990.

	1955	1966	1970	1978
PKW	0,2%	9%	15%	34% (62%)
Fernseher	1,0%	54%	69%	87% (94%)
Waschmaschine	0,5%	32%	53%	79% (82%)
Kühlschrank	0,4%	31%	56%	99% (98%)
(In Klammern die Zahlen für die Bundesrepublik Deutschland 1978)				

[1] **Verteilung wichtiger Konsumgüter auf die Haushalte der DDR.**

Probleme der Planwirtschaft

1 *Betrachtet die Bilder auf dieser Doppelseite. Was sagen sie über die DDR aus?*

Wirtschaftliche Entscheidungen wurden nicht in erster Linie nach wirtschaftlichen Gesichtspunkten (Kosten–Nutzen, Angebot–Nachfrage) gefällt. Bestimmend war die politische Entscheidung der SED. Ein Überblick über die wahren Kosten war durch die Planwirtschaft und besonders durch die staatlichen Zuschüsse bei den Preisen verlorengegangen. Viele Betriebe produzierten unwirtschaftlich.

Deutlich wurden die Probleme nur im Vergleich zum Westen. Um im Export eine West-Mark einzuhandeln, mußte die DDR 1980 etwa 2,50 Ost-Mark aufwenden, Anfang 1990 aber 4,40 Ost-Mark.

Auch die Preise wurden vom Staat festgesetzt. Sie richteten sich oft nicht nach den tatsächlichen Kosten. So waren die Preise z. B. für Wohnungsmieten, Brot, Strom oder Fahrtkosten der öffentlichen Transportmittel deutlich niedriger als die Kosten und konnten nur mit erheblichen Zuschüssen des Staates aufrechterhalten werden.

Mitte der 80er Jahre verschlechterte sich die wirtschaftliche Situation auch für die Bevölkerung spürbar und trug zur wachsenden Unzufriedenheit bei.

2 *Stellt aus den Texten die Bedingungen für die Entwicklung der DDR-Wirtschaft zusammen.*

3 *Beschreibt die Grundelemente der sozialistischen Planwirtschaft.*

Wirtschaftsordnung und -entwicklung

Planwirtschaft – Marktwirtschaft
Ein Wirtschaftskommentar einer westdeutschen Zeitschrift beschreibt den Gegensatz der Wirtschaftswelten in der Bundesrepublik Deutschland und in der DDR nach Öffnung der Grenzen 1990:

> Q Im Westen eines der am höchsten entwickelten Länder der Industriewelt, vollgestopft mit allen Gütern blühender Wohlstandsgesellschaften, ausgewiesen als vielfacher Exportweltmeister, ausgestattet mit einer der härtesten Währungen, weltoffen und hochgradig wettbewerbsfähig.
> Im Osten eine Mangelwirtschaft, deren Automobile vorsintflutlich anmuten; deren Telefonnetz so dürftig ist, daß die Wartezeiten für private Neuanschlüsse oft zehn Jahre überschreiten; deren Außenhandelsprodukte im Westen weit unter den Gestehungskosten verschleudert werden müssen, damit sie überhaupt Abnehmer finden. Die ... Wirtschafts- und Gesellschaftsordnung, in der die Produktionsmittel allein dem Volk gehören, in der ein staatlicher Plan das Chaos des Marktes ersetzen soll – sie hat sich als eine untaugliche Utopie erwiesen ...
> Die Planwirtschaft blieb in der Warenproduktion uneinholbar hinter dem marktwirtschaftlichen Konkurrenzmodell zurück. Selbst die einstige Renommierbranche der DDR, der Maschinenbau, verkauft heute nur noch ein Viertel dessen an die westlichen Industrieländer, was sie 1973 lieferte ... Die Industrienation DDR ist in fast allen Wirtschaftszweigen auf den Stand eines Entwicklungslandes zurückgefallen.

Foto aus Ostberlin, um 1960.

① *Beschreibt den Gegensatz zwischen den Wirtschaftswelten in der Bundesrepublik Deutschland und in der DDR und versucht Ursachen für die Unterschiede zu finden.*
② *Nehmt Stellung zu dem Anspruch der SED, die Interessen der Arbeiter und Bauern zu vertreten.*

Zusammenfassung

Die DDR hatte wegen der erheblichen Entschädigungsleistungen an die Sowjetunion zunächst mit großen wirtschaftlichen Problemen zu kämpfen.
1953 führten wirtschaftliche Fehlentscheidungen zu Demonstrationen, die sich zum Aufstand ausweiteten. Panzer der Sowjetarmee schlugen die Unruhen nieder.
Die Zwangskollektivierung in der Landwirtschaft verstärkte Ende der fünfziger Jahre die Unzufriedenheit in der Bevölkerung. Bis 1961 flohen viele DDR-Bürger in die Bundesrepublik Deutschland. Mit dem Bau der Berliner Mauer schloß sich die DDR vollkommen ab.

In den Folgejahren wurde das Staats- und Gesellschaftssystem ausgebaut. In diesem System beanspruchte die SED die uneingeschränkte Führungsrolle.
Auf wirtschaftlichem Gebiet konnte die DDR zunächst Erfolge aufweisen. Im Rat für gegenseitige Wirtschaftshilfe stieg sie zur zweitstärksten Industriemacht auf. Dadurch wurde lange Zeit verschleiert, daß die Wirtschaft im Vergleich zum Weltniveau unrentabel produzierte. Erst Mitte der 80er Jahre wurden wirtschaftliche Probleme auch für die Bevölkerung spürbar und führten zu einer wachsenden Unzufriedenheit mit dem Staat.

Die Deutsche Frage

1 Plakat einer Bürgervereinigung, um 1953.

2 Demonstration in München gegen die Wiederbewaffnung. Foto um 1954.

Im Kalten Krieg

1948 verschärfte sich die Ost-West-Spannung in Europa. In der Tschechoslowakei stürzten die Kommunisten die Koalitionsregierung. Mit der Berliner Blockade sollten die Westmächte aus Berlin verdrängt werden (vgl. S. 159).
Auch in Asien gerieten die beiden Weltmächte UdSSR und USA in einen Konflikt. In Korea überfielen kommunistische Truppen Nordkoreas das westlich orientierte Südkorea. Der amerikanische Präsident Truman trat in dieser Situation dafür ein, in Westdeutschland wieder eine Armee aufzustellen. Sie sollte mithelfen, den Westen gegen einen Angriff der Sowjetunion zu verteidigen. Auch deutsche Politiker stritten ab 1950 um die Frage der deutschen Wiederbewaffnung.
Bundeskanzler Adenauer (CDU*) erklärte 1952 dazu vor dem Bundestag:

Q 1 Ich glaube, daß wir die Wiedervereinigung Deutschlands nur erreichen werden mit Hilfe der drei Westalliierten, niemals mit Hilfe der Sowjetunion... Nach meiner festen Überzeugung... gibt es... nur eine Rettung für uns alle: uns so stark zu machen, daß Sowjetrußland erkennt, ein Angriff... ist ein großes Risiko für Sowjetrußland selbst... Wenn der Westen stark genug ist, (ist) Sowjetrußland bereit, in vernünftige Verhandlungen mit dem Westen einzutreten.

Darauf antwortete der SPD*-Abgeordnete Arndt:

Q 2 Welche Stärke will der Westen noch abwarten und erreichen, um auf höchster Ebene der Vier-Mächte-Basis ernstliche Verhandlungen in dieser Frage zu beginnen... Es ist ja so leicht gesagt, daß man über ein vereinigtes Europa zu einem in Freiheit einigen Deutschland kommen wolle. Aber wer verbürgt sich dafür, daß dieser Weg zum Ziel führt und die Eingliederung des westlichen Teiles der Bundesrepublik Deutschland nach Westeuropa nicht die unwiderrufliche Ausgliederung ihres östlichen Teils bewirkt?

1. *Betrachtet die beiden Bilder! Welche Argumente werden hier ausgetauscht?*
2. *Stellt dar, welche Argumente in Q 1 und Q 2 für und gegen eine Wiederbewaffnung genannt werden.*
3. *Überlegt, wieso man für diese Zeit die Bezeichnung „Kalter Krieg" gewählt hat.*

Die Deutsche Frage im Schatten des Kalten Krieges

Der sowjetische Vorschlag von 1952

Nach den Plänen des Westens sollte die Bundesrepublik Deutschland wieder eine Armee bekommen. Diese Armee sollte ein Teil einer „Europäischen Verteidigungsgemeinschaft" (EVG) sein. Die Sowjetunion wollte dies verhindern und sandte ein Schreiben Stalins an die Westmächte.
Darin machte er folgende Vorschläge:
- Wiederherstellung Deutschlands als einheitlicher Staat,
- Abzug aller Besatzungstruppen spätestens ein Jahr nach Inkrafttreten eines Friedensvertrages mit Deutschland,
- keinerlei Koalitionen* oder Militärbündnisse, die sich gegen einen der Kriegsgegner Deutschlands aus dem Zweiten Weltkrieg richten.

Die Westmächte lehnten diese Vorschläge ab. Die amerikanische Zeitung New York Herald Tribune kommentierte das im Mai 1952:

> **Q 1** Die westlichen Alliierten* wollen die deutsche Einheit gar nicht oder noch nicht heute. Sie wollen so schnell und so eng wie möglich den Einbau Westdeutschlands in die westliche Gemeinschaft. Unzweifelhaft will dies auch Dr. Adenauer, aber jedesmal, wenn er es zu offen zeigt, verliert er die Unterstützung der Öffentlichkeit.

In der deutschen Öffentlichkeit gab es heftige Auseinandersetzungen. Die Opposition forderte, Stalin beim Wort zu nehmen. Man müsse in Verhandlungen prüfen, ob eine Wiedervereinigung in Freiheit erreichbar sei.
Bundeskanzler Adenauer schrieb in seinen Erinnerungen 1966:

> **Q 2** Die Bundesrepublik befand sich in einer gefährlichen Lage. Ein falscher Schritt konnte uns das Vertrauen der Westmächte kosten, ein falscher Schritt, und wir waren lediglich Verhandlungsobjekt zwischen Ost und West. Ich war und bin fest überzeugt, daß eine gesicherte Zukunft für uns Deutsche nur im festen Anschluß an die freien Völker des Westens gegeben war und ist. Ich war und bin überzeugt, daß nur eine feste, entschlossene Politik des Anschlusses an den Westen eines Tages die Wiedervereinigung in Frieden und Freiheit bringen wird.

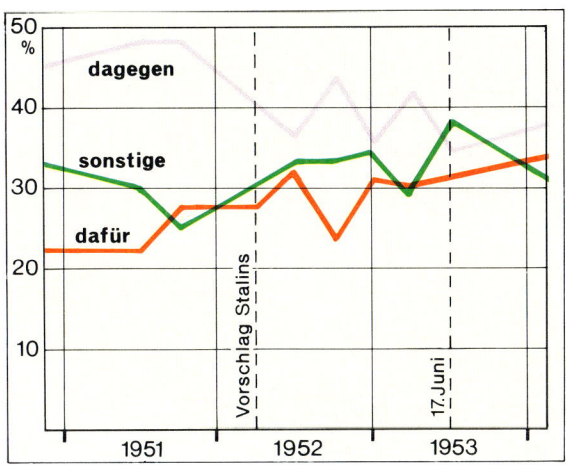

Meinungsumfragen zur Wiederbewaffnung.

1 *Lest die Texte und sammelt Argumente für und wider die Entscheidung, Stalins Vorschlag abzulehnen.*

2 *Beschreibt, was die Grafik über die Meinungsentwicklung zur Wiederbewaffnung aussagt.*

Der Eintritt in die NATO

1955 waren die Bemühungen, die Bundesrepublik Deutschland wiederaufzurüsten und in ein westliches Verteidigungsbündnis einzubeziehen, zum Abschluß gekommen. Die Bundesrepublik Deutschland trat dem Nordatlantikpakt (NATO) bei und sollte eine eigene Armee aufstellen.
1956 wurde die Bundeswehr gegründet und die allgemeine Wehrpflicht eingeführt. Gleichzeitig mit dem NATO-Beitritt trat der Deutschlandvertrag in Kraft.
In ihm heißt es u. a.:

> **Q 3** Die Bundesrepublik Deutschland ... wird die volle Macht eines souveränen Staates über die inneren und äußeren Angelegenheiten haben ...
> Im Hinblick auf die internationale Lage, die bisher die Wiedervereinigung Deutschlands ... verhindert hat, behalten die Drei Mächte die bisher von ihnen ausgeübten Rechte und Verantwortlichkeiten in bezug auf Berlin und auf Deutschland als Ganzes, einschließlich der Wiedervereinigung Deutschlands und einer friedensvertraglichen Regelung.

Die Deutsche Frage im Schatten des Kalten Krieges

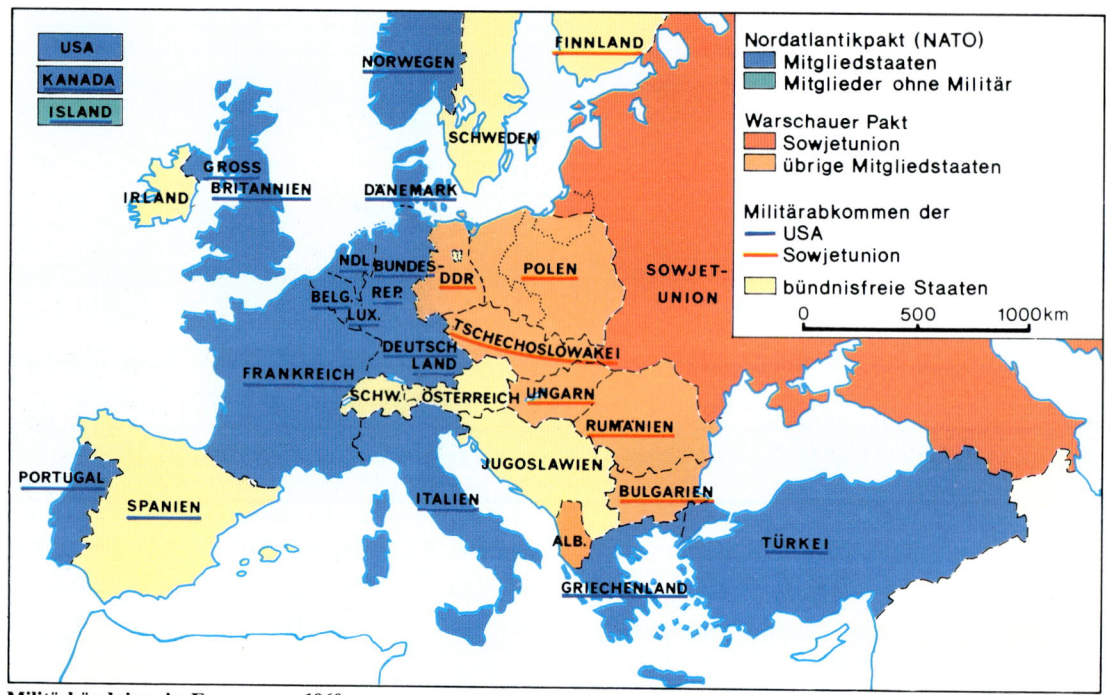

Militärbündnisse in Europa um 1960.

Kritik der SPD* am Beitritt zur NATO
Schon 1953 erklärte der Vorsitzende der SPD, Erich Ollenhauer:

Q 1 Die Bundesrepublik hat nach unserer Meinung nicht das Recht, internationale vertragliche Verpflichtungen einzugehen, die die Wiederherstellung der deutschen Einheit erschweren oder verhindern ...

Niemand kann alle Folgen voraussehen, die die Annahme der Verträge durch die Bundesrepublik auslösen wird. Eines aber ist sicher: Die Eingliederung der Bundesrepublik in das militärische Verteidigungssystem des Westens ... kann nur zu einer Vertiefung der Spaltung führen. Demgegenüber ist die Annahme, daß die Aufrüstung der Bundesrepublik in der europäischen Gemeinschaft zu einer größeren Verhandlungsbereitschaft der Sowjetunion führen könnte, bestenfalls eine spekulative* Hoffnung.

① *Setzt euch mit der Kritik der SPD auseinander!*

Die Antwort der Sowjetunion:
Als Antwort auf die Verstärkung des westlichen Bündnisses schlossen sich Mitte Mai 1955 sieben Staaten des Ostblocks zu einem Militärbündnis unter sowjetischer Führung (Warschauer Pakt) zusammen. 1956 wurde die DDR in dieses Bündnis aufgenommen.

Die neue Lage in Europa beurteilte der damalige erste Mann der Sowjetunion, der 1. Sekretär des Zentralkomitees der KPdSU* Chruschtschow am 26. Juli 1955:

Q 2 Man kann nicht umhin, daß jetzt in Europa neue Verhältnisse entstanden sind und daß wir auf der Suche nach Wegen zur Vereinigung Deutschlands diese Verhältnisse in Rechnung stellen müssen. Ist denn nicht klar, daß die mechanische Vereinigung beider Teile Deutschlands, die sich in verschiedene Richtungen entwickeln, eine unreale Sache ist? In der entstandenen Situation ist der einzige Weg zur Vereinigung Deutschlands die Schaffung eines Systems der kollektiven Sicherheit in Europa, die Festigung und Entwicklung wirtschaftlicher Kontakte zwischen beiden Teilen Deutschlands.

② *Untersucht, wie sich die Sowjetunion eine deutsche Wiedervereinigung 1955 vorstellte.*

Neue Ostpolitik und Entspannung

Der Moskauer Vertrag

Nach dem Bau der Berliner Mauer 1961 war allen Deutschen klar, daß an eine baldige Wiedervereinigung nicht mehr zu denken war. 1969 ging die SPD mit der FDP ein Regierungsbündnis ein. In der Außenpolitik setzte sich die Regierung Brandt das Ziel, durch Versöhnung mit dem Osten die starren Fronten in Deutschland aufzuweichen. Als erstes wurde mit der Sowjetunion 1970 ein Vertrag geschlossen.

Darin heißt es im 3. Artikel:

Q 1 Die Bundesrepublik Deutschland und die Union der Sozialistischen Sowjetrepubliken (stimmen) in der Erkenntnis überein, daß der Friede in Europa nur erhalten werden kann, wenn niemand die gegenwärtigen Grenzen antastet ... sie betrachten heute und künftig die Grenzen aller Staaten in Europa als unverletzlich ... einschließlich der Oder-Neiße-Linie ... und der Grenze zwischen der Bundesrepublik Deutschland und der Deutschen Demokratischen Republik.

① *Nennt die Zielsetzung des Vertrages.*
② *Vergleicht den Vertrag mit der Deutschlandpolitik Konrad Adenauers und mit Q 1 auf S. 178.*

Der Warschauer Vertrag

Noch im Dezember desselben Jahres wurde auch ein Vertrag mit der Volksrepublik Polen abgeschlossen.

In der Einleitung steht unter anderem:

Q 2 Die Bundesrepublik Deutschland und die Volksrepublik Polen in der Erwägung, daß mehr als 25 Jahre seit Ende des Zweiten Weltkrieges vergangen sind, dessen erstes Opfer Polen wurde und der über die Völker Europas schweres Leid gebracht hat ... in dem Bewußtsein, daß die Unverletzlichkeit der Grenzen ... eine grundlegende Bedingung für den Frieden ist, sind wie folgt übereingekommen: ...
Artikel 1
... (2) Sie bekräftigen die Unverletzlichkeit ihrer bestehenden Grenzen jetzt und in der Zukunft ...
(3) Sie erklären, daß sie gegeneinander keinerlei Gebietsansprüche haben und solche auch in Zukunft nicht erheben werden.

③ *Beschreibt, worin sich dieser Vertrag von dem Moskauer Vertrag unterscheidet.*

① **Unterzeichnung des deutsch-sowjetischen Vertrages am 12. 8. 1970 in Moskau.** Am Tisch Bundeskanzler Brandt (links) und Ministerpräsident Kossygin. Hinter dem Bundeskanzler steht der sowjetische Parteichef Breschnew. Foto.

② **Bundeskanzler Brandt vor dem Mahnmal im ehemaligen Warschauer Ghetto.** Foto 1970.

④ *Überlegt, was mit dem ersten Absatz gemeint ist. Betrachtet dazu auch Bild S. 142.*

Neue Ostpolitik und Entspannung

Das Viermächteabkommen über Berlin
Parallel zu den Ostverträgen einigten sich die ehemaligen Besatzungsmächte über ein Berlinabkommen, das 1971 unterzeichnet wurde. Darin garantierte die UdSSR den ungehinderten Verkehr zwischen Westberlin und der Bundesrepublik Deutschland.

Der Grundlagenvertrag
Schließlich regelte die sozialliberale Koalition auch die Beziehungen zur DDR vertraglich.
Im Grundlagenvertrag mit der DDR heißt es 1972:

Q 1 Artikel 1: Die Bundesrepublik Deutschland und die Deutsche Demokratische Republik entwickeln normale gutnachbarliche Beziehungen auf der Grundlage der Gleichberechtigung.
Artikel 6: ... Sie respektieren die Unabhängigkeit und Selbständigkeit jedes der beiden Staaten in seinen inneren und äußeren Angelegenheiten ...

1 *Nennt die wichtigsten Punkte dieser Verträge.*

Die neue Ostpolitik im innenpolitischen Streit
Bei der Unterzeichnung des Moskauer Vertrages am 12. August 1970 wandte sich Bundeskanzler Brandt in einer Fernsehansprache an das deutsche Volk:

Q 2 Liebe Mitbürgerinnen und Mitbürger, mit diesem Vertrag geht nichts verloren, was nicht längst verspielt war. Wir haben den Mut, ein neues Blatt in der Geschichte aufzuschlagen. Dies soll vor allem der jungen Generation zugute kommen, die im Frieden und ohne Mitverantwortung für die Vergangenheit aufgewachsen ist und die dennoch die Folgen des Krieges mittragen muß, weil niemand der Geschichte seines Volkes entfliehen kann.

Die CDU/CSU*-Opposition bekämpfte diese Politik heftig, ihr Abgeordneter Schröder sagte 1972:

Q 3 Unsere Kritik an den Verträgen beruht daher auf der Befürchtung, daß die Teilung Deutschlands vertieft ... wird ... Wir befürchten, daß die Ostpolitik langfristig den Zusammenhalt des Westens ... und damit unsere Sicherheit gefährdet ... Wir befürchten, daß es auf die Dauer gesehen zu einer Machtverschiebung in Europa zugunsten der Sowjetunion kommt.

2 *Untersucht, welche Gründe für und wider die Verträge genannt werden.*
3 *Beurteilt die Befürchtungen aus heutiger Sicht.*

Bei der Schlußabstimmung im Deutschen Bundestag enthielt sich die CDU/CSU der Stimme, nachdem der Bundestag einstimmig erklärt hatte, daß trotz der Verträge eine endgültige Regelung der Deutschen Frage durch einen Friedensvertrag noch ausstehe.
Der DDR-Außenminister Winzer erklärte allerdings 1973 vor der Volkskammer:

Q 4 Der Vertrag zwischen der Deutschen Demokratischen Republik und der Bundesrepublik Deutschland ist ein normaler völkerrechtlicher Vorgang zwischen zwei voneinander unabhängigen, souveränen Staaten. Die Regierung der Bundesrepublik Deutschland hat dessen ungeachtet in letzter Zeit wiederholt versucht, den Vertrag im Sinne eines sogenannten Offenhaltens der deutschen Frage zu interpretieren ... Völkerrechtlich verbindlich ... ist, was die Verhandlungspartner im Vertrag ... vereinbart haben ...

Die Ostverträge waren noch lange Zeit heftig umstritten. Das Bundesverfassungsgericht erklärte 1973 den Grundlagenvertrag für gültig.
In seinem Urteil erklärte das Gericht:

Q 5 ... III.1 Das Grundgesetz ... geht davon aus, daß das Deutsche Reich den Zusammenbruch überdauert hat und weder mit der Kapitulation* noch durch Ausübung fremder Staatsgewalt in Deutschland durch die alliierten Okkupationsmächte* noch später untergegangen ist ... Das Deutsche Reich existiert fort, ... ist allerdings als Gesamtstaat ... selbst nicht handlungsfähig ... Verantwortung für „Deutschland als Ganzes" tragen – auch – die vier Mächte ... Mit der Errichtung der Bundesrepublik Deutschland wurde nicht ein neuer westdeutscher Staat gegründet, sondern ein Teil Deutschlands neu organisiert ... Die Deutsche Demokratische Republik gehört zu Deutschland und kann im Verhältnis zur Bundesrepublik Deutschland nicht als Ausland angesehen werden ... Aus dem Wiedervereinigungsgebot folgt ...: Kein Verfassungsorgan der Bundesrepublik Deutschland darf die Wiederherstellung der staatlichen Einheit als politisches Ziel aufgeben ...

Neue Ostpolitik und Entspannung

Bundeskanzler Kohl empfängt den Staatsratsvorsitzenden der DDR, Erich Honecker, in Bonn. Foto September 1987.

Nach 1973 wurde insbesondere der Grundlagenvertrag mit der DDR mit Leben erfüllt. In vielen Bereichen der Politik wurden gegenseitige Abkommen geschlossen. Außerdem gab es Erleichterungen im Reise- und Besuchsverkehr. Als im Herbst 1982 eine CDU/CSU/FDP-Koalition unter Bundeskanzler Kohl die Regierung übernahm, wurde die Ostpolitik der sozialliberalen Koalition weitergeführt. Im September 1987 kam der DDR-Staatsratsvorsitzende Erich Honecker zu einem offiziellen Besuch nach Bonn.

1 *Betrachtet das Bild. Was sagt es über die innerdeutschen Beziehungen im Jahre 1987?*

Widerstand in der DDR

Die Normalisierung der Beziehungen beider deutscher Staaten führte dazu, daß im Westen lange Zeit nicht richtig wahrgenommen wurde, wie sich der politische Widerstand in der DDR gegen das SED*-Regime verstärkte. Konrad Weiß, ein Sprecher der Oppositionsgruppen, erinnerte sich 1990:

> **Q** Der Weg in den Herbst 1989 ... wurde im Juni 1953 begonnen. Zwei Generationen lang waren wir unterwegs. Unsere Schritte waren kurz und zögernd ... Widerstand ist zaghaft gewachsen. Es blieben einzelne, die mutig waren. Das Volk verharrte lange in stummer Unzufriedenheit ... Über Jahre hin blieben die kritischen Geister vereinsamt und zerstreut.
> Die wenigen, die 1968 das gewaltsame Ende des Prager Frühlings offen beklagt und verurteilt haben, hatten für ihr mutiges Wort bitter zu bezahlen ... Spürbarer Widerstand entstand erst zu Beginn der achtziger Jahre mit den Friedens-, Umwelt- und Menschenrechtsgruppen. Viele davon wirkten unter dem schützenden Dach der evangelischen Kirche. In diesen Gruppen befreiten wir uns von der Angst und den anerzogenen Zwängen, lernten eigenständig zu denken ... übten den gewaltfreien Widerstand ...

Seit Beginn des Jahres 1989 zeigte sich immer deutlicher die Unzufriedenheit vieler Bürger mit den Zuständen im Land. Die Proteste zeigten ein wachsendes Selbstbewußtsein der Opposition in der DDR. Während der Leipziger Messe protestierten DDR-Bürger für ihre Ausreise. Angesichts der Weltöffentlichkeit hielt sich die Polizei zurück. Die evangelische Kirche in der DDR forderte öffentlich bessere Reisemöglichkeiten in den Westen vor allem für Kinder und Jugendliche.

Bei den Kommunalwahlen Anfang Mai 1989 wiesen Kirchenvertreter und Oppositionsgruppen der Regierung Wahlbetrug nach. Auf dem Berliner Alexanderplatz forderten Tausende Anfang Juni 1989 mehr Freiheitsrechte und Demokratie. Im Anschluß an die Demonstration wurden über 120 Oppositionelle verhaftet.

2 *Beschreibt die Entwicklung des politischen Widerstands in der DDR.*

3 *Erklärt die Ursachen für die verstärkte Unzufriedenheit.*

Zusammenfassung

Die Bundesregierungen unter Bundeskanzler Adenauer (CDU) führten die Bundesrepublik Deutschland in ein enges Bündnis mit den westlichen Ländern. Die Westmächte lehnten das Angebot der Sowjetunion ab, der Wiedervereinigung zuzustimmen, falls Deutschland militärisch neutral bliebe.

Die sozialliberale Koalition unter Bundeskanzler Willy Brandt schloß die Ostverträge, die auch zu einer Annäherung zwischen beiden deutschen Staaten führten.

In den 80er Jahren wuchs in der DDR, zunächst kaum bemerkt, der Widerstand gegen das DDR-Regime.

Die deutsche Einheit

[1] **Überfülltes Botschaftsgelände in Prag.** Foto 29. 9. 1989.

[2] **Ankunft der Sonderzüge mit DDR-Flüchtlingen aus Prag im bayerischen Hof.** Foto 5. 10. 1989.

Massenflucht

[1] *Betrachtet die Bilder. Überlegt, was in den Menschen vorgegangen sein mag.*

[2] *Lest den Text und unterhaltet euch über die Fluchtgründe der DDR-Bürger.*

Im Mai 1989 bauten die Ungarn die Zäune an der Grenze zu Österreich ab. Immer mehr DDR-Bürger nutzten die jetzt „grüne" Grenze zur Flucht. Andere Flüchtlinge besetzten die bundesdeutschen Botschaften in Prag, Warschau und Budapest. In der Prager Botschaft lebten zeitweise über 6000 Menschen, darunter viele Kinder, unter katastrophalen Bedingungen. Mitte September ließ Ungarn alle DDR-Bürger, über 10000 Menschen, ausreisen. Ende September durften auch die Flüchtlinge in Prag und Warschau die Botschaften in Richtung Bundesrepublik verlassen.

Mehr als die Hälfte der Flüchtlinge waren junge Leute zwischen 18 und 30 Jahren. Als Gründe für ihre Ausreise gaben sie an
- fehlende Meinungsfreiheit und fehlende Reisemöglichkeiten (74%),
- den Wunsch, das Leben nach eigenen Vorstellungen zu gestalten (72%),
- fehlende Zukunftsaussichten (69%),
- die ständige Kontrolle durch den Staat (65%),
- die schlechte Versorgungslage (56%).

Eine Revolution

[3] *Schildert die Stimmung, die das Bild auf der Nebenseite vermittelt.*

Unzufriedenheit und Massenflucht stärkten die Oppositionsgruppen. In Leipzig kam es ab September 1989 jeden Montag im Anschluß an Friedensgottesdienste in den Kirchen zu großen Demonstrationen. Am 9. Oktober 1989 zogen weit über 100000 Menschen durch die Stadt. Die SED* hatte die Stadt mit Polizei und Militär umstellt. Im letzten Augenblick wurde der Einsatzbefehl auf Drängen prominenter Bürger und Kirchenvertreter zurückgenommen. Konrad Weiß erinnert sich an die Zeit von September bis November 1989:

Q Als wir am Abend des 12. September 1989 in einer Wohnung die Bürgerbewegung „Demokratie Jetzt" gründeten, stellten wir uns auf einen langen, dornigen Weg voller Opfer und Niederlagen ein. Tage zuvor war das „Neue Forum" gegründet worden, es folgten der „Demokratische Aufbruch", die SPD* war im Entstehen. Gemeinsam ging es uns um Demokratie und Menschenrechte, um die Abschaffung der Zensur, um Reisefreiheit ... Niemand hätte damals im September geglaubt, daß so viele unseren Ruf hören und weitertragen würden, daß aus unseren leisen Stimmen der Ruf würde:

Die friedliche Revolution

⊡ **Montagsdemonstration in Leipzig vom 9. Oktober 1989.** Foto.

WIR SIND DAS VOLK. Wir hatten Angst und waren entschlossen, nie mehr zu schweigen ... Anfang Oktober waren wir noch ein halbes Hundert beim Friedensgebet in der Gethsemanekirche. Anfang November demonstrierten im Herzen Ost-Berlins eine halbe Million. So wurde der 9. November, der Fall der Mauer unausweichlich.

① *Schildert, welche Ziele und Vorstellungen die Oppositionsgruppen hatten.*
② *Überlegt, warum aus den kleinen Bürgergruppen in der DDR eine so große Bewegung werden konnte.*

Noch am 7. Oktober 1989 hatte der Generalsekretär der SED, Erich Honecker, in einer Festrede zum 40jährigen Jubiläum der DDR jeden Gedanken an Reformen abgelehnt. Der Generalsekretär der KPdSU*, Michail Gorbatschow, hatte darauf geantwortet: „Wer zu spät kommt, den bestraft das Leben!" Am 18. Oktober mußte Erich Honecker als Generalsekretär der SED und als Staatsratsvorsitzender der DDR zurücktreten.

③ *Sprecht über die Aussage von Gorbatschow und stellt fest, was er damit gemeint hat.*
④ *Überlegt, welche Gründe zu Honeckers Rücktritt führten.*
⑤ *Erläutert die Karikatur (das Zitat stammt aus Honeckers letzter Rede).*

⊡ **Karikatur 1989.**

Öffnung der Grenze

Nach Honeckers Rücktritt versuchte sein Nachfolger als Generalsekretär der SED, Egon Krenz, die Lage zu beruhigen. Er räumte Fehler der SED ein, übte scharfe Kritik an Honecker, bestand aber weiter auf dem Führungsanspruch der Partei. Dennoch kam es überall in der DDR weiter zu Massendemonstrationen. Am 9. November 1989 mußte die DDR-Führung dem Druck nachgeben und die Grenzen zur Bundesrepublik und West-Berlin öffnen.

Die friedliche Revolution

1 Bundeskanzler Kohl auf einer Wahlveranstaltung. Foto 20. 2. 1990.

Die ersten freien Wahlen

1 *Schaut euch das Bild genau an. Tragt zusammen, was ihr an Informationen über diese Wahlveranstaltung entnehmen könnt.*

Die am 13. November gebildete DDR-Regierung unter Ministerpräsident Modrow (SED) einigte sich mit Oppositionsvertretern am „runden Tisch"* auf Volkskammerwahlen am 18. März 1990.
Zur Volkskammerwahl am 18. März 1990 traten u. a. folgende Parteien an: CDU*, DSU (DDR-Schwester der CSU*), DA (Demokratischer Aufbruch), Bund Freier Demokraten, Bauernpartei, SPD, Bündnis 90 (Bürgerbewegungen, u. a. Neues Forum, Demokratie Jetzt), PDS (Partei des Demokratischen Sozialismus, früher SED). Im Wahlkampf versprach die Allianz für Deutschland (CDU, DSU und DA) einen schnellen wirtschaftlichen Aufschwung durch Einführung der Marktwirtschaft und der DM als neue Währung und einen möglichst schnellen Zusammenschluß mit der Bundesrepublik.
SPD und vor allem Bündnis 90 suchten dagegen einen eigenen Weg zu Freiheit und Demokratie, eine soziale Demokratie, keine Kopie der Wirtschafts- und Gesellschaftsordnung der Bundesrepublik.

Ein Mitglied der Bürgerbewegungen beschrieb den Wahlkampf:

Q Plötzlich hörte uns im Wahlkampf keiner mehr zu. Es war wirklich ein emanzipatorischer (befreiender) Prozeß gewesen, eine Aufbruchstimmung, nicht nur in Berlin und Leipzig, auch auf den Dörfern. Aber dann gab es nur noch das eine große Bild, das alles erdrückte – den Westen.

2 *Beschreibt die unterschiedlichen Zielsetzungen der beiden großen Gruppierungen vor den Volkskammerwahlen.*

Nach den Volkskammerwahlen bildete sich eine Regierung der Großen Koalition aus CDU, DSU, DA, Liberalen und der SPD unter der Führung der CDU mit Ministerpräsident Lothar de Maizière. Ziel der Regierung war die baldige Schaffung einer Wirtschafts- und Währungsunion mit der Bundesrepublik als Vorstufe zur deutschen Einheit.

3 *Versucht das Wahlergebnis zu erklären.*
4 *Überlegt, warum es für die erste frei gewählte DDR-Regierung wichtig war, sich auf eine breite Mehrheit in der Volkskammer zu stützen.*

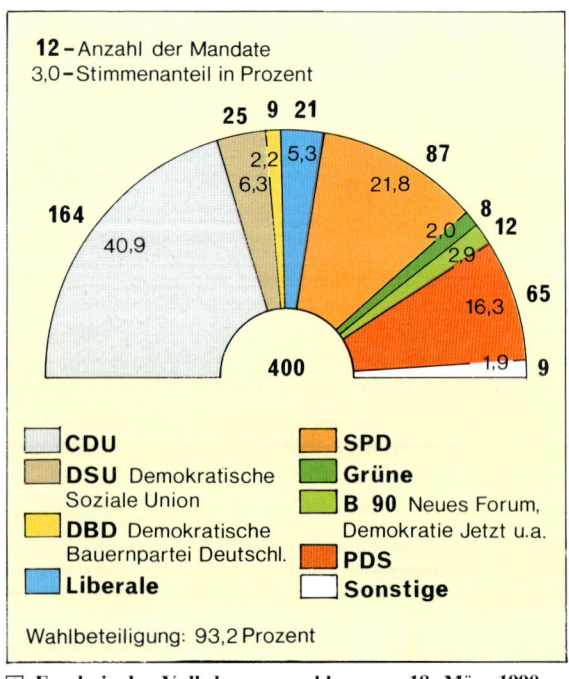

12 – Anzahl der Mandate
3,0 – Stimmenanteil in Prozent

- CDU: 164 / 40,9
- DSU Demokratische Soziale Union: 25 / 6,3
- DBD Demokratische Bauernpartei Deutschl.: 9 / 2,2
- Liberale: 21 / 5,3
- SPD: 87 / 21,8
- Grüne: 8 / 2,0
- B 90 Neues Forum, Demokratie Jetzt u.a.: 12 / 2,9
- PDS: 65 / 16,3
- Sonstige: 9 / 1,9

400
Wahlbeteiligung: 93,2 Prozent

2 Ergebnis der Volkskammerwahlen vom 18. März 1990.

Zum Weiterlesen

Das Blaugeschlagene

Sie waren fünf und seit über einem Jahr zusammen – drei Jungen und zwei Mädchen. Sie trafen sich morgens an einer bestimmten Straßenecke, um zusammen zur Schule zu gehen, und nachmittags auf dem Hof mit den Garagen, um Moped zu fahren. Einer mußte Wache stehen, damit kein Polizist kam und sie überraschte. Außer Martha konnten alle schon fahren, und Martha war es auch, die am meisten Angst hatte, daß man sie entdecken könnte.

Der Hof war dort, wo Golo und Jacob wohnten. Sie sahen deren Küchenfenster und Jacobs Balkon, auf dem er manchmal, in warmen Sommernächten, schlief. Über sich hatte er nichts als den Sternenhimmel, und Martha mußte oft daran denken, wie es wäre, wenn sie auf einem solchen Balkon, nachts, läge.

Irgendwann im Leben, dachte sie, werde ich auch mein Bett auf einen Balkon stellen und das erleben. Sie stellte es sich sehr aufregend vor. Genau unter Jacobs Balkon war das grellblaue Fenster. Es sah wie ein blaugeschlagenes Auge aus. Sie nannten es: das Blaugeschlagene.

In den großen Ferien waren sie selten auf dem Hof. Jeder war in eine andere Richtung verreist, der Sommer war lang. Als im September die Schule wieder begann, trafen sie sich gleich am ersten Nachmittag an der gewohnten Stelle hinter den Garagen ...

Sonst aber hatte sich alles verändert.

„Geht ihr jetzt über Ungarn?" fragte Martha. Golos Familie saß seit zwei Jahren auf gepackten Koffern. Manchmal hatte es Zeichen gegeben, daß die Übersiedlung kurz bevorstünde. Dann wieder wußten die Behörden von nichts und hüllten sich in Schweigen. Auch Golo schien sich an den Schwebezustand gewöhnt zu haben ...

„Wir gehen nicht über Ungarn", sagte Golo.

„Warum nicht?"

„Wir wollen offiziell gehen."

Achzelzucken bei den anderen. Sie verstanden es nicht.

Martha sah auf Jacobs Haare ... Sie hatte eigentlich immer Golo schöner gefunden. Er konnte so schön aus seinen Augen gucken. Aber in Golo, sagte ihre Freundin Susanne, durfte man sich nicht verlieben. Eines Tages würde der fortgehen, und dann war er in der anderen Welt, und man saß allein hier rum. Susanne sprach viel vom Verlieben, es war ihr Thema Nummer eins. Martha dachte auch daran, aber noch mehr dachte sie daran, daß sie später Ärztin werden wollte.

Was war später? Jetzt, wo sie wieder auf dem Hof standen, war etwas daran anders geworden, irgendwie unscharf. Sie hatte doch genaue Vorstellungen davon gehabt. Sie wußte, daß sie den Sprung in die Oberschule schaffen mußte, und zwar jetzt, im ersten Halbjahr der neunten Klasse ...

Plötzlich mischte sich etwas ein. Es hieß BOTSCHAFT und UNGARN und PRAG: Jeden Abend starrten sie auf die viel zu hohen Eisengitterzäune, über die Taschen und Koffer und Bündel und später sogar Kinder geworfen wurden. Es waren alles Filme, und sie saßen als Zuschauer vor dem Fernseher. Aber es waren keine ausgedachten Filme, das alles war Wirklichkeit.

Am 1. Oktober rollten die Sonderzüge aus Prag und Warschau über die Grenze zur Bundesrepublik. Sie rollten nachts, und es war gespenstisch, was da geschah. Sie sprachen schon morgens auf dem Schulweg davon. Es war aber so, als ob sie sich einen spannenden Krimi erzählten, den sie im Kino gesehen hatten.

Am Sonntagnachmittag, als sie sich wie üblich bei den Garagen trafen, sagte Golo: „Nadja ist weg."

Nadja war seine große Schwester. Sie war neunzehn. Zwei Tage später war sie wieder da, und Golo erzählte Unglaubliches. Man hatte sie am Arnimplatz mit mehreren hundert anderen Jugendlichen auf Lastwagen gezerrt und in Tiefgaragen gebracht, wo sie stundenlang ohne Essen und Trinken und ohne die Toilette benutzen zu dürfen an der Wand stehen mußten ...

„Meine Schwester", sagte Golo, „ist nämlich eine gefährliche Konterrevolutionärin. Sie hat es gewagt, zum Bittgottesdienst in die Kirche zu gehen und danach still mit einer Kerze am Straßenrand zu stehen." ...

Die Fortsetzung dieser Geschichte von Eva Maria Kohl und 19 weitere Geschichten vom Umbruch in der DDR findet ihr in dem Buch „Wahnsinn" aus der Ravensburger jungen Reihe, Ravensburg 1990

Der außenpolitische Weg zur Einheit

Gorbatschow und Kohl im Kaukasus. Foto vom 16. Juli 1990.

2-plus-4-Verhandlungen

Der Weg zur deutschen Einheit mußte auch außenpolitisch geebnet werden. Nach 1945 übten die vier Siegermächte des Zweiten Weltkrieges die Oberhoheit über Deutschland aus. Teile ihrer Rechte über Deutschland übertrugen sie auf die beiden deutschen Staaten. 1990 wurden in Verhandlungen zwischen den beiden deutschen Staaten und den vier Siegermächten auch noch die letzten Vorrechte abgelöst. Diese Verhandlungen wurden 2-plus-4-Verhandlungen genannt. Ein besonderes Problem stellte dabei die Frage dar, ob ein vereintes Deutschland der Nato angehören dürfe. In einem Interview meinte Gorbatschows Deutschlandexperte Falin im Frühjahr 1990:

> **Q 1** ... Im gemeinsamen europäischen Haus können alle Staaten gut nachbarlich miteinander leben, wenn sie gegeneinander militärisch neutralisiert sind, der Faktor Gewalt so abgebaut ist, daß kein Staat den anderen als potentiellen Gegner ansieht ...
>
> Wer dafür ist, daß ganz Deutschland an die Nato fällt, ist nicht für die deutsche Einheit. Wer dafür ist, daß ein halbes Deutschland in der Nato bleibt, der ist halbherzig für die deutsche Einheit.

Der Westen trat demgegenüber für ein Verbleiben Gesamtdeutschlands in der Nato ein. Bundeskanzler Kohl und Außenminister Genscher versuchten in Verhandlungen sowjetische Sicherheitsbedenken auszuräumen. Außerdem versprach die deutsche Seite auch eine tiefergehende Zusammenarbeit mit der UdSSR vor allem in Wirtschaftsfragen. Bei einem Treffen des Bundeskanzlers mit dem Präsidenten der UdSSR, Michail Gorbatschow, am 15./16. Juli 1990 stimmte die Sowjetunion der Zugehörigkeit eines vereinigten Deutschlands zur Nato zu. Die sowjetischen Truppen sollten innerhalb von vier Jahren aus der DDR abgezogen werden. Im Gegenzug sollte die dann gesamtdeutsche Bundeswehr von 500 000 Mann auf 370 000 verkleinert werden.

1 *Beschreibt, wie die deutschen Politiker die sowjetischen Sicherheitsbedenken gegen eine Einigung beseitigt haben.*

2 *Untersucht, was das Bild über die Atmosphäre bei den Verhandlungen zwischen Bundeskanzler Kohl und Präsident Gorbatschow am 15./16. Juli im Kaukasus aussagt.*

Nach diesem Erfolg war der Weg für den Abschluß der 2-plus-4-Verhandlungen frei. Am 12. September wurde in Moskau der „Vertrag über die abschließende Regelung in bezug auf Deutschland" von den Außenministern Großbritanniens, Frankreichs, der USA, der UdSSR und beider deutscher Staaten unterschrieben. Die wichtigsten Vereinbarungen lauteten:

> **Q 2 Artikel 1**
> (1) Das vereinte Deutschland wird die Gebiete der Bundesrepublik Deutschland, der Deutschen Demokratischen Republik und ganz Berlins umfassen ...
>
> (2) Das vereinte Deutschland und die Republik Polen bestätigen die zwischen ihnen bestehende Grenze in einem völkerrechtlich verbindlichen Vertrag.
>
> (3) Das vereinte Deutschland hat keinerlei Gebiets-

Der außenpolitische Weg zur Einheit

ansprüche gegen andere Staaten und wird solche auch in Zukunft nicht erheben.

Artikel 2
Die Regierungen der Bundesrepublik Deutschland und der Deutschen Demokratischen Republik bekräftigen ihre Erklärungen, daß von deutschem Boden nur Frieden ausgehen wird ...

Artikel 3
(2) Die Regierung der Bundesrepublik Deutschland verpflichtet sich, die Streitkräfte des vereinten Deutschland innerhalb von drei bis vier Jahren auf ... 370000 Mann ... zu reduzieren ...

Artikel 7
(1) Die französische Republik, das Vereinigte Königreich Großbritannien und Nordirland, die Union der sozialistischen Sowjetrepubliken und die Vereinigten Staaten von Amerika beenden hiermit ihre Rechte und Verantwortlichkeiten in bezug auf Berlin und Deutschland als Ganzes ...

1 *Faßt zusammen, welche Bedingungen für die Vereinigung beider deutscher Staaten gelten.*

KSZE*
Seit 1973 treffen sich alle europäischen Staaten (ohne Albanien), die USA und Kanada in unregelmäßigen Abständen zur Konferenz über Sicherheit und Zusammenarbeit in Europa (KSZE, vgl. S. 156). Sie befassen sich mit Fragen zur europäischen Sicherheit, zur wirtschaftlichen und technischen Zusammenarbeit und mit Problemen zur Durchsetzung der Menschenrechte. In den ersten 16 Jahren gab es aber nur geringe Fortschritte. Die Veränderungen im Osten haben die KSZE wieder belebt. Im November 1990 kam es zu einer Sonderkonferenz der Regierungschefs in Paris über die Bedeutung der deutschen Einheit für Europa. Kurz vor Eröffnung der Gipfelkonferenz unterzeichneten die 16 Nato-Staaten und die 6 Mitglieder des Warschauer Paktes einen Vertrag zur Verminderung der konventionellen Waffen vom Atlantik bis zum Ural. Dieser Vertrag baut vor allem das Übergewicht der UdSSR in der konventionellen Rüstung ab. Weitere Abrüstungsverhandlungen auch mit den blockfreien Staaten, sind vorgesehen.
Außer dem Vertrag unterzeichneten die 22 Staaten auch eine Gemeinsame Erklärung, in der es heißt:

Q 1 1. Die Unterzeichnerstaaten erklären feierlich, daß sie in dem anbrechenden neuen Zeitalter europäischer Beziehungen nicht mehr Gegner sind, sondern neue Partnerschaften aufbauen und einander die Hand zur Freundschaft reichen wollen ...
9. Sie versichern, mit den anderen KSZE-Teilnehmerstaaten ... zusammenarbeiten zu wollen ... Sie sind überzeugt, daß der Vertrag über konventionelle Streitkräfte in Europa ... zusammen mit neuen Strukturen für die Zusammenarbeit im Rahmen der KSZE zu größerer Sicherheit und somit zu dauerhaftem Frieden und Stabilität in Europa führen werden.

2 *Beschreibt die Ergebnisse der KSZE.*
3 *Überlegt, warum die Unterzeichnerstaaten der Gemeinsamen Erklärung von einem neuen Zeitalter in Europa sprechen.*

Vertrag mit Polen
Am 15. November 1990 unterzeichnete Bundesaußenminister Genscher in Warschau einen Vertrag mit der Republik Polen, in dem der Grenzverlauf zwischen Deutschland und Polen entlang der Grenze der ehemaligen DDR bestätigt wurde.
In einer Erklärung vor dem Bundestag dankte Bundesaußenminister Genscher den Regierungen von Großbritannien, Frankreich, der USA und der UdSSR für ihre Hilfe zur Verwirklichung der Einheit Deutschlands. Zum Vertrag mit Polen sagte er:

Q 2 ... Für Millionen Deutsche, die ihre Heimat unter schmerzlichen Bedingungen aufgeben mußten, bedeutet diese Entscheidung einen besonderen und persönlichen Beitrag zum Frieden in Europa. Schon mit dem Warschauer Vertrag (1970) haben wir den Teufelskreis von Unrecht und Gegenunrecht für immer durchbrochen und damit den Weg für die Aussöhnung mit dem polnischen Volk geebnet. Unser Verhältnis zu Polen drückt in besonderer Weise unsere europäische Berufung aus. ... Wir Deutschen wollen nichts anderes, als in Freiheit, in Demokratie und in Frieden mit allen Völkern Europas und der Welt leben.

4 *Arbeitet den Grundgedanken von Genschers Rede heraus.*
5 *Vergleicht die Regelung der Grenzfrage mit den Aussagen der Konferenz zu Potsdam 1945 und überlegt dabei, ob die vertraglichen Vereinbarungen auf dieser Doppelseite als „Friedensvertrag" angesehen werden können.*

Die Einigung beider deutscher Staaten

Die Vereinigung

Seit dem Frühjahr 1990 hatte das Parlament der DDR, die Volkskammer, mit einigen Reformgesetzen den Übergang zu einer rechtsstaatlichen Ordnung in der DDR vorbereitet und eine Anpassung an die Verhältnisse der Bundesrepublik eingeleitet. So wurden u. a. auch fünf neue Länder gebildet: Sachsen, Sachsen-Anhalt, Thüringen, Mecklenburg-Vorpommern und Brandenburg. Westberlin und Ostberlin sollten nach der Vereinigung das Land Berlin bilden.

Am 23. August 1990 beschloß die Volkskammer den Beitritt der DDR zu Bundesrepublik. Er sollte am 3. Oktober wirksam werden. Die ersten gesamtdeutschen Wahlen wurden auf den 2. 12. 1990 festgelegt. Das genaue Verfahren der Einigung regelte der Einigungsvertrag, der am 6. September 1990 von den Regierungen der Bundesrepublik und der DDR unterschrieben wurde und den am 20. September die Volkskammer und der Bundestag billigten.

① *Schreibt in eine Liste die wichtigsten Daten auf dem Weg zur deutschen Einheit.*

Tag der Deutschen Einheit

Am 3. Oktober 1990 wurde die Einigung vollzogen. In Berlin wurde der Tag mit einem feierlichen Festakt und dem Hissen der Bundesfahne gefeiert. In allen Städten Deutschlands feierten die Menschen die wiedergewonnene Einheit als die Erfüllung einer langgehegten Hoffnung. Der 3. Oktober löste als neuer „Tag der Deutschen Einheit" den bisherigen 17. Juni ab.

② *Erkundigt euch bei euren Eltern und Nachbarn, ob sie und wie sie den Tag der Deutschen Einheit feierten.*

Wahlen in den neuen Bundesländern

Am 14. Oktober 1990 fanden die ersten Wahlen in den neuen Bundesländern statt. Mit der Wahl und der Bildung einer neuen Landesregierung begann in jedem der neuen Bundesländer der Aufbau einer demokratischen Staatsordnung. Der neue Landtag des vereinigten Berlin wurde am 2. Dezember zusammen mit dem ersten gesamtdeutschen Bundestag gewählt.

Gesamtdeutsche Bundestagswahlen

Im Vorfeld der Wahlen hatte es einen heftigen Streit um die sogenannte 5-Prozent-Klausel gegeben, in den auch das Bundesverfassungsgericht eingeschaltet wurde. Damit die neuen Parteien auf dem Gebiet der ehemaligen DDR nicht benachteiligt wurden, galt schießlich folgende Regelung: Eine Partei konnte dann in den Bundestag einziehen, wenn sie entweder in dem Gebiet der alten Bundesrepublik oder in der ehmaligen DDR mindestens fünf Prozent der Stimmen gewonnen hatte.

Im Wahlkampf betonten die Parteien der bisherigen Regierungskoalition die Freude über die erreichte Einheit, während die Opposition die Frage nach den entstehenden Kosten in den Vordergrund rückte und eine sozial gerechte Verteilung der Kosten forderte.

Die Wahlen brachten einen eindeutigen Sieg für die Koalition aus CDU/CSU und FDP. Dieses Ergebnis wurde auch als unmißverständliche Zustimmung der Deutschen zu dem Vereinigungsprozeß gewertet. Zum ersten Bundeskanzler für das vereinte Deutschland wurde Helmut Kohl (CDU) gewählt.

③ *Lest den Text und untersucht, welche Schwerpunkte die Parteien gesetzt haben.*

④ *Wertet das Schaubild aus. Überlegt, welche Voraussetzungen die Wahl für die künftige Regierung geschaffen hat.*

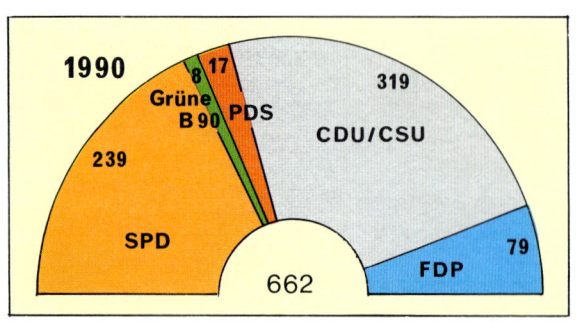

1990 — Sitzverteilung:
- SPD: 239
- Grüne B90: 8
- PDS: 17
- CDU/CSU: 319
- FDP: 79
- Gesamt: 662

Partei	%	Partei	%
CDU	36,7%	B'90/Gr.*	1,2%
SPD	33,5%	Die Grauen	0,8%
FDP	11,0%	REP	2,1%
CSU	7,1%	NPD	0,3%
Grüne	3,9%	ÖDP	0,4%
PDS*	2,4%	Sonstige	2,4%
DSU	0,2%		

* B'90/Grüne und PDS zogen in den Bundestag ein, weil Sie auf dem Gebiet der ehemaligen DDR die 5%-Hürde überschritten.

Ergebnis der Bundestagswahl und Sitzverteilung im Bundestag nach der Wahl vom 2. 12. 1990.

Die Einigung beider deutscher Staaten

Das Hissen der Bundesflagge am Mittwoch, dem 3. Oktober 1990, um 0.00 Uhr vor dem Reichstag in Berlin symbolisierte die Vollendung der deutschen Einheit. Foto 1990.

Nachdenken über Deutschland

Die neugewonnene Einheit war für viele Menschen auch ein Anlaß zum Nachdenken. Bundespräsident Richard von Weizsäcker nahm anläßlich der Einigung in einem Interview Stellung zur neuen Rolle des geeinten Deutschland:

Q 1 Um die neue Rolle Deutschlands zu verstehen, sollten wir die Frage der Einheit einmal aus sowjetischer Sicht betrachten. Zentrales Ziel der sowjetischen Reformer und Bedingung für deren Erfolg im Innern ist die Überwindung der Distanz zwischen der Sowjetunion und Europa. Die sowjetische Führung hat erkannt, daß dies nur gelingen kann mit maßgeblicher Hilfe der Deutschen ... Insofern ist in der Tat das Gewicht der Deutschen, aber auch das Gewicht ihrer Verantwortung in Europa gewachsen ... Es ist das erste Mal in unserer Geschichte, daß sich der Wunsch der Deutschen nach Zusammengehörigkeit in einem Staat im Einvernehmen mit ihren Nachbarn vollzieht ...

1. *Gebt die Gedanken des Bundespräsidenten mit eigenen Worten wieder.*
2. *Schaut euch das Bild genau an. Nennt Symbole für eine künftige deutsche Politik.*

Ein westdeutscher Journalist schrieb aus Anlaß der Vereinigung:

Q 2 Doch die letzten 45 Jahre werden sich so wenig wegwischen lassen wie die zwölf Jahre davor. Das neue Deutschland wird noch für lange Zeit eine Nation mit gespaltenem Bewußtsein bleiben, durch die unsichtbare Mauer der Erfahrung getrennt in West und Ost, in Gewinner und Verlierer, Reiche und Arme. Wir werden erst lernen müssen, die Konfrontation zu überwinden ... Wir werden erst lernen müssen, daß wir ein Volk sind.
Dennoch hat dieses neue Deutschland bessere Zukunftschancen als alle seine Vorgänger ... Die Demokratie wird nicht mehr in Frage gestellt. Und außerdem: Wir sind nicht mehr allein. Wir sind eingebunden in ein System von Verträgen und Allianzen, die es uns nicht gestatten, aus der Reihe zu tanzen ...
Das einzig Beunruhigende an uns ist, daß wir so erfolgreich sind ...

3. *Überlegt, was der Verfasser damit meint, daß wir erst lernen müssen, ein Volk zu sein.*
4. *Erläutert, welchen Vorteil das System von Verträgen für Deutschland hat.*

Innere Probleme der Vereinigung

STAATSVERTRAG BR DEUTSCHLAND – DDR
Die wichtigsten Vertragsinhalte

WÄHRUNGSUNION
- DM einzige Währung
- Deutsche Bundesbank alleinige Zentralbank
- Umtauschkurse Mark der DDR : DM
  - 1 : 1 für Löhne und Gehälter, Renten, Mieten, Pachten, Stipendien
  - 1 : 1 für Guthaben von natürlichen Personen bis zu bestimmten Höchstgrenzen
  - 2 : 1 für alle übrigen Forderungen und Verbindlichkeiten

WIRTSCHAFTSUNION
Die DDR schafft die Voraussetzungen für die soziale Marktwirtschaft:
- Privateigentum
- Freie Preisbildung
- Wettbewerb
- Gewerbefreiheit
- Freier Verkehr von Waren, Kapital, Arbeit
- ein mit der Marktwirtschaft verträgliches Steuer-, Finanz- u. Haushaltswesen
- Einfügung der DDR-Landwirtschaft in das EG-Agrarsystem

SOZIALUNION
Die DDR schafft Einrichtungen entsprechend denen in der BR Deutschland:
- Rentenversicherung
- Krankenversicherung
- Arbeitslosenversicherung
- Unfallversicherung
- Sozialhilfe

Die DDR schafft und gewährleistet nach dem Vorbild der BR Deutschland:
- Tarifautonomie
- Koalitionsfreiheit
- Streikrecht
- Mitbestimmung
- Betriebsverfassung
- Kündigungsschutz

Die BR Deutschland gewährt für die Anschubfinanzierung der Sozialsysteme Mittel aus dem Bundeshaushalt und für den Haushaltsausgleich der DDR Finanzzuweisungen aus dem „Sonderfonds Deutsche Einheit" in Höhe von 115 Mrd. DM

© Globus 8317

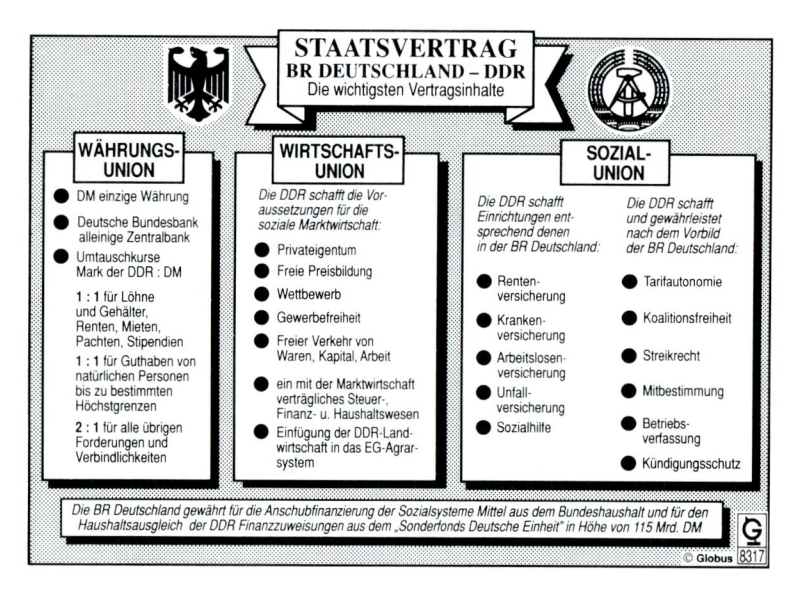

Wirtschafts-, Währungs- und Sozialunion

Mit der Öffnung der Grenzen trat der Kontrast in der Lebensqualität zwischen Westen und Osten den DDR-Bürgern in aller Deutlichkeit vor Augen. Hilfe erhofften sie sich von einer schnellen Einführung der freien Marktwirtschaft. In Leipzig riefen sie auf ihren Demonstrationen:

Q 1 Wenn die DM nicht zu uns kommt, kommen wir zur DM!

Als Antwort auf die steigenden Übersiedlerzahlen und die Forderungen der DDR-Bürger schlug die Bundesregierung vor, eine Wirtschafts-, Währungs- und Sozialunion zu schaffen, die auch in der DDR die DM einführen sollte und in vielen Bereichen das soziale System der Bundesrepublik auf die DDR übertrug. Der am 18. Mai 1990 unterzeichnete Vertrag trat am 1. Juli 1990 in Kraft. Am selben Tag wurden alle Grenzkontrollen zwischen der DDR und der Bundesrepublik Deutschland aufgehoben.

1 *Überlegt, was die Menschen meinten, wenn sie riefen: „Wir kommen zur DM!"*
2 *Beschreibt mit Hilfe der Übersicht die Auswirkungen der Wirtschafts-, Währungs- und Sozialunion in der DDR.*

Wirtschaftliche Folgen der Vereinigung

Viele, die sich von der Wirtschafts- und Währungsunion eine schnelle Verbesserung ihrer Situation erhofft hatten, wurden enttäuscht. Vor allem die westdeutsche Wirtschaft scheute sich zunächst, in großem Maße in der DDR zu investieren. Das lag vor allem an den zumeist ungeklärten Eigentumsverhältnissen. So existierten zum Beispiel keine vollständigen, auf den letzten Stand gebrachten Grundbuchverzeichnisse.

Die ostdeutsche Wirtschaft litt außerdem unter dem starken Rückgang des Handels mit den osteuropäischen Ländern. Nach der Einführung der DM in der DDR waren die Produkte der DDR für diese Länder zu teuer geworden.

Verstärkt wurde die Negativentwicklung durch das Kaufverhalten vieler DDR-Bürger. Diese zogen auch bei gleicher Qualität westliche Produkte vor, da sie jegliches Vertrauen in die eigene Produktion verloren hatten. Das führte zu verstärkten Absatzschwierigkeiten der DDR-Betriebe und in der Folge zu Entlassungen von Arbeitnehmern.

Eine westdeutsche Wochenzeitung zog Ende 1990 folgende Jahresbilanz:

Q 2 Die Bilanz zum Jahresende ist somit für die westdeutsche Wirtschaft höchst erfreulich. Die Wachstumsrate von etwa vier Prozent liegt über allen Prognosen ... Überdies kamen binnen Jahresfrist gut 700 000 Arbeitsplätze neu hinzu, dank der die Arbeitslosigkeit endlich wieder klar unter der 2-Millionen-Grenze liegt.
In Ostdeutschland ist die Lage dagegen katastrophal. Das Wort von der „gespaltenen Konjunktur" ist eher eine Beschönigung der Verhältnisse. Amtlich wurden im November etwa 600 000 Arbeitslose gezählt, doch in Wahrheit sind darüber hinaus viele der 1,8 Millionen Kurzarbeiter ohne Job und werden auch bald als Arbeitslose gezählt werden. Der Rückgang des Sozialprodukts* hat sich seit Mitte 1990 in den fünf neuen Bundesländern eindeutig beschleunigt, am Jahreswechsel ist noch keine Wende zu erkennen. Optimisten erhoffen sie für Mitte 1991.

3 *Begründet die steigende Arbeitslosigkeit im Gebiet der ehemaligen DDR.*

Innere Probleme der Vereinigung

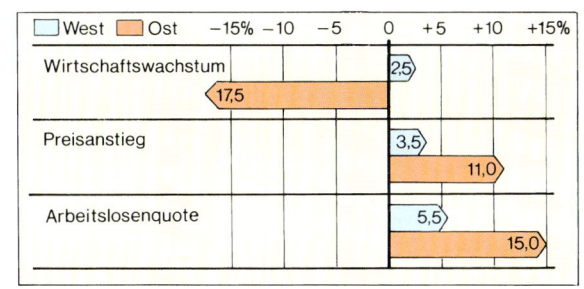

Wirtschaftsprognose für 1991.

	West	Ost
Wirtschaftswachstum	2,5	-17,5
Preisanstieg	3,5	11,0
Arbeitslosenquote	5,5	15,0

Aufgaben für die neue Bundesrepublik

Die Probleme im Zusammenhang mit der Vereinigung beider deutscher Staaten beherrschten die Regierungserklärung der ersten gesamtdeutschen Bundesregierung und die darauf folgende Bundestagsdebatte am 30. 1. 1991. Bundeskanzler Kohl erklärte:

Q 1 In den kommenden Monaten und Jahren hat ein Ziel hohe Priorität ...: gleiche Lebensverhältnisse für die Menschen in ganz Deutschland herbeizuführen. Dieses Ziel können wir nur gemeinsam erreichen ... Es ist eine Aufgabe für alle Deutschen. Die Schwierigkeit dieser Aufgabe ist für jedermann erkennbar. Eingehende Prüfungen und Analysen haben unsere Befürchtungen bestätigt: Die Erblast aus 40 Jahren Sozialismus und Kommunismus in der bisherigen DDR ist zutiefst bedrückend. Fehlende Wettbewerbsfähigkeit vieler Unternehmen und Produkte, hohe Arbeitslosigkeit, vielfache Zerstörung der Umwelt, Verfall der Bausubstanz und eine verbrauchte Infrastruktur* – dies ist die eine Seite der Bestandsaufnahme. Dem stehen auf der anderen Seite der Wille der Menschen zu Neubeginn und Wiederaufbau sowie die Wirtschaftskraft des Vereinten Deutschlands gegenüber. Ich bin sicher, dies ist ein Fundament, auf dem wir die gewaltigen Anstrengungen unternehmen können und dabei auch bestehen werden ...

Die mit alle dem verbundenen Belastungen gehen weit über den bisherigen Finanzrahmen hinaus. Deshalb sind Einnahmeverbesserungen unumgänglich. Die Bundesregierung wird entsprechende Vorschläge auch für notwendige Steuererhöhungen vorlegen.

Der Fraktionsvorsitzende der SPD, Hans-Jochen Vogel, antwortete für die Opposition:

Q 2 Wir waren zu Beginn des deutschen Einigungsprozesses zur Kooperation bereit ... Es war in unseren Augen ein gravierender Fehler, daß Sie das damals abgelehnt haben ... Der Fehler sollte jetzt nicht wiederholt werden ...
Inzwischen sind Sie übrigens natürlich auch dabei, die Steuern zu erhöhen ..., und zwar das beklagen wir zusätzlich – unter Mißachtung der Gebote der sozialen Gerechtigkeit ... Die Beiträge zur Arbeitslosenversicherung werden um rund 60 % erhöht ... Das ist im Ergebnis, in der Wirkung eine Steuer. Denn die Milderung und Überwindung der Arbeitslosigkeit, die sich aus der notwendigen Aufarbeitung der schrecklichen Hinterlassenschaft und der Umstellung ergibt, ist eine Gemeinschaftsaufgabe, die uns alle angeht und die deshalb von uns allen, von unserem Gemeinwesen insgesamt finanziert werden müßte. Sie ziehen allein die Arbeitnehmer und ihre Arbeitgeber heran. Warum eigentlich? Warum bleiben denn alle übrigen, etwa die Selbständigen, die Beamten oder die Besitzer großer Vermögen verschont?

1. *Überlegt, was die Wirtschaftsprognose für 1991 für die Menschen in der ehemaligen DDR bedeutet.*
2. *Stellt Gemeinsamkeiten und Unterschiede zwischen Bundesregierung und Opposition hinsichtlich der zukünftigen Aufgaben heraus.*
3. *Tragt aktuelle Informationen über die wirtschaftliche Lage in den neuen Bundesländern zusammen und prüft, ob das Ziel „gleiche Lebensverhältnisse zu schaffen" schon erreicht ist.*

Zusammenfassung

Nach der friedlichen Revolution in der DDR im Herbst 1989 forderten die Bürger der DDR die baldige Verwirklichung der deutschen Einheit. Die vier Siegermächte verzichteten auf ihre Vorrechte und gaben den Weg zur Vereinigung von Bundesrepublik und DDR frei. Nach dem wirtschaftlichen Zusammenschluß am 1. 7. 1990 wurde am 3. 10. 1990 auch die politische Einheit verwirklicht. Zu den wichtigsten politischen Zielen gehörte es nun, die Lebensbedingungen in den alten und den neuen Bundesländern anzugleichen. Dabei bereiteten der Rückgang der Wirtschaft und die große Arbeitslosigkeit in der ehemaligen DDR große Sorgen.

6. Die Entwicklungsländer

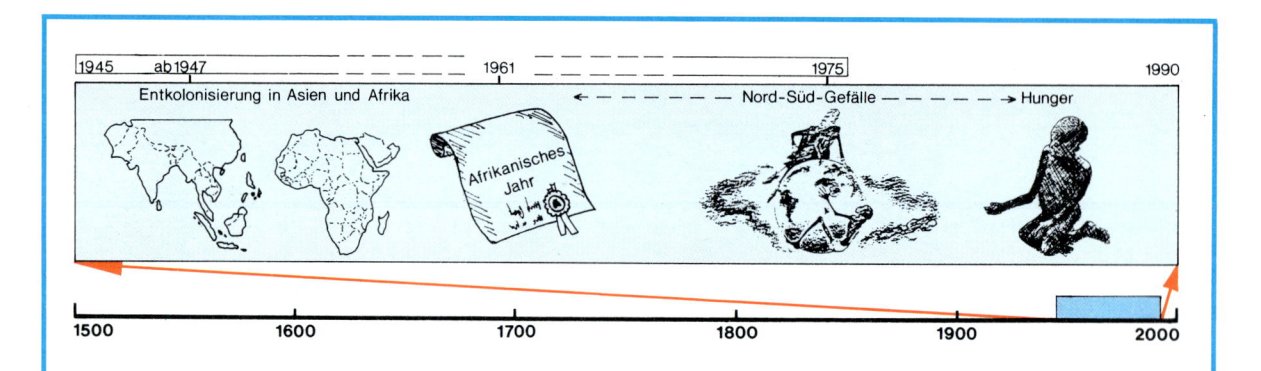

Elendsviertel in Manila/Philippinen. Foto 1987.

Immer mehr Menschen in den Entwicklungsländern zieht es vom Land in die Stadt. Sie hoffen, dort Arbeit zu finden. Doch meist landen sie völlig verarmt in solchen riesigen Elendssiedlungen am Rande der Großstädte.

— *Schreibt auf, was ihr aus dem Bild und dem Text über die Lage der Menschen erfahrt.*

— *Stellt Vermutungen an, wie die weiteren Lebensbedingungen der Menschen in der Siedlung beschaffen sein werden.*

— *Ergänzt eure Notizen mit weiteren Informationen, die ihr bereits über die Entwicklungsländer und das Leben dort habt.*

Armut und die Folgen

Sarah aus Sambia

Sarah hat noch fünf Geschwister. Eigentlich wären sie acht Kinder gewesen. Doch zwei sind bereits gestorben, als sie noch keine zwei Jahre alt waren.
Warum mußten sie sterben? Die Mutter hatte nicht genügend Geld für eine ausgeglichene, gesunde Kost. Immer gab es nur Maisbrei: morgens und abends, tagein, tagaus. Nahrung, die den Körper stärkt, bekamen die Kinder selten oder nie. Eier, Fleisch und Gemüse waren einfach zu teuer. Als die Kinder krank wurden, war ihr Körper zu schwach, um mit dem Fieber fertig zu werden. Sie mußten sterben.

Alfredo aus Kolumbien

Alfredo ist sieben Jahre alt und lebt in der Landeshauptstadt Bogota. Er hat dort jedoch kein richtiges Zuhause. Als seine Mutter starb und sein Vater zur Flasche griff, war er zu den Straßenkindern von Bogota gegangen. Diese versuchen, zu kleinen Banden zusammengeschlossen, irgendwie zu überleben: durch Schuheputzen, Betteln oder auch durch kleine Diebstähle. Nachts schläft Alfredo in einer Garageneinfahrt. Damit er nicht friert, rückt er ganz dicht an seine Freunde heran. In Bogota gibt es ein paar tausend Kinder zwischen sechs und vierzehn Jahren, die so leben.

Kinder der Armut

Alfredo und Sarah sind keine Einzelfälle. Ihr Schicksal steht für das einiger hundert Millionen anderer Kinder und Erwachsener am Rande der Großstädte und in den ländlichen Gebieten der Entwicklungsländer. Hunger und Krankheiten, katastrophale Wohnverhältnisse oder Obdachlosigkeit, Alkoholismus und der Zwang zur Kriminalität sind nur einige Folgen der bitteren Armut dieser Menschen.

Das Elend der Kinder in Zahlen

Die Armut und ihre Folgen treffen nicht nur die Kinder. Aber weil sie noch in der Entwicklung sind, leiden sie am meisten darunter.

- Gegenwärtig leben 156 Millionen Kinder unter 15 Jahren in den Elendssiedlungen der Städte, den Slums.
- 1,2 Milliarden Menschen haben keinen Zugang zu sauberem Trinkwasser, weil es keine hygienisch einwandfreie Abfallbeseitigung gibt. Die durch unsauberes Wasser übertragenen Krankheiten wie Ruhr und Cholera befallen überwiegend Kinder unter drei Jahren. Sie enden meist tödlich.
- Einige hundert Millionen Kinder leiden an ständiger Unterernährung.
- Etwa 17 Prozent der Kinder – in den ärmsten Ländern sogar fast 30 Prozent – sterben vor ihrem fünften Geburtstag. Dies sind ca. 15 Millionen im Jahr. Alle 2 Sekunden, also auch während der Schulstunde, stirbt eines dieser Kinder. Die Ursachen liegen in der fehlenden Gesundheitsfürsorge und der ständigen Unterernährung.
- Ein Drittel der Sechs- bis Elfjährigen besucht keine Schule. Nicht einmal vier von zehn Kindern beenden die Grundschule.
- 1982 wurden weltweit täglich ca. 142 Millionen Kinder zur Arbeit gezwungen. Sie mußten Geld für die Familie verdienen, weil der Vater keine Arbeit fand.

1 *Stellt mit Hilfe des Atlas fest, auf welchem Kontinent Sarah und Alfredo leben.*

2 *Sprecht über das Leben der beiden Kinder und ergänzt ihre möglichen Lebensumstände mit Hilfe der Informationen aus dem Text.*

3 *Vergleicht die Lebensumstände der beiden Kinder mit eurem Leben hier in Europa.*

Die Armut und ihre Folgen sind das zentrale Problem der Entwicklungsländer.

Vom Kolonialismus zum Nord-Süd-Gefälle

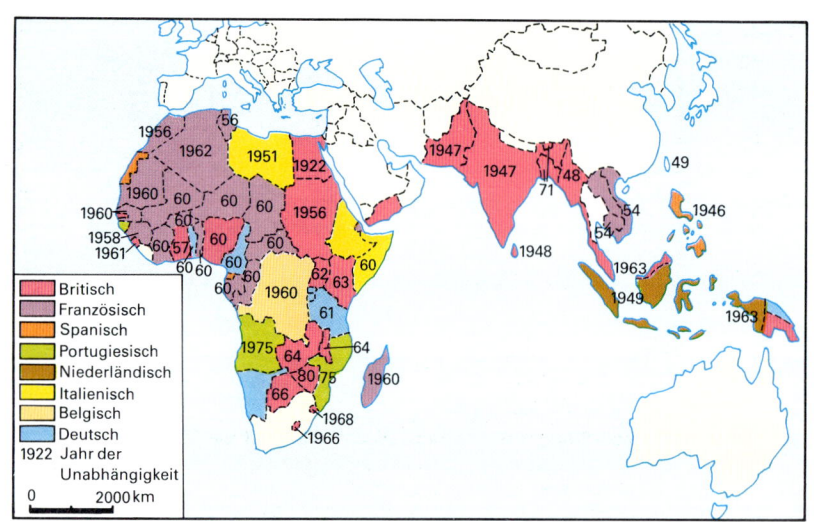

Auflösung des Kolonialbesitzes europäischer Staaten (Stand 1939) mit Angaben über die staatliche Unabhängigkeit afrikanischer und asiatischer Staaten.

Die Auflösung der Kolonialreiche

1. *Beschreibt mit Hilfe der Karte die Kolonialreiche der Europäer vor 1939.*
2. *Tragt zusammen, was ihr über die Kolonialherrschaft wißt.*
3. *Stellt Vermutungen auf, wie die frühere Kolonialherrschaft mit der heutigen Armut zusammenhängt.*

Bereits am Ende des Ersten Weltkrieges hofften viele Menschen in den Kolonien auf ein Ende der Fremdherrschaft. Sie hatten erfahren, daß die USA und die europäischen Mächte das Selbstbestimmungsrecht der Völker zur Grundlage der neuen Friedensordnung machen wollten. Aber ihre Hoffnungen wurden enttäuscht. Die Völker in Afrika und Asien blieben weiter unter der Kolonialherrschaft. Unabhängigkeitsbewegungen bildeten sich in vielen Kolonien, wurden aber unterdrückt. Erst die Folgen des Zweiten Weltkrieges brachten das Kolonialsystem zum Einsturz. Die vom Krieg geschwächten europäischen Mächte konnten nach 1945 den erstarkten Unabhängigkeitsbewegungen nicht lange widerstehen.

Asiens Weg in die Unabhängigkeit

Die japanischen Armeen hatten im Zweiten Weltkrieg fast ganz Südostasien überrannt und die europäischen Kolonialmächte vertrieben. Nach der japanischen Niederlage 1945 weigerten sich die Völker, die zum Teil gegen die japanische Besatzung gekämpft hatten, wieder in ihre alten kolonialen Abhängigkeiten zurückzukehren.
1945 erklärte sich Indonesien zur unabhängigen Republik und vertrieb in einem langen Kampf die holländischen Kolonialherren. 1946 erhielten die Philippinen von den USA ihre Unabhängigkeit. 1947/48 verlor Großbritannien Indien, Pakistan, Ceylon und Birma. Großen Anteil daran hatte die von Mahatma Gandhi geführte Unabhängigkeitsbewegung, die seit dem Ersten Weltkrieg mit Mitteln des gewaltlosen Widerstandes gegen Fremdherrschaft ankämpfte. Nach langen, harten Kämpfen mußten 1954 auch die Franzosen aus Indochina weichen.

Afrikas Weg in die Unabhängigkeit

Großbritannien, Frankreich und Portugal als die großen Kolonialmächte Afrikas waren auch nach 1945 nicht bereit, ihre Kolonien aufzugeben. Sie leiteten allerdings demokratische Reformen ein, die rasch zur Bildung von Parteien in den afrikanischen Ländern führten. Diese organisierten den Unabhängigkeitskampf gegen die „Mutterländer"*. Ihr Kampf führte bald zum Erfolg. Dabei halfen auch die Erfolge der Unabhängigkeitsbewegungen in den asiatischen Ländern.
Als erstes Land erhielt 1957 das ehemals britische Ghana auf friedlichem Wege seine Unabhängigkeit. Andere Länder, wie das französische Algerien oder das britische Kenia, mußten jedoch erst lange, blutige Kämpfe führen. 1960 wurde dann zum „Afrikanischen Jahr" der Unabhängigkeit, und bis 1966 errangen fast alle Länder ihre Unabhängigkeit. Die portugiesischen Gebiete konnten sich erst 1975 von ihrer Kolonialmacht lösen.

4. *Erläutert mit Hilfe des Textes, auf welche Weise die ehemaligen Kolonien ihre Unabhängigkeit errangen.*
5. *Überlegt anhand der Karte, warum 1960 „Afrikanisches Jahr" der Unabhängigkeit genannt wird.*

Vom Kolonialismus zum Nord-Süd-Gefälle

Politische Unabhängigkeit ist nicht genug
Sékou Touré, der Präsident des 1958 unabhängig gewordenen Guineas, hielt 1960 vor der UNO-Vollversammlung eine Rede. Darin führte er aus:

Q Für sich genommen, bedeutet die politische Unabhängigkeit keineswegs völlige nationale Befreiung. Sie ist gewiß eine entscheidende und notwendige Etappe. Dennoch sind wir gezwungen zu erkennen, daß die nationale Unabhängigkeit nicht nur politische Befreiung, sondern auch und vor allem eine totale wirtschaftliche Befreiung voraussetzt. Ohne diese beiden Forderungen ist kein sozialer Fortschritt möglich. ...

1. *Stellt mit Hilfe der Quelle fest, welche weiteren Voraussetzungen nach Meinung S. Tourés – neben der politischen Befreiung – für die Unabhängigkeit der ehemaligen Kolonien nötig sind.*
2. *Sammelt Vermutungen darüber, was S. Touré mit „wirtschaftlicher Befreiung" gemeint haben mag.*
3. *Erläutert mit Hilfe der Informationen von S. 203, welche Lebensbedingungen S. Touré meint, wenn er vom „Zustand der Unterentwicklung" spricht.*

Das Nord-Süd-Gefälle
Verglichen mit dem Entwicklungsstand der Industriestaaten, liegen die meisten der ehemaligen Kolonien in Afrika und Asien auch heute noch weit zurück. Das gilt auch für die lateinamerikanischen Staaten, die schon im 19. Jahrhundert unabhängig wurden. Alle diese Länder werden als Entwicklungsländer bezeichnet. Ein anderer Name für sie ist „Dritte Welt". Die Entwicklungsländer selbst benutzen ihn, um damit ihren Anspruch als eigenständige dritte Kraft in der Welt, neben den westlichen und östlichen Industriestaaten („Erste" und „Zweite Welt"), zu beschreiben.
Die Länder der „Dritten Welt" wollen ihre Entwicklung rasch vorantreiben, um die Armut ihrer Bewohner zu beseitigen.

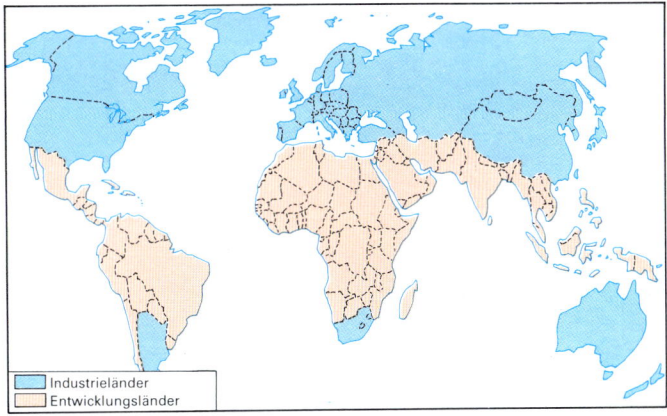

[1] Entwicklungs- und Industrieländer der Welt um 1986.

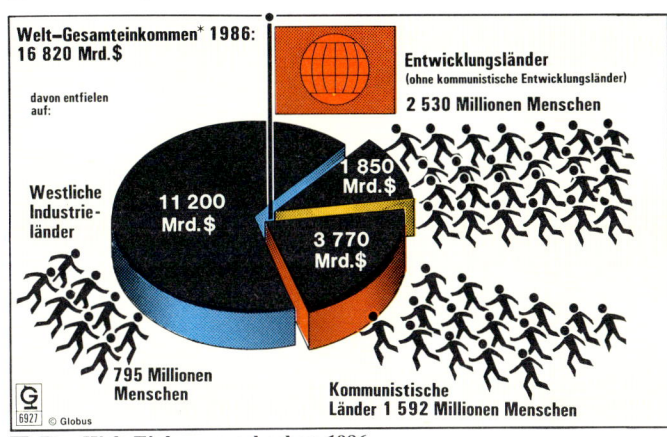

[2] Der Welt-Einkommenskuchen 1986.

Sie wollen dabei aber nicht einfach das „Vorbild" der Industriestaaten nachahmen. Bei der Verbesserung der Lebensbedingungen sollen die besonderen Eigenarten ihrer Länder und ihrer Bevölkerung berücksichtigt werden. Nur dann können die Menschen dort frei und unabhängig leben, wie es S. Touré vorschwebte. Derzeit sind sie jedoch davon noch weit entfernt. An die Stelle der alten kolonialen Abhängigkeit ist heute ein „Nord-Süd-Gefälle" zwischen reichen Industriestaaten und armen Entwicklungsländern getreten.

4. *Stellt zu Bild [2] eine Tabelle nach dem Muster auf:*

	Einwohner	Bruttosozialprodukt in Mrd. $	Bruttosozialprodukt je Einwohner
Der Westen	795 000 000	...	...
Der Osten	...	...	...
Entwicklungsländer	...	...	...

5. *Wieso kann man von einem Nord-Süd-Gefälle sprechen?*

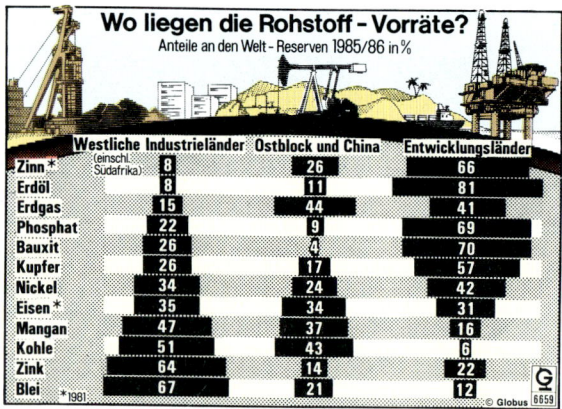

Ursachen der Not

Wo liegen die Rohstoff-Vorräte?
Anteile an den Welt-Reserven 1985/86 in %

	Westliche Industrieländer (einschl. Südafrika)	Ostblock und China	Entwicklungsländer
Zinn*	8	26	66
Erdöl	8	11	81
Erdgas	15	44	41
Phosphat	22	9	69
Bauxit	26	4	70
Kupfer	26	17	57
Nickel	34	24	42
Eisen*	35	34	31
Mangan	47	37	16
Kohle	51	43	6
Zink	64	14	22
Blei	67	21	12

*1981

[1] **Rohstoffvorräte der Welt.**

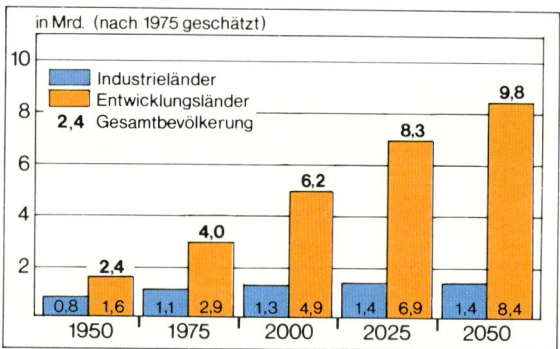

Die Entwicklung der Weltbevölkerung bis zum Jahr 2050 (in Mrd., nach 1975 geschätzt)

Jahr	Industrieländer	Entwicklungsländer	Gesamtbevölkerung
1950	0,8	1,6	2,4
1975	1,1	2,9	4,0
2000	1,3	4,9	6,2
2025	1,4	6,9	8,3
2050	1,4	8,4	9,8

[2] **Die Entwicklung der Weltbevölkerung bis zum Jahr 2050.**

Die Wirtschaftspolitik in der Kolonialzeit

Die europäischen Kolonialmächte hatten die Wirtschaft in den beherrschten Ländern ganz auf die Bedürfnisse ihrer eigenen Industrie ausgerichtet.
In einem UNO-Bericht heißt es dazu:

> **Q 1** Die Mutterländer ... benutzten ihre Kolonien als Quelle billiger Rohprodukte. Jede Kolonie wurde auf nur ein, zwei Hauptprodukte ausgerichtet. Die weiterverarbeitende Industrie wurde jedoch in den Industrieländern angesiedelt.

Die Kolonien wurden so zu bloßen Abnehmern von Industrieprodukten der europäischen Länder. Eigene Industrie entwickelte sich fast nicht. Ausnahmen bildeten die Gebiete, in denen Bodenschätze abgebaut wurden. Die Bergwerke waren aber im Besitz der Europäer. Auch die Landwirtschaft veränderte sich. In Monokulturen* wurden Reis, Erdnüsse, Tee, Kakao oder Kaffee für den Export nach Europa angebaut. Genügend Lebensmittel für die Einwohner konnten so nicht mehr produziert werden.

1. *Stellt eine Liste von Gütern auf, die in die Kolonien eingeführt werden mußten.*
2. *Überlegt, was diese Wirtschaftspolitik mit dem Hunger der Menschen in Afrika zu tun hat.*

Heutige Welthandelsprobleme: Ungleiche Partner

Die Entwicklungsländer sind im Besitz riesiger Rohstoffvorkommen, die in den Industrieländern zur Herstellung von Fertigwaren benötigt werden. Nur wenige Länder dort, wie etwa die USA, Kanada oder Südafrika, verfügen über genügend eigene Rohstoffreserven, um langfristig ohne Einfuhren auskommen zu können. Die Bundesregierung erklärt 1986 dazu:

> **Q 2** Nicht nur bei der Versorgung mit Erdöl, Erdgas und Kernbrennstoffen ist die Bundesrepublik Deutschland von Importen (Einfuhren) abhängig. Sie ist auch auf die Einfuhr von mineralischen (Bodenschätze) und pflanzlichen (landwirtschaftlichen) Produkten angewiesen.

Die Industrieländer versuchen jedoch ständig diese Abhängigkeit durch den Einsatz von Ersatzstoffen und Recycling* zu mildern. Seit 1973 sinken die Preise für die Rohstoffe. Dagegen verteuern sich für die Entwicklungsländer die Fertigwaren aus den Industrieländern und die Erdöleinfuhren ständig. Diese Entwicklung läßt die Außenhandelserlöse der Entwicklungsländer sinken und reißt große Löcher in ihre Staatskassen. Im Gegensatz zu den Industrieländern haben sie keine Möglichkeit, die geringeren Einnahmen durch den Verkauf anderer Waren auszugleichen. Die Ursachen liegen in der einseitigen Ausrichtung der Wirtschaft während der Kolonialzeit.

3. *Ermittelt aus Abb. [1], bei welchen Rohstoffen die Abhängigkeit der Industrieländer besonders groß ist, und erkundigt euch, wofür diese benötigt werden.*
4. *Überlegt, welche Länder in der Kolonialzeit und welche Länder heute Vorteile aus dem Welthandel ziehen.*

Ursachen der Not

Die Bevölkerungsexplosion

① *Überlegt mit Hilfe der Abb. ② der Vorseite, warum man von einer „Explosion" der Bevölkerung in den Entwicklungsländern spricht.*

Die ärztliche Versorgung in der Dritten Welt ist auch heute noch viel schlechter als in den Industrieländern. Trotzdem hat die moderne Medizin (z. B. bei der Seuchenbekämpfung) dazu geführt, daß auch dort weniger Kinder sterben und die Menschen älter werden. Dadurch steigt die Bevölkerungszahl an. Immer noch wünschen sich die Ärmsten in diesen Ländern möglichst viele Kinder.

Da in der Dritten Welt eine Altersrente häufig unbekannt ist, sind Kinder für die Menschen die einzige Altersversorgung.

Auch unter schlechten Lebensbedingungen werden Kinder eher als ein Gewinn und nicht als eine Belastung angesehen. Kinder tragen zum Einkommen der Familie bei, hüten das Vieh, sammeln Feuerholz, arbeiten als Schuhputzer, als Kleinhändler usw. Damit sind Kinder eine Absicherung gegen die größte Not bei Arbeitslosigkeit oder Krankheit der Eltern.

Religion und Tradition fördern den Kinderreichtum. In Afrika werden die Stellung und das Ansehen der Frau in der Sippe gestärkt, wenn sie viele Kinder hat. Im Islam gelten die Kinder als größte Segnung. Im Hinduismus ist der Wunsch nach Söhnen besonders ausgeprägt.

Die staatlichen Versuche durch Werbefeldzüge für Geburtenkontrolle und die Kleinfamilie, die Geburtenziffer zu senken, hatten bisher wenig Erfolg. In Asien, Afrika und Lateinamerika wächst die Bevölkerung weiterhin.

② *Begründet, warum die staatlichen Versuche, die Geburtenziffer zu senken, wenig Erfolg hatten.*

Die einzelnen Familien versuchen mit Hilfe ihrer vielen Kinder, die Folgen der Armut etwas zu dämpfen. Sie tragen so zur Bevölkerungsexplosion bei. Dadurch wird anderseits die Bekämpfung der Armut in den Entwicklungsländern weiter erschwert. Mit ihren ohnehin knappen finanziellen Mitteln müssen sie z. B. Arbeitsplätze für immer mehr Menschen schaffen. Nach Expertenberechnungen kostet ein neuer Arbeitsplatz durchschnittlich 10000 DM. Bis zum Jahr 2000 müssen ca. ½ Milliarde Arbeitsplätze geschaffen werden.

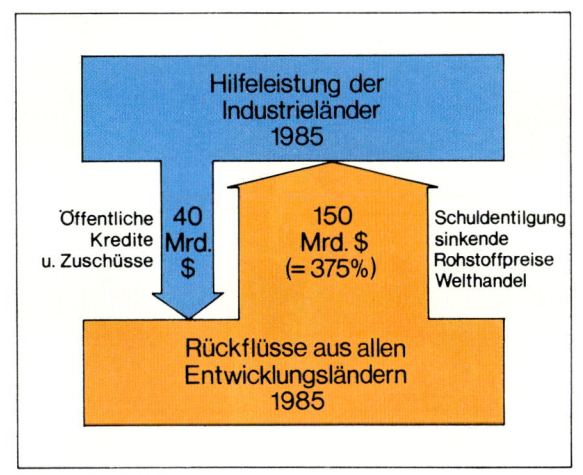

Bilanz der Leistungen.

③ *Errechnet, wieviel ein Land ausgeben muß, wenn in einem Jahr nur 50000 neue Arbeitsplätze benötigt werden.*

④ *Überlegt, wie sich die Bevölkerungsexplosion bei der Bewältigung anderer Probleme (z. B. Hunger, Wohnsituation, Gesundheitsfürsorge) auswirken wird.*

Steigende Verschuldung der „Dritten Welt"

Damit die Länder der „Dritten Welt" die für ihre Entwicklung dringend benötigten Güter, wie Industrieprodukte, Erdöl und Nahrungsmittel, kaufen können, müssen sie bei den reichen Industrieländern Zuschüsse erbitten und Kredite aufnehmen. Die Gesamtverschuldung der Entwicklungsländer betrug im Jahr 1987 ungefähr 990 Milliarden Dollar. Diese Geldmittel aus der Kreditaufnahme bleiben jedoch nicht in den Ländern der „Dritten Welt":

– Jährlich müssen die Entwicklungsländer für die Schulden hohe Zins- und Tilgungsraten an die Industrieländer zahlen.
– Mit dem größten Teil der Kredite kaufen die Entwicklungsländer Fertigwaren in den Industrieländern ein.
– Durch die sinkenden Preise für die Rohstoffe und die Verteuerung der Fertigwaren entstehen den Entwicklungsländern im Rahmen des Welthandels ständig hohe Verluste. Dies kommt den Industriestaaten ebenfalls zugute.

⑤ *Erläutert mit Hilfe des Textes und der Abb., welche Länder Vorteile aus dem Kreditgeschäft ziehen.*

Entwicklungspolitik

1 „Ist dir klar, daß ich dich in der Hand habe?" Karikatur 1975.

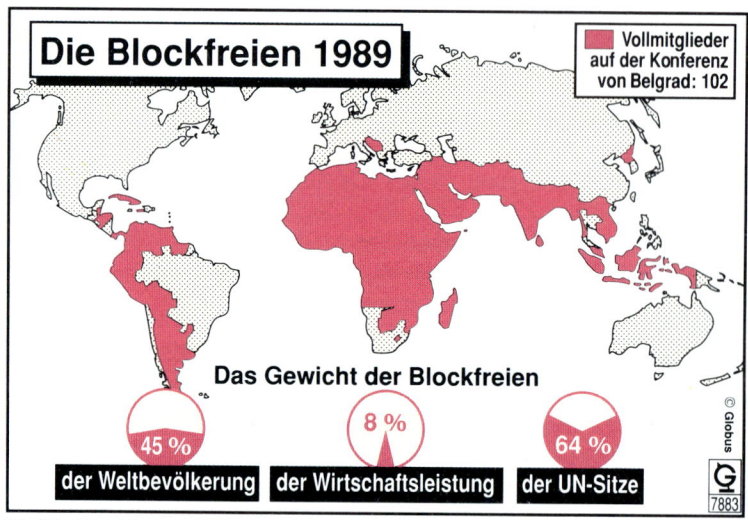

2 Die Blockfreien 1989.

Wachsendes Selbstbewußtsein in den Ländern der „Dritten Welt"

Schon sehr früh, nach 1945 und in den 50er Jahren, nahmen viele der unabhängig werdenden Länder engere Beziehungen zueinander auf. Ihre Absicht war es damals, sich im „Ost-West-Konflikt" als unabhängige dritte Kraft zu behaupten. Diese Bestrebungen mündeten 1961 in die Gründung der „Blockfreienbewegung" ein.

Heute gehören ihr über 100 Länder an. Seit 1970 vertritt sie im „Nord-Süd-Dialog"* immer selbstbewußter die entwicklungspolitischen Interessen ihrer Mitglieder. Die wichtigsten Forderungen lauten:

– Die Industrieländer müssen uneigennützig größere finanzielle Beiträge zu den Entwicklungsbemühungen der „Dritten Welt" leisten. Dies ist eine moralische Pflicht. Schließlich sind sie als ehemalige Kolonialmächte für die heutigen Probleme mit verantwortlich.

– Die Preise für Rohstoffe dürfen nicht dauernd schwanken oder gar sinken. Sie müssen stabil bleiben. Dafür soll ein „Rohstoff-Abkommen" zwischen Liefer- und Abnehmerländern sorgen.

– Die Schuldenlasten der Entwicklungsländer müssen erleichtert werden. Den ärmsten Ländern müssen die Schulden völlig erlassen werden.

1 *Erläutert die Karikatur aus dem Jahr 1975. Greift dabei auch auf die Informationen der beiden letzten Seiten zurück.*

2 *Sammelt anhand eurer bisherigen Arbeitsergebnisse Argumente für diese Forderungen.*

3 *Urteilt darüber, ob die Forderungen gerechtfertigt sind.*

Die Haltung der Industrienationen

In ihren Erklärungen, z. B. vor der UNO, betonen die reichen Industrieländer immer wieder ihr Interesse, bei der Beseitigung des „Nord-Süd-Gefälles" mit den Entwicklungsländern zusammenzuarbeiten. Es wird befürchtet, daß die wachsende Not der Hungernden und Verzweifelten schließlich zu Revolutionen und kriegerischen Auseinandersetzungen führen könnte. Dadurch wäre auch der Wohlstand in den Industrieländern bedroht. Bisher hat diese Einsicht aber noch nicht zu einer Annäherung an die Forderungen der Entwicklungsländer geführt. Auch die Erkenntnis der gegenseitigen wirtschaftlichen Abhängigkeit konnte dazu nicht beitragen.

Seit 1970 besteht im Rahmen der UNO die Vereinbarung, daß die Industrieländer 0,7 Prozent ihres Bruttosozialproduktes* als Hilfe für die Entwicklungsländer zur Verfügung stellen wollen. Diese Verpflichtung hielten jedoch die meisten Länder bisher nicht ein. Auch die Bundesrepublik Deutschland hat diese Grenze noch nicht erreicht.

4 *Stellt mit Hilfe der Tabelle der folgenden Seite fest, welche Länder die „0,7-Prozent-Marke" der UNO nicht erreicht haben.*

Entwicklungspolitik

Entwicklungszusammenarbeit – was ist das?

Dieser Begriff beschreibt den größten Teil der Hilfsmaßnahmen der Industriestaaten für die Entwicklungsländer. Er hat die alte Bezeichnung „Entwicklungshilfe" abgelöst. Im Jahr 1985 betrug der Umfang dieser Hilfe weltweit ca. 40 Milliarden Dollar.

In der Bundesrepublik wird zwischen öffentlicher und nicht-staatlicher Zusammenarbeit unterschieden. Die nicht-staatliche wird von Kirchen und anderen Organisationen, wie z. B. „terre des hommes" oder politischen Stiftungen, getragen. Öffentliche Zusammenarbeitsprojekte werden vom jeweiligen Staat finanziert und sind an den Zielen der Regierung ausgerichtet.

Nach den Vorstellungen der Bundesregierung geht der Vorschlag für eine Zusammenarbeit meist von einem Entwicklungsland aus. Sie findet in Form begrenzter Projekte statt, deren Ziele in Verhandlungen zwischen den beteiligten Regierungen festgelegt werden. Oberstes Prinzip aller Maßnahmen ist die „Hilfe zur Selbsthilfe".

> Dieses Prinzip drückt sich sehr gut in einem alten afrikanischen Sprichwort aus. Es lautet:
> Gib einem Hungernden einen Fisch, und er wird einmal satt, lehre ihn fischen, und er wird nie wieder hungern.

1 *Fordert Informationsmaterial über „Rohstoff-Abkommen" und über Erleichterung der Schuldenlasten beim Bundesministerium für wirtschaftliche Zusammenarbeit (5300 Bonn, Postfach) und bei nicht-staatlichen Organisationen (z. B. Terre des Hommes Deutschland e. V., Postfach 4126, 4500 Osnabrück) an.*

Die Projekte sind zeitlich und sachlich begrenzt (z. B. Aufbau einer Technikerschule, Verbesserung der Landwirtschaft, Errichtung kleinerer Industriebetriebe). Sie richten sich an den Bedingungen der Region aus. Dort wo es an Geld mangelt, aber viele Menschen einen Arbeitsplatz benötigen, werden Arbeiten möglichst von Hand verrichtet (vgl. Abb. 2). Bestandteile der Unterstützungsmaßnahmen sind:
- Finanzielle Zusammenarbeit: Darlehen und Zuschüsse, z. B. zum Kauf von Landmaschinen. Die Darlehen müssen zu günstigen Bedingungen zurückgezahlt werden, die Zuschüsse nicht.

Norwegen	1,83%	Frankreich	0,48%
Niederlande	1,00%	OECD*-Mittel	0,37%
Schweden	0,94%	Großbritannien	0,36%
Dänemark	0,75%	Österreich	0,29%
Belgien	0,59%	Schweiz	0,28%
Bundesrepublik		USA	0,25%
Deutschland	0,48%	Italien	0,24%
UNO-Ziel	0,70%		

1 Zahlungen im Rahmen der Entwicklungszusammenarbeit in Prozent des Bruttosozialproduktes.

2 Menschen statt Maschinen: Indische Bauern heben eine Grube für einen Wasserbehälter aus. Foto 1986.

- Technische und personelle Zusammenarbeit: Lieferung von Ausrüstungen oder Entsendung von Fachleuten, die vor allem bei der Ausbildung einheimischer Fachkräfte helfen sollen.

2 *Erklärt das Prinzip der „Hilfe zur Selbsthilfe" anhand des afrikanischen Sprichwortes.*

3 *Begründet, warum der Begriff „Entwicklungszusammenarbeit" die Unterstützungsmaßnahmen besser beschreibt als die alte Bezeichnung.*

Hilfe zur Selbsthilfe

Ein Projekt von „terre des hommes" in Afrika

Welch ein Getöse! Es klingt wie Musik, und in diesem Fall ist es das auch, aber es ist auch das Geräusch von Arbeit: Die Frauen von Klefe, einem 3000-Seelen-Dorf in der Voltaregion von Ghana, klopfen Steine zu unserer Begrüßung und drücken lautstark ihre Freude aus, als wir aus dem Wagen steigen. „Ich hoffe, ihr habt nicht zu viel gegessen – ihr kommt jetzt nämlich nach Hause", hatte Rejoice Yawa Kasu, die Vorsitzende der lokalen Frauengruppe, zu uns gesagt, als sie uns in der Bezirkshauptstadt Ho abholte. Nach Hause! Klefe wird in seinen Entwicklungsanstrengungen seit 1983 von „terre des hommes" unterstützt, und die Kollegin ist nicht zum ersten Mal dort. Offenbar hatte sich wirklich das ganze Dorf auf unseren Besuch gefreut. Die Honoratioren, der Chief und der Ältestenrat, sitzen schon zusammen zur Begrüßung, viele Hände sind zu schütteln, Grußworte auszutauschen. Die Schulkinder haben Tänze eingeübt, die Frauen ein großes Mahl zubereitet – welch ein Ereignis.

Nun nehmen Projektbesuche in Ghana, auch wenn man nicht „nach Hause" kommt, leicht den Charakter von Dorffesten an. Manchmal muß man aufpassen, daß noch Zeit für die vergleichsweise trockenen Projektgespräche bleibt. Aber der Begrüßungslärm in Klefe hatte schon unmittelbar mit dem Projekt zu tun: Die Steine, die von der örtlichen Frauengruppe in der Gegend gesammelt und zerschlagen werden, verkaufen die Frauen an Baufirmen und erstehen für den Erlös Zement, mit dem die neue Gesundheitsstation weitergebaut wird. Das machen dann die Männer in freiwilliger, nicht entlohnter Arbeit. Wenn der Bau fertig ist – Fundament und Wände stehen bereits –, rechnen die Klefer mit einer Hebamme, die ihnen vom Gesundheitsministerium zugewiesen und auch bezahlt werden soll. Die beiden Krankenschwestern, die noch in einem Behelfsbau am Ortsrand praktizieren, werden dann umziehen. Sie versorgen die Kranken ambulant. . . .

Den Bau dieser kleinen Klinik haben die Frauen initiiert. Sie waren es auch, die die Grundschule repariert haben, kurz bevor sie zusammenfiel. Jetzt planen sie, den Kindergarten zur Tagesstätte auszubauen. Sie wollen die Kinder versorgt wissen, wenn sie aufs Feld gehen.

Mitmachen müssen alle

Die Frauen bringen allerhand in Gang. Aber sie müssen nicht alles auch selbst umsetzen: Sie können ihre Vorschläge dem Stadtentwicklungskomitee unterbreiten, einem 15köpfigen Gremium aus Vertretern der sieben Familienclans von Klefe. Sieben Mitglieder sind Frauen. Wenn das Komitee einen Vorschlag gutheißt, arbeitet es gleich konkrete Pläne für die Umsetzung aus.

Auch die unbefestigte, aber nun befahrbare Straße ins wenige Kilometer entfernte Ho haben die Klefer selbst ausgebaut. Sind diese Maßnahmen nicht Sache der Regierung? Christian lächelt verschmitzt. „Weißt du, früher haben uns Vertreter der Regierungen immer allerhand versprochen. Eine Straße, eine Klinik oder sonst was. Das kam aber nie. Diese jetzt sagt, wir müßten unsere Entwicklung selbst in die Hand nehmen, und wenn sie können, unterstützen sie uns vielleicht. Und das tun wir nun."

Überzeugen – das dauert

Für Christian ist die Straße nach Ho besonders bedeutsam, denn sie vergrößert den Wirkungskreis seines Lieblingsprojektes: der Gemüsekooperative „Nududu" („Ernährung" in der Sprache der Ewe). Von ursprünglich 21 Mitgliedern der 1983 während der Wirtschaftskrise gegründeten Kooperative sind noch 15 dabei; einige sind aus Klefe fortgegangen. Neun Haushalte gehören dazu. „Kooperatives Wirtschaften ist für uns eine neue Idee", sagt Christian, der ein Jahr lang in Indien etwas darüber gelernt hat. „Wir wollen expandieren, aber das geht nur, wenn viele davon überzeugt sind. Und das dauert eben."

Die Mitglieder der Gemüsekooperative bauen auf dem sechs Acre (circa 2,5 Hektar) großen Feld Gboma an, eine Spinatart, Nyukpebi, ein saures Gemüse, Tomaten, Kohl, Okkra, Pfeffer. Mit der Ernte versorgen sie zunächst ihre eigenen Familien. Überschüsse werden in Klefe und auf dem Markt in Ho verkauft. Um dorthin zu kommen, ist die Straße so wichtig – und der kleine Lieferwagen, den die Kooperative 1986 von „terre des hommes" bekam. Manchmal wird das Gemüse auch verschenkt – zum Beispiel an das Hospital in Ho. Finanzielle Einnahmen sind nicht das einzige, was die „Nududu"-Mit-

Hilfe zur Selbsthilfe

glieder erzielen wollen. Sie geben auch Kurse und berufen Versammlungen ein, um anderen beizubringen, warum Gemüse für eine gesunde Ernährung unentbehrlich ist. Sie regen die Leute an, es in ihren eigenen Gärten auch anzubauen. Die Mitglieder selbst müßten dabei vorbildlich wirken: „Unsere Krankheiten sind verschwunden, seit wir Gemüse essen", erzählt einer. Die Nachfrage immerhin steigt – und damit die Preise auf dem Markt in Ho. „Terre des hommes" hat die Dorfentwicklungsprojekte in Klefe seit 1984 mit insgesamt 38900 Mark unterstützt. Davon wurden eine Maismühle und ein Lieferwagen zum Gemüsetransport angeschafft sowie Baumaterial für den Gesundheitsposten gekauft.

1. *Lest den Bericht von „terre des hommes" und beschreibt, wie sich die Menschen selbst helfen.*
2. *Sprecht darüber, ob ihr es für sinnvoll haltet, solche Projekte zu unterstützen.*

1 **Was die Frauen von Klefe durch den Verkauf der zerschlagenen Steine einnehmen, stecken sie in Dorfentwicklungsprojekte.**

2 **Wenn der neue Gesundheitsposten fertig ist, können die beiden Krankenschwestern und eine Hebamme die Klefer im Zentrum des Ortes versorgen.** Fotos.

Zusammenfassung

Das Leben vieler Menschen in den Entwicklungsländern wird von großer Armut und ihren Folgen geprägt. Die Ursachen dafür liegen in der Unterentwicklung dieser Länder. Sinkende Exporteinnahmen lassen die für eine Entwicklung benötigten Finanzmittel zusammenschmelzen und führen zur steigenden Verschuldung bei den Industrieländern. Das Bevölkerungswachstum verschärft die Probleme noch weiter. So wird die Kluft zwischen den reichen Industrienationen und den Entwicklungsländern immer größer. Man spricht von einem „Nord-Süd-Gefälle".

Aus eigener Kraft können sich die Länder der „Dritten Welt" nicht helfen, sie benötigen dazu die Unterstützung durch vielfältige Formen der Entwicklungszusammenarbeit. Diese liegt auch im Interesse der Industrienationen.

In den letzten Jahren fordern die Entwicklungsländer immer selbstbewußter in der „Blockfreienbewegung" einen größeren Beitrag der Industrienationen zur Beseitigung des „Nord-Süd-Gefälles". Sie verweisen darauf, daß ihre Armut auch Wurzeln im Verhalten der ehemaligen Kolonialmächte hat. Bisher jedoch führte dies Drängen nicht zum Erfolg: noch immer werden weltweit die Ursachen der Ungleichheit nicht energisch genug bekämpft.

7. Der Konflikt im Nahen Osten

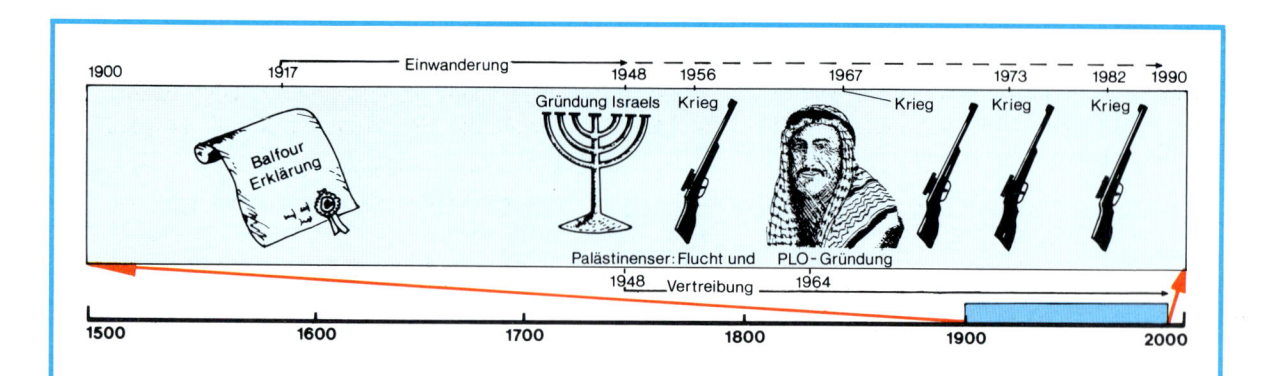

[1] Jude aus dem Jemen.
[2] Jude aus Kurdistan. 
[3] Palästinenser. 
[4] Studentin in Jerusalem. 
[5] Orthodoxer* Jude. 
[6] Jude aus Deutschland. 
[7] Afrikanischer Jude. 
[8] Druse. 
[9] Orientalische Jüdin. 

Menschen in Israel/Palästina

In Israel leben zur Zeit Juden aus 104 verschiedenen Ländern. Fast alle sind erst im Laufe des 20. Jahrhunderts dort eingewandert.
Eine Frau berichtete über die ersten Tage im Einwanderungszentrum (1982):

Q Rechts neben mir wohnt ein Ehepaar mit zwei Kindern aus England, über mir eine geschiedene Frau aus Rußland mit ihrer kleinen Tochter, auf der linken Seite ein Ehepaar aus Argentinien, jung verheiratet, gegenüber eine ältere Dame mit ihrem Sohn aus Brasilien, zwei Waben weiter eine Familie aus Persien. Zum erstenmal in meinem Leben verstehe ich meine Umwelt nicht . . .

— *Überlegt, welche Probleme die Neueinwanderer zu bewältigen hatten.*

212

Israel – ein neuer Staat in Palästina

UN-Beschluß und Staatsgründung
Im Jahr 1947 beschloß die UN-Vollversammlung Palästina zwischen Juden und Arabern zu teilen. Ein sowjetischer Diplomat faßte die Meinung der UN-Mehrheit zusammen:

Q 1 Die Erfahrung der Vergangenheit, insbesondere während des Zweiten Weltkrieges, zeigt, daß kein westeuropäischer Staat in der Lage war, dem jüdischen Volk in der Verteidigung seiner Rechte und seiner bloßen Existenz vor der Gewalttätigkeit der Hitleristen ... hinreichenden Schutz zu bieten.

Die Araber lehnten den UN-Beschluß ab, die Juden stimmten ihm zu. Für sie brachte dieser Beschluß die grundsätzliche Anerkennung eines eigenen Staates.
Am 14. Mai 1948 riefen die Juden den Staat „Israel" aus. In der Gründungsurkunde hoben sie hervor, daß hier die „Wiege des jüdischen Volkes" gestanden habe und daß dieses jüdische Volk der Welt das „Buch der Bücher" geschenkt habe. Obwohl die Juden vor 2000 Jahren mit Gewalt von den Römern aus ihrem Land vertrieben worden seien, hätten sie die Verbindung zu dem Land ihrer Väter niemals aufgegeben. Immer wieder hätten sie für die Rückkehr gebetet.
Weiter heißt es:

Q 2 Die über das jüdische Volk in der letzten Zeit hereingebrochene Vernichtung, ... bewies erneut und eindeutig die Notwendigkeit, die Frage des heimat- und staatenlosen jüdischen Volkes in Israel zu lösen. ... Wir ... sind daher heute, am Tag der Beendigung des britischen Mandats* über Israel, zusammengetreten und proklamieren* hiermit kraft unseres natürlichen und historischen Rechts und auf Grund des Beschlusses der Vollversammlung der Vereinten Nationen die Errichtung eines jüdischen Staates in Israel, ...

1. *Überlegt, was mit dem „Buch der Bücher" gemeint ist.*
2. *Beschreibt in eigenen Worten, aus welchen beiden geschichtlichen Vorgängen die Juden ihr „historisches" Recht zu einer Staatsgründung ableiteten.*
3. *Erarbeitet, welches Argument sowohl in der israelischen als auch in der UN-Begründung eine wichtige Rolle spielte.*
4. *Informiert euch über Judenverfolgungen und -vernichtungen in der Vergangenheit.*

Eine arabische Stellungnahme (1946)
Palästina war bereits bewohnt: durch Araber.
In einer Stellungnahme für die UNO wehrten sie sich gegen die Errichtung eines jüdischen Staates:

Q 3 Das ganze arabische Volk wendet sich unverändert gegen den Versuch, ihm die jüdische Einwanderung und Besiedlung aufzuzwingen und letztlich einen jüdischen Staat in Palästina zu errichten. ... Die Araber stammen von der im Lande ansässigen Bevölkerung ab, die darin seit Beginn der Geschichte gelebt hat; sie können nicht zustimmen, ... eine ... Bevölkerung gegen ihren Willen fremden Einwanderern zu unterwerfen, deren Anspruch auf einer historischen Verbindung ruht, die vor vielen Jahrhunderten aufhörte zu bestehen. Überdies bilden sie die Mehrheit der Bevölkerung, als solche können sie sich nicht einer Einwanderungspolitik unterwerfen, die sie ... aus einer Mehrheit in eine Minderheit in einem fremden Staat verwandelt; darüber hinaus beanspruchen sie das demokratische Recht einer Mehrheit, in Angelegenheiten dringenden nationalen Interesses ihre eigenen Entscheidungen zu treffen.

5. *Womit begründen die Araber ihre „historischen" Rechte?*
6. *Sprecht über das arabische Argument, der jüdische Anspruch habe vor vielen Jahrhunderten aufgehört zu bestehen.*
7. *Benennt die „demokratischen" Rechte, welche die Araber für sich einforderten.*

Der israelische Schriftsteller Amos Oz (1982):

Q 4 ... der Konflikt zwischen uns und den Palästinensern (ist) kein billiger „Wildwestfilm", in welchem die „guten" Kulturmenschen gegen die „bösen" Eingeborenen kämpfen ... Es gibt ... einen Zusammenstoß des Rechtes mit dem Recht. Die palästinensischen Araber haben eine starke (und rechtmäßige) Argumentation und die Israeli müssen diese anerkennen ... Wir müssen einem Kompromiß zustimmen und bekennen, daß Israel die Heimat zweier Völker ist ...

8. *Sprecht darüber, was Amos Oz durch seinen Vergleich mit dem „Wildwestfilm" ausdrücken will.*
9. *Was meint Amos Oz mit „Zusammenstoß des Rechts mit dem Recht"?*

Israel – ein neuer Staat in Palästina

Der Erste Weltkrieg im Nahen Osten
Im Ersten Weltkrieg bekämpfte Großbritannien im Nahen Osten das Osmanische Reich (Türkei). Um Verbündete zu gewinnen, machten die Briten weitreichende Zugeständnisse:
1. Den Arabern, 1915: Im Nahen Osten soll ein unabhängiges arabisches Reich entstehen. Es soll umfassen: Teile Palästinas, das heutige Jordanien, Syrien und den Irak.
2. Britisch-französisches Geheimabkommen, 1916: Der Nahe Osten soll in eine britische und französische Einflußsphäre aufgeteilt werden.
3. Den Juden versprach der britische Außenminister Balfour, 1917:

> **Q 1** Seiner Majestät Regierung betrachtet die Schaffung einer nationalen Heimstätte in Palästina für das jüdische Volk mit Wohlwollen und wird die größten Anstrengungen machen, um die Erreichung dieses Zieles zu erleichtern. Es soll nichts getan werden, was die bürgerlichen und religiösen Rechte bestehender nichtjüdischer Gemeinschaften in Palästina ... beeinträchtigt.

① *Lest den Text von 1917 und stellt fest, welche Zusagen Großbritannien wirklich machte.*

Nach dem Ersten Weltkrieg erwartete jeder, daß Großbritannien seine Zusagen erfüllte. Aber die Versprechungen waren zu gegensätzlich.
Ergebnisse des Ersten Weltkrieges im Nahen Osten:
– Das Osmanische Reich wurde zerschlagen.
– Großbritannien erhielt vom Völkerbund den Auftrag, Teile des Nahen Ostens zu verwalten (heute: Israel, Jordanien, Irak),
– Frankreich erhielt vom Völkerbund den Auftrag, Teile des Nahen Ostens zu verwalten (heute: Syrien, Libanon),
– Großbritannien erlaubte den Juden die Einwanderung nach Palästina.

② *Prüft, welcher der drei Vertragspartner leer ausging.*
③ *Informiert euch im Atlas über die Veränderungen im Nahen Osten nach dem Ersten Weltkrieg.*

Einwanderung und Bodenerwerb
Am Ende des 19. Jahrhunderts hatte sich in Europa eine neue jüdische Bewegung gebildet: der Zionismus*. Ziel war die Gründung eines jüdischen Staates in Palästina. Als Gründe gaben die Zionisten an: Palästina sei das Land ihrer Väter: Erez Israel*. Vor 2000 Jahren seien sie von dort vertrieben und in viele Länder zerstreut worden. Dennoch seien sie ein Volk und besäßen historische Rechte an diesem Land.
In der Balfour-Erklärung von 1917 (**Q 1**) wurde dieser Anspruch zum erstenmal anerkannt. Immer mehr Juden wanderten nach dem Ersten Weltkrieg in Palästina ein.
Um einen Staat zu gründen, brauchte man nicht nur Menschen, man brauchte auch Land, eigenes Land. Von Jahr zu Jahr kauften die Juden daher von Arabern immer mehr Land hinzu.
Ein führender Zionist beschrieb bereits 1902 die heute noch gültige Methode des Landerwerbs so:

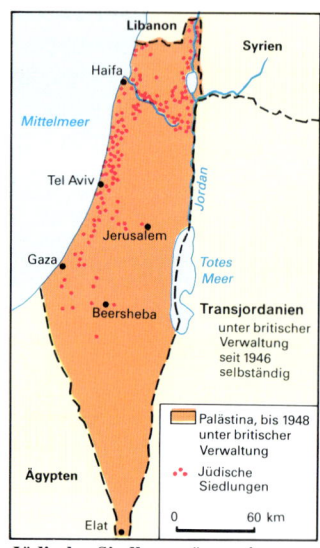

Jüdische Siedlungsräume in Palästina bis 1947.

> **Q 2** ... wir sollten ein Netz von Bauern-Kolonien über das Land spannen, das wir erwerben wollen. Wenn man ein Netz spannt, so schlägt man erst an den Stellen Haken ein, zwischen denen das Netz entstehen soll. Dann spannt man zwischen diese Haken starke Stricke, dann knüpft man zwischen den Stricken starke Fäden und stellt derart ein großes Maschenwerk her, das man dann nach Bedarf durch das Dazwischenwirken feinerer Maschen ausgestaltet. Genauso haben wir ... vorzugehen.

④ *Erläutert mit Hilfe von Q2 und der Karte das System des jüdischen Landerwerbs.*

Israel – ein neuer Staat in Palästina

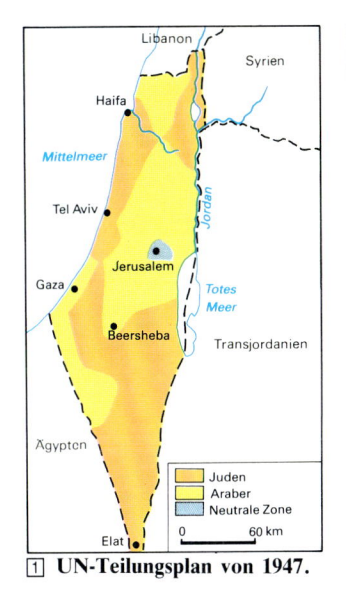

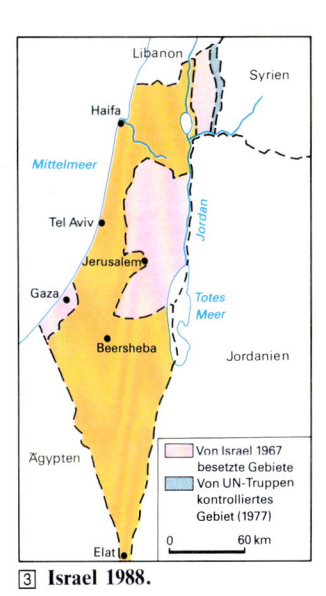

1 UN-Teilungsplan von 1947.   **2** Israel 1949.   **3** Israel 1988.

Die arabische Reaktion

Ein arabischer Politiker faßte 1937 die Folgen der jüdischen Einwanderung für die Araber zusammen:

Q Die Juden haben einerseits das Emek (Jesreel-Tal) von Malaria befreit, aber sie haben es gleichzeitig von 22 arabischen Dörfern ‚befreit', die dort existiert haben. Die Gegend ist ganz jüdisch geworden. Dasselbe gilt für die Ebene zwischen Haifa und Akko. Welche Vorteile haben die Araber davon?

Der Unmut der Araber entlud sich in mehreren Aufständen. Aber es gelang ihnen nicht, die Juden wieder zu vertreiben.

1945–1947

Nach dem Zweiten Weltkrieg suchten zahlreiche Juden, die nicht mehr in Europa bleiben wollten, eine neue Heimat. Die Vernichtung durch den Nationalsozialismus hatte ihnen deutlich gemacht, daß nur ein eigener Staat sie in Zukunft würde schützen können. Dieser Staat aber konnte nur in Palästina sein, das seit dem Ersten Weltkrieg von Großbritannien verwaltet wurde. Aus Rücksicht auf die Araber blockierte Großbritannien die Masseneinwanderung der Juden. Viele versuchten daher, illegal nach Palästina einzureisen. Wenn sie entdeckt wurden, sperrte man sie in Lager. Wie sollten die Juden das verstehen können? Von britischen Truppen aus deutschen Lagern befreit, um von britischen Truppen in britischen Lagern eingesperrt zu werden? Die Erbitterung wuchs.

Die Araber fühlten sich ebenfalls getäuscht. Von den Briten, die weder in der Lage waren, die jüdische Einwanderung zu stoppen, noch die Ansiedlung und Ausbreitung der Juden zu verhindern. Sie fühlten sich getäuscht durch die eingewanderten Juden, denen es nicht auf ein Zusammenleben, sondern nur auf ein Verdrängen der Araber ankam. Überfälle und Gewalttätigkeiten von beiden Seiten nahmen zu. Jede Seite fühlte sich im Recht.

Kriege von 1948–1982

Als die Juden 1948 den Staat Israel ausgerufen hatten, begannen die arabischen Nachbarstaaten einen Krieg. Sie wollten die Entwicklung eines jüdischen Staates auf arabischem Boden verhindern. Auf Vermittlung der UNO schloß man 1949 einen Waffenstillstand. Der Krieg hatte Israel erhebliche Landgewinne gebracht, nicht aber die diplomatische Anerkennung seiner Existenz. Weitere Kriege kamen hinzu: 1956 Suezkrieg, 1967 Sechs-Tage-Krieg, 1973 Yom-Kippur-Krieg und 1982 Libanonkrieg.

Viele Israelis glaubten, nur durch eine harte Militärpolitik die eigene Existenz sichern zu können. Bei den Arabern festigte sich der Eindruck einer rücksichtslosen israelischen Machtpolitik.

Flüchtlinge im Nahen Osten

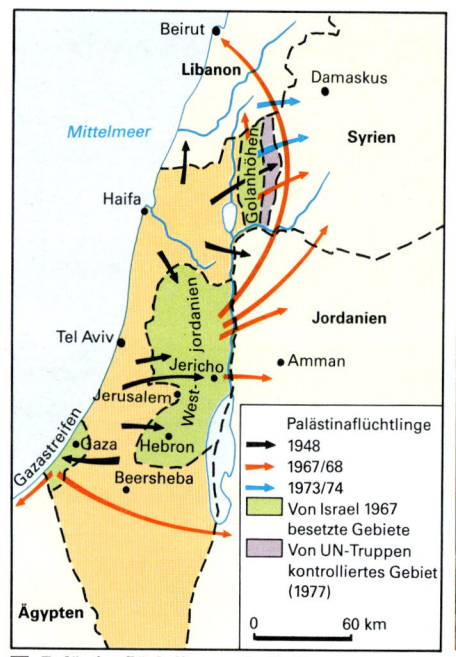

1 Palästinaflüchtlinge seit 1948.

2 Verlassenes Flüchtlingslager bei Jericho. Foto 1987.

Flüchtlingselend
Die vielen Kriege haben Haß und Verbitterung unter den Menschen wachsen lassen. Ein friedliches Zusammenleben schien kaum noch vorstellbar. Besonders die Flüchtlinge tragen bis heute schwer an den Folgen.

Jüdische Flüchtlinge
Von 1948–51 flohen aus den arabischen Staaten ca. 800000 Juden nach Israel: Eine Entschädigung für das zurückgelassene Vermögen erhielten sie nicht. Die Flüchtlinge wurden schnell in die israelische Gesellschaft eingegliedert.

Arabische Flüchtlinge
Die arabischen Palästinenser waren 1948/49 in der Hoffnung geflohen, nach dem arabischen Sieg wieder heimkehren zu können. Sie nahmen daher nur wenig Hab und Gut mit. Insgesamt flohen ca. 800000 Araber. Auch sie erhielten keine Entschädigung für die zurückgelassenen Vermögen. Eine Eingliederung in die arabischen Staaten erfolgte aber nur teilweise. Vielfach wurden sie auch als Fremde behandelt.

Bis heute wird diese Flucht der arabischen Palästinenser sehr unterschiedlich beurteilt. Die Israelis sprechen von „Flucht", die Araber dagegen von „Vertreibung".

1 *Überlegt, was mit diesen unterschiedlichen Begriffen ausgedrückt werden soll.*

Die palästinensischen Flüchtlinge lebten zuerst in Lagern und wurden von der UNO versorgt. Im Laufe der Jahre gelang es zahlreichen Palästinensern, ihre Lebenssituation zu verbessern und die Lager zu verlassen. Etwa 600000 Menschen aber blieben zurück. Manche Familien leben schon in der dritten Generation im Lager.

2 *Klärt mit Hilfe der Karte, wann das Flüchtlingslager bei Jericho errichtet und wann es verlassen wurde.*

Flüchtlinge im Nahen Osten

Der Gaza-Streifen

Im Gaza-Streifen leben heute auf engstem Raum etwa 650000 Menschen, die Hälfte davon sind Flüchtlinge, die in 8 riesigen Lagern hausen.
1948: Ägypten eroberte den Gaza-Streifen. Zu den 80000 Bewohnern kamen noch 160000 Flüchtlinge dazu.
1967: Israel besetzte den Gaza-Streifen.

Die Jugendlichen

Jeder zweite Bewohner des Gaza-Streifens ist jünger als 14 Jahre.
In Zeitungsberichten vom Dezember 1987 heißt es über diese Jugendlichen:

> **Q 1** Die Jungen sind die treibende Kraft bei der Auflehnung gegen die Israelis. Die Möglichkeit des Dialogs kennt die Generation der während der 20-jährigen Besatzung geborenen Palästinenser nicht. Den einzigen Ausweg aus ihrer Lage sehen sie in Gewalt.
>
> **Q 2** Selbst wenn Allah persönlich vom Himmel herabsteigt, werden unsere Kinder sich weigern, mit Israel über Frieden zu sprechen.

Die Sorge um Arbeit und Brot

Jeder zweite Palästinenser verdient sein Geld in Israel. Aber nur ein Teil der Männer verfügt über ein regelmäßiges Einkommen. Die anderen warten an der Grenze zwischen Israel und dem Gaza-Streifen auf israelische Arbeitgeber, die im Auto kommen und Arbeitskräfte suchen. Kann man sich über den Lohn einigen, haben die Palästinenser für einen oder mehrere Tage Arbeit.
Eine Palästinenserin zieht durchschnittlich sieben Kinder groß. Um das Einkommen der Familie zu verbessern, schneidert sie oder die älteste Tochter in Heimarbeit an einer geliehenen Nähmaschine. Solange ihre Kinder unter sechs Jahren alt sind, bekommen sie von der UN – Hilfsorganisation täglich ein Sandwich.

1. *Schreibt einen Bericht über das Leben und die Stimmung der Menschen im Gaza-Streifen.*
2. *Sammelt Zeitungsartikel über die aktuelle Lage im Gaza-Streifen.*

1 **Palästinensische Familie.** Foto 1987.

2 **Palästinenser verhandeln um Arbeit.** Foto 1987.

3 **Ein palästinensisches Kind im Gazastreifen auf der Suche nach Lebensmitteln.** Foto 1987.

Der schwierige Weg zum Frieden

Die PLO
Enttäuscht von der Unfähigkeit der arabischen Staaten, den Palästinensern zu ihrem Recht zu verhelfen, nahmen diese ihre Sache selbst in die Hand. 1964 wurde die Palästinensische Befreiungsfront gegründet, die PLO (Palestine Liberation Organization). Sie ist ein Zusammenschluß vieler kleiner Widerstandsgruppen, der Fedayin (die Opferbereiten). Die größte dieser Gruppen ist El Fatah. Sie entstand bereits 1956 im Gazastreifen.
1968 legte die PLO ihr „Nationalabkommen" vor:

> **Q 1** Art. 2: Palästina bildet ... eine geschlossene regionale Einheit. Palästinenser sind jene arabischen Bürger, die bis 1947 dauernd in Palästina lebten, ... Wer immer nach diesem Zeitpunkt innerhalb und außerhalb Palästinas geboren wurde und einen palästinensisch-arabischen Vater hat, ist ein Palästinenser.
> Art. 19: Die Teilung Palästinas 1947 und die Gründung Israels ist von Grund auf null und nichtig, ..., weil dies im Gegensatz zum Willen des palästinensischen Volkes und seines natürlichen Rechtes auf sein Vaterland geschah und im Widerspruch zu den Prinzipien der UN-Charta steht, deren vornehmstes das Recht auf Selbstbestimmung ist.
> Art. 20: Die Balfour-Deklaration ... und alles was darauf gegründet wurde, werden als null und nichtig betrachtet. Der Anspruch auf ein historisches oder geistiges Band zwischen den Juden und Palästina stimmt nicht mit den historischen Realitäten überein, ...

1 *Überlegt, wie sich die PLO nach Art. 2 zu den Teilungsvorschlägen Palästinas stellen mußte.*
2 *Begründet den Bezug auf das Jahr 1947.*

1974 erklärte der PLO-Vorsitzende Arafat vor der UNO:

> **Q 2** Ich appelliere an Euch, unserem Volk die Errichtung seiner ... nationalen Existenz auf seinem eigenen Boden zu ermöglichen. Heute kam ich zu Euch mit einem Ölzweig in der einen Hand und dem Gewehr der Revolution in der anderen Hand. Lassen Sie es nicht zu, daß mir der Ölzweig aus der Hand fällt.

Die politischen Ereignisse und Entwicklungen veränderten allmählich auch die Positionen einzelner Palästinenser.

Vor dem Besuch von Bundeskanzler Kohl in Israel (1984) schrieb Hana Saniora, einflußreicher Chefredakteur einer in Jerusalem erscheinenden palästinensischen Tageszeitung, in einem offenen Brief an Bundeskanzler Kohl, Staatspräsident Mubarak von Ägypten und an Jassir Arafat, den Führer der PLO:

> **Q 3** Wir versichern der ganzen Welt, daß unsere ungeteilte Unterstützung für Jassir Arafat in keiner Weise bedeutet, daß wir eine Auslöschung des Staates Israel anstreben, dessen uns die (israelische) Regierung wider besseres Wissen immer wieder beschuldigt. Wir versichern ... dem israelischen Volke und der ganzen Welt, daß wir nicht weniger, aber auch nicht mehr anstreben als die Entstehung eines palästinensischen Staates Seite an Seite mit dem Staat Israel.

3 *Prüft den Vorwurf an die israelische Regierung. Vergleicht mit Art. 19 und 20 des Palästinensischen Nationalabkommens und der UNO-Rede von Arafat.*
4 *Beschreibt die Veränderung der palästinensischen Position, wie sie sich in dem Brief Snioras abzuzeichnen scheint.*

In Europa wurde die PLO vor allem durch ihre Terroraktionen bekannt. Die Israelis weigern sich bis heute, mit einer solchen Organisation zu verhandeln.

Der Friedensvertrag Israel – Ägypten
1979 schlossen Israel und Ägypten einen Friedensvertrag. An diesen ersten Friedensvertrag zwischen Israel und einem arabischen Staat knüpften viele Menschen ihre Hoffnungen auf eine friedlichere Zukunft. Andere warnten, weil auch mit diesem Vertrag das Problem der heimatlosen Palästinenser weiterhin ungelöst blieb.

Der Libanonkrieg 1982
1982 marschierten israelische Truppen in Libanon ein. Zum ersten Mal begann Israel einen Krieg in einem Nachbarland, ohne von diesem angegriffen worden zu sein. Man gab vor, die palästinensischen Terrorgruppen im Süden Libanons zerschlagen zu wollen. Als aber die israelische Armee bis nach Beirut vorstieß, zweifelten viele Israelis an dem vorgegebenen Ziel. In Israel wuchs der Widerstand gegen diesen Krieg.

Der schwierige Weg zum Frieden

1 *Übersetzt das Transparent und überlegt, was die Demonstranten damit ausdrücken wollten.*

Unmißverständlich formulierte ein israelischer Diplomat 1984:

> **Q 1** Wer auch immer über einen lohnenden Krieg spricht, ist ein Scharlatan ... Wir sind des Krieges müde. Diese Nation will Frieden.

1 Demonstration in Tel Aviv. Foto 1982.

Israelische Siedlungspolitik

„Siedlungspolitik" heißt für die Israelis, überall in Palästina siedeln zu dürfen; z.B. auch im Westjordanland, das sie „Judäa" und „Samaria" nennen, wie es vor 2000 Jahren hieß.

2 *Überlegt euch, welcher Anspruch mit der alten Benennung erhoben wird.*

Zum Beispiel: Haris

Über die Situation palästinensischer Bauern schrieb 1978 ein britischer Journalist:

> **Q 2** Im Februar 1978 zäunte die israelische Armee auf einem Hügel neben dem Dorf 500 ha Land ein, das Bauern aus Haris gehörte. Die Dorfbewohner sind im Besitz von Dokumenten ... die ihren Anspruch belegen. Der Boden war teilweise mit Getreide und Oliven bepflanzt. Die Olivenbäume wurden später von der Armee gefällt ... Nach der Einzäunung des Landes teilte der Militärgouverneur des Distriktes dem Muchtar (lokales Dorfoberhaupt) mit, das Land sei für den Bau eines Armeestützpunktes vorgesehen. ...
> Den Dorfbewohnern wurde aus „Sicherheitsgründen" untersagt, ihre Felder und Olivenhaine zu bearbeiten und diesen Boden zu betreten. ... Heute befindet sich auf dem Land der Bauern von Haris die israelische Siedlung Ariel. Eine Entschädigung für die Enteignung wurde den Bauern nicht geboten, sie hätten sie auch nicht akzeptiert.

3 *Versetzt euch in die Lage der Enteigneten und vermutet, welche Gefühle sie gegenüber den Israelis entwickelten.*

4 *Stellt Vermutungen über die Ziele der Siedlungspolitik an. Zieht dabei folgende Materialien heran: Q 2, S. 214 sowie Q 2 und die Karte dieser Seite.*

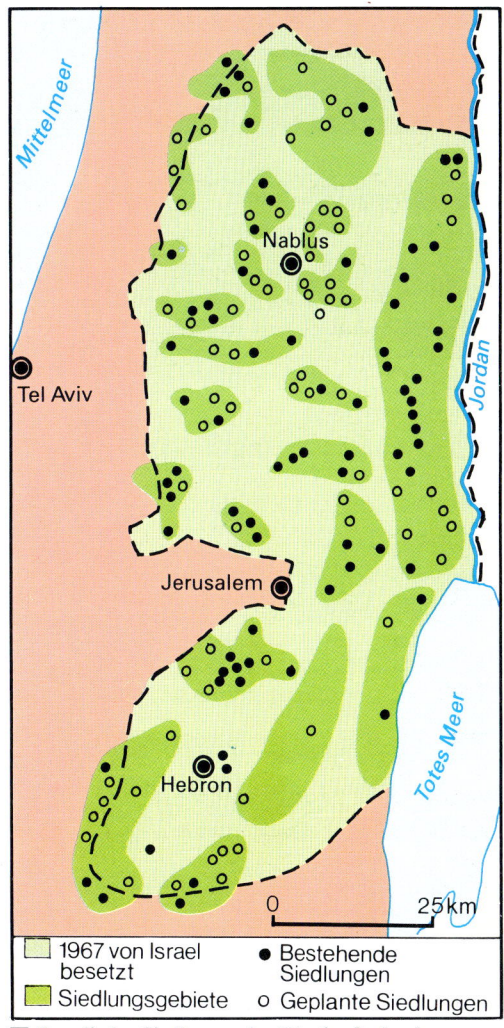

2 Israelische Siedlungen im Westjordanland.

Unterschiedliche Gesichter Jerusalems

Jerusalem: Felsendom und Klagemauer. Foto 1987.

Anspruch auf Jerusalem
1947: Der Teilungsvorschlag der UNO sah vor, daß Jerusalem unter eine internationale Verwaltung gestellt wird.
1948: Im Krieg wurde Jerusalem hart umkämpft, und keine Seite konnte die Stadt ganz erobern. Vor allem die Altstadt mit den Heiligen Stätten blieb in jordanischer Hand.
1967: Israelische Truppen eroberten die Altstadt von Jerusalem.
1980: Das israelische Parlament verabschiedete ein „Jerusalem Gesetz":

Q 1 Das vereinte Jerusalem ist in seiner Gesamtheit die Hauptstadt Israels.

Die Herrschaft über Jerusalem ist für Juden und Araber nicht nur eine politische, sondern auch eine religiöse Frage.
Nach dem Jerusalem-Gesetz formulierten die Araber nochmals ihren Standpunkt:

Q 2 Es bleibt oberstes Ziel, das arabische Jerusalem als einen Bestandteil der arabischen Welt wieder arabischer Souveränität* zu unterstellen; nur auf diese Weise können die historischen und legalen* Rechte der arabischen Bevölkerung wiederhergestellt werden.

Dagegen der israelische Außenminister Shamir vor der UNO (1980):

Q 3 Niemals war die Situation der verschiedenen Religionen, die in Jerusalem vertreten sind, besser als die seit der Wiedervereinigung der Stadt im Jahre 1967 durch Israel. Neunzehn Jahre lang, von 1948 bis 1967, befand sich der Ostteil der Stadt unter jordanischer Besatzung, und Stacheldraht trennte die Stadt in zwei Teile. Den Juden heilige Stätten wurden böswillig entweiht. ... Das jüdische Volk ist das einzige, das Jerusalem zu seiner Hauptstadt gemacht hat, seitdem es als Volk in der Weltgeschichte bekannt ist. Durch die vielen Jahre des Exils, die dem jüdischen Volk auferlegt wurden, betete das jüdische Volk dreimal am Tage für seine Rückkehr nach Jerusalem. ... Wer auch immer bestrebt ist, Jerusalem von Israel zu trennen, der will das jüdische Volk auseinanderbringen. ...

1 *Beschreibt den Unterschied zwischen der israelischen und arabischen Position und vergleicht mit dem UN-Vorschlag von 1947.*
2 *Informiert euch in einem Lexikon oder einem Reiseführer unter dem Stichwort „Jerusalem" über die Bedeutung des Felsendoms für den Islam und der Klagemauer für die Juden (Bild).*
3 *Sprecht im Religionsunterricht über die Bedeutung Jerusalems für die Christen.*

Frauen in Israel/Palästina

Eine Frau ergreift Partei
Raymonda Tawil war zusammen mit jüdischen Mädchen aufgewachsen. Dann hatten die Kriege sie von den Freundinnen und der eigenen Familie getrennt. Sie kämpft gewaltlos für die Rechte der Palästinenser. Zur Eroberung Jerusalems durch Israel, 1967, schreibt sie in ihrem Buch „Mein Gefängnis hat viele Mauern":

Q 1 Bei diesem ersten Aufenthalt im „wiedervereinigten" Jerusalem ging ich in die Neustadt, wo ich zur Schule gegangen war. Ich lief durch die Straßen auf der Suche nach meiner Kindheit. Ich starrte … auf das Gewimmel von Israelis, die aus allen Teilen des Landes herbeigeströmt waren, um die Erfüllung der Prophezeiung von der Wiedervereinigung Jerusalems zu feiern … eine fröhliche, triumphale Menge … junge und alte, Männer und Frauen; Mädchen in Miniröcken in den Armen hübscher Jungen in Fallschirmjäger-Uniform. Sie freuten sich in ihrer freien, ungehemmten Art, küßten sich auf den Straßen. Ich schaute in diese fremden Gesichter: Israelis jeder Farbe, jeden Typs, europäische Juden und Neuankömmlinge aus arabischen Ländern, Städter und Kibbuzniks*. Ich beobachtete sie, wie sie sangen und die Hora* tanzten, und ich entsann mich … unserer hebräischen Lieder; ich dachte an meine jüdischen Freundinnen, … die der Judenvernichtung entkommen waren und nichts anderes wollten als in Frieden leben … Welche Ironie: Wir befanden uns unter der Herrschaft einer freien Gesellschaft.

Zur Veränderung der arabischen Frauenrolle heißt es:

Q 2 Früher sah ich die Männer dominierend und mächtig; aber die Niederlage von 1967 war eine Niederlage der arabischen Männer. Nun hatte die arabische Niederlage unsere Männer ihrer Macht entkleidet und damit manche Barriere* zwischen den Geschlechtern niedergerissen. Unter dem Schock der Besatzung schüttelten junge Mädchen – meistens Teenager – die Zurückhaltung und Unterwürfigkeit ab, die der Konvention* nach die Tugenden der arabischen Frau sind. Indem sie gegen Israel zu den Waffen griffen, standen sie gleichzeitig gegen die eigene Gesellschaft und ihre unterdrückerischen Traditionen auf. …
Ohne es zu wollen, brachten uns … die israelischen Besatzer einen beträchtlichen Fortschritt.

Den sprunghaften Wandel ihres Status verdankten die Araberinnen vor allem der hervorragenden Rolle, die sie in den Widerstandsorganisationen spielten – aber man darf auch nicht die Frauen vergessen, die in israelischen Fabriken arbeiten gingen. Die Palästinenserinnen hatten nicht dieselben vollen Rechte, die israelischen Arbeiterinnen zustanden; sie arbeiteten hart für niedrigen Lohn, …
Immerhin, sie arbeiteten in einer Gesellschaft, die der Arbeit keine Geringschätzung entgegenbrachte, … Jetzt aber, so sagten mir viele dieser Frauen, schenke ihnen die Arbeit in den israelischen Fabriken ein ganz neues Gefühl des eigenen Wertes. Vielfach waren sie die einzigen Lohnempfänger der Familie, und genau diese neue Rolle des Ernährers übertrug ihnen große Verantwortung und damit einen Rang, der zu den alten Klischees von der männlichen Herrschaft und der weiblichen Demut überhaupt nicht mehr paßte.
Die Kultur und Tradition, die wir mit der übrigen arabischen Welt teilten, wurde mit der israelischen Kultur konfrontiert, die wir als fremd ablehnten, die uns aber nichtsdestoweniger beeinflußte. Unsere Mädchen folgten zwar nicht sofort dem Beispiel der Israelinnen, die in Miniröcken durch unsere Straßen flanierten, doch hinterließ das freie, unbeschwerte Auftreten der jungen Israelis, Männer und Frauen, auf die Dauer in unseren sozialen Beziehungen einen tiefen und nachhaltigen Eindruck.

1 *Erklärt den Titel des Buches „Mein Gefängnis hat viele Mauern". Welche Mauern meint die Autorin?*

Zusammenfassung
Der Nahe Osten ist seit dem Ersten Weltkrieg in Unruhe. Mit der Balfour-Deklaration von 1917 begann eine verstärkte jüdische Einwanderung nach Palästina, die von den Arabern bald als bedrohlich empfunden wurde. 1948 riefen die Juden den Staat „Israel" aus. In den nachfolgenden Kriegen gelang es ihnen, ihr Territorium zu vergrößern. Viele palästinensische Araber verließen das Land; ein großer Teil von ihnen lebt heute noch in Lagern. Wie die Juden, so bestehen auch die Palästinenser auf einem historischen Recht an diesem Land. Die Erfahrungen der eigenen Geschichte und die Erfahrungen mit dem Gegner standen bisher einem Abbau des Mißtrauens auf beiden Seiten im Wege.

8. China auf dem Wege zu einer sozialistischen Gesellschaft

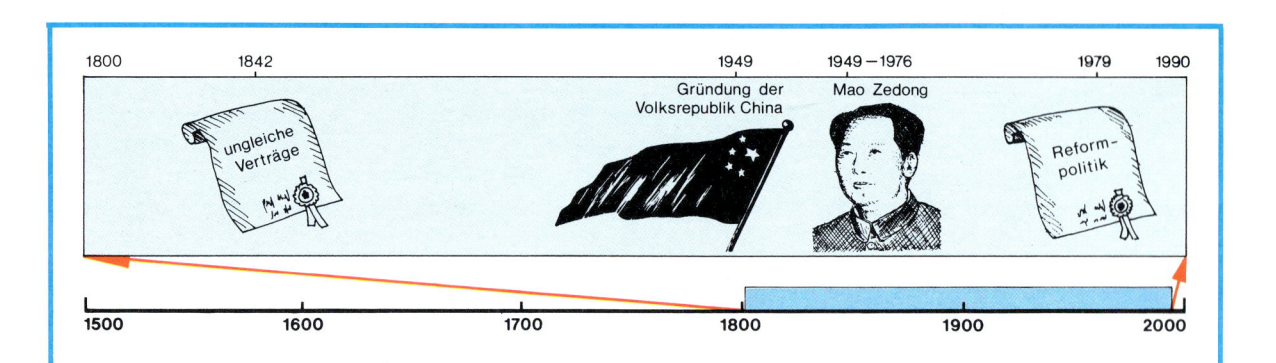

Foto 1979.

— Tragt zusammen, was ihr über China wißt.
— Sammelt Nachrichten über China aus euch zugänglichen Zeitungen.

China – ein Land mit alter Kultur

Bereits um 1600 v. Chr. gab es am Gelben Fluß in China ein Kaiserreich mit einer blühenden Kultur. Um die Zeit von Christi Geburt hatten die Herrscher des „Reiches der Mitte" Beziehungen zu Korea, Indien, Indochina und zum Römischen Reich. Die chinesischen Kaiser sahen ihr Land als das kulturvollste und ranghöchste von allen Ländern an.

Noch 1793 antwortete der chinesische Kaiser auf ein Gesuch des britischen Königs, Kaufleute an den chinesischen Kaiserhof in Beijing schicken zu dürfen:

> **Q** Deine Bitte, es möge einem Angehörigen Deines Landes gestattet werden, sich am Himmlischen Hof aufzuhalten, um sich des Handels Deines Landes mit China anzunehmen, ist nicht in Harmonie mit unserer Regierung und kann nicht erfüllt werden ... In der Tat kommen, da Tugend und das Ansehen der Himmlischen Regierung weithin bekannt sind, die Könige der unzähligen Völker mit allen erdenklichen Kostbarkeiten über Land und Meere. Es mangelt uns daher an nichts, wie der oberste Gesandte und andere selbst bemerkt haben. Wir haben nie großen Wert auf seltsame und kunstreiche Gegenstände gelegt, und wir brauchen auch nichts mehr von den Erzeugnissen Deines Landes.

Sehr viel früher als in Europa wurden zahlreiche Erfindungen in China gemacht. Sie wurden aber nicht weiterverbreitet oder allgemein genutzt, da Kaufleute und Handwerker in der alten chinesischen Gesellschaft wenig angesehen waren.

Technische Erfindungen in China	
um 100 v. Chr.	Erfindung der Papierherstellung, Prägung von Geldmünzen
um 500	Erfindung der Porzellanherstellung
580	Bau einer Hängebrücke mit Eisenketten
740	Erfindung des Buchdrucks
840	Erfindung des Schießpulvers
um 900	Einführung von Papiergeld
1045	Einführung beweglicher Buchstaben beim Druck
1190	Erfindung des Kompasses
im 13. Jh.	Erfindung schießpulvergetriebener Raketen und Sprengkörper, Erfindung des Fernrohres

1 Tempeldach im Kaiserpalast von Beijing. Foto.

2 Kniender Bogenschütze, aus Ton (220–210 v. Chr.). Foto.

1 *Sprecht über die Einstellung des chinesischen Kaisers gegenüber fremden Ländern.*
2 *Beschreibt mit Hilfe des Textes und der Bilder die kulturelle Entwicklung Chinas.*

Das Kaiserreich China – abhängig von den Großmächten

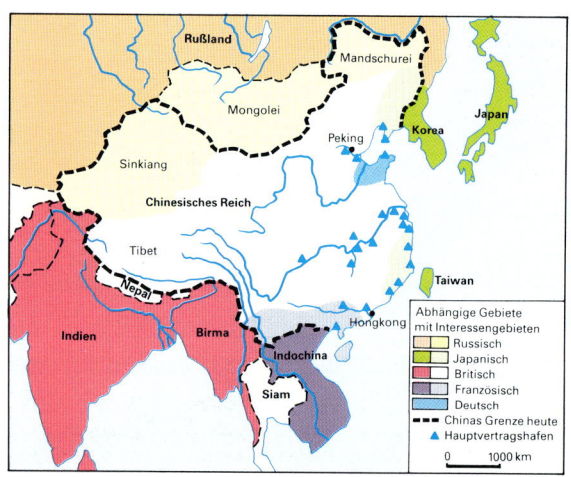

1 Einflußgebiete fremder Mächte bis 1912.

2 Ein deutscher Kaufmann mit seinem Diener bei einem Ausflug ins Schneethal (China). Foto um 1903.

Im Friedensvertrag von Nanjing mußte China im Jahr 1842 Hongkong an Großbritannien abtreten. Die Briten forderten 21 Millionen Silberdollar als Strafzahlung und die Öffnung der chinesischen Häfen für die britischen Kaufleute. Auch andere europäische Staaten zwangen China „ungleiche Verträge" abzuschließen. In ihnen hieß es:
– Europäer unterliegen nicht der chinesischen Gerichtsbarkeit,
– Europäer unterstehen nicht dem chinesischen Zoll,
– europäische Handelsniederlassungen unterstehen europäischem Recht,
– Europäer haben das Recht der freien Schiffahrt auf chinesischen Flüssen,
– die Chinesen müssen die Tätigkeit christlicher Missionare dulden.

Der Bergbau, der Bau von Eisenbahnen, das chinesische Währungssystem, die Versicherungen und die Zollverwaltung waren zudem unter europäischer Aufsicht.

Im Unterschied zu Afrika wurde China aber nicht unter den europäischen Mächten aufgeteilt, da die Mächte untereinander stark zerstritten waren.

Ein chinesischer Aufstand gegen die Fremdherrschaft im Jahre 1900 wurde von allen Europäern gemeinsam niedergeschlagen.

1 Berichtet über die Rolle der europäischen Mächte im 19. Jahrhundert in China mit Hilfe der Karte.

2 Sprecht über das Bild und beschreibt, was es über die Stellung der Europäer in China aussagt.

Im Zeitalter des Imperialismus versuchten alle europäischen Großmächte und die Vereinigten Staaten von Amerika, ihren Einfluß weltweit auszudehnen und fremde Länder unter ihre Oberhoheit zu bringen. Oft setzten sie ihre Ansprüche mit Waffengewalt durch (vgl. Band 2).

Großbritannien hatte trotz der ablehnenden Haltung des chinesischen Kaisers seinen Handel nach China ausgeweitet. Aus den britischen Kolonien führten britische Händler große Mengen von Rauschgift nach China ein. Dafür tauschten sie Seide und Tee. Als ein kaiserlicher Beamter große Mengen Opium beschlagnahmte und verbrennen ließ, erklärte Großbritannien 1839 China den Krieg. China war der modern ausgerüsteten britischen Streitmacht völlig unterlegen.

China wird Republik

1911 brach in China ein Aufstand aus. Das Ziel der Aufständischen war der Sturz des Kaisers und die Errichtung einer Republik. Weiter forderten sie eine gerechte Bodenverteilung und die Sicherstellung der Ernährung der hungernden Bevölkerung. Getragen wurde der Aufstand vor allem von der Nationalen Volkspartei (Guomindang) unter der Führung von Sun Yatsen. 1912 wurde der Kaiser gestürzt. Aber auch unter der neuen Regierung blieben der Hunger und das Elend, da die versprochenen Agrarreformen nicht durchgeführt wurden. In dieser Situation bildete sich 1921 die Kommunistische Partei Chinas, die der Bevölkerung radikale Reformen und die Sicherstellung der Ernährung versprach. Zu den Gründungsmitgliedern gehörte

Die Gründung der Volksrepublik China

auch Mao Zedong (1893–1976), der Sohn eines reichen Bauern, der gerade sein Lehrerstudium beendet hatte. Während eines Aufstandes von Bauern im Jahr 1926 gewann Mao eine grundlegende Einsicht: Nur im Bündnis mit den Bauern können die Kommunisten eine Revolution siegreich durchführen.

Der „Lange Marsch"

Für kurze Zeit arbeiteten die Kommunisten und die Guomindang zusammen. 1925 wurde der General Jiang Kaishek Führer der Guomindang. Er errichtete eine Militärdiktatur in China. Jiang Kaishek verfolgte unter dem Einfluß europäischer und amerikanischer Geldgeber eine antikommunistische Politik. In den Jahren 1930–1934 bekämpften seine Truppen kommunistische Stützpunkte.

Vor der Übermacht der Guomindang-Truppen mußten die Kommunisten fliehen. Im Herbst 1934 begann der „Lange Marsch", bei dem 80000 Soldaten und Zivilisten über 1½ Jahre lang durch elf Provinzen mehr als 11000 km zurücklegten. Nur 4000 der ursprünglichen Teilnehmer erreichten das Ziel in der Provinz Shaanxi. Während des Marsches wurde Mao Zedong zum Führer der kommunistischen Partei Chinas gewählt.

Während der innerchinesischen Auseinandersetzungen hatten die Japaner zunächst die Mandschurei besetzt. 1937 erklärte Japan China den Krieg. Im japanisch-chinesischen Krieg kämpften Angehörige der Guomindang und die Kommunisten gemeinsam gegen die Eindringlinge.

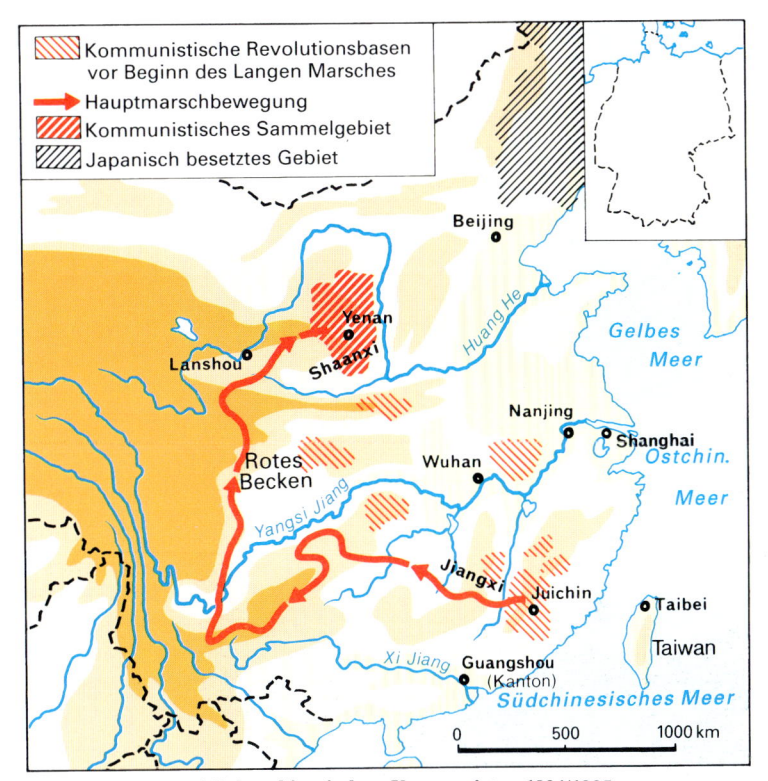

Der „Lange Marsch" der chinesischen Kommunisten 1934/1935.

Die Gründung der Volksrepublik China

Nach der Niederlage der Japaner im Zweiten Weltkrieg (vgl. S. 137) räumten die Japaner im August 1945 China. Von neuem brach der Bürgerkrieg zwischen der Guomindang und den Kommunisten aus. Die Masse der Bevölkerung unterstützte die Kommunisten, weil sie während des Krieges den Bauern durch Verteilung des Landes der Großgrundbesitzer geholfen hatten.

Nach vier Jahren Bürgerkrieg erreichten die Kommunisten Beijing. Am 1. Januar 1949 wurde dort die Volksrepublik China durch Mao Zedong ausgerufen. Jiang Kaishek und die Reste der Guomindang-Truppen flohen nach Taiwan, wo sie mit Hilfe der Vereinigten Staaten von Amerika eine eigene Republik ausriefen. Die neuen Machthaber in Beijing verkündeten große Reformen:
– eine allgemeine Bodenreform, bei der die meisten Grundbesitzer zugunsten der kleinen Bauern enteignet wurden,
– ein neues Ehegesetz, das die gesellschaftliche und politische Gleichberechtigung der Frau sicherstellte.

① *Erklärt, warum die Bevölkerung die Kommunisten unterstützte.*
② *Lest den Text noch einmal und berichtet mit Hilfe der Karte über die Gründung der Volksrepublik China.*

Chinas Problem Nr. 1: Die Bevölkerungsexplosion

| 1949 | 500 | 1970 | 829,9 | 1986 | 1060,1 |
| 1960 | 662,1 | 1980 | 977,1 | | |

1 **Bevölkerung Chinas am Jahresende** (in Mio.).

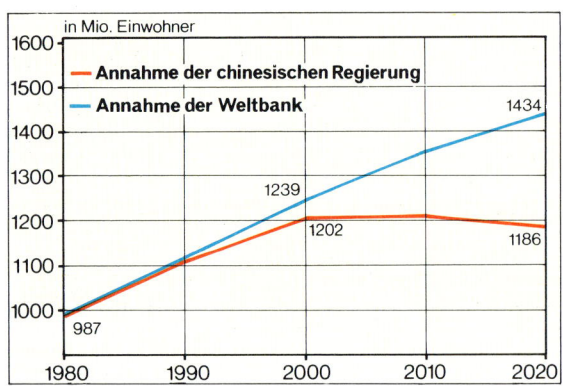

2 **Geschätzte Bevölkerungsentwicklung in China, 1988.** Im Jahr 2000 besteht zwischen den beiden Annahmen bereits ein Unterschied von 37 Mio. Menschen, im Jahr 2020 sogar ein Unterschied von 248 Mio. Menschen.

3 **Chinesische Familie.** Foto 1979.

Im Januar 1988 berichtete eine große deutsche Zeitung aus Beijing:

Q 1 *Chinas Minister für Familienplanung abgesetzt*
In China ist der für Geburtenkontrolle zuständige Minister Wang Wei nach offizieller Kritik an einem zu starken Bevölkerungswachstum abgelöst worden. Wei, seit 1983 Vorsitzender der Kommission für Familienplanung, sei durch Frau Peng Peiyun ersetzt worden, berichtete die Nachrichtenagentur Neues China. In politischen Kreisen hieß es, unter der Führung Wangs habe die Kommission die Bedeutung alarmierender Zahlen des statistischen Amtes über das Wachstum der jetzt 1,072 Milliarden Menschen zählenden Bevölkerung heruntergespielt. Nach Angaben des Amtes stieg die Zuwachsrate so sehr, daß das Ziel gefährdet ist, die Bevölkerung bis zum Jahr 2000 auf rund 1,2 Milliarden Menschen zu beschränken.

1 *Schaut euch die Zeitungsmeldung, die Schaubilder und das Bild an. Beschreibt Chinas Problem Nr. 1 und begründet, welche Gefahren vom Wachstum der Bevölkerung ausgehen können.*

Die Chinesen lieben ihre Kinder außerordentlich. Über Jahrtausende war Kinderreichtum das größte Glück der Chinesen. Wer viele Kinder hatte, mußte nicht um seine Altersversorgung bangen. In den chinesischen Großfamilien lebten drei Generationen miteinander, oft in engen und sehr armen Verhältnissen. Für das Nötigste in den häufigen Notzeiten sorgte aber die Familie gemeinsam.
Seit der Gründung der Volksrepublik China wechselte die Familienpolitik oft. Der erste Parteivorsitzende Mao Zedong erklärte 1949:

Q 2 Von allen Dingen in der Welt sind die Menschen das Kostbarste.

In den fünfziger Jahren wurde jede Geburtenkontrolle verurteilt. 1979 förderte die chinesische Führung das Prinzip der Ein-Kind-Familie. Diese Politik scheiterte aber am Widerstand der Bevölkerung, die sich nicht vorstellen konnte, daß ihre Altersversorgung einmal durch die neu eingeführte staatliche Rente gesichert sein würde.
1987 erklärte ein Sprecher der staatlichen Kommission für Familienplanung:

Q 3 Die Zahl der Zwei-Kinder-Familien nimmt zu. Der Anteil der Familien mit 3 und mehr Kindern ist immer noch hoch. 1986 machten die Geburten des ersten Kindes 51,2%, des zweiten 31,5% und des dritten und weiteren 17,3% der Geburten aus. 1987 hat ein neuer Babyboom eingesetzt.

2 *In der Bundesrepublik Deutschland wuchs die Bevölkerung von 60,65 Mio. (1970) auf 61,56 Mio. (1980) an. Vergleicht dieses Wachstum der Bevölkerung mit der Chinas (Tab. 1) und versucht den Unterschied zu erklären.*

Chinas Problem Nr. 2: Die Entwicklung der Landwirtschaft

Die Entwicklung der Landwirtschaft

In der langen Geschichte Chinas hat es nur wenige Zeiten gegeben, in denen alle Menschen satt wurden. Stets waren die Armen der Städte und die kleinen Bauern die ersten, die hungerten. Nach der Gründung der Volksrepublik China versuchten die neuen Machthaber vor allem, das Ernährungsproblem zu meistern. Nach dem Vorbild der Sowjetunion wurde der Boden der Großgrundbesitzer enteignet und in Staatseigentum überführt. In großen „Volkskommunen", die etwa unseren Landkreisen entsprachen, wirtschafteten die Bauern gemeinsam und lieferten ihre Ernte an den Staat ab. Im Unterschied zu anderen Staaten Asiens brauchte in China niemand mehr zu hungern, aber große Überschüsse konnten nicht erwirtschaftet werden. Für die private Nutzung blieb den Bauern nur ein kleines Stück Land.

Seit 1979 wurden die Volkskommunen im Rahmen einer Landreform schrittweise wieder aufgelöst und in der Landwirtschaft allmählich das Marktprinzip eingeführt.

Die Folgen beschreiben zwei Berichte:

Q 1 *Nicht immer nur Reis*

Wie in anderen ländlichen Gebieten hat sich die Reform in zwei Phasen entwickelt. Das vertragsgebundene Verantwortungssystem für Bauernhaushalte war der erste Schritt. Ackerland wurde 1979 an die Familien verteilt. Der Boden gehört nach wie vor dem Kollektiv*. Jede Familie muß lediglich eine geringe Steuer zahlen, eine vertraglich vereinbarte Menge Getreide an den Staat verkaufen und Gelder für den kollektiven öffentlichen Wohlfahrtsfonds beisteuern. Etliche Bauern schaffen in drei Monaten die gleiche Arbeit, für die sie früher ein Jahr brauchten. Die zweite Phase der Reform begann 1985. In der Vergangenheit durften die Bauern nur das für sich behalten, was sie selber verbrauchten, den Rest mußten sie an den Staat verkaufen. Jetzt verkaufen sie vertragsgemäß Getreide und Baumwolle an den Staat und die Überschüsse auf den Freimärkten. Das jährliche Pro-Kopf-Einkommen der Dorfbewohner stieg in Danzhou von 112 Yuan (1979) auf 625 Yuan (1986) (1986: 1Y = 0,55 DM).

Die Preise auf den freien Märkten stiegen zwischen 1985 und 1986 um 27 % an.

①**Pflanzen von Reissetzlingen.** Foto 1979.

Produkt	1984	1985	1986
Gemüse	41,7	71,1	73,5
Schweinefleisch	13,3	43,9	51,6
Rind- u. Hammelfleisch	31,0	50,0	52,2
Geflügel	55,6	70,4	68,8
Eier	30,2	54,4	59,3
Fisch u. Garnelen	35,0	57,6	57,4
Gesamt	16,8	33,7	36,4

②**Prozentualer Anteil der auf dem freien Markt gekauften Waren.**

1 *Überlegt, was der Preisanstieg für landwirtschaftliche Produkte für Verkäufer und Käufer bedeutet.*

Ein Schweizer Reporter berichtet 1987 über die Lage der Bauern in der Provinz Henan:

Q 2 In den Dörfern der Ebene reihen sich neugebaute Häuser aneinander, die Firste gekrönt mit Steindrachen zur Dämonenabwehr und überragt von Fernsehantennen, den Zeichen der modernen Zeit . . .

Verändert hat sich auch das Leben in den Produktionsbrigaden, die früher die unterste Einheit der Volkskommunen waren und jetzt als normale Dörfer funktionieren.

Die Revolution der Bauern, die jetzt in Gang kommt, ist nicht wie die frühere auf dem Elend gewachsen. Die heutigen Bauern wollen vielmehr ihren Besitz und Wohlstand wahren und mehren . . .

Chinas Problem Nr. 3: Die Industriereform

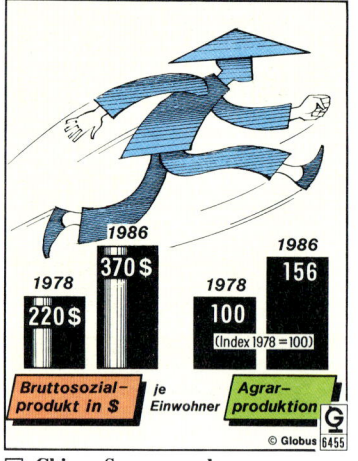

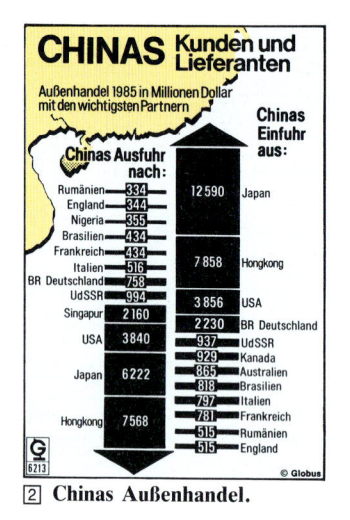

[1] Chinas Sprung nach vorn.

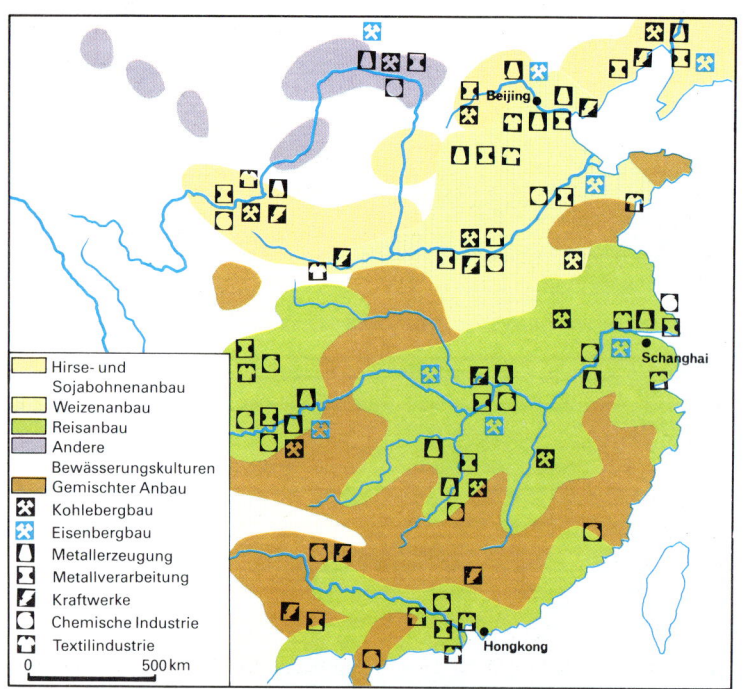

[2] Chinas Außenhandel.

[3] Wirtschaft in China.

Die Industriereform

China war Jahrtausende ein Agrarland. Erst in der Zeit zwischen 1920 und 1945 wurden größere Fabriken gegründet. Während des chinesisch-japanischen Krieges (1936–1945) bauten die Japaner in den von ihnen besetzten Gebieten die Schwerindustrie aus. Dies geschah vor allem an der Küste und in den Bergbaugebieten.
Nach der Gründung der Volksrepublik Chinas folgten die Chinesen unter der Führung Mao Zedongs dem Beispiel der Sowjetunion. Die Chinesen entwickelten vor allem die Schwerindustrie (Metall/Bergbau) und vernachlässigten die Versorgung der Bevölkerung mit Waren der Haushalts- und Leichtindustrie. Innerhalb der chinesischen Führung gab es immer wieder Streit um den richtigen Weg in der Wirtschaftspolitik Chinas. Die Anordnungen der Partei und der wichtigen Industrieministerien wechselten oft, einmal wurde die Schwerindustrie und dann wieder die Leichtindustrie bevorzugt gefördert.
Bis 1988 bestimmten innerhalb der Industriebetriebe nicht die Wirtschaftsfachleute und Direktoren, sondern vor allem die Funktionäre der Kommunistischen Partei Chinas. Zusätzlich waren die einzelnen Betriebe direkt abhängig von den Anweisungen der zentralen Ministerien in Beijing. In der Zeit der großen Kulturrevolution (1966–1976) brach der Streit um die richtige Wirtschaftspolitik besonders heftig aus. Viele Fachleute wurden durch junge Anhänger Mao Zedongs abgesetzt und verfolgt. Nach dem Tode von Mao Zedong im Jahre 1976 setzte sich eine Gruppe von Reformpolitikern um Deng Xiaoping immer stärker durch.
Im August 1987 konnte man in der Beijing-Rundschau lesen:

Q Der wichtigste Punkt in dem neuen Verantwortlichkeitssystem für die Direktoren besteht in der eindeutigen Festlegung, daß der Direktor und nicht der Parteisekretär ... den Betrieb vertritt ... Die Betriebsleiter müssen auf das wechselnde Verhältnis zwischen Angebot und Nachfrage auf dem Markt rasch reagieren.

1 *Berichtet mit Hilfe der Karte und den beiden Schaubildern über die Wirtschaftsstruktur Chinas und den Stand seiner Industrie.*

Chinas Problem Nr. 4: Politische Veränderungen

Chinas Führung in der Klemme?

Der Schwerpunkt der chinesischen Reformen lag auf wirtschaftlichem Gebiet. Der Einsatz moderner Technologie erforderte verstärkte Zusammenarbeit mit den westlichen Industrieländern. Damit öffnete sich China weiter für Einflüsse von außen. Viele Studenten wurden zum Studium ins Ausland geschickt, um sich dort wissenschaftlich zu qualifizieren.

Doch war die Kommunistische Partei sehr darum bemüht, die Verbreitung politischer Ideen aus westlichen Demokratien zu verhindern. Man wollte wirtschaftlichen Fortschritt, das sozialistische System und die absolute Macht der Kommunistischen Partei sollten jedoch nicht angetastet werden. China sollte an seinem eigenen „Weg des Sozialismus mit chinesischer Prägung" festhalten.

Im Frühjahr 1989 kam es zu Studentenprotesten, in denen mehr politische Rechte gefordert wurden. Am 4. Mai demonstrierten in der Hauptstadt Beijing etwa 500 000 Menschen. Prominente Mitglieder der Kommunistischen Partei, darunter Deng Xiaoping, wurden öffentlich scharf kritisiert. In der chinesischen Parteiführung entbrannte ein heftiger Streit, wie man reagieren sollte. Generalsekretär Zhao Ziyang zeigte offen seine Sympathie für die Studenten. Viele ältere Führungsmitglieder aber sahen in den Demonstrationen eine Bedrohung der Herrschaft der Kommunistischen Partei. Zhao Ziyang wurde seiner Ämter enthoben. Am 4. Juni schlug das Militär brutal zu. Unter Einsatz von Panzern und Waffengewalt wurde gegen die Demonstranten vorgegangen. Über 1400 Zivilisten starben. Mit dieser Terroraktion wollten die chinesischen Machthaber verhindern, daß nach Osteuropa nun auch in China demokratische Bewegungen an Einfluß gewinnen würden. Seither steckt die chinesische Führung in einer Klemme: Sie kann und will den wirtschaftlichen Reformkurs nicht aufgeben, aber ihre politische Macht absolut behalten. Doch die internationalen Entwicklungen begünstigen demokratische Bewegungen in China. Wie lange kann das alte politische System noch standhalten?

1 **Mao Zedong.** Foto 1969.   2 **Deng Xiaoping.** Foto 1987.

Zeittafel	
1912	Gründung der Republik China
1921	Gründung der Kommunistischen Partei
1934/35	Langer Marsch
1935–1976	Mao Zedong erster Vorsitzender der KP Chinas
1949	Gründung der Volksrepublik China
1949–1956	Erste Aufbauphase Chinas
1966–1976	Große Proletarische Kulturrevolution
ab 1979	Reformphase (Deng Xiaoping)
Juni 1989	Blutiger Militäreinsatz gegen die demokratische Protestbewegung

Zusammenfassung

China war im 19. Jahrhundert abhängig von den imperialistischen* Großmächten. 1912 wurde der Kaiser gestürzt und eine Republik ausgerufen. Auch unter der neuen Regierung herrschte weiterhin große Not in China. Agrarreformen wurden nicht durchgeführt. Die regierende Guomindang-Bewegung (Nationalbewegung) und die 1921 gegründete Kommunistische Partei arbeiteten kurzfristig zusammen. Dann versuchte die Guomindang, die Kommunisten zu vernichten. Die Kommunisten zogen sich auf dem „Langen Marsch" 1934/35 in die Provinz Shaanxi zurück. Von dort bekämpften sie zusammen mit der Guomindang die nach China eingedrungenen Japaner. Nach 4 Jahren Bürgerkrieg riefen die Kommunisten am 1. Januar 1949 die Volksrepublik China aus. Auch 40 Jahre nach der Gründung der Volksrepublik China ist China noch immer ein Entwicklungsland, in dem drei große Probleme zu lösen sind: die Senkung der Geburtenrate, die Entwicklung der Landwirtschaft und die Reform der Industriestruktur. Ob das sozialistische System nach den Umwälzungen in Osteuropa überleben wird, ist ungewiß.

Jugend- und Sachbücher

1. Die Russische Revolution und ihre Folgen
Geschichte mit Pfiff, Heft 10/1984: Weltreich auf morschen Füßen – Rußland 1825–1917, Heft 10/1985: Der Osten wird rot – Die UdSSR 1917–1939.

2. Die Vereinigten Staaten von Amerika
Harriet Beecher Stowe, Onkel Toms Hütte.
Rudolf Beissel, Die wandernde Grenze. Verlag A. Graf, 1978.
Geschichte mit Pfiff, Heft 8/1979: Die Zukunft liegt im Westen.
Die wilden, jungen Jahre der USA.
Geschichte mit Pfiff, Heft 2/1982: Die USA 1860–1900.
W.-D. Tippelskirch, Die Stunde des roten Mannes. Crazy Horse und Sitting Bull. Düsseldorf, Hoch 1977.

3. Die Weimarer Republik
K. Kordon: Die roten Matrosen oder: ein vergessener Winter. Beltz, Weinheim 1985.
E. Toller: Eine Jugend in Deutschland, Rowohlt Taschenbuch 4178.

4. Nationalsozialismus
H. Vinke: Carl von Ossietzki. Dressler, Hamburg 1975.
E. Bayer: Ehe alles Legende wird. Signal-Verlag, Baden-Baden 1979.
Peter Borowski: Adolf Hitler, Dressler, Hamburg 1978.
E. Reschlin: Wollweberstraße Nr. 2. Eine Jugend in Deutschland vor dem Zweiten Weltkrieg. Loewes-Verlag, Bayreuth 1981.
H. Burger: Warum warst Du in der Hitlerjugend? Rotfuchs, Rowohlt.
H. Focke/O. Reimers: Alltag unterm Hakenkreuz. Rowohlt Taschenbuch 4431.
Max von der Grün: Wie war das eigentlich? Kindheit und Jugend im Dritten Reich. Luchterhand, Darmstadt, Taschenbuch 345.
J. Kerr: Als Hitler das rosa Kaninchen stahl. Ravensburger Taschenbücher 600.
K. Winter: Leben im Dritten Reich. Herder, Freiburg 1982.
R. Baumgärtner: Deutsche, die sich nicht beugten. Herder, Freiburg 1982.
F. Fénélon: Mädchenorchester von Auschwitz. dtv 1706.
A. Frank: Das Tagebuch der Anne Frank. Fischer TB 77.
R. Hanser: Deutschland zu Liebe. Leben und Sterben der Geschwister Scholl. Die Weiße Rose. dtv 10040.
H. Vinke: Das kurze Leben der Sophie Scholl. Ravensburg 1983.
W. Fährmann: Das Jahr der Wölfe. Arena, Würzburg 1983.
G. Pausewang: Auf einem langen Weg. Ravensburger Taschenbücher 768.
H. Vinke: Als die erste Atombombe fiel. Ravensburger Taschenbücher 978.

5. Deutschland nach 1945
Frank Baer: Die Magermilchbande. Fischer TB 1985[4].
Klaus Kordon: Ein Trümmersommer. Beltz-Verlag, Weinheim 1982.
Martin Hülsmann: Drüben bei uns – Eine Begegnung mit der DDR. Arena, Würzburg 1984.
Haase/Reese/Wensierski (Hg.): VEB Nachwuchs – Jugend in der DDR. rororo Panther, Hamburg 1983.
-ky: Geh doch wieder rüber! – Jana weiß nicht, wohin sie gehört. rororo rotfuchs, Hamburg 1986.

7. Die Entwicklungsländer
Frantz Fanon: Die Verdammten dieser Erde, Rowohlt Taschenbuch-Verlag, Reinbek b. Hamburg.
Hugo Loetscher (Hg.): Die Welt ist groß und gehört den andern, Lesebuch der Dritten Welt. Frauenfeld/Schweiz, Huber.
Richard Friedrich: Das große Buch der Dritten Welt. Reutlingen (Sachbuch).
Das Trichterspiel/Getreidebörse. Würfelspiel um die Probleme des Weltgetreidehandels und die Handelsbeziehungen zwischen Arm und Reich, herausgegeben von „Brot für die Welt". (Weitere Spiele und Bücher können erfragt werden bei: terre des hommes, Postfach 4126, 4500 Osnabrück.)

Worterklärungen

Afrikakorps = deutsche Armee, die im Zweiten Weltkrieg in Afrika eingesetzt wurde.
Aggressor = Angreifer.
alliiert, Alliierte = verbunden, Verbundene, Verbündete.
Amnestie = Straferlaß für Straftaten in einem bestimmten Zeitraum.
Analphabeten = Personen, die weder lesen noch schreiben können.
Anarchie = Zustand, in dem die Bürger eines Staates weder die Obrigkeit noch die Gesetze anerkennen.
Antifaschist = Widerstandskämpfer gegen die Nationalsozialisten und mögliche Nachfolgeorganisationen.
Arbeiter- und Soldatenrat = Vereinigung von Arbeitern und Soldaten, die ab 9. November 1918 in deutschen Fabriken und Kasernen die politische Macht übernahm. Mit dem Ende der Revolution lösten sich die Arbeiter- und Soldatenräte auf.
Arbeitsnorm = Arbeitsleistung, die in einer bestimmten Zeit erbracht werden muß.

Arier = Angehörige der arischen Rasse, bei Hitler Angehörige der germanisch nordischen Rasse.
assoziiert = verbunden.
Betriebsverfassungsgesetz = Dieses Gesetz regelte 1920 das Verhältnis von Unternehmern, Angestellten und Arbeitern. Erstmals erhielten Arbeiter und Angestellte eine eigene Interessenvertretung, den Betriebsrat, der aber nur in sozialen Fragen ein Mitspracherecht hatte. Von den Nationalsozialisten wurde das Gesetz aufgehoben, 1952 mit erweiterten Rechten wieder eingeführt.
Bodenreform = Aufteilung des Bodens von Großgrundbesitzern unter den kleinen Bauern ohne Entschädigung der Großgrundbesitzer.
Bolschewisierung = Ausbreitung der Bolschewiki, gemeint ist die Ausbreitung des Kommunismus.
Bolschewismus = Bezeichnung für das von den Bolschewiki, den späteren Angehörigen der Kommunistischen Partei der Sowjetunion (KPdSU), vertretene Herrschafts- und Gesellschaftssystem.

Worterklärungen

Boykott = Aufruf, in bestimmten Geschäften nicht zu kaufen oder mit bestimmten Verkehrsmitteln nicht zu fahren. Hier Aufruf der Nationalsozialisten, in jüdischen Geschäften nicht zu kaufen.
Bourgeoisie = Bürgertum.
Bürgerinitiative = Vereinigung von Bürgern in der Bundesrepublik Deutschland, die gemeinsam für ein bestimmtes politisches Ziel eintreten wollen.
Bürgerrechte = Durch die „Nürnberger Gesetze" von 1935 wurden den Juden alle politischen Mitwirkungsrechte, aber auch der Schutz der Gesetze, z. B. der Schutz vor willkürlicher Verhaftung und die Sicherheit des Eigentums, entzogen.
Brutalität, brutal = erbarmungslose und grausame Gewaltanwendung von Menschen.
Bruttosozialprodukt = Summe aller Waren und Dienstleistungen einer Gesellschaft in einem Jahr.
CDU = Christlich Demokratische Union, 1945 gegründete Partei christlich und sozial gesinnter Bürger beider großen christlichen Bekenntnisse, nicht in Bayern.
CSU = Christlich Soziale Union, 1945 gegründete Partei, die wie die CDU christlich gesinnte Bürger beider Bekenntnisse politisch organisiert, allerdings auf Bayern beschränkt.
DDP = Deutsche Demokratische Partei, 1918 gegründet, vertrat vorwiegend die Interessen des liberalen Bürgertums.
demontieren = abbauen von Industrieanlagen.
Deportation = zwangsweise Verbringung in ein Gefängnis oder Konzentrationslager.
Deputierter = Abgeordneter; Bezeichnung für die von Arbeitern und Bauern gewählten Mitglieder der Sowjets.
Devisen = fremde Währungen.
Diktatur des Proletariats = Phase der kommunistischen Revolution, in der die Arbeiterschaft eine Alleinherrschaft errichtet.
DNVP = Deutschnationale Volkspartei, gegründet 1918, Interessenvertretung des konservativen, nationalistisch gesinnten Bürgertums und der Großindustriellen.
Doktrin = Lehre.
Duma = russische Bezeichnung für Parlament, Volksvertretung.
DVP = Deutsche Volkspartei, 1918 gegründet, Interessenvertretung von Besitzbürgertum und Industriellen.
Emigranten = Auswanderer, besonders die vor einem totalitären Regime ins Ausland Flüchtenden.
Epilepsie = Anfallsleiden.
Exil = Ort, in dem eine aus ihrem Heimatstaat ausgewiesene oder geflohene Person lebt.
Faschismus = Dieser Ausdruck bezeichnet hier die Herrschaft der Nationalsozialisten in Deutschland.
FDP = Freie Demokratische Partei, 1945 als Vertretung des liberalen Bürgertums gegründet.
fingiert = scheinbar, getäuscht.
Freikorps = Soldaten der kaiserlichen Armee, die sich nach der Revolution 1918 freiwillig in einer Art Privatarmee organisierten.
Frondienste = Arbeiten, die leibeigene Bauern ohne Entlohnung für Gutsbesitzer verrichten mußten.

Garnison = militärische Einheit, die an einem bestimmten Ort stationiert ist.
Gestapo = Geheime Staatspolizei, von den Nationalsozialisten gegründete spezielle Polizeieinheit zur Verfolgung politischer Gegner.
Hitlergruß = von den Nationalsozialisten ab Sommer 1933 vorgeschriebener Gruß mit erhobener rechter Hand (vgl. Bild Seite 90).
Hohenzollern = Adelsgeschlecht, aus dem die Kaiser des Deutschen Reiches stammten. Der letzte Kaiser war Wilhelm II.
Holocaust = jüdischer Ausdruck für die massenhafte Tötung der Juden durch die Nationalsozialisten.
Hora = Volkstanz.
imperialistisch = nach Weltherrschaft strebend. Nach 1945 kommunistische Bezeichnung für die westlichen Industriestaaten.
individuelle Wirtschaft = Einzelwirtschaft; Landwirtschaftssystem, in dem der einzelne Bauer eigenes Land besitzt, das er allein bewirtschaftet. Über die Erträge kann er frei verfügen.
INF = Intermediate-Range Nuclear Forces, Raketen mit Atomsprengköpfen mittlerer Reichweite, von 500–5000 Kilometer. Mit dem INF-Vertrag (1987), den die Großmächte UdSSR und USA schlossen, wurden in einem ersten Schritt Atomraketen in Europa abgerüstet.
Integrität = Unantastbarkeit.
Institution = staatliche Einrichtung.
Invasion = Eindringen von militärischen Einheiten in ein fremdes Land, hier ist die Landung amerikanischer Einheiten in Frankreich gemeint.
Investitionsgüter = Maschinen für die Produktion von Waren aller Art.
Junkerland = Bezeichnung für den Großgrundbesitz, der in der Hand von Großbauern (Junkern) war.
kalkulierte = berechnete.
Kapitulation = Eingeständnis einer bedingungslosen Niederlage am Ende eines Krieges.
Kibbuz = Kollektivsiedlung ohne Privatbesitz.
Kibbuznik = Mitglied eines Kibbuz.
Kleiderkarte = Bezugskarte, auf der nach dem 1. 9. 1939 in Deutschland Kleider und Textilien während des Zweiten Weltkrieges ausgegeben wurden.
Koalition = Zusammenschluß.
Kollektiv = Zusammenschluß von Bauern oder Arbeitern in sozialistischen Staaten unter Aufsicht des Staates.
Kollektivierung = Vorgang der Umwandlung bäuerlicher Einzelwirtschaften in landwirtschaftliche Großbetriebe.
Konkurs = Wirtschaftlicher Zusammenbruch einer Firma wegen Zahlungsunfähigkeit.
konservieren = bewahren.
konsolidieren = beruhigen, in Ordnung bringen.
konterrevolutionär = gegenrevolutionär.
Konvention = Sitte.
Konzentrationslager = zunächst schnell eingerichtete Sammellager mit unzulänglichen Unterbringungsmöglichkeiten für Menschen, die von den Nationalsozialisten willkürlich nach der Machtübertragung verhaftet wurden. Später ein System von Lagern unter der Herrschaft der

231

Worterklärungen

SS, in der die Gefangenen planmäßig gequält, zu Zwangsarbeit gezwungen und am Ende getötet wurden.
KPD = Kommunistische Partei Deutschlands, 1918 gegründet.
KPdSU = Abkürzung für: Kommunistische Partei der Sowjetunion.
legal = gesetzlich.
Legitimation = gesetzliche Berechtigung.
Liquidierung = gewaltsame Beseitigung.
Litzen = farbige Schnüre an einer Uniform.
lynchen = töten von angeblichen oder tatsächlichen Rechtsbrechern ohne gesetzliches Verfahren durch eine empörte Volksmenge.
Marxismus-Leninismus = Lehre des Sozialismus, wie sie durch Lenin verstanden, fortgeschrieben und durchgesetzt wurde. In den sozialistischen Staaten bis 1989 festgeschriebene Staatslehre, die durch die jeweilige sozialistische Partei verbindlich ausgelegt wurde.
meutern = Soldaten widersetzen sich Befehlen ihrer Vorgesetzten und gehen gegen sie vor.
Monokultur = der einseitige Anbau gleicher Pflanzen über längere Zeiträume, z. B. wenn Erdnüsse in einer Gegend allein immer wieder angebaut werden. Das führt zur Erschöpfung des Bodens und zur Vermehrung von Schädlingen.
Mutterländer = Bezeichnung für die europäischen Staaten, die sich in Afrika und Asien Kolonien erobert hatten und diese beherrschten.
Nazipathos = salbungsvolle, feierliche Erklärung nationalsozialistischer Ideen.
Nord-Süd-Dialog = Begriff für alle Bemühungen, um zwischen den reichen Industrieländern der Nord-Halbkugel und den armen Entwicklungsländern der Süd-Halbkugel zu einem Ausgleich der Interessen zu kommen.
NSDAP = Nationalsozialistische Deutsche Arbeiterpartei, 1920 als Sammelbecken für nationalistisch gesinnte Bürger, radikale und antidemokratische Bürger gegründet.
OECD = Organisation für wirtschaftliche Zusammenarbeit und Entwicklung (Organization for Economic Cooperation and Development).
orthodoxe Juden = strenggläubige Juden.
Ostblock = Vereinigung von Staaten Osteuropas unter der Führung der UdSSR in der Zeit des Kalten Krieges von 1947–1990.
Parteiclique = Bezeichnung für den Zusammenschluß eines Teils einer Partei zu einer bestimmten, meist geheim oder in enger Verbindung untereinander stehenden Angehörigen einer Partei.
Pimpfe = Bezeichnung für Angehörige des Jungvolkes in der Hitlerjugend.
Pöbel = Schimpfwort für das einfache Volk.
Polemik = unfaire, verächtliche Kritik.
Präsidialkabinett = Bezeichnung für eine Regierung in der Weimarer Republik, die allein vom Vertrauen des Reichspräsidenten abhängig war und sich nicht auf eine Mehrheit im Reichstag stützen konnte.
Prinzipien = Richtlinien für das Handeln von Menschen, oft als Grundsätze in der Politik gemeint.
proklamieren = ausrufen.

Proletarier = (von lateinisch proles = Nachkommenschaft). Im 19. Jahrhundert wird der Lohnarbeiter, der nichts als seine Arbeitskraft besitzt, so genannt. Im Sinne von Marx ist das Proletariat die Arbeiterklasse, die sich durch eine Revolution ihre Rechte erkämpfen muß.
Provisorium = vorläufiges Gebilde, bei Staaten vorläufige Staatsgründung. Hier ist damit gemeint, daß die Bundesrepublik Deutschland nur so lange bestehen sollte, bis es möglich sei, für ganz Deutschland ein gemeinsames Staatswesen zu gründen.
Quotenregelung = Festlegung, daß eine bestimmte Anzahl von Personen, z. B. Frauen, an einer Sache oder einem Amt teilhaben sollen. Meint aber auch, daß man bei einer Aufteilung, z. B. von Boden, einen bestimmten Anteil bekommt.
Rabbiner = Geistlicher der Juden.
Radikalismus = Haltung von Menschen, die etwas von Grund auf verändern möchten ohne Bereitschaft zu Kompromissen.
Rationierung = staatliche Zuteilung von Lebensmitteln und anderen wichtigen Waren, meist auf Karten.
Recycling = Wiederverwertung von Grundstoffen aus Abfallstoffen.
Reparationen = Zahlungen Deutschlands an die Siegermächte nach dem Ersten Weltkrieg. Mit diesen Zahlungen, die ursprünglich bis in die fünfziger Jahre andauern sollten, mußte Deutschland für die Zerstörungen und die Kosten des Ersten Weltkrieges aufkommen.
Repräsentanz = Vertretung.
RGW = Rat für gegenseitige Wirtschaftshilfe, sozialistisches Gegenstück der EG, 1991 aufgelöst.
russischer Kalender = Die Daten des bis Anfang 1918 gültigen russischen Kalenders lagen um 13 Tage hinter denen des westlichen Kalenders zurück. Der 9. Januar des damaligen russischen Kalenders entspricht somit dem 22. Januar unserer Zeitrechnung.
SA = Sturmabteilung, uniformierte Truppe der NSDAP, für Straßenkämpfe, Saalschlachten und Aufzüge der NSDAP.
SALT I = Strategic Arms Limitations Talks, erster Vertrag über die Begrenzung strategischer Atomwaffen, 1972 unterzeichnet. Es begrenzte die Oberzahl von Raketen der UdSSR und der USA.
SBZ = Sowjetische Besatzungszone in Deutschland.
SDI = Strategic Defense Initiative, Rüstungsprogramm der amerikanischen Regierung unter Präsident Reagan zur Schaffung von Weltraumwaffen (Krieg der Sterne).
SED = Sozialistische Einheitspartei Deutschlands, 1946 gegründeter Zusammenschluß der KPD und der SPD in der SBZ.
Souveränität = staatliche Hoheit.
soziale Revolution = grundlegende Veränderung in der Gesellschaft; dabei gehen Macht und Einfluß auf andere Gruppen in der Gesellschaft über.
Sozialistengesetz = Gesetz, mit dem 1878 die Sozialdemokratische Partei im Deutschen Kaiserreich bis 1891 verboten wurde (vgl. Band 2).
sozialistische Gesellschaft = von Marx und Engels in ihrer kommunistischen Lehre beschriebene Vorstellung einer

Worterklärungen

klassenlosen Gesellschaft, in der es keinen privaten Besitz an Produktionsmitteln und keine Ausbeutung von Arbeitern gibt.
SPD = Sozialdemokratische Partei Deutschlands, gegründet 1863.
spekulativ = traumhaft, in freien Gedanken ohne Beweise über etwas reden.
SS = ursprünglich Schutzstaffel. Die SS war eine Hitler persönlich, direkt unterstellte militärisch organisierte Einheit, die innerhalb der NSDAP Polizeiaufgaben wahrnehmen sollte. Unter der Führung von Heinrich Himmler entwickelte sich zu einer nationalsozialistischen Eliteeinheit, die auf besonders brutale Weise die Herrschaft der Nationalsozialisten sicherte. Ab 1934 waren der SS alle Konzentrationslager unterstellt.
totalitäres Regime = Regierungsform, die alle Macht im Staat auf sich vereinigt und alle Lebensbereiche nach dem Regierungsprogramm beherrschen will; westliche Politiker bezeichnen mit diesem Begriff oft kommunistische Regierungssysteme und das Herrschaftssystem des Nationalsozialismus.
Tyrannis = Herrschaftsform in der Antike durch einen meist grausamen Alleinherrscher.
ultimativ = eine letzte Frist setzen, meist unter Androhung von Gewalt.

USPD = Unabhängige Sozialdemokratische Partei Deutschlands, 1917 als Abspaltung radikaler Sozialdemokraten von der SPD gegründet.
verbrämen = verbergen, etwas hinter etwas anderem verstecken.
VKSE = Vertrag über konventionelle Streitkräfte in Europa, abgeschlossen am 19. 11. 1990 in Paris anläßlich des KSZE-Treffens. Er begrenzt die Höhe der Rüstung in Europa und schafft eine weitgehende Absprache zwischen den Streitkräften in Europa.
Völkerbund = nach dem Ersten Weltkrieg gegründete internationale Organisation. Sitz in Genf. Vorläufer der Vereinten Nationen.
Volksgerichtshof = Sondergericht der Nationalsozialisten für die Verurteilung politischer Gegner.
Volksmarine-Division = größerer militärischer Verband, der aus revolutionären Matrosen bestand, die den Rat der Volksbeauftragten absetzen wollten, da sie glaubten, er würde die Revolution verraten.
Wohlfahrt = Hilfsorganisation zum Wohle (guten Leben) von armen Menschen.
Zentrum = 1870/71 gegründete Partei, die vor allem die Interessen der Katholiken vertrat.
Zionismus = jüdisch – nationale Bewegung mit dem Ziel, einen jüdischen Staat zu errichten (Zion = Jerusalem).

Quellenverzeichnis

Texte

1. Die russische Revolution und ihre Folgen
S. 5: Böss, O. (Hg.): Rußland-Chronik. Salzburg 1986, S. 177. – **S. 6:** (1) + (2). Karpow und Martynow, Materialien und Dokumente zur Geschichte des Klassenkampfes in Rußland, Band 2, 1926; zit. nach: V. Gitermann, Geschichte Rußlands, Band III, S. 605 f. – **S. 7:** (1) Linke, H. G.: Die Russischen Revolutionen 1905/1917. Tempora, Quellen zur Geschichte und Politik, Stuttgart 1986, S. 8. – (2) ebenda, S. 20. – (3) Fürst P. Kropotkin, Memoiren eines Revolutionärs, Bd. 1, 12. Aufl. Stuttgart o. J., S. 34 f. – **S. 9:** 1902, Lenins Werke Bd. 5, S. 482 f. – **S. 10:** Lenins Werke, Bd. 7, S. 557; zit. nach: O. Anweiler, Die Bourgeoisie am Vorabend der russischen Revolution, Stuttgart 1977, S. 11. – **S. 11:** Linke, Revolutionen, a. a. O., S. 44. – **S. 12:** Geschichte in Quellen (GiQ), Bd. V. München 1970, S. 69. – (2) B. B. Grawe, Die Bourgeoisie am Vorabend der Februarrevolution, Düsseldorf 1976, S. 184. – (3) B. B. Grawe, Die Bourgeoisie am Vorabend der Februarrevolution, dtv-dok. S. 188 f.; die Russische Revolution 1917, dtv-dok. S. 107. – (4) Rußland-Chronik. S. 228. – **S. 13:** (1) Böss, Rußlandchronik, a. a. O., S. 228. – (2) Ripper, W., und Kaiser, E.: Weltgeschichte im Aufriß Bd. 3, Teil 1, Frankfurt/M. 1976, S. 104. – **S. 14:** zit. nach: Unser Weg durch die Geschichte, NRW-Ausgabe Bd. 4, Frankfurt/M. 1977 – (2) Lenins Werke, Bd. 24, S. 3 ff. – **S. 15:** Rußland-Chronik, a. a. O., S. 235. – **S. 16:** (1) ebenda, S. 239. – (2) ebenda, S. 240. – (3) ebenda, S. 242. – **S. 17:** (1) GiQ V, S. 85. – (2) Altrichter, Die Sowjetunion, Bd. 1, dtv-dok. S. 30. – (3) Haseloff/Mitter, Die UdSSR, S. 93. – **S. 18:** Altrichter, a. a. O., Bd. 1, S. 110. – **S. 20:** (1) Altrichter, a. a. O., Bd. 2, S. 102. – (2) ebenda, S. 44. – (3) ebenda, S. 86. – (4) ebenda, S. 104. – **S. 21:** (1) ebenda, S. 107. – (2) ebenda, S. 124. – (3) ebenda, S. 124. – (4) ebenda, S. 400. – **S. 22:** Lenins Werke, Bd., S. 72. – (2) Haseloff/Mitter, Die UdSSR, S. 93. – **S. 23:** Rußland-Chronik, a. a. O., S. 254. – (2) ebenda. – **S. 24:** Behschnitt, Die Russischen Revolutionen 1917–1929, Stuttgart, S. 47. – **S. 26:** GiQ V, S. 142, Nr. 158. – (2) J. Stalin, Fragen des Leninismus, Berlin/Ost 1955, S. 512 f. – (3) Altrichter, a. a. O., Bd. 2, S. 343. – **S. 27:** GiQ V, S. 143, Nr. 159. – **S. 28:** (1) Altrichter, a. a. O., Bd. 2, S. 230. – (2) ebenda, S. 228. – (3) ebenda, S. 231. – **S. 29:** ebenda, S. 274. – (2) A. Wolgin, Hier sprechen die Russen, Mainz 1965, S. 17 f. – **S. 30:** (1) GiQ V, S. 145, Nr. 161. – (2) Altrichter, a. a. O., Bd. 2, S. 321. – **S. 31:** (1) A. Medwedew, Die Wahrheit ist unsere Stärke, Frankfurt 1973, S. 310. – (2) GiQ V, S. 145, Nr. 161. – (3) Geschichte der KPdSU, a. a. O., S. 842.

2. Die Vereinigten Staaten von Amerika
S. 35: Aus Politik und Unterricht, Heft 2 (1987, S. 22). – **S. 36:** (1) Der britische Botschafter Cecil Spring-Rise im November 1915, Morison und Commager: Das Werden der amerikanischen Republik. Geschichte der Vereinigten Staaten von ihren Anfängen bis zur Gegenwart. Bd. II, Stuttgart 1950, S. 500. – (2) Erich Angermann (Hg.), Der Aufstieg der Vereinigten Staaten von Amerika. Stuttgart o. J., S. 73. – **S. 37:** (1) ebenda, S. 77. – (2) R. Hofstätter, Great Issues in American History, N. Y. 1959, S. 219 ff. – **S. 38:** Erich Angermann, Die Vereinigten Staaten von Amerika seit 1917, dtv-Weltgeschichte des 20. Jahrhunderts, Bd. 7, München, 8. Aufl. 1987, S. 110. – **S. 39:** ebenda, S. 130 f. – **S. 40:** (1) H. S. Commager, Documents of American History, N. Y. 1973, S. 241. – (2) Lux-Jugendlesebogen, Murnau-München, o. J., S. 16 f. – **S. 41:** ebenda. – **S. 42:** aus Politik und Unterricht, Heft 2/87, S. 14. – **S. 44:** Die Zeit, Nr. 44 vom 28. 10. 1983. – **S. 45:** (1) L. Freed: Black in White America. Haarlem 1969, dtv: Frankfurt, o. J., S. 202. – (2) Süddeutsche Zeitung vom 16. 3. 1983. – **S. 46:** zit. nach: Wurzeln unserer Gegenwart, Bd. 3, S. 62. – (3) ebenda. – **S. 47:** Süddeutsche Zeitung vom 8. 9. 1986 (gekürzt). – **S. 48:** Süddeutsche Zeitung vom 27. 12. 1982, S. 3. – **S. 49:** Süddeutsche Zeitung vom 1. 4. 1983, S. 3. – **S. 50:** aus: Politik und Unterricht, Heft 2/1987, S. 39. – **S. 51:** Klaus Liedtke: Happy Birthday? in: Sonderteil zu „Stern", Nr. 16 vom 8. April 1976, S. 35 f.

Quellenverzeichnis

3. Die Weimarer Republik

S. 53: (1) Ursachen und Folgen, Vom deutschen Zusammenbruch 1918 und 1945 bis zur staatlichen Neuordnung Deutschlands in der Gegenwart. Herausgegeben von Herbert Michaelis und Ernst Schraepeler, Berlin o. J., Bd. II, S. 300. – (2) Vossische Zeitung vom 31. 12. 1925, Berlin – (3) Joseph Hofmiller: Revolutionstagebuch 1918/19 Aus den Tagen der Münchener Revolution, Leipzig 1939, S. 21. – **S. 54:** nach: Ursachen und Folgen, Bd. II, S. 325. – **S. 55:** (1) Ursachen und Folgen, Bd. II, S. 576. – (2) Ursachen und Folgen, Bd. II, S. 576. – **S. 56:** (1) Ursachen und Folgen, Bd. II, S. 572. – (2) Ursachen und Folgen, Bd. II, S. 573. – **S. 62:** Ursachen und Folgen, Bd. II, S. 405. – **S. 64:** Interview mit Bertha S., 1982. – **S. 65:** W. Siefkes, Erinnerungen, Leer 1979, S. 80. – **S. 66:** Joachim Hoffmann, Die großen Krisen (Bilder aus der Weltgeschichte, Bd. 14), Verlag Moritz Diesterweg, Frankfurt/M. 1975, S. 59. – **S. 68:** (1) Geschichte in Quellen, Bd. V, S. 210. – (2) Geschichte in Quellen, Bd. V, S. 212. – **S. 69:** (1) Paul Schmidt, Statist auf diplomatischer Bühne 1923–1945, Erlebnisse des Chefdolmetschers im Auswärtigen Amt mit den Staatsmännern Europas, Frankfurt/Bonn 1964, S. 115. – (2) Gustav Stresemann, Reden und Schriften, Politik-Geschichte und Literatur 1897–1926, Bd. II, 1926, S. 303 f. – (3) Paul Schmidt, a. a. O., S. 118. – (4) Ursachen und Folgen, Bd. III, S. 391. – **S. 72/73:** Interview mit Erika Runge, Göttingen 8. 1. 1988. – **S. 76:** Deutsche Bergwerkszeitung vom 15. III. 1929. Zit. nach: R. Rück, 1919–1939. Friede ohne Sicherheit. Stockholm 1945, S. 258. – **S. 78:** (1) Treue, W., Deutschland in der Wirtschaftskrise, in: Augenzeugenberichte (Rauch), Düsseldorf 1967, S. 248. – (2) „Der Tag", 22. 9. 1932. – **S. 81:** (1) Der Nationalsozialismus. Dokumente 1933–1945. Hg. Walter Hofer, Fischer TB 6084, Frankfurt 1982, S. 18 ff. – (2) Völkischer Beobachter vom 22. 9. 1930. – **S. 82:** (1) Ursachen und Folgen, Bd. VIII, S. 512. – (2) (3) (4) Ursachen und Folgen, Bd. VIII, S. 644 ff. – **S. 83:** Interview mit Berta Sösemann vom 7. 12. 1983. – **S. 87:** (1) Göttinger Tageblatt, 22. Juli 1932. – (2) Göttinger Zeitung, 22. Juli 1932. – (3) Göttinger Volksblatt, 22. Juli 1932. – (4) Niedersächsische Tageszeitung (Hannover), 23. Juli 1932.

4. Der Nationalsozialismus

S. 89: (1) B. Burkardt. Eine Stadt wird braun, Hoffmann und Campe, Hamburg 1980, S. 103 f. (leicht bearbeitet). – (2) Melitta Maschmann, Fazit, Kein Rechtfertigungsversuch, DVA, Stuttgart 1963, S. 17 f. – (3) Gottfried Niedhardt, Die ungeliebte Weimarer Republik, München, dtv, 1980, S. 362. – **S. 90:** A. Hitler, Mein Kampf, Ausgabe München 1942, S. 736, 742. – **S. 92:** Ursachen und Folgen, Bd. IX, S. 38 Dokument 1980 b. – **S. 93:** (1) Reichsgesetzblatt I 28. 2. 1933, Berlin. – (2) Wolfgang Schäfer (Hrsg.), Eure Bänder rollen nur, wenn wir es wollen, Hann. Münden: DBG Verwaltungsstelle 1979, S. 239. – **S. 94:** (1) Reichsgesetzblatt, 24. 3. 1933, Berlin. – (2) Stenograph. Bericht über Verhandl. des Deutsch. Reichstages, 23. 3. 1933. – (3) ebenda. – **S. 95:** Reichsgesetzblatt 1934 I, S. 785. – **S. 96:** (1) Ursachen und Folgen Bd. 9, S. 628. – (2) a. a. O., S. 630. – (3) und (4) a. a. O., S. 632. – (5) nach: 75 Jahre IG Metall, Bund Verl., S. 290. – **S. 97:** (1) Göttinger Tageblatt 4./5. 11. 1933, S. 4. – (2) Deutschlandberichte der Sozialdemokratischen Partei Deutschlands (Sopade), Frankfurt: Zweitausendeins 1980 (1936, S. 880 ff.). – **S. 98:** (1) M. Domarus, Hitler, Reden und Proklamationen, Bd. I, Würzburg 1962, S. 45 ff. – (2) A. Kuhn, Frauen im deutschen Faschismus, Bd. 2, Düsseldorf 1982, S. 135. Heiratsanzeigen nach: Klaus Jörg Rühl, Brauner Alltag, Droste Verlag 1981, S. 69 und 75. – (3) Lutz Niethammer, Die Jahre weiß man nicht, Dietz-Verlag, Bonn 2 1981, S. 276. – **S. 99:** (1) ebenda, S. 280. – (2) Reichsgesetzblatt 1433 I, 2. 6. 1933, Gesetz zur Verhinderung der Arbeitslosigkeit. – (3) Zitiert nach: Mutterkreuz und Arbeitsbuch, Fischer TB, Frankfurt/M. 1981, S. 44. – **S. 100:** (1) Klaus-Jörg Ruhl, Brauner Alltag (1933–1939), Droste-Verlag 1981, S. 71 f. – (2) Mutterkreuz, a. a. O., S. 244. – **S. 101:** (1) Ursula von Gersdorf: Frauen im Kriegsdienst 1914–1945 Stuttgart 1969, S. 285. – (2) Zit. nach: Annette Kulm, Frauen im deutschen Faschismus, Bd. 2., Schwann-Bagel, Düsseldorf 1982. – **S. 102:** (1) Gerda Szepansky, Blitzmädel, Heldenmutter, Kriegerwitwe, Fischer TB, März 1987, S. 101 ff. – (2) A. Kuhn, Frauen im Nationalsozialismus, Bd. II, S. 134. – (3) Mutterkreuz und Arbeitsbuch a. a. O., S. 314. – (4) ebenda S. 315. – (5) Ute Frevert, Zwischen Bürgerlicher Verbesserung und Neuer Weiblichkeit, Frankfurt/M. 1986, S. 200. – **S. 104:** (1) K.-H. Janßen, Eine Welt brach zusammen, in: H. Glaser, A. Silenius (Hrsg.) Jugend im Dritten Reich, Frankfurt/M. 1975, S. 89–91. – **S. 105:** M. Maschmann, Fast kein Rechtfertigungsversuch, Stuttgart 1963, S. 24 f. – **S. 106:** Nach: K. Winter, Leben im Dritten Reich, Freiburg 1982, S. 48 f. – (2) zit. aus Ludwig Harig: Hitlerjungen mit falschen Achselstücken, in: FAZ 19. 12. 1987, Nr. 294 Beilage. – **S. 108:** Franz-Josef Heyen, Nationalsozialismus im Alltag, Harald Bold-Verlag, Boppard 1967, S. 87. – (2) nach: C. Schmidt, H. Pleticha: Zeitgeschichte aus erster Hand, Arena Würzburg 1967, S. 175 ff. – **S. 109:** Nach: Ludwig Linsert: Aus meiner Widerstandsarbeit, in: Richard Löwenthal, Patrick von zur Mühlen, Widerstand und Verweigerung in Deutschland 1933 bis 1945, Ulm 1982, S. 78–80. – **S. 110:** (1) Bentheimer Zeitung 55 Jg. Nr. 77, 31. 3. 1933. – (2) Göttinger Tageblatt, 12. 4. 1933, S. 3. – (3) J. Moss, Ein Augenzeuge, GEW Unterrichtsmaterialien 3, GEW Landesverband Hamburg 1978, S. 22. – **S. 111:** GEW-Unterrichtsmaterial, a. a. O., S. 23. – **S. 112:** Nach: U. Popplow: Göttingen 1932–1935, in: Göttinger Jahrbuch 1979, S. 194. – **S. 113:** Stenograph. Berichte Deutscher Reichstag, 30. 1. 1939. – **S. 114:** (1) nach Arge Carmon, Holocaust, Stuttgart 1982. – (2) R. Höß: Kommandant in Auschwitz, München dtv. 1963. – **S. 118:** (1) Stenograph. Berichte: Deutscher Reichstag, 17. Mai 1933. – (2) Zitat nach: Vierteljahreshefte für Zeitgeschichte 6/1958, S. 182 ff. – **S. 119:** nach: H. Ch. Kirsch: (Hrsg.) Der Spanische Bürgerkrieg in Augenzeugenberichten, Düsseldorf 1967, S. 269 f. – **S. 120:** (1) Walter Hofer: Der Nationalsozialismus, Dokumente, S. 86. – (2) a. a. O., S. 194 ff. – **S. 121:** (1) nach: Internationales Militärtribunal (IMT) – Der Prozeß von Nürnberg – Bd. XXV, S. 443. – (2) Deutschland Berichte der SPD (Sopade) 6 (1939) Frankfurt/M. 1980, S. 291. – **S. 122:** a. a. O., S. 889. – **S. 123:** (1) Hofer, Die Entfesselung des 2. Weltkriegs S. 70. – (2) Hofer, Nationalsozialismus, S. 231. – (3) zit. nach Wolfgang Marienfeld, Konferenzen über Deutschland. Teil I (1941–1944), Hannover 1962, S. 11 f. – **S. 124:** (1) Halder: Kriegstagebuch, Bd. II, Stuttgart 1963, S. 335. – (2) Nach: Wolfgang Michalka: Das Dritte Reich, Bd. 2, München 1985, dtv, S. 55 f. – **S. 126:** (1), Zit. nach: Dietrich Eichholz, Wolfgang Schumann, Anatomie des Krieges, Berlin (DDR) 1969, S. 338. – (2) a. a. O., S. 429 f. – **S. 127:** a. a. O., S. 478. – **S. 128:** (1) Zit. nach: Hans-Adolf Jacobsen, Der Zweite Weltkrieg, Frankfurt/Main 1965, S. 236. – (2) Zit. nach: Hug, Unsere Geschichte, dort zit. nach G. Ottwaska, Wenn alles in Scherben fällt, 1983, S. 70 f. – (3) W. Hofer, a. a. O., S. 250 f. – **S. 129:** (1) Zit. nach: Klöss, Der Luftkrieg über Deutschland 1939–1945, München 1963, S. 55 f. und 125. – (2) Nach: Meldungen aus dem Reich, Hrsg. H. Boberach, Neuwied 1965, Dez. 1943. – (3) H. Boberach, a. a. O., S. 445 ff. – **S. 130:** (1) Ulrich Herbert, Geschichte der Ausländer-Beschäftigung 1880–1980, Berlin/Bonn 1986, S. 144. – (2) a. a. O., S. 163. – **S. 132:** W. Hofer, a. a. O., S. 328 f. – **S. 133:** Nach Detlef Peuckert, Edelweißpiraten, in: U. Herrmann: Die Formung des Volksgenossen, Weinheim, Beltz 1985, S. 221. – **S. 136:** UNO-Verf.

5. Deutschland mitten in Europa

S. 139: Grebing, Pozorski, Schulze. Die Nachkriegsentwicklung in Westdeutschland 1945–1949, b) Politik und Gesellschaft, Metzler 1980, S. 11 f. – **S. 140:** Nach: Deuerlein, Potsdam 1945, Quellen zur Konferenz der Großen Drei, TB S. 350 ff. – **S. 141:** Ingeborg Drewitz (Hg.), Städte 1945. Köln 1970, S. 71. – **S. 142:** (1) Lebenssituation 1945–1948, hrsg. von Berger, Müller, Hannover 1983, S. 35 f. – (2) G. Heck/M. Schurig, Deutschland und Polen nach 1945, Frankfurt/M. 1977, S. 37 f. – **S. 143:** Lebenssituationen, a. a. O. – **S. 144:** (1) Stadtarchiv Trier, zit. nach: Lebenssituationen, S. 35. – (2) H. Schlange-Schöningen (Hrsg.). Im Schatten des Hungers, Hamburg 1955, S. 69 f. – **S. 145:** Lebenssituationen, a. a. O., S. 78. – **S. 146:** Nach: Grosser, Geschichte Deutschlands, München 1974, S. 76. – **S. 148:** (1) Milovan Djilas, Gespräche mit Stalin. Frankfurt/Main 1962, S. 146 f. – (2) Churchills Rede vom März 1946 in Fulton/Missouri. Churchill. Der Zweite Weltkrieg. Zitiert nach: E. Krautkrämer, Die Vereinigten Staaten von Amerika, Frankfurt/Main 1971, S. 254. – (3) Europa Archiv 2 (1947), S. 820 f. – **S. 149:** (1) Europa Archiv 2 (1947), S. 821. – (2) Keesings Archiv der Gegenwart, 1947, S. 120 f. – (3) Fragen an die Geschichte IV. Frankfurt/M. 1954, S. 108. – **S. 150:** G. F. Kennan, zit. nach: Ch. Kleßmann, Die doppelte Staatsgründung, Göttingen 1984, S. 454 (Foreign Relations of the US 1947 I, S. 772, übers. von Kleßmann). – **S. 151:** (1) Nordatlantik-Vertrag vom 4. 4. 1949, Artikel V, zitiert nach: Die Deutsche Frage, Materialien zur politischen Frage, Hannover 1982, S. 180. – (2) Prawda, 13. 11. 1968. – **S. 152:** Europa Archiv 37 (1982), S. 158. – **S. 153:** (1) Aktion Sühnezeichen/Friedensdienste (Hg.), Frieden schaffen ohne Waffen, Bornheim-Merten 1981, S. 14. – (2) Alfred Mechtersheimer (Hg.), Nachrüsten? Dokumente und Positionen zum NATO-Doppelbeschluß, Reinbek 1981, S. 249 f. – **S. 154:** (1) Schlußakte der KSZE-Konferenz. Bundeszentrale für Politische Bildung (Hg.), Bonn 1975, S. 3 ff. – (2) Schlußakte KSZE-Konferenz III, zitiert nach: Die Deutsche Frage, a. a. O., S. 250. – (3) M. Gorbatschow, Perestroika. Zitiert nach: Die Deutsche Frage (Ergänzungsheft), Frankfurt/Main 1990, S. 6. – (4) Bulletin der Bundesregierung Nr. 61 vom 15. 6. 1989, S. 542. – **S. 155:** Charta für ein neues Europa, Dokument des KSZE-Treffens in Paris. Zitiert nach: FAZ vom 22. 11. 1990. – **S. 156:** (1) Lebenssituationen, a. a. O., S. 117 f. – (2) ebenda, S. 118 f. – **S. 157:** Gründung des Landes Niedersachsen, hrsg. von der Nieders. Landeszentrale f. pol. Bildung, Hannover 1986, S. 49. – **S. 160:** (1) Leonhard. Die Revolution entläßt ihre Kinder, Köln, Berlin 1955, S. 356. – (2) D. Güstrow: In jenen Jahren, Berlin 1983, S. 286 f. – **S. 161:** (1) GiQ, Die Welt seit 1945, Bayerischer Schulbuchverlag, München 1980, S. 293 f. – (2) Herman Weber, DDR – Grundriß der Geschichte 1945–1981, Edition Zeitgeschehen, Hannover 1982, S. 31. – **S. 162:** (1) George F. Kennon, Memoiren eines Diplomaten I, dtv, München 1971, S. 264 f. – (2) Einigkeit und Recht und Freiheit, Hrsg. Theo Stammen, dtv dokumente, München 1965, S. 143 f. – **S. 163:** Bonner Generalanzeiger vom 20. 6. 58. – **S. 164:** (1) Potsdamer Abkommen, Dokumente zur Deutschlandfrage 1943–1949, Berlin (Ost) 1970, S. 103. – (2) Einigkeit und Recht und Freiheit, München 1965, S. 181. – **S. 165:** (1) Tägliche Rundschau 24. 6. 1948. – (2) Clay, Entscheidung in Deutschland, Frankfurt/M. 1950, S. 400. – (3) Truman, Memoiren, Bd. 2, Bern o. J. (1955), S. 142. – **S. 166:** (1) Grundgesetz für die Bundesrepublik Deutschland, Bundeszentrale für politische Bildung, Bonn 1986, S. 21. – (2) Geschichte in Quellen, Die Welt seit 1945, a. a. O., S. 271. – **S. 167:** E. Badstübner-Peters, Wie unsere Republik entstand, Berlin 1977, VEB Deutscher Verlag der Wissenschaften, Reihe: Illustrierte historische Hefte, S. 4 ff. – (2) Aktuelle Dokumente, hrsg. v. I. von Münch, Regierungserklärungen 1949–1973, Walter de Gruyter, Berlin 1973, S. 7. – **S. 171:** O. Brenner, Sozial- und Gesellschaftspolitik in einem kapitalistischen Staat. In: K. D. Bracher (Hrsg.), Nach 25 Jahren. Eine Deutschland-Bilanz, München 1970, S. 122 f. – **S. 173:** (1) Die gute Ehe, Bertelsmann 1959, S. 215 ff., nach: Heiß und Kalt, Elefantenpress, S. 68. – (2) Alice Schwarzer, Der „Kleine Unterschied" und seine Folgen, Fischer TB, Frankfurt/M. 1977, S. 227–231. – (3) Frauen in der Bundesrepublik Deutschland, hrsg. von BM für Jugend, Familie und Gesundheit, Bonn 1984, S. 5 (T1 und T1) Daten nach: Grund und Strukturdaten 1983/84, hrsg. vom Bundesamt für Statistik. – **S. 174:** (1) Neumann, Hrsg. Die Europäische Gemeinschaft, Frankfurt/M. 1976, S. 8 ff. – (2) Adenauer Erinnerungen 1945–59, Fischer TB 798, 1967, S. 314 f. – **S. 175:** Gastarbeiter, rp. Modell, Arbeitsmaterialien Sekundarstufe I, Frankfurt/M. 1973, S. 33. – **S. 176:** (1) Peter Mosler, Was wir wollten, was wir wurden, rororo-aktuell Bd. 4119, Hamburg 1977, S. 54. – (2) R. Wildemuth, Heute und die dreißig Jahre davor. München 1979, S. 24. **S. 177:** (1) Wolfgang Haus, Diskussionsbeitrag zu: Demokratisierung der Demokratie? Hrsg. vom Bergedorfer Gesprächskreis, Protokoll 37, 1970, S. 31. – (2) Hanspeter Kunisch/Friedhelm Nickolmann, Die Chance der Bürgerinitiativen. Hammer-Verlag, Wuppertal 1976, S. 53. – **S. 178:** Stefan Brandt, Der Aufstand, Stuttgart 1954, S. 107. – **S. 179:** (1) Geschichte, Lehrbuch f. die Klasse 10, VEB, Volk und Wissen, Berlin (Ost) 1971, S. 170. – (2) Bundeszentrale für gesamtdeutsche Fragen (Hrsg.), Die Zwangskollektivierung des selbständigen Bauernstandes in der Sowjetzone, Bonn-Berlin 1960, S. 37. – (3) Gesetzblatt der DDR, Teil I (Berlin) 1960 Nr. 26, S. 225. – **S. 180:** (1) Neues Deutschland, 18. 6. 1953. – (2) Fritz Schenk, Im Vorzimmer der

Quellenverzeichnis

Diktatur, Köln/Berlin 1962, S. 199 f. – (3) ebenda. – (4) Alfred Grosser, Geschichte Deutschlands. München 1974. – **S. 181:** Zweimal Deutschland, Lehrbuch für Politik und Zeitgeschichte, Hrsg. Thurich und Endlich, Diesterweg, Frankfurt/M. – München – Berlin, 1973, S. 206. – **S. 182:** nach: Zweimal Deutschland, a. a. O., S. 199. – **S. 183:** (1) Spiegel Spezial II/1990, S. 52. – (2) ebenda, S. 56. – **S. 185:** Spiegel Spezial II/1990, S. 111. – **S. 186:** (1) Verhandlungen des Deutschen Bundestages 7. 2. 1952. 10. Bd., Bonn 1952, S. 817 ff. – (2) Verhandlungen des deutschen Bundestages, 8. 2. 1952. 10. Bd., Bonn 1952, S. 8158. – **S. 187:** (1) New York Herald Tribune, Mai 1952, nach: Fragen an die Geschichte, Bd. 4, Frankfurt, S. 195. – (2) Adenauer, Erinnerungen, Bd. 2, S. 87. – (3) GiQ, a. a. O., S. 408. – **S. 188:** (1) J. Hohlfeld (Hrsg.): Dokumente der Deutschen Politik und Geschichte von 1848 bis zur Gegenwart, Bd. 8, Berlin o. J., S. 63. – (2) H. von Siegter (Hrsg.), Dokumentation zur Deutschlandfrage, Bd. I, Bonn, Wien, Zürich, 1961, S. 353 f. – **S. 189:** (1) Presse- und Informationsamt der Bundesregierung, der Vertrag vom 12. August 1970, S. 8 f. – (2) Presse- und Informationsamt der Bundesregierung, Der Vertrag zwischen der Bundesrepublik Deutschland und der Volksrepublik Polen, S. 7 f., Bonn 1970. – **S. 190:** (1) Der Grundvertrag, Hofman und Campe, Hamburg 1973, S. 17 f. – (2) Bundesministerium für innerdeutsche Angelegenheiten, Texte zur Deutschlandpolitik, Bd. 6, S. 98. – (3) die Deutsche Frage, Materialien zur pol. Bildung, Hannover 1982, S. 128. – (4) C. C. Schwetzer, Die Deutsche Nation, Köln 1976, S. 602 f. – **S. 191:** Konrad Weiß, Erbe. Stern-Essay Nr. 41/1990. – **S. 192:** Konrad Weiß, a. a. O. – **S. 194:** Spiegel Spezial II/1990, S. 115. – **S. 196:** (1) Spiegel Spezial II/1990, S. 21 f. – (2) Bulletin der Bundesregierung, hrsg. vom Presse- und Informationsamt der Bundesregierung, Nr. 61 vom 15. 6. 1989. – **S. 197:** (1) Frankfurter Rundschau vom 20. 11. 1990. – (2) Bulletin, a. a. O., Nr. 113/1990, S. 1187. – **S. 199:** (1) Stern 41/1990, S. 33 f. – (2) Heinrich Jaenecke, Einheit von Bismarck zu Kohl, Stern 41/1990. – **S. 200:** (2) Die Zeit 2/1991, S. 15. – **S. 201:** (1) Das Parlament vom 15. 2. 1991, S. 2. – (2) ebenda, S. 4 f.

6. Die Entwicklungsländer
S. 203: Die beiden Bildtexte sind entnommen aus: „Wir sind Kinder einer Erde . . .", Informationsblatt von terre des hommes, 1985. – **S. 205:** zit. nach: F. Ansprenger, Politik im Schwarzen Afrika, Köln und Oplanden 961, S. 481. – **S. 206:** (1) UNCTAD Bulletin Nr. 192, April 1983, p. 9 (A. McIntire), hier zit. nach: Stahm, Rudolf, Warum wir so arm sind, Wuppertal 1985, S. 115. – (2) Binz, Politik der Partner, S. 38. – **S. 210:** terre des hommes, Osnabrück.

7. Der Konflikt im Nahen Osten
S. 212: aus: Lea Fleischmann, ich bin Israelin, Hamburg 1982, S. 13. – **S. 213:** (1) zit. nach: Bruno Frei, Israel zwischen den Fronten, Wien Frankfurt–Zürich 1965, S. 159 ff. (aus: H. Jendges/E. Vogt, Der israelisch-arabische Konflikt [= Kontrovers, Hrsg.: Bundeszentrale für politische Bildung] 2. Aufl. Bonn 1985, S. 30). – (2) Arno Ullmann (Hrsg.), Israels Weg zum Staat, München 1964, S. 307 ff. – (3) Walter Laqueur: The Israel-Arab Reader – A. Documentary History of the Middle East Conflict, New York 1969, S. 94 ff. (aus: Jendges/Vogt, a. a. O., S. 27 f.) – (4) Jüdischer Presse Dienst, Nr. 1/2, S. 54 f. (aus: Jendges/Vogt, a. a. O., S. 59). – **S. 214:** (1) Nach: A. Ullmann, a. a. O., S. 252. – (2) Zit. nach: Geographie heute 4, 1983, H15, S. 55. – **S. 215:** aus: John Bunzl, Israel und die Palästinenser. Die Entwicklung eines Gegensatzes (= Forschungsberichte des Österreichischen Instituts für Internationale Politik) Wien 1982, S. 48. – **S. 217:** (1) aus: Süddeutsche Zeitung vom 30. 12. 87. – (2) aus: Der Spiegel vom 21. 12. 87, S. 100. – **S. 218:** (1) New Middle East, No. 18, March 1970 (aus: Jendges/Vogt, a. a. O., S. 71 f.) – (2) Palästina-Dokumentation Nr. 1, Hrsg.: Liga der Arabischen Staaten – Büro Bonn (aus: Jendges/Vogt, a. a. O., S. 74). – (3) Der Spiegel vom 16. 1. 1984. – **S. 219:** (1) aus: Spektrum. Monatszeitschrift der israelischen Arbeiterbewegung, Nr. 3/September 1983, S. 3 (aus: Jendges/Vogt, a. a. O., S. 63). – (2) nach: Paul Quiring, Israeli Settlements and Palestinian Rights, in: Middle East International, Sept./Okt. 1978 (aus: Geographie heute 4, 1983, H. 15, S. 53). – **S. 220:** (1) Der Staat Israel (= Informationen zur politischen Bildung, Nr. 141, hrsg. von der Bundeszentrale für politische Bildung, Neudruck Bonn 1981, S. 33). – (2) ebd., S. 33. – (3) ebd., S. 33. – **S. 221:** Raymonda Tawil: Mein Gefängnis hat viele Mauern, Bonn 1980, S. 123 und 142–145.

8. China auf dem Weg zu einer sozialistischen Gesellschaft
S. 223: nach: Löwe, Das China der Kaiser, Wien 1966, S. 330. – **S. 226:** (1) Süddeutsche Zeitung 28. 1. 1988. – (2) und (3) Beijing Rundschau Nr. 29 vom 21. 6. 87, Beijing. – **S. 227:** (1) nach: China im Aufbau 8/87, Beijing. Tabelle nach: Beijing-Rundschau Nr. 25, 23. 6. 1987. – (2) E. Kux. Neue Zürcher Zeitung, 8. 8. 1987, Beilage.

Bilder

Alibaba Verlag, Frankfurt/M. 116 – Anschläge, Deutsche Plakate 1900–1969. Verlag Langwiesche-Brandt, Ebenhausen/München 52, 60 (2), 68, 79 (1–3), 92 (2), 160 – Anthony Verlag, Starnberg 42, 212 (1, 4, 9) – Archiv für Kunst und Geschichte, Berlin 9, 24, 74 (2), 75 (3), 107 (4), 119 © VG Bildkunst – Archiv Gerstenberg, Wietze 58 (1) – Artothek J. Hinrichs, Presscnberg 74 (1) – Behrend, Fritz (aus: Frankfurter Allgemeine Zeitung vom 20. 8. 1988) 152 – Dr. Thomas Berger, Göttingen, 222, 225 (1, 2), 226 (3), 227 (1) – Bertelsmann Verlag, Gütersloh 129 – Bildarchiv Preußischer Kulturbesitz, Berlin 30, 36 (1), 70 (1), 75 (2), 78, 86 (3), 107 (1, 2), 114 (2) – Bosse, Kurt, Braunschweig 112 (1) – Bundesarchiv Koblenz 60 (1), 66 (1), 103 (1) – The Balch Institute, Philadelphia 36 (2), 37 – Darchingen, D., Bonn 183 (1) – Deutsche Presseagentur, Frankfurt/M. 4, 34, 43 (1–4), 48, 50 (2), 51, 136 (1, 2), 138 (2), 143 (3), 144, 153, 161, 186 (2–4), 177 (1, 2), 178 (2), 184, 189 (1), 191, 192 (1, 2), 194 (1), 196, 212 (5, 7), 229 (1, 2) – Deutsche Städtereklame GmbH, München. Titelblatt – Deutsches Schifffahrtsmuseum, Bremerhaven 126 l. – Dokumentenkabinett Dolezalek, Vlotho 8, 66 (2), 181 (1) – Fischer Taschenbuch Verlag, Frankfurt/M. (aus: Gerda Szepansky, Blitzmädel und Heldenmutter) 102 – Fleurop GmbH, Berlin 103 (2) – FOCUS GmbH, Hamburg 217 (1–3) © Th. Hegenbart, 184 – © Alberto Garcia – Gesamtdeutsches Institut, Bonn 181 (2), 185 – Giancarlo Costa, Mailand 39 – Globus Kartendienst GmbH, Hamburg 32, 170 (2, 3), 175, 200, 208 (2), 228 (1, 2) – Hachette, Paris 25 (1) – Haitzinger, Horst, München 183 (2), 193 (2), 208 (1) – Hubmann, Hans, Kröning 105 (2) – Jürgens Ost- + Europa Photo, Köln 193 (1) – Keystone Pressedienst, Hamburg 69, 108, 172 (2) – Konrad-Adenauer-Stiftung, Bonn 156 (2), 186 (1) – Körber-Stiftung, Hamburg 131 – Landesbildstelle Berlin 165 – Leithold, Dieter, Würzburg 84 – Münchner Staatsmuseum 163 (1) – Dr. Harald Neifeind, Göttingen 212 (3, 6, 8), 216 (2), 220 – Niedersächsische Staats- und Universitätsbibliothek, Göttingen 64 (2), 87 – Niedersächsisches Landesversorgungsamt, Hannover 141 – Presse- und Informationsdienst der Bundesregierung, Bonn 189 (2) – Schmeken, Regina, München 199 – SIPA-Press, Paris 219 (1) – Staatliche Tretjakow-Galerie, Moskau 5 – Staatsarchiv Bremen 162 – Staatsgalerie Stuttgart 107 (3) © Raman Schlemmer – Städtische Kunsthalle, Mannheim 75 (1) – Süddeutscher Verlag, München 22, 23, 25 (2), 29 (2), 38, 40, 45, 46, 48 (1), 58 (2), 59, 64 (1), 77, 95, 110 (1), 114 (1), 122, 127, 133 (3), 143 (1, 2), 145 (1, 2), 146, 163, 170 (1), 176 – Der Spiegel, Hamburg 49 (2) – Prof. Dr. Steininger, Innsbruck 135, 140 – terre des hommes, Osnabrück 203 (1, 2), 211 (1, 2) – Ullstein Bilderdienst, Berlin 7 (1, 2), 10, 14, 18, 31, 55, 56, 73 (1, 2), 86 (1, 2), 89, 92 (1), 101, 115, 121, 128, 133 (1, 2, 4), 134, 138 (1), 142 (2), 166, 186 (2) – Verlag Stroemfeld/Roter Stern, Basel/Frankfurt/M. 226 (2) – Weber, Otto (aus: Tausend ganz normale Tage), Greno Verlag, Nördlingen 88, 104, 106 – Zeitgeschichtliches Archiv H. Hoffmann, Hamburg 90

Zeichnungen

Becker, Klaus, Frankfurt/M., außer: Schenk, B. v., Kronberg 79 (4)

Karten

Becker, Klaus, Frankfurt/M. – Wiesler, G., Fraunberg – außer: Schenk, B. v., Kronberg 139 – Schmid, W., Pliezhausen 225

Umschlagentwurf:
Grafische Werkstatt Fuhr und Wolf, Mainz

Verlagsredaktion
Dr. Ernst Hoerschelmann

2. Auflage - 2. Druck 1993
Alle Drucke dieser Auflage können, weil untereinander unverändert, im Unterricht nebeneinander verwendet werden.
© 1991 Cornelsen Verlag, Berlin
Das Werk und seine Teile sind urheberrechtlich geschützt.
Jede Verwertung in anderen als den gesetzlich zugelassenen Fällen bedarf der vorherigen schriftlichen Einwilligung des Verlages.
Satz: Parzeller, Fulda
Druck: Cornelsen Druck, Berlin
ISBN 3-454-23934-6
Bestellnummer 239346

Aus der Weimarer Reichsverfassung vom 11. August 1919

Art. 25 Der Reichspräsident kann den Reichstag auflösen, jedoch nur einmal aus dem gleichen Anlaß . . .

Art. 47 Der Reichspräsident hat den Oberbefehl über die gesamte Wehrmacht des Reichs.

Art. 48 (1) Wenn ein Land die ihm nach der Reichsverfassung oder den Reichsgesetzen obliegenden Pflichten nicht erfüllt, kann der Reichspräsident es dazu mit Hilfe der bewaffneten Macht anhalten.
(2) Der Reichspräsident kann, wenn im Deutschen Reiche die öffentliche Sicherheit und Ordnung erheblich gestört oder gefährdet wird, die zur Wiederherstellung der öffentlichen Sicherheit und Ordnung nötigen Maßnahmen treffen, erforderlichenfalls mit Hilfe der bewaffneten Macht einschreiten. Zu diesem Zwecke darf er vorübergehend die in den Artikeln 114, 115, 117, 118, 123, 124 und 153 festgesetzten Grundrechte ganz oder zum Teil außer Kraft setzen.
(3) Von allen gemäß Abs. 1 oder Abs. 2 dieses Artikels getroffenen Maßnahmen hat der Reichspräsident unverzüglich dem Reichstag Kenntnis zu geben. Die Maßnahmen sind auf Verlangen des Reichstags außer Kraft zu setzen.
(4) Bei Gefahr im Verzuge kann die Landesregierung für ihr Gebiet einstweilig Maßnahmen der in Abs. 2 bezeichneten Art treffen. Die Maßnahmen sind auf Verlangen des Reichspräsidenten oder des Reichstags außer Kraft zu setzen.
(5) Das Nähere bestimmt ein Reichsgesetz.

Art. 54 Der Reichskanzler und die Reichsminister bedürfen zu ihrer Amtsführung des Vertrauens des Reichstags. Jeder von ihnen muß zurücktreten, wenn ihm der Reichstag durch ausdrücklichen Beschluß sein Vertrauen entzieht.

Art. 114 Die Freiheit der Person ist unverletzlich. Eine Beeinträchtigung oder Entziehung der persönlichen Freiheit durch die öffentliche Gewalt ist nur aufgrund von Gesetzen zulässig . . .

Art. 115 Die Wohnung jedes Deutschen ist für ihn eine Freistätte und unverletzlich. Ausnahmen sind nur aufgrund von Gesetzen zulässig.

Art. 117 Das Briefgeheimnis sowie das Post-, Telegraphen- und Fernsprechgeheimnis sind unverletzlich. Ausnahmen können nur durch Reichsgesetz zugelassen werden.

Art. 118 Jeder Deutsche hat das Recht innerhalb der Schranken der allgemeinen Gesetze seine Meinung durch Wort, Schrift, Druck, Bild oder sonstige Weise frei zu äußern. An diesem Rechte darf ihn kein Arbeits- oder Anstellungsverhältnis hindern und niemand darf ihn benachteiligen, wenn er von diesem Recht Gebrauch macht . . .

Art. 123 Alle Deutschen haben das Recht, sich ohne Anmeldung oder besondere Erlaubnis friedlich und unbewaffnet zu versammeln.

Art. 124 Alle Deutschen haben das Recht . . . Vereine und Gesellschaften zu bilden . . .

Art. 153 Das Eigentum wird von der Verfassung gewährleistet . . .

Aus dem Grundgesetz der Bundesrepublik Deutschland

Artikel 1
(1) Die Würde des Menschen ist unantastbar. Sie zu achten und zu schützen ist Verpflichtung aller staatlichen Gewalt.
(2) Das deutsche Volk bekennt sich darum zu unverletzlichen und unveräußerlichen Menschenrechten als Grundlage jeder Gemeinschaft, des Friedens und der Gerechtigkeit in der Welt . . .

Artikel 2
(1) Jeder hat das Recht auf die freie Entfaltung seiner Persönlichkeit, soweit er nicht die Rechte anderer verletzt und nicht gegen die verfassungsmäßige Ordnung oder das Sittengesetz verstößt.

(2) Jeder hat das Recht auf Leben und körperliche Unversehrtheit. Die Freiheit der Person ist unverletzlich. In diese Rechte darf nur auf Grund eines Gesetzes eingegriffen werden.

Artikel 3
(1) Alle Menschen sind vor dem Gesetz gleich.
(2) Männer und Frauen sind gleichberechtigt.
(3) Niemand darf wegen seines Geschlechts, seiner Abstammung, seiner Rasse, seiner Sprache, seiner Heimat und Herkunft, seines Glaubens, seiner religiösen oder politischen Anschauungen benachteiligt oder bevorzugt werden.

Aus dem Grundgesetz der Bundesrepublik Deutschland

Artikel 4
(1) Die Freiheit des Glaubens, des Gewissens und die Freiheit des religiösen und weltanschaulichen Bekenntnisses sind unverletzlich ...
(3) Niemand darf gegen sein Gewissen zum Kriegsdienst mit der Waffe gezwungen werden ...

Artikel 5
(1) Jeder hat das Recht, seine Meinung in Wort, Schrift und Bild frei zu äußern und zu verbreiten und sich aus allgemein zugänglichen Quellen ungehindert zu unterrichten. Die Pressefreiheit und die Freiheit der Berichterstattung ... werden gewährleistet. Eine Zensur findet nicht statt ...

Artikel 8
(1) Alle Deutschen haben das Recht, sich ohne Anmeldung oder Erlaubnis friedlich und ohne Waffen zu versammeln.
(2) Für Versammlungen unter freiem Himmel kann dieses Recht durch Gesetz ... beschränkt werden.

Artikel 9
(1) Alle Deutschen haben das Recht, Vereine und Gesellschaften zu bilden.
(2) Vereinigungen, deren Zweck oder deren Tätigkeit den Strafgesetzen zuwiderlaufen oder die sich gegen die verfassungsmäßige Ordnung oder gegen den Gedanken der Völkerverständigung richten, sind verboten ...

Artikel 10
(1) Das Briefgeheimnis sowie das Post- und Fernmeldegeheimnis sind unverletzlich.
(2) Beschränkungen dürfen nur aufgrund eines Gesetzes angeordnet werden ...

Artikel 11
(1) Alle Deutschen genießen Freizügigkeit im ganzen Bundesgebiet ...

Artikel 12
(1) Alle Deutschen haben das Recht, Beruf, Arbeitsplatz und Ausbildungsstätte frei zu wählen. Die Berufsausübung kann durch Gesetz ... geregelt werden ...
(3) Zwangsarbeit ist nur bei einer gerichtlich angeordneten Freiheitsentziehung zulässig.

Artikel 12a
(1) Männer können vom vollendeten achtzehnten Lebensjahr an zum Dienst in den Streitkräften, im Bundesgrenzschutz oder in einem Zivilschutzverband verpflichtet werden.
(2) Wer aus Gewissensgründen den Kriegsdienst mit der Waffe verweigert, kann zum Ersatzdienst verpflichtet werden ...

Artikel 13
(1) Die Wohnung ist unverletzlich.
(2) Durchsuchungen dürfen nur durch den Richter, bei Gefahr im Verzuge auch durch die in den Gesetzen vorgesehenen anderen Organe angeordnet und nur in der dort vorgeschriebenen Form durchgeführt werden ...

Artikel 14
(1) Das Eigentum und das Erbrecht werden gewährleistet. Inhalt und Schranken werden durch die Gesetze bestimmt.
(2) Eigentum verpflichtet. Sein Gebrauch soll zugleich dem Wohl der Allgemeinheit dienen.
(3) Eine Enteignung ist nur zum Wohle der Allgemeinheit zulässig ...

Artikel 15
Grund und Boden, Naturschätze und Produktionsmittel können zum Zweck der Vergesellschaftung durch ein Gesetz, das Art und Ausmaß der Entschädigung regelt, in Gemeineigentum ... überführt werden ...

Artikel 16
(1) Die deutsche Staatsangehörigkeit darf nicht entzogen werden ...
(2) Kein Deutscher darf an das Ausland ausgeliefert werden. Politisch Verfolgte genießen Asylrecht.

Artikel 17
Jedermann hat das Recht, sich einzeln oder in Gemeinschaft mit anderen schriftlich mit Bitten oder Beschwerden an die zuständigen Stellen und an die Volksvertretung zu wenden.

Artikel 18
Wer die Freiheit der Meinungsäußerung, insbesondere die Pressefreiheit, die Lehrfreiheit, die Versammlungsfreiheit, die Vereinigungsfreiheit, das Brief-, Post- und Fernmeldegeheimnis, das Eigentums- oder das Asylrecht zum Kampfe gegen die freiheitliche und demokratische Grundordnung mißbraucht, verwirkt diese Grundrechte. Die Verwirkung und ihr Ausmaß werden durch das Bundesverfassungsgericht ausgesprochen.

Artikel 19
... (2) In keinem Fall darf ein Grundrecht in seinem Wesensgehalt angetastet werden ...

Artikel 20
(1) Die Bundesrepublik Deutschland ist ein demokratischer und sozialer Bundesstaat.
(2) Alle Staatsgewalt geht vom Volk aus. Sie wird vom Volke in Wahlen und Abstimmungen und durch besondere Organe der Gesetzgebung, der vollziehenden Gewalt und der Rechtsprechung ausgeübt ...
(4) Gegen jeden, der es unternimmt, diese Ordnung zu beseitigen, haben alle Deutschen das Recht zum Widerstand, wenn andere Abhilfe nicht möglich ist.

Artikel 21
(1) Die Parteien wirken bei der politischen Willensbildung des Volkes mit ...

Register

Abrüstung 32, 50, 51, 69, 152–154
Achtstundentag 70, 71
Ägypten 217, 218
Antisemitismus 90
APO 176
Araber 213–215
Arafat, Jassir 218
Arbeiter 5, 6, 8, 10–12, 26–28, 53, 56, 58, 59, 67, 71, 76, 151, 171, 178
Arbeiter- und Soldatenrat 54, 55, 57, 59
Arbeitslosigkeit 39–41, 46, 48, 49, 63, 66, 77, 78, 83, 90, 91, 97, 170, 207
Arbeitsnorm 178, 179
Atomwaffen 32, 50, 148
Aufstand 8, 11, 15, 23, 54, 59, 60, 67, 93, 127, 133, 224
Auschwitz 113, 114, 116, 117, 126, 186, 187

Babi Yar 127
Balfour-Erklärung 214
Bauern 5, 8, 11, 19, 20, 23, 81, 144, 179, 225, 227
Bayern 157
BDM 100, 105
Bekennende Kirche 109
Belgien 54, 68, 114, 124, 130, 149, 164, 174, 175
Berlin 56–59, 129, 133, 134, 138, 139, 148, 156, 160, 163, 165, 181, 190, 198, 199
Berlinblockade 152, 165, 186
Berliner Mauer 181, 186, 189
Besatzungszonen 138, 158
Betriebsverfassungsgesetz 71, 171
Bevölkerungsexplosion 207, 226
Bizone 162, 164
Blockfreienbewegung 208
Bodenreform 10, 13, 161, 225
Bolschewiki 9, 13–18, 23
Brandt, Willy 169, 189, 190
Breschnew, Leonid 32, 151
Brest-Litowsk 16
Briand, Aristide 68, 69
Brüning, Heinrich 80, 83
Bulgarien 148, 150
Bundeswehr 187, 196
Bürgerinitiativen 177
Bürgerkrieg 18, 19, 22, 23, 119, 152, 225
Bürgerrechtsbewegung 45, 154
Bush, George 154

BVP 63, 79, 80

Carstens, Karl 169
Carter, Jimmy 46
CDU 156, 158, 160, 162, 165, 166, 169, 170, 176, 186, 190, 191, 194, 198
China 152, 222 ff.
Chruschtschow, Nikita 31, 32, 188
Churchill, Winston 124, 128, 139, 148
Clay, Lucius D. 165
CSFR 155
CSU 156, 166, 169, 170, 176, 190, 191, 198

Dänemark 124, 175, 209
Dawesplan 70
DDP 61, 63, 79, 90
DDR 151, 154, 166, 178 ff., 191, 192, 194, 196, 200
Demokratie (demokratisch) 8, 52, 57, 60, 80, 83, 90, 91, 93, 140, 149, 164, 168, 171, 176, 177, 194, 198, 229
Demonstration 10, 11, 23, 39, 44, 59, 172, 176–178, 191–193, 229
Demontage 140, 158
Deng Xiaoping 228, 229
Deutsche Einheit 192 ff.
Deutsche Frage 186 ff.
Deutschland 32, 36–38, 52 ff., 138 ff., 157, 162, 184, 186, 189, 196, 198, 199
Deutschland, Bundesrepublik 166, 168 ff., 181, 185, 190, 196, 208, 209
Deutschlandvertrag 187
Diktatur 61, 93, 94, 181, 225
DNVP 61, 63, 79, 80, 89
Doppelherrschaft 13
Dresden 134, 143
Dritte Welt 205, 207, 208
Duma 10–13
DVP 61, 63, 66, 79, 80

Ebert, Friedrich 55, 59, 63
Edelweißpiraten 133
EG 174, 175
Eiserner Vorhang 148, 155
Elser, Georg 132
Endlösung (der Judenfrage) 132
Engels, Friedrich 8
England 18, 36, 37, 54, 68, 119, 121, 123, 124, 128, 129, 134, 135, 139, 140, 149, 151, 162, 164, 175, 196, 197, 204, 209, 214, 215, 224
Entnazifizierung 146
Entwicklungsländer 202 ff.
Entwicklungszusammenarbeit 209
Erfüllungspolitiker 66
Erhard, Ludwig 169
Ermächtigungsgesetz 94
ERP 149
Erzberger, Matthias 67
Estland 33, 123
Europa 6, 8, 62, 68, 77, 90, 113, 114, 124, 139, 149, 150, 153, 154, 174, 188, 197, 206, 218, 224

Fabrik 6, 26, 70, 76–78, 228
FDP 156, 158, 162, 166, 169, 170, 176, 189, 191, 198
Februarrevolution 12, 17
Finnland 15, 123
Fließbandproduktion 76
Flüchtlinge 142, 157, 179, 216
Frankreich 5, 18, 36, 37, 54, 66, 68, 69, 119, 121, 123, 124, 128, 130, 135, 139, 149, 151, 158, 159, 164, 174, 175, 196, 197, 214
Frau 21, 22, 60, 63, 72, 73, 98 ff., 130, 142, 143, 172, 173, 207, 221, 225
Freiheit 8, 10, 11, 13, 34, 35, 54, 94, 151, 176, 194
Freikorps 59, 60, 67
Friedensbewegung 153
Friedenstruppe 137
Friedensvertrag 16, 62, 218
Führerprinzip 96
Fünfjahrespläne 26–28

Gaulle, Charles de 128, 174
Gaza-Streifen 217, 218
Geheimpolizei 9, 17, 30, 31
Geld 5, 37, 64, 65, 70, 77, 97, 99, 145, 163, 207
Generalstreik 67, 179
Gestapo 96, 102, 109, 132, 133
Gewerkschaften 63, 67, 70, 72, 96, 97, 132, 152, 166, 171
Gleichschaltung 95
Goebbels, Joseph 95, 96, 111, 128
Gorbatschow, Michail 31, 32, 50, 51, 153–155, 193, 196
Göring, Hermann 92
Griechenland 114, 148, 149, 175
Grotewohl, Otto 161, 166, 178

238

Register

Grundgesetz 166, 168
Grundlagenvertrag 190, 191
Grüne 169, 198
Guernica 119
Guomindang 224, 225, 229
GUS 33

Havel, Vaclav 155
Heinemann, Gustav 169
Helsinki 154
Hessen 157, 159
Heuss, Theodor 166, 169
Himmler, Heinrich 108
Hindenburg, Paul von 54, 83, 89, 92, 95
Hiroshima 135
Hitler, Adolf 67, 81, 82, 87, 89 ff., 96 ff., 108 ff., 118 ff., 132, 134
Hitlergruß 90, 106
Hitlerjugend 100, 104, 105, 133
Holland 114, 124, 128
Honecker, Erich 191, 193
Hoover, Herbert 38, 39
Höß, Rudolf 114, 127
Hunger 10, 19, 20, 39, 49, 53, 78, 81, 114, 144, 149, 203, 224, 227

Indianer 46, 47
Industrialisierung 6, 26, 27
Industrie 8, 14, 16, 23, 32, 36, 38, 39, 53, 70, 76, 83, 91, 101, 126, 129, 140, 158, 161, 178, 206, 228
Industrieländer 205, 206, 208, 209, 229
Inflation 64, 65, 72, 81
Interessensphären 123
Invasion 124, 128
Israel 212 ff.
Italien 36, 68, 102, 121, 149, 171, 209

Jalta 139
Japan 10, 69, 124, 128, 135, 148, 149, 204, 205, 228
Jelzin, Boris 33
Jerusalem 220
Jiang Kaishek 225
Juden 81, 90, 95, 98, 125, 127, 133, 212 ff.
Judenverfolgung 108 ff., 122
Jugoslawien 62, 150, 151

Kalter Krieg 148 ff., 186
Kapitulation 124, 134, 135, 174
Kapp-Putsch 67

Kiesinger, Kurt Georg 169
King, Martin Luther 44, 45
Kohl, Helmut 154, 169, 191, 194, 196, 197, 201, 218
Kollektivierung 28, 29, 179
Köln 141, 156
Kolonien 204–206, 224
Kominform 129
Konzentrationslager 93, 102, 108, 109, 111, 113–115, 122, 126
KPCh 224
KPD 61, 79, 80, 92–95, 108, 109, 132, 156, 158, 160, 161, 166
KPdSU 24, 31–33, 125, 148, 153, 188, 193
Krieg 10, 12–14, 18, 19, 32, 37, 53, 54, 62, 72, 100, 101, 123, 128, 132, 139, 204, 219, 220, 228
Krieg, totaler 128, 129
Kriegsschuldfrage 62
KSZE 153–155, 197
Kulturrevolution 228
Kunst 74, 75, 107

Landwirtschaft 28, 29, 32, 140, 178, 206, 227
Langer Marsch 225
Lebensraum 90, 118, 120, 125
Leibeigenschaft 5
Lenin 9, 14, 15, 17, 22, 23, 25
Lettland 33, 123
Libanonkrieg 215, 218
Lidice 127
Liebknecht, Karl 56, 59
Litauen 33, 123
Locarno 68, 69
London 9, 164, 165
LPG 179
Lübke, Heinrich 169
Luxemburg (Staat) 54, 149, 164, 174, 175
Luxemburg, Rosa 59

Machtübertragung 89, 91, 110, 118, 126
Mähren 121, 122
Mao Zedong 225, 228, 229
Marktwirtschaft, Soziale 170, 171
Marshallplan 148, 163, 164, 170
Marx, Karl 8
Mein Kampf 90
Memelland 121, 122
Menschenrechte 197

Menschewiki 9, 17, 21
Monokultur 206
Montanmitbestimmung 171
Montanunion 174
Moskau 4, 7, 19, 33, 148, 150, 160
Moskauer Abkommen 123
Moskauer Vertrag 189, 190
München 67, 81, 97, 132
Münchener Abkommen 121

Nagasaki 135
Nahostkonflikt 212 ff.
Nationalsozialismus 88 ff.
Nationalversammlung 57, 59–63
Nato 150–152, 187, 188, 196
New Deal 40
New York 34, 38, 39, 46, 48, 49, 76, 77, 83, 136
Nichtangriffspakt 119, 123
Niederlande 149, 164, 174, 175, 209
Niedersachsen 158
Nord-Süd-Gefälle 205, 208
Nordrhein-Westfalen 158, 159
Norwegen 124, 209
Notverordnung 83, 86, 92, 93, 108
NSDAP 63, 67, 79–82, 87, 89 ff., 96 ff., 108 ff., 118 ff., 146, 161
Nürnberger Gesetze 111, 112
Nürnberger Prozeß 146

Oder-Neiße-Linie 140, 164
OEEC/OECD 150, 151, 209
Österreich 120, 149, 160, 192, 209
OHL 54, 56, 59
Oktoberrevolution 4, 15, 20, 25, 31, 32
Opiumkrieg 224
Ossietzky, Carl von 108
Ostblock 32, 100, 151, 154, 188

Palästina 212 ff.
Papen, Franz von 83, 89
Parlament 8, 10, 57, 90
Parlamentarischer Rat 166
PDS 194, 196
Pearl Harbour 124, 128
Petersburg/Petrograd 10–12
Pieck, Wilhelm 161, 166
Planwirtschaft 184, 185
PLO 218
Polen 62, 68, 102, 111, 113, 114, 119, 123, 124, 135, 139, 148, 150–152, 155, 189, 197
Portugal 175, 204

239

Register

Potsdamer Abkommen 140
Präsidialkabinett 63, 83
Proletarier 8

Rathenau, Walther 67
Reagan, Ronald 50, 51, 153, 154
Reichskristallnacht 111
Reichstagsbrand 92, 93
Reichswehr 67, 89, 95, 118, 120, 122
Reparationen 62, 65, 66, 70, 81, 90, 140, 164, 184
Republik 55, 57, 65, 224
Revolution 9, 12 ff., 24, 54–56
RGW 150, 151, 184, 209
Rheinland-Pfalz 159
Röhm-Putsch 95
Roosevelt, Franklin D. 40, 41, 139
Rote Armee 18–20, 34, 67
Ruhrkampf 65, 66
Rumänien 148, 150, 151
Rußland 5 ff., 12 ff.

SA 82, 92, 95, 110
Saarland 159
SBZ 148, 149, 160, 184
Scheel, Walter 169, 176
Scheidemann, Philipp 56
Schenck von Stauffenberg, Graf Claus 133
Schleicher, Kurt von 83
Schmidt, Helmut 169
Scholl, Geschwister 132
Schule 22, 70, 105, 106, 111, 158, 173
Schuman, Robert 174
Schwarzmarkt 145, 147
Schweden 209
Schweiz 209
Sechstagekrieg 215
SED 160, 161, 165, 166, 178 ff., 191–193
Selbstbestimmungsrecht 204
Siedlungspolitik 219
Soldaten 10–12, 19, 53, 55, 56, 100, 113, 132, 134, 142, 181
Solidarnocz 152, 155

Sowjet 11–14, 16
Sowjetunion – vgl. UdSSR
Sozialdemokraten 9, 90, 94, 108
Sozialisierung 158
Sozialismus 8, 24, 61, 94, 178
Spanien 119, 175
Spartakusbund 55–57, 59, 60
SPD 52, 55, 56, 61, 63, 67, 79, 80, 83, 92–95, 97, 109, 132, 156–158, 160, 162, 163, 165, 169, 171, 176, 177, 186, 188, 189, 194, 198, 201
SS 97, 102, 108, 112–115, 123, 125, 127, 146
Stalin, Josef 15, 24, 26–28, 30–32, 139, 148, 151, 187
Stalingrad 124, 125, 128, 132
Stasi 183
Streik 6, 10–13, 23, 53, 67, 71
Stresemann, Gustav 66, 68, 69
Sudetenland 121
Suezkrieg 215

Terror 8, 17, 19, 30, 31, 91, 92, 108, 134, 218
Trotzkij, Leo 15, 18, 24, 31
Truman, Harry S. 136, 148, 186
Trümmerfrauen 143
Tschechoslowakei 62, 68, 114, 121, 122, 150, 151, 155, 186
Tscheka 17
Türkei 148, 214

UdSSR 19, 20, 26, 31–33 102, 113, 114, 119, 123, 125, 134–137, 139, 140, 148–155, 158, 161, 164, 165, 184, 186, 188, 190, 196, 197, 227, 228
Ulbricht, Walter 160, 166, 178
Ungarn 114, 148, 150, 151, 155, 192
Ungleiche Verträge 224
UNICEF 137
UNO 136, 137, 148, 205, 208, 213, 215, 216
USA 18, 32, 34 ff., 42 ff., 53, 76, 77, 124, 128, 129, 135–137, 139, 140, 148–150, 152, 154, 157, 164, 176, 186, 196, 197, 204, 206, 209, 224
USPD 56, 61, 63

Verfassung 11, 13, 17, 57, 61, 63, 81, 89, 94, 158, 164, 166
Versailler Vertrag 62, 68, 81, 90, 119
Vetorecht 137
Viermächteabkommen 190
Völkerbund 62, 69, 136
Volksgerichtshof 133
Volkskommunen 227

Waffenstillstand 54, 65, 136, 137, 215
Währungsreform 163
Walesa, Lech 155
Wannsee-Konferenz 113
Warschau 127, 133, 148, 192, 197
Warschauer Pakt 188
Warschauer Vertrag 189
Wehrmacht 113, 121, 123, 125, 127, 146, 161
Wehrpflicht 18, 118, 119
Weimarer Republik 52 ff., 68 ff., 76 ff., 89, 90, 92, 119, 168
Weiße Rose 132
Weizsäcker, Richard von 169, 199
Wels, Otto 94
(Welt)wirtschaftskrise 72, 80, 83
Westjordanland 219
Wettrüsten 32, 152
Widerstand (gegen NS) 108, 109, 115, 132
Wiedervereinigung 186, 187, 189, 190
Wilson, Woodrow 36, 37, 54
Wirtschaftswunder 149, 170

Yom-Kippur-Krieg 215

Zentrum 61, 63, 79, 80, 83, 92–94, 158, 166
Zinn, Georg August 157
Zionismus 214
Zwangsarbeiter 130